ACCESO GRATIS *a la Lectura en la Nube*

Para visualizar el libro electrónico en la nube de lectura envíe junto a su nombre y apellidos una fotografía del código de barras situado en la contraportada del libro y otra del ticket de compra a la dirección:

ebooktirant@tirant.com

En un máximo de 72 horas laborables le enviaremos el código de acceso con sus instrucciones.

La visualización del libro en **NUBE DE LECTURA** excluye los usos bibliotecarios y públicos que puedan poner el archivo electrónico a disposición de una comunidad de lectores. Se permite tan solo un uso individual y privado.

La política social en los países nórdicos:
Estrategias y prioridades ante los problemas públicos actuales

Procedimiento de selección de originales, ver página web:

www.tirant.net/index.php/editorial/procedimiento-de-seleccion-de-originales

La política social en los países nórdicos:
Estrategias y prioridades ante los problemas públicos actuales

MARÍA JOSÉ VICENTE VICENTE
Profesora de Ciencias Políticas y Sociología
Universidad Complutense de Madrid

tirant lo blanch
Valencia, 2024

En caso de erratas y actualizaciones, la Editorial Tirant lo Blanch publicará la pertinente corrección en la página web www.tirant.com.

© TIRANT LO BLANCH
EDITA: TIRANT LO BLANCH
C/ Artes Gráficas, 14 - 46010 - Valencia
TELFS.: 96/361 00 48 - 50
FAX: 96/369 41 51
Email: tlb@tirant.com
www.tirant.com
Librería virtual: www.tirant.es
DEPÓSITO LEGAL: V-2654-2024
ISBN: 978-84-1071-023-8

Si tiene alguna queja o sugerencia, envíenos un mail a: *atencioncliente@tirant.com*. En caso de no ser atendida su sugerencia, por favor, lea en *www.tirant.net/index.php/empresa/politicas-de-empresa* nuestro Procedimiento de quejas.

Responsabilidad Social Corporativa: http://www.tirant.net/Docs/RSCTirant.pdf

Índice

Índice de tablas y gráficos

TABLAS

GRÁFICOS

RESUMEN

Este trabajo tiene como objetivos, por una parte, tratar el llamado "modelo nórdico" y más concretamente, referirse al caso sueco, siendo Suecia un referente mundial en términos de equidad y cohesión social, analizando su resistencia y desafío a las crisis globales y por otra, tratar su estructura social, los programas de políticas públicas sobre problemas sociales y la vinculación, como el sociólogo Robert Merton, en el delito o en algunas conductas desviadas, que están siendo observadas por los sociólogos suecos. En los últimos años se ha detectado un incremento de las tasas de pobreza y desigualdad que afectan de manera especial a determinados colectivos como las madres solteras, los inmigrantes, los jóvenes y las familias con hijos. De igual manera, nuevos problemas son contemplados como problemas sociales, al observarse la necesidad de nuevas regulaciones para poder abordarlas como problemas y conducir a su tratamiento.

Con la ayuda de un cuestionario y de otras entrevistas referidas, se valora el estudio y respuesta en cuanto a las demandas sociales planteadas, con entrevistas *in situ* a poderes públicos, a académicos, a centros de investigación y profesionales, destacando la coordinación entre administraciones en identificar los problemas sociales, en ver cómo se construyen tales problemas y cómo son abordados como problemas públicos.

En general, es un estudio que trata de profundizar en la realidad del modelo nórdico, de sus resistencias y debilidades dentro de la coyuntura económica y su respuesta a las realidades actuales de sus problemas sociales, fijando en Suecia su principal paradigma.

Palabras clave: Estado de bienestar; Política Social; Crisis; Exclusión; Pobreza; Regulación.

ABSTRACT

This work aims, on the one hand, to deal with the so-called "Nordic model" and more specifically, to refer to the Swedish case, Sweden being a world benchmark in terms of equity and social cohesion, analyzing its resistance and challenge to global crises and, on the other, dealing with its social structure, public policy programs on social problems and the link, like the sociologist Robert Merton, in crime or in some deviant behaviors, which are being observed by Swedish sociologists. In recent years, an increase in the rates of poverty and inequality has been detected, which particularly affects certain groups such as single mothers, immigrants, young people and families with children. In the same way, new problems are considered as social problems, when observing the need for new regulations to be able to address them as problems and lead to their treatment.

With the help of a questionnaire and other interviews referred to, the study and response in terms of the social demands raised are assessed, with *on-site* interviews with public authorities, academic teachers, research centers and professionals, highlighting coordination between administrations in identifying social problems, in seeing how such problems are constructed and how they are addressed as public problems.

In general, it is a study that tries to deepen the reality of the Nordic model, its resistances and weaknesses within the economic situation and its response to the current realities of its social problems, setting its main paradigm in Sweden.

Keywords: Welfare State; Social Policy; Crisis; Exclusion; Poverty; Regulation.

Capítulo 1

PARTE INTRODUCTORIA

1.1. INTRODUCCIÓN

El modelo nórdico se caracteriza por un alto grado de énfasis en la redistribución, la integración social y la universalidad. Estos objetivos se persiguen a través de una generosa infraestructura de servicios sociales que están diseñados para ser asequibles y de alta calidad también. Los beneficios de desempleo, que se caracterizan por altas tasas de compensación y el sistema de salud, se financian a través del sistema tributario. Los impuestos incluyen elementos de impuestos a la propiedad, mientras que los impuestos a las empresas son bastante bajos.

Los países que se pueden ubicar en este modelo son Dinamarca, Finlandia, Suecia y fuera de la UE, Noruega. Dichas sociedades se caracterizan por un fuerte diálogo social y una estrecha cooperación de los interlocutores sociales con el gobierno. Los sindicatos están fuertemente involucrados en la administración del seguro de desempleo y la capacitación se caracteriza por una política activa del mercado laboral y altas tasas de empleo. Los países escandinavos han tenido éxito en la obtención de altas tasas de empleo y en la reducción de las desigualdades en el mercado laboral. Sobre este modelo se centrará la presente investigación por ser considerado de mayor eficiencia, competitividad e innovación económica y social.

En comparación con otros sistemas de bienestar encontramos que en el modelo continental (también llamado conservador o corporativista), el empleo es la base de las transferencias sociales y los beneficios están en un nivel más moderado y vinculados a los ingresos. Las transferencias sociales se financian a través de las contribuciones de los empleadores y los empleados. Los esfuerzos redistributivos del sistema fiscal son menos significativos que en los países escandinavos, ya que el sistema impositivo contiene algunos elementos regresivos (es decir, baja riqueza y altos impuestos sobre el ingreso y el consumo). Los países que pueden situarse según este modelo son: Francia y Alemania, que son los dos países continentales más grandes, Bélgica, los Países Bajos, Austria y Suiza; cuatro países con las primeras posiciones en el PIB per cápita.

El llamado "tercer sistema" de bienestar es el modelo liberal anglosajón, que centra la responsabilidad en los individuos por sí mismos y el mercado laboral no está regulado. Las transferencias sociales son más pequeñas que en los otros modelos. Las políticas sociales generalmente satisfacen a un sector, compuesto por grupos de bajos ingresos. El Estado alienta a los actores del mercado a prestar servicios conjuntamente y deja a los beneficiarios (grupos de bajos ingresos) la posibilidad de optar entre proveedores públicos y privados. Los planes privados de seguro y ahorro están respaldados por políticas estatales complementarias (por ejemplo, créditos fiscales, refugios fiscales). Las relaciones laborales están descentralizadas y la negociación se lleva a cabo principalmente a nivel de empresa.

El modelo anglosajón está representado en Europa por el Reino Unido. Tiene un bajo grado de regulación y el sistema social de Irlanda exhibe un cierto grado de similitud con el Reino Unido, a pesar de que aquí hay intervenciones políticas más intensas. Esto se puede atribuir a la posición particular de Irlanda, que se ha movido rápidamente de una posición de país de bajos ingresos a ser una de las economías europeas más expansivas por la tasa de crecimiento económico[1].

El sistema de bienestar que no aparece en el libro de Esping-Andersen de 1990 es el modelo mediterráneo, que está orientado a la familia. En los países mediterráneos, las transferencias sociales son más pequeñas que en el resto de otros países europeos. El bajo nivel de transferencias sociales se compensa, en parte, por el fuerte papel de apoyo de las redes familiares. Las familias todavía juegan un papel importante en la provisión de seguridad y refugio. Al mismo tiempo, se tiende a una sociedad paternalista, con pronunciadas desigualdades de género que caracterizan a estos países. Los representantes de los empleadores y los sindicatos son importantes para el proceso de negociación, centralizados en los salarios y las condiciones de traba-

---

1 De acuerdo con los indicadores económicos de a partir de 2019.

jo. Las tasas de empleo, específicamente las de las mujeres, son bajas. El grupo de países mediterráneos comprende España, Italia, Grecia, además de Portugal.

1.2. OBJETIVOS E HIPÓTESIS

El objetivo fundamental de la presente investigación se orienta a una descripción analítica conceptual del modelo socioeconómico nórdico desde las políticas trazadas por el Estado de bienestar. Nos basamos en la agenda política e institucional y en diversas investigaciones académicas. Con ello, analizamos los criterios en la reducción de desigualdades económicas y sociales y los problemas sociales que impiden a las personas su pleno desarrollo en cuanto a su calidad de vida, la capacidad potencial de las personas para contribuir a la vida en sociedad y lo que es lo más problemático, provocar la alienación, la delincuencia o la propia muerte. Se trata de analizar qué problemas sociales se están atendiendo para en función de estos análisis, implementar políticas públicas como solución y así, valorar cuál es la agenda establecida como prioritaria en cuanto a la atención de los problemas sociales.

Los objetivos que nos marcamos son los siguientes:

1. Describir el paradigma "modelo nórdico" como característico de un modelo socioeconómico, observando su singularidad en su planteamiento de solución a las crisis socioeconómicas propias y globales. Esta obra recoge, en mayor proporción, lo analizado en la administración sueca, definiendo a Suecia como el paradigma del modelo nórdico.
2. Identificar, con el apoyo de documentación académica, de programas institucionales, de cuestionarios y de entrevistas en profundidad, las circunstancias y modos de vida y actitudes que albergan criterios sociales, políticos y económicos, que revelan las estrategias de avance social y bienestar de los ciudadanos en Suecia. Esto nos ayudará a poder identificar los problemas sociales más recurrentes y que son identificados como problemas públicos.

3. Determinar el impacto de diversas crisis en las condiciones de vida de la población a través de fuentes secundarias y con un estudio de campo propio realizado expresamente para este trabajo, prestando especial importancia a los factores de desigualdad, vulnerabilidad y de exclusión social.

Las hipótesis

El análisis de la literatura sociológica que aborda el Estado de bienestar, la cohesión social, la equidad, las migraciones y la exclusión social, entre más literatura referida y el acercamiento empírico de la parte investigadora han permitido plantear las siguientes hipótesis:

H1. La estrategia de cohesión social en las que se asienta el Estado de bienestar nórdico se relaciona con una agenda sólida sobre los problemas sociales.

H2. El modelo nórdico es un paradigma de la procura del bienestar físico y emocional de sus ciudadanos.

H3. Un análisis dirigido a fomentar factores protectores de carácter personal sirve para combatir la exclusión social.

H4. La política social sueca resiste bien los embates económicos y sociales de las crisis continuas en el contexto mundial.

1.3. PREGUNTAS DE INVESTIGACIÓN

A lo largo de este trabajo trataremos de dar respuestas a las preguntas de investigación que nos formulamos de entrada, para poder comprender mejor toda la fenomenología en torno a los problemas sociales que detectamos en los países nórdicos, con especial referencia a Suecia. De tal manera, éstas son las preguntas que nos ayudarán a poder encauzar mejor la observación constante para tener unas conclusiones que nos aclaren todo este proceso de análisis desde el rigor y la búsqueda de la verdad del método científico.

1. ¿Qué problemas sociales están presentes dentro de las preocupaciones del ámbito político y de la investigación social en los países nórdicos, concretamente en Suecia?

2. ¿Qué cambios a nivel social se están produciendo en la sociedad actual?
3. ¿Cómo se abordan los desafíos constantes en un escenario de post-pandemia y de crisis globales, logrando priorizar la política social?
4. ¿Qué problemas son percibidos como sociales por parte de los legisladores y actores políticos en Suecia?
5. ¿Qué problemas sociales identificamos como públicos y que pasan a formar parte de la agenda política para la toma de decisiones y soluciones?
6. ¿Qué impacto y consecuencias pueden tener los problemas sociales para la vida individual de las personas y para la comunidad?

1.4. METODOLOGÍA

En Sociología, como en cualquiera otra Ciencia Social, existe diversas maneras de plantear el enfoque para llevar a cabo una investigación científica. El método científico ofrece una diversidad metodológica que responde, en gran medida, a la multiplicidad de temas de investigación que componen la compleja realidad social. Así, el sociólogo y politólogo cuentan con un conjunto de herramientas que les permiten explorar y comprender los fenómenos sociales. Así, nuestro método científico nos permite elaborar un diseño metodológico con el rigor científico necesario que pueda facilitar la recopilación y tratamiento de datos óptimos, así como la interpretación de resultados sobre los problemas sociales identificados como públicos y que merecen una mayor atención por parte de la vía académica como de la vía política para establecer una línea de análisis prioritaria.

El planteamiento de esta investigación social está basado en dos grandes enfoques: el cuantitativo y el cualitativo. Una perspectiva general de ambos enfoques muestra que lo que las distingue en mayor medida es el modo en el que se aborda el objeto de estudio (diseño de la investigación, obtención de información, análisis de datos y producción de resultado) y dadas sus características son fuentes complementarias de conocimiento.

Con el fin de lograr nuestros objetivos de investigación y contrastar las hipótesis formuladas, hemos utilizado una metodología basada en la conjunción de dos técnicas de investigación cuantitativa como son las entrevistas semiestructuradas, cuya finalidad consiste en obtener, a través de los testimonios de las personas entrevistadas, datos, hallazgos, documentación y evidencias suficientes y claras sobre las cuestiones nucleares de esta obra.

Se desarrolló un guion de preguntas (Anexo nº1) a trabajadores del Ayuntamiento de Estocolmo, de Upsala o de Malmö, como hubo entrevistas en los centros educativos de Stockholms *Idrottsgymnasium*, en *Sophiahemmet Hogskola* y en *Statvetenskap i Sociologi*, en Estocolmo, en *Karolinksa Institutet*, en la Asociación Nacional para la Prevención del Suicidio y el Apoyo a los Sobrevivientes (SPES), en la Red de Suecia Occidental para la Prevención del Suicidio (WNS), a trabajadores y voluntarios del programa "*National Suicide Prevention*" (NASP) o al área de Política Social de Folksam.

El cuestionario fue enviado también al CUS (Centro para la Evaluación del Trabajo Social), que fue creado en 1992 y que se encuentra ubicado en el Consejo Nacional de Salud y Bienestar de Suecia, al igual que se recibió asesoramiento y documentación por parte de Åke Bergmark, profesor de Trabajo Social de la Universidad de Estocolmo y Director de investigación en el *Institute for Future Studies*, como también de las universidades de Lund, de Malmö, de Gotemburgo y de Gävle, especialmente en los asuntos relacionados con la inmigración. Gracias a todos ellos y a sus aportaciones se ha podido utilizar la metodología cuantitativa en cuanto a datos precisos y la cualitativa, con base en análisis de documentos de carácter científico, libros y guías institucionales de implementación de políticas públicas. La metodología cuantitativa nos ayuda a precisar qué políticas sociales son las prioritarias en función de los mayores núcleos de interés y de las estrategias puestas en marcha, reflejando diversas prioridades y definiendo sectores sociales en las estrategias de acción.

El enfoque sociológico cualitativo por el que se decanta este trabajo también se denomina interpretación porque se entiende como un modo de hacer ciencia a través de la búsqueda de significados (Benítez, 2014: 42); por tanto, hemos realizado la investigación en base a la combinación de dos técnicas que se complementan entre sí. La inclinación por este enfoque metodológico se debe básicamente a los problemas que se analizan, a las características de los problemas, los objetivos y las hipótesis planteadas, puesto que las cuestiones referidas a la vulnerabilidad o la exclusión social conforman en sí un universo interpretativo que requiere de un diseño metodológico de estas características y de un trabajo de campo que nos dé de forma más completa el conocimiento de estas realidades y de todo lo que entronca con el fenómeno de los problemas sociales.

La decisión de utilizar ambas técnicas se debe a la búsqueda de la correspondiente triangulación con el objetivo de tener datos complementarios de diversos fenómenos que conseguimos identificar como problema social y la manera de abordarse bien desde el análisis sociológico y la puesta en marcha de diversos programas sociales, bien desde la sensibilidad social del grupo político en cuestión que formula y elige las políticas que posteriormente se implementarán.

En la parte cualitativa se asiste a la consulta de fuentes secundarias, pudiendo decir que se ha llevado a cabo a través de la recopilación sistemática de información publicada con conceptos claves como *Estado de bienestar, globalización, modelo nórdico, inclusión y exclusión, derechos civiles y sociales,* entre otros, que forman parte del universo de la investigación y el cómo se relacionan con la realidad. En este análisis conceptual se abordó un proceso detallado y una estrategia de búsqueda que permitió localizar diferentes documentos y los conceptos identificados. Este proceso supone la localización de diferentes documentos que comprenden libros, artículos, investigaciones académicas y varios tipos de publicaciones de carácter multidisciplinar (Sociología, Economía, Antropología, Administración Pública y Ciencias Políticas). Se utiliza la visión fenomenológica, entendiendo que la realidad estudiada es compleja y los eventos y los factores relacionados tienen múltiples direcciones y están siempre en constante cambio. También se emplea una visión etnográfica, suponiendo el estudio del todo complejo de un grupo humano: cultura material e inmaterial, por tanto, economía, familia y parentesco, alimentación, relaciones sociales y en definitiva, política.

La exploración se realizó con los fondos de las bibliotecas: Nacional Española (BNE) de la sede central de la UNED y de las facultades de Ciencias Política y Sociología y de Trabajo Social de la UCM, así como de las facultades de Malmö, Estocolmo, Lund, Gävle, Upsala, Trondheim, Oslo, Turku y Gotemburgo y la hemeroteca municipal de

Estocolmo, como también del Ministerio de Trabajo e Inmigración de Suecia como por los organismos que se mencionan en cuanto a publicación de estadísticas. De forma paralela, se recurre a la información que ofrecen distintas organizaciones como Eurostat, Naciones Unidas, Banco Mundial y diversos observatorios sobre derechos humanos, así como documentación médica y sociológica acerca de lo relacionado con salud mental y programas de partido y discursos gubernamentales, que han ayudado en una mayor precisión en cuanto a las estrategias de Suecia en relación con la Covid-19, relacionando así sociología y ciencia política. Además, las herramientas que aquí se utilizan para dar una interpretación cualitativa a diversos análisis que en esta obra se exponen como los que tienen que ver con el problema del suicidio también han aparecido como referencias en la mayoría de los artículos encontrados a través de la base de datos ELIN, que es una gran archivo de artículos publicados, como también se pueden encontrar referencias en ensayos a través de XERXES, la publicación electrónica de ensayos de grado de la Universidad de Lund. Las combinaciones útiles de términos de búsqueda fueron "sociología del suicidio" y "suicidio de construcción social".

Otro criterio fue que los autores tuvieran formación en sociología. Resultó que los libros a menudo se remitían a investigaciones anteriores, por lo que fue posible seguir un hilo común en el que luego retomaron los libros anteriores. Para estudiar el esfuerzo de prevención del suicidio en la sociedad sueca, se ha contactado con dos asociaciones recomendada a través de NASP (*National Suicide Prevention Lifeline and Mental Illness Research Center*), que es la asociación que aborda todo lo relacionado con la prevención del suicidio y las enfermedades mentales en *Karolinska Institutet*, trabajando de forma coordinada con el Consejo de Condado de Estocolmo (de división administrativa provincial) para la investigación del suicidio. También se contactó con SPES, que es una asociación para la prevención del suicidio y apoyo a los supervivientes (*Riksförbundet för SuicidPrevention och Efterlevandes Stöd*), sin fines de lucro a nivel nacional. Por otro lado, también se ha contactado con *Västsvenska Nätverket för Suicidprevention*, WNS, que sería una red de información centrada en Suecia Occidental para la prevención del suicidio. NASP y SPES colaboran estrechamente entre sí, articulando propuestas de forma conjunta para que sean sometidas a debate y deliberación por parte de los legisladores, mostrando que lo esencial está en la fase de prevención.

En *Karolinska Institutet* se encuentra el Centro Nacional de Investigación y Prevención del Suicidio (NASP), que trabaja conjuntamente con el Centro de Economía de la Salud, Informática e Investigación Sanitaria (CHIS), con el Distrito Sanitario del Condado de Estocolmo y el Departamento de Aprendizaje, Informática, Gestión y Ética (LIME) del propio instituto de investigación sanitaria.

Otro recurso cualitativo importante para este estudio fue poder asistir al *Swedish Institute for Social Research* (SOFI), que es una institución de investigación que se centra en la política social, el bienestar, la desigualdad y el mercado laboral. Sus investigadores son académicos principalmente en los campos de la economía y la sociología. La investigación en SOFI está organizada en tres unidades: Economía del Mercado Laboral, Estratificación y Nivel de Vida y Política Social. En muchos proyectos de investigación cooperan entre estas unidades y entre disciplinas. Los candidatos a doctorado en SOFI están inscritos en los programas de doctorado en los Departamentos de Economía y Sociología.

Más de la mitad de las actividades de investigación están financiadas por fuentes externas, principalmente los consejos nacionales de investigación. Durante muchos años, gran parte de la investigación en SOFI se ha basado en grandes bases de datos que los propios investigadores han construido. Una parte importante del trabajo en SOFI es la recopilación de datos de diversa índole. Algunos de los materiales de datos más valiosos de Suecia han sido preparados en SOFI. Una política declarada por parte de SOFI es poner los materiales a disposición de la comunidad investigadora dentro de un tiempo razonable después de la recopilación. Por lo tanto, los materiales de datos finalmente se depositan en el Servicio Nacional de Datos de Suecia (SND).

Por otro lado, la base de datos de Indicadores de Política Social (SPIN) proporciona las bases para una nueva investigación comparativa y longitudinal sobre las causas y consecuencias de los estados de bienestar. SPIN pone a disposición datos comparativos sobre derechos y deberes sociales de los ciudadanos orientados al análisis de las instituciones tal como se manifiestan en la legislación de política social. Los datos se recopilan cuidadosamente de una manera metodológica coherente y consistente para facilitar la investigación cuantitativa de la política social a través del tiempo y el espacio. Hasta la fecha, SPIN cubre 36 países, de los cuales varios tienen datos sobre programas básicos de política social desde 1930 hasta 2019.

El Programa Indicador de Ciudadanía Social (SCIP, por sus siglas en inglés) es una base de datos que describe el desarrollo de los derechos y obligaciones de los ciudadanos dentro de cinco importantes programas de seguridad social en 18 países de la OCDE en 15 puntos temporales desde 1930 hasta 2005. Junto con datos que describen varios aspectos de los estatutos de seguridad social y la estructura de la población y la tributación de los beneficios, la base de datos incluye información sobre un total de alrededor de un cuarto de millón de puntos de datos.

Además, la Encuesta de nivel de vida (LNU) es una encuesta de entrevista representativa a nivel nacional realizada previamente en 1968, 1974, 1981, 1991 y 2000, 2010 y 2020-2022 (lo más actualizado).

Y por su parte, REWHARD es una infraestructura nacional que tiene como objetivo facilitar la investigación sobre cómo las condiciones de trabajo y de vida, la salud, el bienestar y las ausencias por enfermedad se influyen mutuamente a lo largo del curso de la vida. REWHARD comprende datos de LNU y las bases de datos SLOSH, IMAS y STODS y está financiado principalmente por el Consejo Sueco de Investigación, el Instituto Karolinska y la Universidad de Estocolmo.

En cuanto al uso de la Técnica Cualitativa de la entrevista semiestructurada como otra estrategia investigativa que añadimos a la primera (la consulta de fuentes secundarias), su elección se debió fundamentalmente a elementos de diseño como la formulación del problema y la selección de instrumentos adecuados para la producción de este tipo de conocimiento (Vallés, 2009). Se hace necesario profundizar en el contenido de esta técnica de investigación social que se caracteriza por su carácter abierto, participativo, en la que su unidad de análisis es el individuo y también, la institución de trabajo.

Los estudios cualitativos son un modo de producir conocimiento científico que "*tiene su fundamento en principios epistemológicos, en el que se pregunta más el porqué de los fenómenos que por el cómo, ya que la informa-*

ción que utiliza recoge las acciones y/o palabras de las personas dándole un significado a esta información" (Losada y López-Feal, 2003: 114).

Según Luis Enrique Alonso: "*La orientación cualitativa, en sociología, busca siempre situarse en el campo de las relaciones cotidianas ya sea en su espacio comunicativo, ya sea reconstruyendo la dinámica interpersonal de acciones y comunicaciones que crean y recrean la realidad social; más como un conjunto de prácticas situadas (sistema de métodos y rituales difusos que utilizan los miembros de la comunidad para construir permanentemente su mundo) que como un simple conjunto de respuestas y opiniones que surgen de posiciones estáticas e individualizadas derivadas de la posición prefijada, en la estructura social de las organizaciones sociales*" (Alonso, 1998: 26).

De acuerdo con Gloria Pérez Serrano, las características más importantes de este paradigma son: la teoría constituye una reflexión en y desde la praxis (la realidad está constituida no sólo por hechos observables y externos sino también por significados, símbolos y representaciones elaboradas por el propio sujeto a través de una interacción con los demás), intenta comprender la realidad dentro de un contexto dado (los conocimientos relativos a los significados de los seres humanos en interacción sólo tienen sentido en la cultura y en la vida cotidiana), describe el hecho en el que se desarrolla el acontecimiento (descripción contextual de un hecho o una situación que garantice la máxima intersubjetividad en la captación de una realidad compleja mediante la recogida sistemática de datos que haga posible un análisis interpretativo), profundiza en los diferentes motivos de los hechos (no existe una única realidad sino múltiples realidades interrelacionadas) y el individuo es un sujeto interactivo, comunicativo que comparte significados. La relación sujeto/objeto es de interacción cuando el objeto de estudio es la persona humana (Pérez Serrano, 2008: 26).

Entre las principales técnicas de investigación asociadas a la investigación cualitativa utilizamos aquí la entrevista en profundidad. Con ella se pretende obtener datos a través de preguntas a los sujetos de la investigación que tienen como objetivo conocer la perspectiva del individuo y grupo humano estudiado y ver el mundo con sus ojos (Corbetta, 2003: 344). Con el uso de este procedimiento hemos podido acceder a información de primera mano sobre cuestiones referidas a los problemas sociales que se viven en diversos contextos cotidianos en la vida de las personas de los países nórdicos, centrándonos principalmente en Suecia.

Al respecto a la aplicación de entrevistas semi-estructuradas, la entrevista es uno de los métodos de recogida de información más utilizado para abordar trayectorias, prácticas y condiciones de vida, observando todo un sistema de prioridades en la gestión pública y el sistema de etiquetas sociales que se encuadran. El siguiente paso fue el de establecer el número de entrevistas a realizar y con base en experiencias de otras investigaciones y las recomendaciones de bibliografía especializada, se procedió a la visita y consulta de 27 centros en los que se pudo utilizar el guion de preguntas del Anexo 1 para elaborar un mapa de información y conocimiento mucho más exhaustivo y que pudiera darnos las claves de cuáles son los problemas sociales que se identifican como públicos y qué tipo de respuesta se dan. La composición de los grupos de entrevistas, en aquellos sitios donde se pudo participar en reuniones y entablar así dinámicas de grupo, fue heterogénea tanto en edad, formación y responsabilidad dentro del centro, pero es evidente el grado alto de sensibilidad social constatado al involucrarse en proyectos que pretenden dar algún tipo de respuesta y/o solución a los problemas sociales y el interés por su análisis, lo que tienen en común las personas entrevistadas.

A continuación se expone la Ficha Técnica con el nombre de la institución del entrevistado/entrevistada, volcando las experiencias que como trabajo de campo se vivieron y las notas que pudieron tomarse como base documental de apoyo a este libro.

En total, fueron 8 entrevistas siguiendo el cuestionario del Anexo 1, con respuestas ceñidas a esas preguntas y 19 entrevistas que entran en el epígrafe de “Fuentes secundarias”, al ser de temática abierta, en las que se recabó todo tipo de información y documentación acerca de sus investigaciones, análisis, sensibilidades y acciones en cuanto a la política social, comprendiendo el periodo de 2018 a 2023.

La autora de esta obra ha hecho las traducciones al español de las entrevistas aquí realizadas en inglés y en sueco.

1.4.1. Ficha *técnica*

1.4.1.1. Entrevistas siguiendo el cuestionario del Anexo 1

Entrevista 1: Observatorio municipal sobre segregación, gentrificación, racismo y derechos de género del Ayuntamiento de Estocolmo. Un funcionario.

Entrevista 2: Casa de la Cultura de Upsala. Un trabajador colaborador en talleres informativos y formativos sobre derechos humanos.

Entrevista 3: Ayuntamiento de Malmö. Gerente del área de "Inclusión social".

Entrevista 4: Centro para la Evaluación del Trabajo Social (CUS). Dos investigadores responsables de investigación y formación sociológica.

Entrevista 5: *Sveriges kommuner och Regioner* (La Asociación sueca de autoridades locales y regionales - SKR). Entrevista con una trabajadora del Departamento de Crecimiento y Desarrollo Comunitario (*Avdelningen för tillväxt och samhällsbyggnad*).

Entrevista 6: *Kommunal* (Sindicato de Trabajadores Municipales).

Entrevista 7: Sede del Partido socialdemócrata sueco en Estocolmo. Entrevista con el responsable del área internacional del partido (*head of the International Department*). En esta misma visita, entrevista también a un trabajador del área de derechos humanos y democracia de *Olof Palmes internationella Center* acerca de la crisis de refugiados de 2015 y las políticas de asilo anteriores y posteriores a esta fecha.

Entrevista 8: Sede del Partido Moderado a nivel de Estado. Entrevista con una trabajadora del área internacional a la que también se le hizo llegar el cuestionario del Anexo 1. Se abordaron los ejes ideológicos, discursivos y estratégicos del partido en el contexto nacional, territorial y exterior.

1.4.1.2. Fuentes secundarias

FS1: Condado de Estocolmo. Un funcionario.

FS2: Junta Nacional de Asuntos de la Juventud. Un trabajador.

FS3: *Nationellt centrum för kvinnofrid*" (NCK), el Centro Nacional para la Libertad de la Mujer. Una trabajadora social.

FS4: DBMP - Programa de Comportamiento Dental. Una trabajadora.

FS5: RFSU - Asociación sueca de la Sexualidad. Un activista.

FS6: Stockholms *Idrottsgymnasium*. Dos trabajadores. (pedagogo y docente).

FS7: Karolinska Institutet. Tres trabajadores (dos psiquiatras y un cardiólogo).

FS8: *Riksförbundet för Suicidprevention och Efterlevandes Stöd* (La Asociación Nacional para la Prevención del Suicidio y el Apoyo a los Supervivientes - SPES). Entrevista con el psicólogo encargado de organizar charlas y establecer protocolos para terapias de grupo.

FS9: *Västsvenska Nät verket för Suicidprevention* (La Red de Suecia Occidental para la Prevención del Suicidio - WNS). Un trabajador investigador nos mostró la actividad que realizan especialmente en cuanto a propuestas legislativas, peticiones al Parlamento, al Ayuntamiento o al Distrito.

FS10: *Sophiahemmet Hogskola*. Institución sueca de Educación superior en estudios sobre Enfermería, destacando la formación sobre educación sexual. Una trabajadora.

FS11: Uppsala *kommun*. Entrevista al tesorero del partido socialdemócrata en el municipio de Upsala y vicepresidente primero del Comité municipal de Cultura.

FS12: Folksam. Entrevista con CEO del Grupo Folksam.

FS13: Universidad de Estocolmo. Departamento de Trabajo Social. Entrevista a un profesor del Departamento y a un investigador predoctoral.

FS14: Centro de Investigación sobre las desigualdades en salud y SoRAD (Centro de Investigaciones Sociales sobre el Alcohol y las Drogas).

FS15: Universidad de Trondheim. Entrevista con un profesor de sociología urbana/rural y con una investigadora posdoctoral en Ciencia y Tecnología (del área de Doctorado en Estudios Interdisciplinarios de la Cultura).

FS16: Universidad de Södertörn. Departamento de Ciencias Políticas. Profesora-lectora del Departamento de Ciencias Políticas (*Statsvetenskap*).

FS17: Sede del Partido Democristiano en Skåne. Un trabajador.

FS18: *Nationell hemlöshetssamordnare* (Coordinadora nacional de "sinhogarismo"). Entrevista con quien fue su responsable a nivel nacional, Michael Anefur.

FS19: *Jämställdhetsmyndigheten* (Agencia sueca de Igualdad de Género). Entrevista en Gotemburgo a la directora general y responsable también del comité de supervisión de la agencia en una plantilla de 130 trabajadores.

El contacto con los entrevistados fue mayoritariamente *in situ*, siendo seleccionados a través de recomendaciones y de interés por conocer de cerca su trabajo en el estudio y atención de los problemas sociales, entregándoles, a continuación de una presentación y de exposición del interés con respecto a su trabajo, la hoja de preguntas del Anexo 1 en tres idiomas: inglés, sueco y español, con una duración de la visita en torno a una hora y media como valor promedio. Tales entrevistas se produjeron en el espacio temporal de mayo de 2018 a febrero de 2022 en los locales referidos en la relación de entrevistados.

Una vez recogida la información procedimos al trabajo de transcripción para su posterior sistematización y análisis de cada uno de los temas que se iban exponiendo, ordenando cada exposición por temas generales relacionados con cada uno de los aspectos a tratar.

Consiguientemente, como anteriormente se exponía, el guion de 22 preguntas utilizado en la realización de las entrevistas con sus lineamientos y dimensiones se puede consultar en los anexos adjuntos (ver Anexo 1).

En las Fuentes Secundarias no utilizamos el guion y sí nos dedicamos la recopilación de documentación con respecto a los temas en los que trabajan y ver su grado de implicación con la política social y cómo vuelcan los resultados de sus trabajos en investigación académica que haga que las Universidades planteen estos temas como prioritarios para abordar dentro de la temática de los problemas sociales y cómo estos temas logran ser importantes y ser abordados dentro de la agenda política.

1.5. ESTADO DE LA CUESTIÓN: SUECIA COMO PAÍS OBJETO DE INVESTIGACIÓN

1.5.1. Antecedentes

Suecia era un país pobre y agrario hasta finales del siglo XIX. Sin embargo, durante el siglo XX mostró un desarrollo socioeconómico rápido que tiene sus fundamentos en la consolidación industrial del país a través de grandes empresas, especialmente las relacionadas con la metalurgia y la ingeniería mecánica. Whyman (2003) señala que el desempeño socioeconómico de Suecia a lo largo del siglo XX llama la atención porque es una mezcla de una economía capitalista y abierta con una política social activa caracterizada por un gran Estado de bienestar universal (Viana y Cunha, 2016).

El desarrollo económico sueco se deriva de la introducción de un conjunto de políticas socioeconómicas promovidas por el Estado desde mediados de la década de 1930, con el ascenso del Partido Socialdemócrata (S) al poder. Este conjunto de políticas es reconocido como el modelo económico sueco, o simplemente el modelo sueco, referenciado en muchos manuales también como el modelo nórdico.

En el contexto del modelo sueco, las políticas sociales están diseñadas para garantizar la calidad de vida básica a todos los ciudadanos, mientras que las políticas económicas se centran en el mercado laboral y la política fiscal con el objetivo de lograr un crecimiento económico con estabilidad de precios. Durante los años cincuenta y sesenta, el modelo sueco alcanzó el pleno empleo, promovió un crecimiento consistente y mantuvo la estabilidad de precios. A principios de los años setenta, el entorno internacional sufrió una importante reestructuración con el fin de los regímenes cambiarios fijos acordados en el contexto de Bretton Woods en 1944 y posteriormente, viró hacia el proceso de globalización que promovió la desregulación de los principales mercados y la liberalización del capital financiero.

Los países nórdicos son países pequeños que se incorporaron más bien tarde al proceso de industrialización, elemento que se considera determinante del desarrollo tardío del Estado de bienestar en ellos.

"Muchos de los regímenes de bienestar más pequeños del norte de Europa, entre otros Dinamarca, desarrollaron una estrategia según la cual la mayor exposición a la competencia internacional se vería compensada por la protección de un sistema de bienestar generoso a nivel nacional. En ese sentido, el factor que más influyó en la conformación de una estrategia de política social para el manejo del desarrollo económico no fue lo tardío del proceso sino la magnitud". (Pierson, 2004).

Tal como sostienen Christiansen y Markkola (2006), durante muchos años la versión luterana del cristianismo tuvo una posición hegemónica en los países nórdicos, lo que probablemente sea el factor que más influyó en las similitudes entre los países nórdicos y sobre todo, de las variantes nórdicas del bienestar social. Escandinavia tiene un largo historial de democracia y respeto de los derechos humanos y del Estado de Derecho. Hay estudios que muestran que donde ha habido una mayor presencia del luteranismo, como vemos en Europa del Norte, los casos de corrupción son menores y hay un vínculo mayor entre la ética y la política, como también abordara Weber en su famosa obra "La ética protestante y el espíritu del capitalismo". La cultura política ha respondido a una intensa participación social y a la disposición y capacidad de dar solución pacífica a los conflictos políticos y sociales:

"Desde el período de entreguerras, la cohesión social ha sido una orientación muy importante, fomentada sobre todo por las políticas de bienestar y en la segunda mitad del siglo XX, la identificación de los países nórdicos como Estados de bienestar muy desarrollados ha pasado a ser un componente integral de la identidad nacional en esos países" (Christiansen y Markkola, 2006).

Esta descripción de una forma de gobierno de consenso que hacen los dos historiadores es compartida por otros especialistas en Ciencias Sociales que sitúan el proceso en los años treinta, época en que se gestó el compromiso de respuesta a la crisis, lo que a su vez condujo a soluciones institucionales para mitigar las tensiones y que sirvieran para mediar entre los grupos de interés, entre otros, del sector agrícola, industrial y laboral (Kuhnle y Hort, 2004).

Stein Kuhnle y Steven Hort también atribuyen al desarrollo de programas sociales de carácter universal, menos comunes en las sociedades más heterogéneas, a la combinación de estructuras sociales relativamente igualitarias; una población reducida y relativamente homogénea en términos de etnia, religión y cultura y una larga tradición histórica de responsabilidad pública por el bienestar social (Kuhnle y Hort, 2004).

Pauli Kettunen afirma que uno de los factores constitutivos de la orientación del desarrollo en Escandinavia es el surgimiento de una identidad nacional política, económica y cultural y cita a Dieter Senghaas, quien sostiene que también puede atribuirse a un fuerte control político de los procesos internos y externos, con el fin de evitar que el aumento de las exportaciones dé origen a una sociedad más oligárquica y a un capitalismo más orientado a la captación de rentas (Senghaas, 1985, citado en Kettunen, 2006). Kettunen va aún más lejos:

"(...) la conciencia nacional, la concepción de una comunidad, también dio a los grupos subordinados de la sociedad un conjunto de criterios ideales, que podían esgrimirse contra las condiciones imperantes en la sociedad. Asimismo, les ofrecía un marco de referencia para interpretar políticamente y generalizar las situaciones de subordinación e injusticia que vivían a diario. A través de 'lo social' y 'lo laboral', estas tensiones sociales pasaron a formar parte de los discursos en los que se articulaban el nacionalismo y la modernización" (Kettunen, 2006).

Los pilares del modelo de cohesión social de los países nórdicos han sido una población homogénea desde el punto de vista étnico y religioso; la aplicación de un principio de ciudadanía (universalismo) que beneficia a todos y que todos apoyan y la concepción del Estado como un "nosotros", un garante de la justicia y la equidad.

Esto les ha imbuido de una cultura política basada en compromisos y coaliciones y una participación en el mercado laboral alta y bien organizada de hombres y mujeres de todas las edades.

Por otra parte, tradicionalmente las altas tasas de compensación han sido consideradas como un rasgo distintivo de este modelo. Prácticamente, en todos los casos, las tasas de compensación han mostrado una tendencia decreciente, lo que significa que desde mediados de los años noventa las prestaciones se han ido limitando. La asistencia social y las pensiones básicas no son suficientes para evitar la pobreza, dado que la compensación equivale como máximo al 50% de un ingreso disponible medio.

De todos modos, los países nórdicos son los más equitativos del mundo desde el punto de vista del ingreso, lo que obedece más al sistema tributario y la organización del mercado laboral que a las políticas sociales. Por el contrario, la escasa pobreza relativa existente en estos países se debe a las mismas políticas que se han esforzado en su eliminación.

En lo que respecta a la atención de la salud, las pensiones y los seguros de vejez y de desempleo, se han identificado cambios de segundo y tercer grado, todos los cuales apuntan a principios e instituciones antes considerados como característicos del modelo mediterráneo (dependencia de la familia, redes y organizaciones voluntarias); del modelo europeo (profundo arraigo en el mercado laboral y tendencia inherente al desarrollo de una estructura dual) y del modelo atlántico, en el que se otorga prioridad a las soluciones de mercado (Abrahamson, 2005; Lundberg, 2006).

De acuerdo a la clasificación de Peter Hall (1986, 1993), se puede distinguir entre cambios de primer, segundo y tercer grado. Los primeros son de carácter incremental y cuantitativo; pueden consistir, entre otras cosas, en un leve descenso o incremento del nivel de prestaciones y del período que abarcan. Los de segundo grado son de tipo institucional y cualitativo; pueden consistir, entre otras cosas, en una modificación del sistema de financiación, que deja de proceder del Estado. Los cambios de tercer grado son modificaciones de las metas o los objetivos de las políticas, entre otras cosas, un cambio de orientación de las medidas sobre desempleo, en virtud del cual en lugar de ayudar a los trabajadores mientras están desempleados, se los ayuda a estar en condiciones de encontrar trabajo nuevamente mediante la participación obligatoria en sistemas de reinserción.

Sin embargo, el porcentaje de población ocupada en trabajos remunerados en Suecia o Noruega es el más alto del mundo y el modelo sigue contando con un amplio respaldo de la población según todas las encuestas (Andersen y otros, 1999).

Los Estados nórdicos de bienestar tienen rasgos muy distintivos, pero cada vez menos, porque están siendo "europeizados" y la cohesión social se va reduciendo, lo que queda en evidencia en la exclusión de grupos procedentes de minorías étnicas y otros segmentos vulnerables de la sociedad.

A partir de fines de los años sesenta, temas como la protección del medio ambiente, las fuentes renovables de energía, la salud pública en un sentido amplio, las medidas de control alimentario y la cultura en el sentido más amplio del término, entre otros, comenzaron a ser considerados elementos esenciales de la formulación de nuevas estrategias de bienestar. A diferencia de lo ocurrido antes, estos elementos surgieron con base en los nuevos movimientos populares que nacieron esgrimiendo duras críticas contra la incapacidad de los partidos políticos tradicionales para identificar esos nuevos problemas, por estar obsesionados con las políticas de crecimiento económico consideradas como un prerrequisito del bienestar social (Christiansen y Markkola, 2006). En cambio, los gastos y los servicios en general fueron en aumento, aunque Dinamarca no registra pleno empleo desde comienzos de la crisis del petróleo de 1973-1974 y en los años noventa se produjeron graves crisis tanto en Finlandia como en Suecia.

Hay unidad de criterios en que los Estados nórdicos de bienestar sufrieron un cambio en los años noventa, pero también muchos observadores han centrado sus observaciones en la resistencia al cambio, lo que significa que los cambios no se han considerado paradigmáticos.

Kautto y otros (2001) dicen que en los últimos veinte años, los Estados nórdicos de bienestar se han enfrentado a innumerables cambios de la estructura familiar y los mercados laborales, e incluso han demostrado una extraordinaria capacidad de sobrevivir períodos de dramáticas turbulencias económicas (Nordlund, 2002). En cambio, otros autores se han referido a las crecientes pruebas de incorporación de elementos originalmente característicos de los sistemas atlántico y europeo e incluso del modelo mediterráneo.

"La capacidad de control y dirección del gobierno se ven cuestionadas por una separación de los poderes horizontal y vertical poco clara, la regionalización y la globalización, la descentralización y la delegación, así como la participación de entidades no gubernamentales en la orientación de las políticas (gobernanza)" (Micheletti, 2001).

El universalismo es uno de los conceptos de más peso en la definición de este modelo en el que incluimos a Suecia, Noruega y Dinamarca, que son los que comparten más valores comunes y en un plano secundario se encuentran Finlandia e Islandia. Cabe preguntarse si en los países nórdicos, el bienestar social es más dependiente de la residencia en un determinado lugar que el hecho de integrar o no la fuerza laboral. La respuesta a la pregunta sería un "sí" categórico, aunque ahora menos que antes. En estos países, las prestaciones de la seguridad social se han reducido, mientras la diferencia entre la clase media y los grupos marginados se ha acentuado. Hay factores tales como la individualización, la descentralización, la mayor dependencia de la familia y los parientes más cercanos y las soluciones de mercado, entre otros, que han acercado a Escandinavia a la adopción de los principios rectores de las políticas de bienestar de la Unión Europea.

El contexto turbulento de los años setenta resultó un desafío al modelo porque se produjo una caída en el empleo industrial y fue disparado por el Estado con el aumento del empleo público, especialmente en los servicios sociales. Sin embargo, a pesar de los problemas, se alcanzó el núcleo del modelo, que incluye el mantenimiento del pleno empleo (Viana y Cunha, 2016).

1.5.2. Las bases del modelo sueco: el modelo Rehn-Meidner

El modelo Rehn-Meidner (modelo R-M) es una contribución sueca única a la macroeconomía. Dos economistas sindicales, Gösta Rehn y Rudolf Meidner, abogaron por una política activa del mercado de trabajo, una política salarial de solidaridad y una política macroeconómica restrictiva —sobre todo, de impuestos indirectos— para combinar el pleno empleo con salarios justos, estabilidad de precios y alto crecimiento económico.

Gösta Rehn es uno de los teóricos suecos más influyentes de la posguerra; actor central en el debate de política económica en Suecia durante las décadas de 1940 y 1950, contribuyó en gran medida al avance de la política activa del mercado de trabajo y la política salarial solidaria, dos pilares del "modelo sueco".

Rehn ha sido una importante fuente de inspiración para los economistas, sociólogos y politólogos. Se convirtió en un partidario de las nuevas teorías sobre la necesidad de una promoción activa del Estado para evitar el desempleo masivo y más que llamarlo política socialdemócrata, se refería a la "solidaridad subordinada con los menos favorecidos" (Rehn, 1984).

Además, se refirió a críticas particularmente fuertes a la "teoría del poder adquisitivo", una teoría de que el aumento de los salarios podría ser una forma de combatir el desempleo porque el aumento del poder adquisitivo estimularía la demanda de bienes y servicios en la economía. El problema era, según Rehn, que el aumento de los salarios significaba mayores costes para los empleadores, lo que llevaría al hecho de que el desempleo aumentaría (Erixon y Wadensjö, 2012).

Rehn y Meidner no se oponían a una política económica contracíclica (Rehn 1948, 1950) pero su idea era que la inflación debía ser combatida a través de una política financiera y monetaria estricta durante el ciclo económico. Un superávit fiscal público a medio plazo, mediante impuestos al consumo, también proporcionaría margen para una política fiscal expansiva en una profunda recesión.

Rehn y Meidner percibieron la política de salarios solidarios, a través de negociaciones salariales coordinadas, como un medio más eficiente, más justo y menos inflacionario de lograr un cambio estructural que la brecha salarial en un mercado laboral libre (Rehn, 1948). La política salarial solidaria expone a las empresas e industrias de baja productividad a una presión de racionalización. El desmantelamiento de empresas e industrias sin capacidad de conversión libera recursos para que otras empresas e industrias más productivas puedan expandirse.

También sugirieron que una estructura de nóminas justas, basada en los requisitos de contenido y habilidades de la obra, debilitaría los vaivenes salariales en la economía. Una política macroeconómica restrictiva y una política de salarios solidarios serán contrarrestadas por una política activa del mercado de trabajo, que incluya una política de demanda selectiva y medidas para aumentar la flexibilidad del mercado de trabajo mediante el empleo, la formación profesional, el reciclaje y la reubicación.

La esencia de este modelo es una política fiscal restrictiva a medio plazo (a lo largo del ciclo económico) que fue el instrumento original para frenar la inflación en el modelo R-M. La reevaluación y la política monetaria restrictiva son otras medidas R-M para combatir la inflación.

El objetivo de una política macroeconómica restrictiva en el modelo R-M es evitar aumentos de precios cuando el crecimiento nominal de los salarios se mantiene mediante una política selectiva de pleno empleo. Una interpretación razonable del modelo R-M sugiere una política de empleo selectivo junto con una política monetaria y fiscal contracíclica, incluyendo la posibilidad de déficit presupuestario público intencional durante una profunda recesión (depresión).

Para una recesión "normal" (o débil), el modelo recomienda estímulos de empleo selectivo en el marco de una política monetaria y fiscal neutral o restrictiva. Aboga por una política fiscal restrictiva en el mediano plazo, no sólo para reducir la inflación, sino que contribuye a una disminución de los márgenes de beneficio, altera la distribución funcional del ingreso a favor del trabajo y aumenta el ahorro público a expensas del ahorro de la empresa.

Rehn y Meidner favorecieron el ahorro público en equidad y también en política industrial. Opinaban que su política, dirigida a restringir la demanda agregada, intensificar la competencia de precios, reducir los márgenes de ganancia y hacer más eficaces los mercados de trabajo, era superior a una estrategia keynesiana para combatir la inflación en una economía que se aproximaba al pleno empleo (Erixon, 2008).

Por otro lado, Lundberg (1985) señala que el término "modelo sueco" ha sido utilizado de forma poco o nada precisa por economistas, periodistas y politólogos desde los años treinta. Con este término se han querido abordar distintos aspectos económicos y sociales del país como el crecimiento económico, la constitución del bienestar y el proceso de las políticas de democratización.

Así, habría varias formas y ópticas para analizar y entender el modelo. Según Svanlund (2003), el modelo sueco es el resultado de políticas centradas en el mercado de trabajo y el marco institucional del país. Se refiere a los arreglos institucionales especiales de la sociedad que a veces se describe como una vía intermedia entre el capitalismo y el socialismo.

La definición comúnmente utilizada del modelo sueco en la historia económica es la de las relaciones específicas entre las organizaciones en el mercado de trabajo que se desarrollaron a partir de los años '30 en adelante. Aquí, el sistema central de negociación salarial, la política salarial solidaria y la baja frecuencia de conflictos laborales se considera relaciones específicas y únicas.

Como vemos, el término 'modelo sueco' también se utiliza para describir la política de bienestar general que surgió a partir de los años 30 y siguientes (Svanlund, 2003).

Vemos también que el modelo Rehn-Meidner representó una política única al combinar el pleno empleo y la equidad con el crecimiento y estabilidad de precios. La combinación se logra mediante una política salarial solidaria y el uso de instrumentos selectivos (principalmente, políticas laborales y primas marginales de empleo- en el marco de una política económica general restrictiva (Erixon, 2000). El enfoque modelo R-M se centra en la gestión de la demanda utilizando la política fiscal, lo que permitiría el pleno empleo en la mayoría de los sectores eficientes de la economía. Sin embargo, a pesar del importante papel de la política fiscal, la principal herramienta del modelo R-M es la Política del Mercado de Trabajo.

En general, se pueden observar cuatro tipos de Políticas de Mercado de Trabajo dentro del modelo: Políticas de Demanda; Políticas del lado de la oferta; Políticas de Compatibilidad y Políticas de Salarios Solidarios. En todas estas políticas es posible enfatizar la presencia del Estado para alcanzar el objetivo principal del pleno empleo. Ejemplos de políticas de demanda incluyen programas especiales de servicio público y subsidios para que las empresas aumenten el empleo. Las medidas del lado de la oferta incluyen la reducción de los costes de información para buscar empleos, subsidios para que los trabajadores se trasladen a otras regiones y programas de capacitación que satisfagan las necesidades del mercado laboral (Whyman, 2003: 38).

No hubo grandes movimientos sociales en contra de estas políticas porque la economía estaba creciendo y las tasas de desempleo eran extremadamente bajas, entre el 1% y el 2,5% (Trautwein, 1996, p. 109).

Las Políticas de Compatibilidad tenían como componente principal los Centros de Empleo. Estos Centros actuaron como Agencias de Empleo que tratarían de satisfacer las necesidades del mercado con la disponibilidad de trabajadores cualificados. La información debería centralizarse, con la hipótesis de que sería más eficiente y menos costoso contar con un sistema unificado que reuniera toda la información sobre las posiciones disponibles y los trabajadores desempleados (Hjalmarsson, 1990). Sin embargo, el modelo no sugiere una equiparación general de los salarios sino una reducción de las diferencias salariales, lo que tendería a mejorar la distribución de los ingresos y convertirse así en un aspecto positivo para el crecimiento económico a largo plazo.

Los recursos migran de los sectores menos dinámicos a los más dinámicos de la economía. Las empresas con salarios más altos han disminuido sus márgenes de ganancia, mientras que las empresas en situación opuesta aumentan sus ganancias. El punto donde se cruzan las dos cuestas es donde el salario definido por el mercado y por esta política es el mismo. Por lo tanto, el concepto existente en la Política de Salarios Solidarios es que promovería la racionalización debido a la migración de recursos a sectores dinámicos de la economía.

Como destacó Fujita (2014), las políticas de Bienestar Social influyeron directamente en las políticas del mercado de trabajo, elevando el nivel de capital humano y la inclusión de las mujeres en el mercado de trabajo, que promovió el aumento de la productividad y generó cambios estructurales en la economía.

Meidner (1993) sostiene que la productividad también fomentó el objetivo principal del modelo, que es alcanzar el pleno empleo, sin descuidar la estabilidad de precios. Los estudiosos del modelo R-M (Erixon, 2000; Whyman, 2003; Lindebeck, 1997) sostienen que los principales objetivos se alcanzaron durante el período comprendido entre 1960 y 1990, ya que Suecia tiene niveles equilibrados de inflación y desempleo. En términos de las variables económicas clave, la economía sueca también se comportó admirablemente (Viana y Cunha, 2016).

En definitiva, esta teoría se trata de un proyecto macroeconómico que tiene como objetivo combinar el pleno empleo con la estabilidad de precios, siendo otros modelos de estabilización desacreditados en las últimas tres décadas (Erixon, 2000).

1.5.3. El perfil de vida en Suecia

En promedio, Suecia se desempeña muy bien en las diferentes dimensiones de bienestar en relación con otros países de la OCDE.

Gracias a los sólidos fundamentos macroeconómicos, fiscales y financieros y a un sector empresarial competitivo y diversificado, la economía sueca ha resistido la crisis económica y financiera global con daños limitados. Este fuerte desempeño económico ha contribuido a una alta calidad de vida en Suecia. La población sueca está entre las más satisfechas con la vida en la OCDE y el país se desempeña bien en muchas medidas de Bienestar. Suecia también está comprometida con la lucha contra el cambio climático y la aplicación del Programa de Desarrollo Sostenible de 2030.

Aunque Suecia registra un nivel relativamente bajo de desigualdad de ingresos, las desigualdades en Educación pueden ser tan altas como el promedio de la OCDE. Aumentar las expectativas sobre el rendimiento de los estudiantes y mejorar el clima escolar puede ayudar a mejorar la calidad y la equidad del sistema educativo sueco. Además, el país debe abordar las deficiencias de sus mecanismos de financiación de la Educación y establecer una cultura de rendición de cuentas entre las instituciones educativas, pareja a la vida política.

De igual modo, atendiendo a los últimos datos publicados por el Índice de Competitividad Sostenible Global (GSCI), que es la clasificación más completa de países disponible actualmente y que mide la competitividad de los países en función de 189 indicadores cuantitativos medibles derivados de fuentes confiables, como el Banco Mundial, el FMI y varias agencias de la ONU, el gasto del gobierno de

Suecia en Educación es casi el doble del promedio mundial, medido como porcentaje del PIB y significativamente más alto que la mayoría de otros países avanzados.

El gasto en educación superior, combinado con la accesibilidad de la educación para todos, conduce a una fuerza laboral más calificada y más innovación en el futuro, como se refleja en la alta posición de Escandinavia en los sectores de alta tecnología.

La economía muestra resistencia en el actual entorno de lento crecimiento mundial y alta incertidumbre tras la pandemia sanitaria de 2020 y la situación bélica entre Rusia y Ucrania, con políticas monetarias y fiscales expansivas que apoyan la demanda interna, compensando los débiles mercados de exportación. La fuerza de trabajo de Suecia está creciendo y el desempleo está retrocediendo, con una tasa de paro en torno al 7,7% de su población en el año 2022.

El fuerte crecimiento económico de Suecia continuará en el futuro, aunque a un ritmo previsiblemente más lento. Este fuerte crecimiento económico ha sustentado el buen desempeño de Suecia en términos de bienestar. El país se desempeña con fuerza en todas las dimensiones del Índice de Mejora de la Vida de la OCDE. Los mayores puntos fuertes son el equilibrio entre el trabajo y la vida privada (sólo el 1,1% de los empleados en Suecia trabajaba regularmente largas horas en 2018, en comparación con el promedio de la OCDE del 13%). El 95% de la población se muestra satisfecha con la calidad del agua en 2018, en comparación con el promedio de la OCDE de 81% y el nivel de partículas PM2.5 (partículas atmosféricas pequeñas, lo suficientemente pequeñas para entrar y causar daño a los pulmones) era la mitad de la media de la OCDE en 2015. La esperanza de vida al nacer era casi 82 años en 2019, dos años más que la media de la OCDE. Los suecos también gozan de un alto grado de seguridad; la proporción de personas que se sienten seguras al caminar solas por la noche es superior al promedio de la OCDE y la tasa de homicidios está por debajo del promedio de la OCDE y se benefician de un fuerte sentido de comunidad. En 2019, el porcentaje de personas que creía que conocía a alguien en el que podía confiar en momentos de necesidad era superior al promedio de la OCDE del 88%. La participación de los votantes, una medida de la participación de los ciudadanos en el proceso político, fue del 86% durante las recientes elecciones, muy por encima de la media de la OCDE que está en torno al 68%.

En 2019, la tasa de empleo fue una de las más altas de la OCDE y sólo el 1% de los empleados en Suecia regularmente trabajó muchas horas. Los ingresos y ganancias disponibles están justo por debajo de los niveles promedio de la OCDE. En términos de educación y habilidades, el 83% de la población adulta en edad laboral ha alcanzado al menos una educación secundaria superior, en comparación con la OCDE promedio del 75%, mientras que las habilidades para adultos y las habilidades cognitivas de los estudiantes también superan el promedio de la OCDE. El compromiso y gobernanza, evaluado en términos de participación electoral y el porcentaje de adultos que sienten tener voz en lo que hace el gobierno, están en el tercio superior de la OCDE. La calidad ambiental de Suecia y el estado de salud también son buenos y la satisfacción con la vida estuvo entre las más altas de la OCDE en 2019.

Suecia muestra niveles relativamente bajos de desigualdad de ingresos. En 2017, el 10% más rico de la población obtuvo 6,5 veces el ingreso del 10% más pobre, inferior al promedio de la OCDE de 9,4 veces. Del mismo modo, en 2017, el 8,8% de la población ganaba menos de la mitad de la renta mediana (definida como la tasa de pobreza), por debajo de la media de la OCDE del 11,3%. En comparación con otros países de la OCDE, las disparidades regionales de bienestar también son generalmente bajas en Suecia. Las brechas regionales más amplias se encuentran en las conexiones sociales y de seguridad, aunque en ambos casos las regiones de bajo rendimiento están por encima de la media de la OCDE. Todas las regiones suecas ocupan el primer lugar en el 20% de las 395 regiones de la OCDE en el compromiso cívico y al menos uno ocupa el 20% más alto de las regiones de la OCDE en otras 7 dimensiones del bienestar, tales como seguridad, medio ambiente, salud, ingresos y satisfacción con la vida. Pero también hay algunos desafíos como los de las habilidades cognitivas de los suecos de 15 años, que están por debajo del promedio. Además, aunque Suecia registra un nivel relativamente bajo de desigualdad de ingresos, las desigualdades en Educación pueden ser tan altas como el promedio de la OCDE. Por ejemplo, los niños de entornos socioeconómicos bajos tienen más probabilidades de sentir mucha más presión de trabajo escolar que los niños de los entornos socioeconómicos más altos.

La inflación se ha mantenido muy por debajo del objetivo del 2% y las tasas negativas de interés han impulsado la demanda de vivienda en el contexto de una escasez estructural de viviendas residenciales. Esto ha llevado a aumentos de dos dígitos en los precios de la vivienda durante los cinco últimos años y a un mayor endeudamiento de los hogares. La elevada deuda de las familias se considera un riesgo moderado para la estabilidad financiera, pudiendo afectar potencialmente a la capacidad de recuperación de la economía doméstica.

De otra parte, mientras que el indicador de vivienda relacionado con el Índice de Mejor Calidad de Vida de la OCDE en Suecia está por encima de la media de la OCDE, hoy es algo inferior al de otros países nórdicos como Dinamarca o Noruega. En algunas regiones, especialmente en Estocolmo, el número de habitaciones por persona es inferior al promedio de la OCDE. La iniciativa del gobierno para impulsar el suministro de vivienda es un paso importante para abordar estas cuestiones, pero conseguir una vivienda suficiente para responder a la demanda seguirá siendo un desafío, con un mercado de vivienda fuertemente intervenido por la Administración. En 1964, el socialdemócrata Erlander hacía campaña electoral para las elecciones generales de septiembre de ese año llegando a pedir, literalmente, que la gente buscase vivienda fuera de Estocolmo, "*para no seguir colapsando las listas de espera en la búsqueda de vivienda garantizada por la Administración*".

El aumento asociado de la deuda de los hogares genera vulnerabilidades financieras y macroeconómicas que las nuevas medidas tratan de mitigar. Reducir el sesgo fiscal hacia la propiedad de una vivienda ayudaría a enfriar el mercado de la vivienda, con beneficios adicionales de distribución. En una perspectiva a más largo plazo es necesario abordar las debilidades estructurales, ya que la escasez actual de vivienda afecta la asequibilidad de la vivienda, al bienestar, a la movilidad laboral y la competitividad, especialmente en las grandes ciudades (OECD, 2022).

La producción ha aumentado gracias a la expansión de la mano de obra, la inversión y una reciente recuperación de la productividad. El desempleo está retrocediendo, aunque sigue siendo relativamente alto para los grupos vulnerables, especialmente los nacidos en el extranjero, teniendo en cuenta que Suecia ha sido durante décadas un país generoso como receptor de un alto número de asilados. La política monetaria expansiva apoya el crecimiento y la inflación está aumentando. Se han tomado medidas macroprudenciales para enfriar el mercado de la vivienda. Aun así, los precios han alcanzado niveles altos, impulsados por el aumento de los ingresos, las bajas tasas de interés y la escasez de oferta.

Suecia goza de una fuerte posición fiscal, con una deuda pública bruta (definición de Maastricht) del 43% del PIB y un patrimonio neto del Estado del 28% del PIB. Además, Suecia entró en la crisis financiera y económica mundial de 2008 con un gran superávit presupuestario, dejando espacio para la operación de estabilizadores automáticos y estímulos fiscales discrecionales. El saldo fiscal estructural descendió continuamente de 2010 a 2014. A medida que el crecimiento iba tomando fuerza, la política fiscal se endureció en 2015, con lo que los préstamos netos se fueron equilibrando.

Suecia resistió la crisis financiera y económica global con daños limitados gracias a los sólidos fundamentos macroeconómicos, fiscales y financieros, así como a un sector empresarial competitivo y diversificado. El producto interior bruto ha crecido más rápido que en la mayoría de los países de la OCDE en los últimos años.

Sus aumentos de población se deben, en gran parte, a la inmigración. El PIB *per cápita* del país se ha expandido más rápidamente que en la mayoría de los países de la OCDE. El desempeño de las exportaciones de Suecia se ha mantenido estable desde la recesión mundial de 2008, con gran superávit en su cuenta corriente. En un entorno mundial débil, el crecimiento ha sido impulsado principalmente por el fuerte consumo interno y la inversión.

Aunque la construcción residencial contribuye en gran medida al auge de la inversión, también ha aumentado la inversión empresarial. Esto ha contribuido a revitalizar la productividad laboral, que ahora está aumentando rápidamente. Se espera que el crecimiento se mantenga sólido en los próximos años, aunque se ralentice algo, ya que la economía está operando ahora cerca de la capacidad total. Al mismo tiempo, el crecimiento de la producción se ha disociado de las emisiones de carbono y Suecia es uno de los países de la OCDE más innovadores en lo que respecta a las tecnologías relacionadas con el medio ambiente y que defiende que una mayor productividad se logra con menos horas de trabajo.

La desigualdad sigue siendo la más baja entre los países de la OCDE, pero ha aumentado rápidamente desde los años noventa. La desigualdad de género es baja según los estándares de la OCDE, pero persiste (OCDE, 2019).

En los datos que podemos extraer de *World Economic Forum*, comprobamos que el empleo ha aumentado más rápidamente que en la mayoría de los países de la OCDE en los últimos años. La tasa de desempleo ha retrocedido y ahora es de alrededor del 7%. La escasez de trabajadores está apareciendo en algunos sectores como la construcción, la educación y los servicios municipales. Se estima que la tasa de desempleo está por debajo de la tasa de desempleo estructural, que se estima alrededor del 7,5%.

Una tasa de desempleo estructural relativamente alta refleja una alta participación en la fuerza de trabajo y desajustes entre la oferta y la demanda de mano de obra. Los trabajadores poco cualificados, especialmente los inmigrantes, se enfrentan a dificultades para encontrar empleo, lo que se refleja en los altos requisitos de cualificaciones para la mayoría de los empleos en Suecia. De hecho, a pesar del fuerte crecimiento de la producción, el desempleo está aumentando entre algunos grupos vulnerables, en particular, entre los inmigrantes y los trabajadores poco cualificados.

Para reducir aún más el desempleo se necesitará un aumento del empleo en los grupos vulnerables, las medidas gubernamentales van en la línea de lograr este objetivo, entre otras cosas, invirtiendo en educación y formación y mejorando las políticas de igualación de empleo, centrándose en los más alejados del mercado de trabajo. Sin embargo, el logro del objetivo gubernamental de alcanzar la tasa de desempleo más baja de la Unión Europea para 2020 se hizo difícil por la inclusión de muchos estudiantes de tiempo completo en las estadísticas de desempleo de Suecia y por grandes entradas recientes de refugiados.

Es importante destacar que, sin la migración, el tamaño de la población se habría estancado en su nivel de 1969 de 8 millones, en lugar de aumentar a 10 millones en la actualidad. La migración también ha contribuido directamente a una población más joven, ya que muchos migrantes están en el grupo de 20 a 35 años. Sin la migración, las personas mayores representarían una proporción mucho mayor de la población y los jóvenes tendrían una participación mucho menor (Statistics Sweden, 2020).

El actual entorno económico mundial es un desafío. Como pequeña economía abierta, Suecia está particularmente expuesta a la evolución del comercio mundial, así como a sus socios comerciales, entre ellos China y el Reino Unido, que representaron respectivamente alrededor del 4% y el 7% del total de las exportaciones suecas en el periodo de 2015-2018.

El impacto directo del Brexit sobre las exportaciones suecas es probable que sea limitado, hay una gran incertidumbre sobre los posibles efectos indirectos sobre la economía. Los movimientos de divisas, especialmente frente al euro y a la corona noruega, afectarían al crecimiento. La alta y creciente deuda de los hogares podría dar lugar a un desequilibrio en el crecimiento, al alza de los riesgos financieros y la vulnerabilidad de los hogares, a la disminución de los precios de la vivienda y al aumento de los tipos de interés.

Suecia tiene un sistema bancario grande, interconectado y dependiente de la financiación mayorista, que exige una vigilancia continua, aunque la financiación mayorista tiende a ser beneficiosa en un entorno de tipos de interés negativo. Las bajas tasas de interés perjudican la rentabilidad de las compañías de seguros y pueden llevar a tomar riesgos excesivos. Sin embargo, el sistema financiero sueco sigue siendo sólido (Riksbank, 2019; Finansinspektionen, 2018). La rentabilidad de los bancos es alta, los topes de capital son fuertes y las pruebas de tensión llevadas a cabo por la Autoridad Bancaria Europea en 2017 mostraron que los bancos suecos son resistentes. Como el crecimiento del crédito, especialmente en los hogares, es fuerte, el amortiguador de capital contracíclico fijó en 1,5% de los activos ponderados por riesgo a partir de junio de 2016 y en 2% a partir de marzo de 2017 (Finansinspektionen, 2017).

Tras la profunda recesión de los años noventa, que dio lugar a un gran déficit presupuestario y a altas tasas de interés de la deuda pública, se estableció progresivamente un marco fiscal sólido para restablecer la disciplina presupuestaria y la confianza en las finanzas públicas. Sus principales elementos son: 1) un proceso presupuestario en dos etapas en el que el gasto gubernamental total se determina primero y se asigna a todas las áreas de gasto antes de que se decidan gastos específicos dentro de estas áreas; 2) un límite máximo anual para los gastos de la administración central para los próximos tres años; 3) un requisito de presupuesto equilibrado para los gobiernos locales; 4) un objetivo de superávit de las administraciones públicas durante el ciclo económico. En 2007 se creó un consejo independiente de política fiscal.

Suecia es bien conocida por ser relativamente igualitaria en comparación con el entorno internacional. Sin embargo, desde finales de los años ochenta se ha producido una larga tendencia a la creciente desigualdad de los ingresos, todo ello coincidiendo con el fin del liderazgo de Palme tras su asesinato el 28 de febrero de 1986.

El coeficiente de Gini del ingreso disponible de los hogares ha aumentado más en Suecia que en cualquier otro país de la OCDE con los datos disponibles y ahora es el más alto entre los países nórdicos. La equidad depende del alto nivel de empleo, de la compresión salarial y de la redistribución, siempre clave en este modelo. El hecho de incluir el valor de los servicios públicos gratuitos reduce considerablemente el nivel de los indicadores de desigualdad. Las prestaciones sociales y los servicios públicos, en gran medida gratuitos, cumplen el doble objetivo de la redistribución y la puesta en común de riesgos. Los beneficios razonables y bien diseñados pueden hacer que una economía sea más dinámica, pero la redistribución y la compresión salarial pueden ser autodestructivas si debilitan los incentivos para trabajar, considerando asumir riesgos e invertir, sobre todo en Educación.

Capítulo 2

MARCO TEÓRICO

En *Der Sozialismus des 21. Jahrhunderts, Wirtschaft, Gesellschaft und Demokratie nach dem globalen Kapitalismus,* Dieterich cita a Arno Peters como referencia principal para su crítica contra el capitalismo esbozando el modelo de una futura sociedad socialista. "*El género humano ha transitado por las dos grandes vías de evolución que tenía a su disposición: el capitalismo y el socialismo histórico (realmente existente). Ninguno de los dos ha logrado resolver los apremiantes problemas de la humanidad, entre ellos: la pobreza, el hambre, la explotación y la opresión de tipo económico, sexista y racista; la destrucción de la naturaleza y la ausencia de la democracia real participativa*" (Dieterich, 2006).

Heinz Dieterich Steffan (Alemania, 1943) sociólogo y analista político, conocido por sus posiciones de ideología de izquierda. Ha publicado más de 30 libros sobre los conflictos políticos y sociales en Latinoamérica, la sociedad global y los paradigmas científicos e ideológicos. Impulsor del concepto del "Socialismo del siglo XXI".

Dieterich es uno de los referentes de la visión teórico-práctica de la izquierda anticapitalista posterior a la caída de la Unión Soviética. En su obra *Socialismo del Siglo XXI* explica su fundamentación teórica, la cual encontró su aplicación práctica más directa en el proceso político de Venezuela hasta el año 2007, cuando por diferentes motivos de carácter sociopolítico, la teoría del "Socialismo del siglo XXI" no siguió su avance en este país latinoamericano, como tampoco en otros que cita.

Dada la naturaleza y enfoque de la presente investigación, el marco teórico se sustenta desde el análisis de la peculiaridad del modelo nórdico poniendo las cuestiones ideológicas en valor, pero este análisis es de carácter ecléctico, ya que deberá contemplar aquellas perspectivas teóricas y campos de estudio relacionados con problemas sociales como la vulnerabilidad y la exclusión social, aparte de las políticas públicas que se acometen.

Nuestra línea teórica pone el foco en la relación entre la vulnerabilidad y exclusión social y el Estado de bienestar tratando de dar una perspectiva sociológica acerca de las problemáticas que se producen, cómo las sufren las personas afectadas y por tanto, nos basamos en tratar de comprender el origen y el afrontamiento de políticas y demás estrategias.

En este sentido, queremos resaltar que para su comprensión sociológica, se ha de valorar la conexión entre el devenir vital de los individuos y la forma en que se organiza y estructura la sociedad, con un trabajo empeñado en buscar desigualdades que se generan, que a su vez originan graves disfuncionalidades que convierten a parte de la población en seres vulnerables.

Para lograr la interpretación y comprensión de la sociedad nos valemos de la teoría sociológica de E. Durkheim y Max Weber, entre otros, que nos ayudan a situar mejor los fenómenos y problemas sociales al aportar diferentes perspectivas de análisis. También, nos apoyamos en el paradigma de los Hechos Sociales, de Durkheim, cuando alude a las grandes Instituciones y Estructuras Sociales y la influencia que tienen en el pensamiento y en las acciones individuales como objeto de estudio. Por sus aportaciones hemos entendido relevantes los métodos de análisis tales como ayudarnos de entrevistas, cuestionarios y métodos históricos comparados para investigar las relaciones entre individuos y sociedad, las relaciones entre la personalidad individual y la solidaridad social y cómo el entramado institucional puede crear una determinada cultura política y comportamiento político determinados en la sociedad, valiéndonos también del enfoque de investigación de Bárez Cambronero (Bárez, 2020).

De la misma manera, el paradigma de la Definición Social de Weber nos resulta útil al tratar la conducta humana y también, cuando resalta el estudio de las interacciones sociales a través de la observación. Los motivos de acción se hallan en todos los sucesos que de forma traumática suceden en la vida de las personas, determinando un resultado. Con su apoyo metodológico terminamos nuestro análisis fijando un punto de cierre en lo relacionado con la población y su relación con la Covid-19.

A la pregunta de ¿qué entendemos por problema social? para tratar de ahondar mejor sobre los tipos de políticas sociales que se realizan, podemos entender, tal y como lo expone Eduardo López-Aranguren, que la desigualdad no es un problema social en sí misma sino que a su vez genera un sinfín de problemas sociales. Cualquier perspectiva teórica que busque una explicación satisfactoria de lo que observa deberá contemplar cuatro aspectos interrelacionados de un problema social (L. Aranguren, 2005: 25):

1- Las causas, factores que producen directa o indirectamente el problema social y la naturaleza de este proceso.
2- Las condiciones que facilitan el desarrollo de las causas de los problemas.
3- Las consecuencias o efectos perjudiciales del problema identificado.
4- Las soluciones explícitas o implícitas en el análisis del problema.

2.1. SUECIA: SU ESTADO DE BIENESTAR Y LA POLÍTICA SOCIAL

Desde una mirada histórica, tenemos abordajes teóricos ligados íntimamente con el discurrir de los hechos. El socialdemócrata Tage Erlander es considerado "el padre del Estado del Bienestar" sueco y Olof Palme fue el referente de estas políticas en los '70 y '80 del pasado siglo, imprimiendo en la Internacional Socialista su visión sobre la garantía de los pilares del Estado del Bienestar.

Suecia es un país que durante el siglo XX no sólo declaró sino que también estaba aplicando una política exterior de "neutralidad activa" y en su interior estaba creando el "Estado de bienestar" más avanzado de la época. Con los últimos acontecimientos bélicos entre Rusia y Ucrania, vemos que la posición del Gobierno socialdemócrata ha virado a favor de una adhesión a la OTAN. Esta percepción favorable a la adhesión llevaba tiempo formando parte del debate político, acentuado previamente en la vuelta al servicio militar en Gotland, con la difusión de pasquines en esta isla contra cualquier movimiento de Rusia en contra de los territorios suecos.

Per Albin Hansson, líder socialdemócrata que llegó a primer ministro, popularizó la idea de Suecia como el *folkhemmet* u "hogar del pueblo". Argumentó que "la base del hogar es la comunidad y la unidad" y que la socialdemocracia se esfuerza por "romper las barreras que separan a los ciudadanos". Hansson reconoció que, especialmente en tiempos de crisis y agitación, las personas anhelan un sentido de *gemeinschaft* (del alemán "comunidad") sintiendo que pertenecen a algo más grande que ellos mismos. Como resultado de estas políticas y apelaciones, mientras que en países como Alemania e Italia fue la derecha populista la que parecía políticamente dinámica y defendió la solidaridad comunal, en Suecia fueron los socialdemócratas los que se conocieron como el partido con planes emocionantes para domar el capitalismo y ayudar a los "desfavorecidos".

Los socialdemócratas suecos consideraban el comunitarismo y la democracia como un fin y un medio; valen no sólo como contrapeso a la atomización, la división y la discordia generada por el capitalismo, sino también como facilitador de otros aspectos de la sociedad.

Tanto un Estado fuerte e intervencionista como unas políticas de bienestar generosas y universalistas dependen del apoyo de una ciudadanía impulsada por un alto grado de sentimientos de compañerismo y un sentido de propósito compartido (Berman *et al.*, 2006).

Durante 80 años, el "*folkhemmet*" ha servido como la idea política más fuerte de Suecia. Hoy es aceptado por todos, desde los socialdemócratas hasta los Demócratas de Suecia —partido escorado a la extrema-derecha— (Fahlgren, 2008).

La "Edad de Oro" del Estado de bienestar de Suecia dio lugar al gobierno del primer ministro que, democráticamente, más tiempo ha estado en el poder (Tage Erlander). Con el asesinato de Palme en 1986, se impidió continuar con un liderazgo carismático y sólido a nivel internacional, plasmando una serie de innovaciones en la gobernabilidad del sector público que inició, las cuales, como todas las anteriores, reforzaron la justicia social en el país y siguieron siendo un modelo inigualable en la historia del mundo.

Cuando Palme fue ministro de Educación, incluyó el aprendizaje del marxismo en los planes de estudio escolares como forma de inducir a la reflexión y al debate dentro de la filosofía. En cuanto a las cuestiones de política exterior, Palme hizo hincapié en la importancia de preservar el derecho internacional y reforzarlo y aumentar la defensa de los intereses de los Estados más pequeños. Cabe señalar que la idea relativa al derecho de los países más pequeños a resistir la influencia de las grandes potencias se la considera "la doctrina Palme".

Palme nunca evitó criticar a las grandes superpotencias, tanto a USA como a la URSS (Ekengren, 2011; Bondeson, 2013; Agius, 2006). Según Palme, el tipo de sociedad sueca, orientada a lograr una mayor igualdad, era el ideal del Estado que era esencialmente diferente del comunismo soviético y de un modelo de la sociedad liberal representado por Estados Unidos. En 1977, Palme expresó un deseo público de reemplazar el sistema individualista del capitalismo por la democracia económica (Tsarouhas, 2008: 79).

Durante la mayor parte del siglo pasado, los mayores logros del Partido Socialdemócrata en el país fueron en el ámbito de la gobernanza del sector público y principalmente, en el área de protección social, donde la pobreza fue eliminada en gran medida y la clase media fue reforzada. Las décadas creativas exitosas de este país comenzaron en 1932 con la llegada de los socialdemócratas al poder, que duró incluso durante la Segunda Guerra Mundial y las primeras tres décadas después de la guerra, la conocida como "Edad de Oro". Durante este período, Suecia fue progresando en calidad de vida y las exportaciones fueron aumentando perceptiblemente.

Las corporaciones a nivel global como Volvo, Ericsson, Alfa Laval, etc. operaban con éxito en Suecia. Por lo tanto, el crecimiento de la economía y el aumento gradual de los impuestos permitieron crear un sistema de servicios sociales y de salud, reforzar la política interna y participar activamente en la implementación de la política exterior (Bondeson, 2013; Bolang, 1983).

Por ejemplo, en política interior, Palme expresó su apoyo a los sindicatos en una campaña para desviar los beneficios empresariales en fondos "asalariados" para expandir la propiedad social de las empresas. Por otra parte, se considera que son precisamente los impuestos altos los que se convirtieron en la razón subyacente por la que los socialdemócratas perdieron el poder en 1976 (Jenkins, 1987; Tilton, 1991).

Los socialdemócratas de Suecia tienen una comprensión única del "socialismo democrático"; es decir, se refieren a la "socialización funcional" ("socialismo funcional") y a la "socialización vía fondos" ("fondos socialistas"), teniendo en cuenta que la actividad socialdemócrata es socialista y contradice el capitalismo liberal (Adler-Karlsson, 1968: 21; Meidner, 1978). Del socialismo democrático puede decirse que es el heredero y representante de una revisión del pensamiento marxista, de acuerdo con su propio método. Está integrado por todas aquellas corrientes del movimiento obrero internacional que se ubican resueltamente a la izquierda de la socialdemocracia, rechazando el reformismo, evitando el dogmatismo y el autoritarismo burocrático. En él se incluye al partido socialdemócrata sueco.

Decíamos que el mundo perdió a Olof Palme el 28 de febrero de 1986. En el último día de su vida concedió una entrevista al corresponsal de un periódico local y habló sobre la necesidad del desarme nuclear y de asegurar la paz y aplicar la visión de un mundo más seguro (Maylam, 2011: 209). Palme representa la doctrina del "socialismo funcional democrático" tanto en el plano teórico ideológico como en el práctico, tanto en política exterior como interna. Durante sus años de gobierno, se reveló plenamente el llamado "modelo sueco", que era característico de la "paz social"; una especie de equilibrio y compromiso entre el gobierno, los empleados y los empleadores apoyados por la "democracia integrativa". Así se da el "socialismo sueco", característico de la mitigación de las contradicciones del capitalismo y de la propiedad privada, que permiten hablar de compromiso entre trabajo y capital, situado dentro del lado izquierdo del espectro político.

Teóricamente, se habla de su visión política como de "un socialismo de la tercera vía" o "socialismo de la vía de en medio", que no comulgaba con el capitalismo estadounidense pero tampoco con la praxis del socialismo soviético, intentando equilibrar cada extremo de los dos polos de la Guerra Fría.

Se habla en la actualidad de que las bases del socialismo del siglo XXI podemos encontrarlas en sucesos tales como el derrocamiento de la Primavera de Praga en 1978 por las fuerzas del Pacto de Varsovia, la creación del sindicato polaco "Solidaridad" en los astilleros de Gdansk en 1980, las victorias de la derecha en Europa y Estados Unidos (Thatcher, en 1979; Reagan, en 1980), el asesinato de Palme en 1986, el nombramiento de Carlos Salinas en México en 1988, la caída del Muro de Berlín en 1989, de Menem en Argentina y de Carlos Andrés Pérez en Venezuela (ambos también en 1989), la pérdida del poder de los sandinistas en 1990, la disolución de la URSS en 1991, el levantamiento zapatista de 1994, la fundación en 1980 de Los Verdes en Alemania (con las banderas del socialismo, el ecologismo, la democracia de base, la no-violencia), el desarrollo de la teología de la liberación, etc.

El "Socialismo del siglo XXI" se posiciona teóricamente contra el capitalismo y la explotación que conlleva, contra todo tipo de dominación de género, de clase, de antropocentrismo, de exclusión y de diferencia. Se distingue por ser un socialismo garante de las mayorías, en la búsqueda de la distribución equitativa de los bienes y servicios y en la democracia parlamentaria como instrumento.

Una edición de *El futuro del socialismo* de Alexander V. Buzgalin es del año 1996 y esta obra coincide temporalmente con lo expresado por el científico social mexicano-alemán Heinz Dieterich en relación con la "creación" del término.

Alexander V. Buzgalin expresó:

"El socialismo, a fines del siglo XX, perdió con el capitalismo incluso en el terreno de la teoría, sin jugar hasta el final este "partido", sin dar una explicación —suya— más precisa, sin dar más perspectiva de las leyes del actual mundo global que las elaboradas por el liberalismo burgués y por el postmodernismo, sin repensar dialécticamente (de manera positiva, que conserve lo positivo) y criticando al marxismo, sin crear una teoría del socialismo del siglo XXI (...)" (Buzgalin, 2000: 5).

"El desafío intelectual de pensar el "Socialismo" después del derrumbe de la Modernidad, después de la implosión de la Unión Soviética y sus satélites, en un tránsito cultural que ha puesto patas arriba todas las convenciones que sirvieron para pensar y hacer durante este largo trayecto. Tamaño reto en una coyuntura caracterizada por la crisis de paradigmas, por la deriva de la voluntad y la difuminación de la ética. ¿Cuál es esa teoría política que puede fundar otra idea de "Socialismo"? ¿Qué Estado es ese? ¿Cuál Sujeto? ¿Cuál Progreso? ¿Cuál Historia? ¿Qué idea de Nación habrá detrás de esta metáfora del "Socialismo"? ¿Qué idea de lo político?". (Rigoberto Lanz, *Debate sobre los socialismos).*

Al científico Arno Peters[2 3] pertenece el mérito de haber descubierto el principio de la futura economía socialista, partiendo de las deficiencias estructurales de la economía nacional de mercado.

La Economía, su influencia en la Sociología, como cualquier otro fenómeno del presente, sólo puede comprenderse como resultado de su evolución. Con todo eso, igual que en todas las disciplinas del conocimiento científico, artístico y social, la economía está inmersa de diversas maneras con la evolución histórica, influenciada y generada por la misma. La evolución del hombre corresponde a una determinada economía. En su libro, *El fin del capitalismo global,* afirma que:

"...Si entendemos "la economía" como el conjunto de todas las actividades e instituciones dedicadas a satisfacer las necesidades generales, el inicio de nuestra economía data de aproximadamente ochocientos mil años atrás, cuando se fabricaron las primeras herramientas rudimentarias. Hasta esa fecha, los hombres vivieron como los animales de la naturaleza que los rodeaba. Después empezaron a transformar los objetos y materiales que encontraban para hacerlos servibles para sus fines. Con esta transformación de la naturaleza mediante el trabajo empieza la historia de la economía. El don de observación,

---

2 Como una invitación a trabajar por el cambio social y una introducción al impacto del capitalismo en el Tercer Mundo, Arno Peters produce un conjunto bien integrado de seis ensayos, donde examina las realidades económicas mundiales y sugiere nuevas posibilidades. Su tema es *"El fin del capitalismo",* con el apoyo de contribuyentes como Dieterich. El científico Arno Peters es conocido por su diseño en 1974 de "La proyección de Peters", un mapa del mundo que remedia las inmensas excentricidades territoriales eurocéntricas del mercado.

3 Un grupo de intelectuales elaboró un texto mancomunado (Dieterich, et. al.: 2000) que presenta una propuesta sobre la reorganización de la sociedad global en este siglo. Plantea un tercer milenio donde la opción para mejorar la calidad de vida del pueblo implica la democratización estructural de la sociedad global. Dicha propuesta surge ante un sistema, cuya economía de mercado se encuentra en fase transnacional-capitalista con una democracia formal burguesa. A las élites se las ve incapaces de satisfacer las necesidades económico-sociales del ser humano, mostrando su total incompetencia para proteger los recursos naturales.

El mencionado estudio propone un Nuevo Proyecto Histórico (NPH), un programa de democracia real participativa y de economía no-capitalista. El paradigma del principio de la equivalencia como base de la economía global, planteado por Peters (Dieterich, et al., 2000: 11-59) como alternativa al paradigma dominante de la economía nacional de mercado.

la energía y la habilidad manual capacitan al hombre para tener pronto una actividad ordenada". [...] (Dieterich, 1988: 16).

En todo el mundo se necesitan productos y servicios de todo tipo pero a pesar de ello, en Europa Occidental 35 millones de personas están sin empleo; en el mundo son 820 millones, casi un tercio de las personas en edad productiva y las corrientes globales de capital que se concentran crecientemente no crean nuevos empleos ni valores materiales; ya no están enfocadas hacia la ganancia sino únicamente a generar intereses. El volumen de los flujos de capital se ha multiplicado por diez en los últimos seis años. Ahora, más de un billón de dólares cambia de propietario diariamente en el mundo (sólo el 1% de esta cantidad, diariamente diez mil millones para las transacciones del comercio mundial) y el noventa y 9% de las transacciones monetarias son netamente especulativas. Los activos de los bancos en el exterior se han cuadruplicado desde 1980: de 1.836 billones de dólares a más de ocho billones de dólares [...] El porcentaje de los puros ingresos por intereses, comparados con las ganancias de los empresarios, aumentó del 7% en el año 1960 a casi el 60% actual.

En los países más ricos, las personas consumen cuatrocientas veces más que la gente en los países más pobres; esto quiere decir que los habitantes de Suiza consumen en un solo día lo que los habitantes de Mozambique en todo un año. Todos estos son valores promedios. Los directores de las grandes empresas industriales en los países ricos ganan tanto en un minuto como la gente en los países pobres en toda su vida. Y los ingresos de los propietarios son más altos aún: un propietario de minas en Sudáfrica gana dos mil millones de dólares al año, tres veces el ingreso anual de los cinco millones de habitantes del Chad.

No es el crecimiento demográfico ni tampoco la naturaleza o el ser humano quien tiene la culpa de la creciente miseria y del hambre en los países pobres sino nuestro sistema económico, una mal abordada economía de mercado, en la cual los productos y servicios no se intercambian a su valor sino al precio del mercado mundial, el cual, desde los años sesenta, sigue beneficiando cada vez más a los países ricos industrializados. De esta manera, por una locomotora que Brasil pagó con 15 mil sacos de café hace 20 años, hoy en día tiene que pagar tres veces más (46 mil sacos de café). El valor de esa locomotora no se ha triplicado en esos veinte años y el valor del café no ha disminuido; sólo cambió el precio en el mercado mundial, el cual determina la relación de intercambio entre los productos industriales, ofrecidos en su mayoría por los países ricos y los productos naturales, ofrecidos preponderantemente por los países pobres.

Voltaire describió la esencia de los principios de la economía nacional en una sola frase: "*Claro está que un país sólo puede ganar cuando otro pierde*" y Pareto lo dijo de la siguiente manera: "*Nadie puede mejorar su posición sin empeorar la de otro*" (lo que es conocido como el "óptimo paretiano"; encontrar el equilibrio entre ganadores y perdedores en la implementación de políticas). Pero en la economía global, un país o un individuo no tienen el derecho de ganar a cuenta de otro. Sin embargo, ¿existe un sistema económico que se distinga de la economía de mercado en este punto decisivo? ¿Existe una alternativa para la economía nacional? Si analizamos la economía y su historia con respecto a la totalidad de los principios que crearon su base, encontramos sólo dos arquetipos: la economía equivalente, bajo cuyo régimen la humanidad ha vivido durante casi 800 mil años desde el inicio de su historia económica y la economía no-equivalente, la cual hace aproximadamente 6 mil años empezó a poner la economía sobre una nueva base y que sometió a todo el mundo a su sistema [...] Ambos arquetipos de economía son incompatibles de principio [...] La total equivalencia entre Input y Output es la característica de la economía equivalente, así como su inequivalencia es la característica de la economía no-equivalente.

En la teoría económica del filósofo Aristóteles, "economía" es el nombre que se da al arte de la adquisición (Erwerbskunst), cuya sustancia es la creación de los medios que son necesarios para el sustento de la familia y el Estado, es decir, el cubrimiento de las necesidades. Por otra parte, Aristóteles describe un segundo tipo de arte de la adquisición, al contrario del primero; no es una pretensión de la naturaleza sino que fue añadido artificialmente a ella. Este segundo tipo del arte de la adquisición no pertenece a la economía (Ökonomie) sino que representa un fenómeno propio; la crematística (=enriquecimiento). "*Como la crematística está relacionada con la economía*", dice el pensador griego, "*mucha gente cree que son idénticas pero no es así*".

Sócrates, el maestro de Platón, ya había pronunciado el criterio determinante de la economía en su forma más general. "La mayor de las virtudes es la modestia". Ese fue el rechazo de la desmesura, tal como había llegado a la economía por medio de la crematística. Todos esos conocimientos se integraron a las teorías económicas de Aristóteles, cuyas características más relevantes se pueden resumir de la siguiente manera: 1) Por naturaleza, el hombre es un ser que forma comunidades, se desenvuelve en el Estado y sus leyes. 2) La economía no tiene una función autónoma autodeterminada ante el Estado, sino sólo una función de servicio. 3) La función de la economía consiste en la satisfacción de las necesidades del ser humano. 4) Igual que las necesidades humanas, también el afán de ganancia de la economía tiene un límite natural. 5) Un complemento necesario de la producción de bienes dentro de la economía es el intercambio de los mismos, mediante el cual se intercambian productos diferentes del mismo valor (equivalentes) y sin ganancias. 6) Aparte de la economía existe la crematística (enriquecimiento), que se basa en el comercio y en los préstamos financieros, cuyo único objetivo es el lucro. La crematística trastorna la economía en su libre desarrollo, por lo cual impide el cumplimiento de su función. 7) El afán de lucro de la crematística no tiene límites. Su insaciabilidad es antinatural y ofende la vida en sí. 8) La crematística última es la causa del comercio, del robo y de la guerra. 9) La carencia y abundancia, la pobreza y la riqueza surgieron juntos y se producen conjuntamente. 10) La vida es actividad. Sólo una actividad que se realiza para su propio fin trae una satisfacción duradera. "La vida que sólo sirve para adquirir dinero no vale la pena". Michael Lebowitz[4], sostiene que el socialismo del siglo XXI tiene como meta el pleno desarrollo humano.

Desde la mirada del marxismo clásico, la futura sociedad permitiría el pleno desarrollo de todas las potencialidades del ser humano. Se trata, como decía Friedrich Engels en su primer borrador del *Manifiesto Comunista,* de *"Organizar la sociedad de tal manera que cada uno de sus miembros pueda desarrollar y utilizar su potencial y sus facultades en completa libertad y por lo tanto, sin desnaturalizar la esencia básica de esa sociedad"* (Lebowitz, 2007: 29). En la versión final de Marx del Manifiesto, esa nueva sociedad se presenta como una *"asociación en la que el libre desarrollo de cada uno sea la condición del libre desarrollo de*

---

4 La Alternativa Socialista es el título del libro escrito por Michael Lebowitz, cuya versión original se encuentra publicada en el 2010 por *Monthly Review Press.*

todos". Así, subraya que el socialismo del siglo XXI es un proceso que se construye con la gente de a pie, con el *common sense* transformador de circunstancias.

Es en América Latina donde surge esta propuesta alternativa en este siglo. El hambre, la miseria, un reparto cada vez más desigual de la riqueza, la destrucción de la naturaleza y la pérdida creciente de la soberanía nacional; es el contexto de varios pueblos que han permitido el triunfo de candidatos presidenciales con programas antineoliberales.

En los países latinoamericanos no hay condiciones económicas, materiales y culturales para ese desarrollo humano sino que también está ausente el poder del Estado. Valga recordar que el poder del Estado no se limita al ejecutivo, sino que involucra también el poder legislativo, judicial, las fuerzas armadas, los órganos locales de gobierno y otras instancias y organizaciones no gubernamentales.

En Chile, por ejemplo, se aventuraba por un gobierno que debía adoptar medidas más radicales, sin tener en cuenta la correlación de fuerzas existente. Allende, al ganar las elecciones, no contaba con el poder del Estado.

Michael Lebowitz establece en "Alas nuevas para el socialismo" (2007) una nueva dialéctica: producción-distribución-consumo basada en:

- La propiedad social de los medios de producción.
- La producción social organizada por los trabajadores y
- Dirigida a la satisfacción de las necesidades de la población.

Desde la mirada marxista, sabemos que la distribución del producto social depende de la forma en que se encuentran distribuidos los medios de producción en una sociedad. Para satisfacer las necesidades de los habitantes de un país es fundamental que los medios de producción fundamentales no estén en manos de unos pocos, utilizados para su propio beneficio, sino que sean de propiedad colectiva, social, es decir, implica una redistribución de los medios de producción.

Valga precisar que la propiedad social no es lo mismo que propiedad estatal. En este sentido, es importante distinguir entre propiedad jurídica formal y propiedad real. El Estado representa formalmente al colectivo, pero para que el colectivo se apropie realmente de los medios de producción (fábricas, minas, tierras, servicios) se requiere mucho más que un acto jurídico de expropiación de los medios de producción a los capitalistas, el paso a manos del Estado de esos medios de producción (Harnecker, 1984).

La Unión Soviética y demás países que adoptaron el modelo soviético no realizaron una real apropiación sino una estatización de los medios de producción, pasando a ser propiedad del Estado lo que supuestamente representaba a los trabajadores y no siendo éstos los que se apropiaran del proceso de producción, participando en la organización de éste, pasando el Estado a ser el propietario legal de los medios de producción.

En el concepto utópico descrito por Marx, si los medios de producción son de propiedad social, los objetos que se producen deben responder a las necesidades de la sociedad y los excedentes obtenidos no pueden ser acaparados sólo por un grupo específico sino que tienen que ser compartidos integralmente.

El *Socialismo del siglo XXI* plantea un nuevo "concepto de eficiencia" no la eficiencia de la productividad capitalista con el logro de producir plusvalía. Como señala Michael Lebowitz (2010: 154-161), la eficiencia en el socialismo debe tener en consideración dos cosas: Sólo será eficiente una empresa si al producir no destruye el futuro de la humanidad, ni destruye la naturaleza. La segunda, que generalmente no se toma en cuenta, deriva del carácter dual de lo que una empresa produce. Aparentemente, sólo produce mercancías o servicios al transformar la materia prima en productos, pero no es así, también hay otro elemento que se transforma en el proceso de producción y ese elemento son los propios trabajadores: hombres y mujeres que al trabajar, es decir, al transformar la materia en producto, se desarrollan a sí mismos o se deforman. En este sentido, una empresa sólo será eficiente en el socialismo, según este autor, si además de ser materialmente productiva, permite que los trabajadores se desarrollen plenamente como seres humanos, como resultado de la combinación de su pensar y su hacer, al participar en la gestión de sus empresas. En consecuencia, la inversión en el desarrollo de los trabajadores debe ser considerada en el socialismo como una inversión productiva. La formación tecnológica y científica debe pensarse como algo integral de la jornada de trabajo.

De estas teorías bebe el camino de la socialdemocracia sueca en sus continuos debates que siempre ha encarnado este socialismo de "la vía de en medio", que alcanzó otro cénit teórico en las ideas de Anthony Giddens, en 1998. En ese año, este sociólogo británico publicaba un libro proponiendo una redefinición del paradigma izquierdista, cuyas consecuencias suponen la trascendencia de la antigua división izquierda-derecha.

La obra de Giddens ha recibido fuertes críticas por el socialismo europeo, acusándola de neoliberalismo disfrazado de socialismo, a lo que el mismo Giddens responde que su obra "no es (ni siquiera) un compromiso entre el neoliberalismo y la socialdemocracia. Es un intento de ir más allá de ambos" (Giddens: 2005: 3).

El entonces primer ministro Blair sostenía que "la Tercera vía es todo lo que dé resultados" (Connelly, s.f.: 4).

La Tercera vía, —afirmaba Giddens— se refiere a un marco de pensamiento y política práctica que busca adaptar la socialdemocracia a un mundo que ha cambiado esencialmente a lo largo de las dos o tres últimas décadas. Es una Tercera vía en cuanto a que es un intento por trascender tanto la socialdemocracia a la antigua como el neoliberalismo (Giddens, 1999: 38).

Ese mundo cambiante proviene de la aceptación de que el mercado es dinámico por excelencia. El mercado produce crecimiento económico, crea riqueza, así que el problema radica en cómo hacer para que tal riqueza llegue a un máximo de personas. No sólo es importante distribuirla equitativamente sino que es de obligatorio cumplimiento el generarla.

Giddens afirmaba al respecto:

"La socialdemocracia clásica consideraba la creación de riqueza como casi accesoria a sus preocupaciones básicas por la seguridad y la redistribución económicas. Los neoliberales hacían mucho más hincapié en la competitividad y la generación de riqueza. La política de la Tercera vía también pone mucho énfasis en esas virtudes, que tienen una importancia decisiva dada la naturaleza del mercado global (...) El gobierno de la Tercera vía podría sugerirse como el gestor de una economía mixta (...) La nueva economía mixta busca (...) una sinergia entre sectores públicos y privados, aprovechando el dinamismo de los mercados, siempre con miras del interés público" (Giddens, 1999: 119-120).

Para Giddens, la Tercera vía consistía en un programa efectivo de modernización de la economía, del sistema político y del Estado de bienestar. Modernizar significa responder a los grandes cambios económicos y los procesos de globalización en el mundo.

La Tercera Vía implica redescubrir la sociedad civil, la asociación entre ésta y el gobierno, el estímulo y aprovechamiento de iniciativas locales, la lucha y la prevención comunitaria del crimen; todo bajo la óptica de una sociedad civil que proteja al individuo contra la asfixia de un Estado sobredimensionado, a lo que poco respondía la vieja izquierda. Giddens subraya "*si el Estado está en todas partes, no está en ninguna*" (Giddens, 1999: 103).

Según el discurso de la Tercera Vía, la sociedad post- industrial tiene las siguientes características:

1) Un comercio globalizado: "*La globalización tiene implícito el supuesto de que el comercio internacional de bienes y servicios, así como los movimientos de capital, van más allá de las fronteras de los países. Esto se debe a dos circunstancias: Con el colapso del comunismo soviético, con pretensiones de modernidad, desapareció el gran refugio de un sistema económico no capitalista. Es decir, el capitalismo es por primera vez realmente global. De otra parte, la globalización en los países desarrollados pone a disposición los consensos centrales característicos de la sociedad industrializada. Así las cosas, un mercado globalizado de dinero y capitales pone límites estrechos a la política económica nacional*" (Giddens, 1999: 104).

En la era de la globalización, los Estados han quedado reducidos al nivel de espacios geográficos para la localización de empresas y sus gobiernos están limitados a aceptar las decisiones de los mercados. El mercado globalizado somete los acuerdos sociales básicos de los Estados a prueba de la capacidad competitiva internacional. En caso de no pasar esta prueba, éstos deben someterse a una revisión de competitividad. Así, los Estados ya no tienen la soberanía para llevar a la práctica algunos conceptos de justicia social si el mercado globalizado no lo clasifica como competitivo.

2) Sociedad de nuevas tecnologías, las TIC: "*Se trata de la influencia de las nuevas tecnologías y por ende, de la información y el conocimiento de grandes datos. Por tanto, la información debe considerarse como un insumo económico, como producto y factor importante que estruc-*

tura el proceso económico, tendencia que se refleja: a) en la creciente importancia de aquellas empresas que no poseen bienes físicos sino que producen o transportan información (software, telecomunicaciones, tecnología, marketing y entretenimiento), b) en la creciente importancia de la tecnología informática (tanto hardware como software) y la cada vez mayor participación de componentes en productos industriales; c) de igual modo, en la creciente participación de la producción o procesamiento de información en el producto social" (Giddens, 1999: 110).

Los protagonistas norteamericanos de la Tercera Vía veían una nueva economía con la sociedad de la información, una era de tasas de crecimiento duraderas, altas y libres de inflación, que se basaban predominantemente en innovaciones tecnológicas.

3) Los estratos emergentes de pobreza: *"Las nuevas condiciones económicas producen un nuevo estrato de desempleados, los 'working poor' y además, el precariado resultante impone nuevos mecanismos de exclusión. La esperanza de la socialdemocracia en los años 50 y 60, con la modernización y la justicia social, se convierte en una quimera bajo estas nuevas circunstancias. Este nuevo estrato bajo, excluido de la dinámica económica, parece ser producto de innovaciones tecnológicas y organizativas en las empresas"* (Giddens, 1999: 120).

4) Nuevos consensos económicos: *"En los países industrializados se ha impuesto un consenso político económico, el de evitar la inflación y consolidar el presupuesto nacional. Este consenso obliga a cualquier gobierno a aplicar una política monetaria y fiscal orientada a la estabilidad. Con esto, las limitaciones derivadas del sistema financiero y económico global se ven complementadas por restricciones determinadas por la política interior y las coyunturas electorales que apuntan en una misma dirección"* (Giddens, 1999: 125).

La Tercera Vía apuntaba a dos metas:

Primero, el aumento de la eficiencia económica. El aumento de la eficiencia es visto, sobre todo, como una tarea del sector privado, que dada la presión del mercado no tiene otra opción que aumentar su eficiencia. En segundo lugar, también es nueva la confianza que los representantes de la Tercera Vía ponen en el sector privado y en el mercado de nuevas tecnologías (*hardware*) generadoras de eficiencia.

De acuerdo a la Tercera Vía, el Estado debe velar, en primer lugar, porque los gestores y los *shareholders* (inversores, accionistas...) no se vean afectados por costes y déficits demasiado altos en infraestructura o en el sistema educativo.

La segunda meta es el aumento del empleo, un manejo de la demanda que produzca altas tasas de crecimiento y un aumento del empleo. Desaparece el Estado como *employer of last resort* (empleador de último recurso) y los gastos deben ser financiados por un aumento en los impuestos o un endeudamiento del Estado. Como no se puede obligar a las empresas a aumentar su número de empleos (lo que bajaría su eficiencia), la única salida es la rebaja en los salarios y en los gastos asociados (impuestos, seguridad social y salud).

El gobierno de la Tercera Vía toma las soluciones que aporta la economía de mercado, pero a su vez, apela al Estado regulador hasta donde sea posible. Sostiene Giddens que *"reinventar el gobierno significa a veces, desde luego, adoptar soluciones basadas en el mercado. Pero también debería significar la eficiencia del gobierno frente a los mercados"* (Giddens, 1999: 92).

La importancia dada al Estado es capital. La Tercera Vía no lo cuestiona, pero sí marca un especial acento en cuanto a sus funciones y su tamaño. Hace referencia a la reforma del Estado y además, a la del gobierno. Propone, en consecuencia, el aparejamiento entre algunos sectores de la sociedad civil y el gobierno, con la finalidad de cambiar e impulsar el desarrollo de la comunidad. En ese orden de ideas, atendiendo al fundamento económico de sociedad civil-gobierno, sube al escenario la concepción de una nueva economía mixta. El Estado, en palabras de Blair, "*no debe remar sino dirigir*".

La política de la Tercera Vía hace hincapié en que "*el gobierno tiene un papel esencial que cubrir invirtiendo en los recursos humanos y la infraestructura requeridos para desarrollar la cultura empresarial*" (Giddens, 1999: 119). El gobierno debe realizar inversión en educación e impulsar el desarrollo de empresas.

También, Giddens fue tachado de "socioliberal" y no de socialdemócrata. Es de conocimiento público que el socioliberalismo o social liberalismo, también conocido como liberalismo progresista, liberalismo democrático (y en Estados Unidos, liberalismo moderno) es una tendencia política/ideológica que propugna que el bienestar y el desarrollo social son compatibles con la libertad de sus individuos.

En el discurrir discursivo del socioliberalismo, la lucha por las reformas sociales ocupa el *focus* de la agenda popular con proyectos redistributivos a nivel regional y global. El reformismo conservador, la deserción socio-liberal y la moderación de los viejos socialdemócratas son las banderas predominantes.

El igualitarismo liberal resalta la importancia de las reformas sin registrar que el capitalismo impide la extensión de la igualdad política a la esfera económica. Este reformismo lucha por mejoras sin adoptar una perspectiva anticapitalista.

Es deber metodológicamente plausible buscar sus orígenes teóricos, encontrar los pensadores y filósofos que fundamentan y dan cuerpo a este modelo de pensamiento.

– John Rawls y el liberalismo igualitario:

Hablar de liberalismo igualitario es hablar del libro de John Rawls, *Teoría de la justicia,* de 1971. En él define la justicia como equidad según dos principios:

1. La igual distribución de una lista bien conocida de libertades civiles y políticas; y,
2. El "Principio de Diferencia", de acuerdo con el cual las desigualdades sociales y económicas sólo son justificables cuando redundan en beneficio de los sectores más desposeídos de la sociedad.

La concepción de Rawls sobre la justicia rechaza la meritocracia, esto es, la idea de que las desigualdades socioeconómicas son legítimas si éstas son el resultado de diferencias debidas al talento y el esfuerzo. Como lo expresa Rawls, *"la dotación inicial de activos naturales y las contingencias [del] crecimiento y [la] educación, en las primeras etapas de la vida, son arbitrarias desde un punto de vista moral"* (Rawls, 2000: 288). El Principio de Diferencia implica que los mejor dotados deberían tener el permiso de obtener un beneficio en virtud de los talentos que disfrutan sin mérito propio, sólo si, al mismo tiempo en que utilizan sus talentos, producen un beneficio tan grande como sea posible para los menos aventajados.

Rawls busca asegurar lo que él denomina *"valor justo de todas las libertades políticas"*. Para que el primer principio de justicia —que garantiza a todos una igual participación en las libertades fundamentales— sea operativo, *"los similarmente dotados y con los mismos móviles [deben tener] casi la misma oportunidad para ocupar posiciones de autoridad política, independientemente de su clase económica y social"* (Rawls, 2000: 213).

En consecuencia, el problema real consiste en que esas diferencias en la riqueza e ingresos socavan constantemente la igualdad formal legalmente disfrutada por los ciudadanos de las democracias liberales.

Rawls admitió que *"Hegel y los escritores marxistas y socialistas estuvieron muy en lo cierto al realizar esta objeción"* (Rawls, 1996). Se necesitan ciertas condiciones institucionales para asegurar "el justo valor" de las libertades constitucionales. En este sentido, enumera las siguientes:

a] La financiación pública de las elecciones y de los modos que aseguren el acceso público a la información sobre las políticas públicas [...]

b] Una cierta igualdad de oportunidades, especialmente en relación con la educación y la formación profesional [...]

c] Una distribución decente de la riqueza que permita cumplir con la tercera condición del liberalismo, es decir, que todos los ciudadanos deben tener asegurado el acceso a la multiplicidad de medios necesarios que les permitan hacer un uso inteligente y efectivo de las ventajas provistas por sus libertades básicas [...]

d] La sociedad como empleadora de último recurso por vía del gobierno local o nacional y otras políticas sociales y económicas [...]

e] Un seguro básico de salud garantizado para todos los ciudadanos (Rawls, 1996).

Bajo el imperio del neoliberalismo, el proceso electoral está cada vez más dominado por las corporaciones mediáticas y por políticos financiados por las empresas; el acceso a la riqueza y la educación está distribuido muy desigualmente; la inestabilidad económica y la continua reestructuración de las corporaciones tienen por consecuencia el hecho de que la inseguridad impregne permanentemente al mercado, a tal punto que en el país en el cual Rawls ha nacido, Estados Unidos, decenas de millones de ciudadanos no cuentan con seguro médico. Las condiciones mínimas de Rawls para una sociedad liberal constituyen un flagrante reproche al liberalismo realmente existente e, implícitamente, una demanda que clama por una transformación social radical. Las contradicciones en la teoría de la justicia de Rawls son evidenciadas, desde la izquierda, por G. A. Cohen (1992) y J. Bidet (1995).

Valga precisar que otros filósofos anglosajones formularon similares concepciones de justicia igualitaria, como Ronald Dworkin, Amartya Sen, Gerald A. Cohen y Brian Barry[5].

Sen plantea: "¿Igualdad de qué"? (Sen, 1982). En sus palabras, ¿respecto a qué deberían las personas ser tratadas como iguales? Acordando que a todos deben asegurárseles iguales libertades, ¿en qué debería consistir la igualdad *económica*? Otorgar a todos el mismo ingreso monetario no satisface dicha igualdad, desde el momento en que las personas poseen distintas necesidades y habilidades. Si una persona discapacitada posee el mismo ingreso que un atleta olímpico, no está siendo tratada de igual modo. Entonces ¿debería la sociedad apuntar a la igualdad de bienestar? En otras palabras, ¿deberíamos intentar que todos estemos satisfechos de igual manera?

Con respecto a la relación entre igualdad y responsabilidad, Dworkin (2000) expresó que la justicia igualitaria procura remediar las consecuencias de la "mala suerte bruta", esto es, de las contingencias que nos ponen en desventaja sin que medie falta de nuestra parte. La distribución de talentos naturales —descrita por Rawls como "moralmente arbitraria"— es un ejemplo de esta mala suerte bruta.

La igualdad de bienestar como ideal descansa sobre una concepción subjetivista del bienestar (*well-being*) individual. El debate en torno a la pregunta *igualdad de qué* contribuyó a resaltar los límites de esta concepción. Esto sugiere que si queremos evaluar adecuadamente el bienestar (*well-being*) personal necesitamos ir más allá del bienestar entendido en términos subjetivos.

Por su parte, la Teoría del Discurso de Habermas pone en funcionamiento la fórmula kantiana del contrato social. Es «lo que todos podrían querer» en la esfera pública; no son los sabios ilustrados, tampoco los ciudadanos, sino aquellos sujetos afectados por los siste-

---

5 Ver Dworkin (2000); Sen (1992); Cohen (1989); Barry (1995). John Roemer (1996).

mas políticos y económicos que defienden intereses universalizables y colaboran en la tarea de formar una voluntad discursiva común.

La concepción *habermasiana* del espacio público no fomenta sólo un diálogo neutral; se trata de un espacio público creado comunicativamente desde el diálogo de quienes defienden intereses universalizables, de quienes son capaces de reforzar la intersubjetividad. La propuesta *habermasiana* es más amplia que la de Rawls.

En un modelo de deliberación pública deben participar no sólo los sabios ilustrados (Kant), los ciudadanos (Rawls) o aquellas personas que se orientan por intereses universalizables (Habermas), sino todos los afectados por las decisiones.

El tejido comunicativo de la sociedad civil y el sentido comunicativo de lo público exigen profundizar en las estructuras de la comunicación, desde el lugar del pluralismo, de la expresión comunicativa de los conflictos, desde la comprensión y reconocimiento del otro en la igualdad y la diferencia.

El poder comunicativo de la política deliberativa para buscar acuerdos políticos, constitucionales y jurídicos es democracia participativa. En este proceso se constituye el ciudadano a partir de la inter-retro-relación entre autonomía privada (tradición liberal) y autonomía pública (tradición republicana). En este ciudadano, Habermas deposita, en última instancia, todo el poder transformador de la política.

La consecuencia directa de su concepción comunicativa es que se puede aspirar a acuerdos sustantivos mínimos, sin que el hecho de no alcanzarlos signifique la imposibilidad del acuerdo sobre la democracia misma como forma de ordenar el Estado de Derecho.

Con la regia de la mayoría, e inclusive con la negociación y el compromiso, estas formas de acuerdo son el producto del proceso de democracia participativa con el cumplimiento de las formalidades que defienden a los ciudadanos del peligro de la manipulación.

Habermas entiende por "democracia radical" la que surge desde la sociedad civil, que expresa sus necesidades e intereses, genera opinión, influye, motiva a la participación en las formas convencionales de hacer política y dinamiza las no convencionales. Esto explica que para que una democracia participativa pretenda conferir legitimidad al Estado de Derecho es absolutamente indispensable una sociedad civil compleja y multicultural en íntima relación con un sentido vigoroso y crítico de lo público, tal como queda establecido al final de *Facticidad y validez* (cap. IX). Allí, también Habermas sugiere formas institucionales y no institucionales de hacer política y de producir derecho, todas ellas articuladas como "poder comunicativo" en procesos de participación: elementos plebiscitarios en la constitución, consultas populares, democratización de los partidos, oposición extraparlamentaria, etc.; todo ello que asegure la libertad comunicativa de los ciudadanos para la formación de la opinión pública.

El modelo nórdico, con paradigma en Suecia, llama la atención de economistas, politólogos y sociólogos porque es muy diferente del modelo económico capitalista que dominó el debate en el período 1978-2008. Durante 30 años, el modelo neoliberal anglosajón fue defendido como la principal alternativa viable porque es un modelo de mercado que permite la libertad de elección y eficiencia económica, maximizando el bienestar de la sociedad de consumo. Esta certeza fue cuestionada después de la crisis económico-financiera que afectó a Estados Unidos y a las principales economías desarrolladas en 2008-2009, lo que añade relevancia al estudio de otras alternativas.

Para introducir el modelo nórdico como una alternativa viable se describen brevemente los modelos económicos capitalistas que actualmente se practican, utilizando para ello la clasificación defendida por Bresser-Pereira (2012). Este autor, que ha llegado a sostener que *"el neoliberalismo en el mundo está muerto"*, utiliza como criterio de clasificación el tamaño del gobierno y el grado de regulación de la economía, que son herramientas para analizar y lograr el bienestar social.

Teniendo en cuenta estos criterios, existen cinco modelos de capitalismo: tres se aplican a los países desarrollados y dos a los países en desarrollo. Los modelos para los países desarrollados son "los democráticos liberales" utilizados por los países anglosajones; el "modelo social" o "modelo de bienestar" aplicado en los países europeos y el "modelo endógeno de integración social" utilizado por Japón. En los países en desarrollo existe el "modelo de desarrollo" que caracteriza a China, India y otras economías asiáticas dinámicas y el "modelo liberal-dependiente" utilizado por Argentina, Brasil, Turquía, México y Sudáfrica, países que han registrado un crecimiento económico significativamente inferior al "modelo de desarrollo" de los últimos 20 años.

También, se habla cada vez más del fenómeno de los Estados de Bienestar emergentes, como suscribe el Profesor Sánchez de Dios.

1. El modelo anglosajón (liberal-democrático) se caracteriza por una lógica llamada "Estado mínimo". El papel del Estado se limita al mantenimiento de la ley y la solidez de los fundamentos macroeconómicos, tales como la estabilidad de precios y la sostenibilidad fiscal. En este modelo, el bienestar social se maximiza cuando las fuerzas del mercado operan libremente. El Estado tiene un enfoque residual en cuanto a las políticas de bienestar.
2. El modelo social capitalista, caracterizado por un Estado significativamente más elevado, tanto en las actividades económicas como en las políticas de bienestar. Tiene políticas públicas colectivas de carácter inclusivo, señalando que en algunos casos las políticas de bienestar son universales (países escandinavos), incluyendo el hecho de que el Estado tiene varias empresas y regulan estrictamente los sectores estratégicos.
3. El modelo endógeno de integración social se define por la acción del Estado en la protección de las familias y las empresas y la organización social tradicional posee el rol de equilibrar las otras relaciones. El modelo de desarrollo se caracteriza por un Estado que establece una estrategia nacional y estructura un sistema de leyes y políticas públicas para lograr sus objetivos, a menudo con una fuerte intervención en la economía y con políticas estatales de bienestar de minimizar costes, incluyendo costes laborales.
4. El modelo liberal-dependiente trata de que las élites económicas hacen asociaciones con los líderes políticos sin una estrategia clara para el país, con el único objetivo de maximizar su poder económico. Este tipo de país presenta un alto nivel de desigualdad, que tiende a ser compensado por una red de seguridad social inadecuada.

Viana y Cunha (2016) clasifican el modelo sueco como un "modelo social". Su singularidad no sólo se defiende debido a las políticas de Estado de bienestar inclusivo y universal, que son más justas y moralmente correctas. La sociedad cree que este conjunto de políticas es más sostenible y eficaz para promover la eficiencia económica, que incluye el crecimiento económico, la baja inflación y el bajo desempleo.

De esta manera, se identifican tres aspectos para considerar el modelo sueco como una alternativa a la política macroeconómica:

1. Es pragmático, con resultados económicos visibles si se tienen en cuenta las tasas de crecimiento del PIB y el bajo nivel de desempleo, junto con el elevado poder adquisitivo de la población y los altos niveles de calidad de vida.
2. La introducción de la Política de Salarios Solidarios obligó a las empresas suecas a ser más competitivas a través de nuevas tecnologías TIC y hacer inversiones en capital humano en lugar de la política de bajos salarios que tradicionalmente ha usado el sistema capitalista dominante para incrementar la rentabilidad. En este contexto, el Estado engloba políticas activas en el mercado de trabajo, incluyendo capacitación y compatibilidad de habilidades con las necesidades industriales. Las evidencias empíricas del éxito de esta política vienen de la presencia significativa de empresas suecas con productos de alto valor agregado en los principales mercados mundiales como *Volvo, Scania, Electrolux, Aga, ABB, AstraZeneca y Ericsson.*
3. El modelo sueco no divide la economía de las políticas estatales de bienestar. El enfoque del modelo es que las políticas de bienestar son importantes para lograr la eficiencia económica. Considera que las sociedades más equilibradas son muy importantes para promover tasas sostenibles de crecimiento del PIB a medio y largo plazo, incluida la inversión en capital humano, con el objetivo de hacer más competitivas a las empresas y la economía.

Además de las razones expuestas para defender el enfoque del modelo sueco de gestión macroeconómica, especialmente en comparación con el modelo neoliberal hegemónico anglosajón de 1978 a 2008, para una discusión realista es necesario entender las particularidades de Suecia, que incluye las preferencias ideológicas y sociales, la combinación de una política activa en el mercado de trabajo como mecanismo de eficiencia económica y un Estado de bienestar universal.

Las amenazas globales —desde el cambio climático y la acelerada desigualdad hasta la crisis financiera del 2008— han llevado a que un número creciente de líderes de opinión y tomadores de decisión se cuestionen la viabilidad a largo plazo de la forma del capitalismo dominante hoy en día, al igual que se cuestiona si el Estado de bienestar tiene o no futuro.

Al mismo tiempo, innovadores y emprendedores alrededor del mundo están experimentando con ideas prácticas para re-imaginar el capitalismo, de modo que funcione para todos los niveles de la sociedad, así como para el planeta. Una vez más, su objetivo no pasa por querer tumbar el capitalismo sino por crear una forma de capitalismo autoorganizado, naturalmente autosostenido, altamente adaptativo y regenerativo, que produzca una vitalidad social y económica altamente duradera para la civilización global en su conjunto (Fullerton, 2015).

La riqueza debe ser definida y administrada en función del bienestar de todo, alcanzada a través de la armonización de múltiples clases de bienestar o capital, incluyendo el social, cultural, vivo y experimental. También debe ser definida por una prosperidad ampliamente compartida a través de todas estas formas variadas de capital. En este sentido, el mayor desafío actual es enfrentar la causa y raíz de nuestra crisis sistémica —los paradigmas económicos dominantes hoy en día (neoliberal) y el sistema financiero que los alimenta y los rige—, a través de la transición hacia una forma más eficiente de distribución de riqueza, sostenible a largo plazo.

En los años transcurridos desde la más reciente Gran Recesión y ahora, asistiendo a un escenario nuevo y complejo posterior a la pandemia mundial por la Covid-19, se valora que existe la posibilidad de que la economía global moderna sea incapaz de proveer el bienestar necesario para la mayoría de la humanidad. Al mismo tiempo, el diseño sistemático de "tomar, usar, tirar" ha dejado a su paso una creciente crisis ambiental interconectada que amenaza con minar también la base del sistema económico.

En este sentido, se centra en este apartado el estudio del modelo de desarrollo sueco como alternativa y marco de referencia para el diseño de políticas públicas más eficientes y éticamente más justas para todos los estratos de la población, resaltando la importancia de la creación del Instituto de Lucha Contra la Corrupción, traducido literalmente "contra el soborno" (Institutet Mot Mutor) en 1923.

Los conceptos sostenibilidad y responsabilidad social cooperativa (RSC) explican en términos prácticos la competitividad escandinava.

El *Informe de Competitividad Global de* 2022[6] es la última edición que proporciona una evaluación anual de los impulsores de la productividad y el crecimiento económico a largo plazo. En el año de la pandemia, con una puntuación de 84.8, Singapur fue la economía más competitiva del mundo en 2020, superando a Estados Unidos, que cayó al segundo lugar. Hong Kong (3°), Países Bajos (4°) y Suiza (5°) completan los cinco primeros. En otra clasificación, orientada a la sostenibilidad, el gurú de la gestión estratégica Michael Porter se presentó con su participación en el Índice de Progreso Social (*Social Progress Imperative*)[7]. Este índice pretende medir "la capacidad de una sociedad para satisfacer las necesidades humanas básicas de sus ciudadanos, establecer los componentes básicos que permiten a los ciudadanos y las comunidades mejorar y mantener la calidad de sus vidas y crear las condiciones para que todas las personas lleguen a sus hogares". Suecia fue el único país nórdico incluido en los 50 países evaluados y recibió en el ranking el número 1.

El Índice de Competitividad de Sostenibilidad Global (SolAbility 2019)[8] reunía una amplia gama de mediciones relacionadas con la sostenibilidad de una serie de organizaciones creíbles, incluido el Banco Mundial y varias agencias de la ONU. En su clasificación participan 176 países.

En los aspectos destacados de competitividad sostenible en 2022, Suecia sigue encabezando la clasificación. Los 20 primeros puestos están dominados por países del norte de Europa y sólo dos países del

---

6 https://www.weforum.org/reports/how-to-end-a-decade-of-lost-productivity-growth

7 Social Progress Imperative. (2020) Social progress index. http://www.socialprogressimperative.org

8 http://solability.com/the-global-sustainable-competitiveness-index/the-index

"Top 20" no son europeos, como son el caso de Japón en el 10 y de Corea del Sur en el 12.

EEUU ocupa el puesto 30; ocupa un lugar particularmente bajo en eficiencia de recursos y capital social, lo que podría socavar aún más el estatus global de EEUU en el futuro. A continuación vemos a China ocupando el puesto 31; muy fuerte en capital intelectual, pero bajo en capital natural. El Reino Unido ocupa el puesto 7, Francia el 8 y Alemania el 16. Brasil ocupa el puesto 46, India el 120 y Nigeria, la nación más poblada de África, el 126.

La clasificación del Índice de Capital Social también lo encabezan los países del norte de Europa, resultado del crecimiento económico combinado con un consenso social comúnmente aceptado. Esta clasificación se basa en datos históricos no pudiendo aún reflejar el impacto de la guerra de Rusia contra Ucrania y además, estando Rusia excluida en el Índice 2022[9].

En comparación con el promedio global y las economías más desarrolladas, la disparidad de ingresos en los países escandinavos es significativamente menor. Escandinavia también tiene una tasa impositiva total significativamente más alta en comparación con el promedio mundial y con las economías más desarrolladas: en el sistema escandinavo, muchos servicios son proporcionados por el estado y la mayoría son gratuitos: educación, cuidado de niños, atención médica, lo que explica la tasa impositiva más alta. Además, el presupuesto estatal permite la provisión y el mantenimiento de la infraestructura técnica y construida y, como efecto secundario, conduce a una menor disparidad de ingresos. La competitividad sostenible real sólo se logra con una puntuación de 100. La puntuación media de Competitividad Sostenible en todos los países en 2022 es de 43,1; la puntuación más alta, lograda por Suecia, es de 60,7.

Al igual que en los estudios antes mencionados, los países nórdicos destacaron notablemente bien. Los 10 principales países se enumeran en el siguiente cuadro.

---

9 Datos actualizados a fecha de febrero de 2023 de GSCI (*Global Sustainability Competitiveness Index*)

TABLA 1
Medición de la competitividad de sostenibilidad global

País	Posición	Puntuación
Suecia	1	60,7
Finlandia	2	59,3
Suiza	3	58,3
Dinamarca	4	58,1
Noruega	5	57,6
Islandia	6	57,1
Reino Unido	7	56,4
Francia	8	56,3
Eslovenia	9	56,3
Japón	10	56,2

Fuente: Elaboración propia, a partir de los datos publicados por Global Sustainable Competitiveness Index (GSCI) en 2022

Con los datos disponibles en GSCI, vemos que el *World Economic Forum* clasificó en 2022 *a* Suecia, Finlandia, Islandia y Dinamarca entre las cuatro economías más competitivas del mundo. También los clasificó muy alto en términos del fuerte comportamiento ético de sus corporaciones nacionales. Suecia, Finlandia y Dinamarca son economías muy abiertas y, por lo tanto, muy susceptibles a las presiones económicas de la globalización y las tres tienen el tipo de instituciones que pueden facilitar el comportamiento corporativo socialmente responsable.

Estos países escandinavos tienen mucha regulación estatal, autorregulación, negociaciones corporativas —incluidas asociaciones comerciales bien organizadas— y otros mecanismos para el diálogo institucionalizado entre las empresas y sus partes interesadas. Hasta ahora, estas instituciones han persistido a pesar de la creciente globalización.

2.2. EL ORIGEN DEL ESTADO DE BIENESTAR HASTA NUESTROS DÍAS

Históricamente, el término fue introducido en la década de 1930. Sin embargo, una única definición comúnmente aceptada aún es materia de discusión (Greve, 2005) y esto a pesar de que ya en 1962, Titmuss dijo: "*El término aparentemente ha llegado a significar todo tipo de cosas*" (Alcock, 2001). Sin embargo, parece que, de muchas maneras, el debate en torno al Estado de bienestar gira en torno a la interacción entre el Estado, el mercado y la sociedad civil.

El debate incluye cómo el Estado trata con decisiones esencialmente democráticas sobre temas como la prosperidad económica, el empleo, la vivienda, la salud, la seguridad social y la educación y si el Estado hace esto de tal manera que al menos se alcancen algunos estándares mínimos.

Se ha argumentado que el núcleo del modelo escandinavo o nórdico, durante mucho tiempo, es "mejorar la capacidad de la sociedad para dominar sus problemas y para enriquecer e igualar las condiciones de vida de las personas y las familias". En política social, la piedra angular del modelo es el universalismo" (Erikson, 1987).

El universalismo es un aspecto central de los países nórdicos y "*las políticas de bienestar universal a menudo se contraponen con políticas selectivas de tipo residual, de comprobación de medios, dirigidas a los pobres*" (Kunhle, 2005: 25).

Veíamos que la tipología más citada de Estados de Bienestar es la de Esping-Andersen (1990), según la cual existen tres modelos diferentes de Bienestar Social en los Estados industrializados occidentales:

El modelo socialdemócrata;

El conservador;

El liberal.

El modelo socialdemócrata se enfoca en el Estado como proveedor de programas de seguro social que son universales en cobertura y homogéneos en los niveles de beneficios.

El modelo conservador pone el énfasis en el papel de la familia como núcleo del Estado de bienestar. Se caracteriza por una fuerte diferenciación de contribuciones y pagos de los programas de seguro social.

El modelo liberal deja más responsabilidad al mercado que los otros dos modelos, por ejemplo, enfatizando el rol de los privados en oposición a los planes públicos de jubilación y seguros de salud.

Como los planes públicos están sujetos a comprobación de recursos, no proporcionan beneficios homogéneos ni cobertura universal.

Un argumento para los Estados de bienestar universales en los países nórdicos ha sido, de hecho, que los programas universales son mejores y menos estigmatizantes que los beneficios con comprobación de recursos y además, que podrían ser una forma de asegurar el consenso y el apoyo de la clase media. El universalismo ha sido, por lo tanto, un punto de partida que también ha posibilitado que el movimiento agrario y laboral puedan desarrollar las sociedades (Baldwin, 1990).

"El universalismo no es, por sí solo, suficiente: es la atención médica, es la seguridad social relacionada con los salarios y la educación. Hemos aprendido mucho en las últimas dos décadas a partir de los hechos sobre las desigualdades en la distribución de los ingresos y la riqueza" (Titmuss, 1968).

Aun así, la diferencia de equilibrio entre los diversos elementos, que puede ser parte del alcance y la tarea de un Estado de bienestar, podría incluso explicar por qué muchos países se autodenominan Estados de bienestar, aunque con un enfoque muy diferente para la entrega y financiación de las actividades. Además, ésta podría ser también una razón por la que ha sido posible, dentro de la Unión Europea, debatir y hablar sobre un Modelo Social Europeo: porque la expresión puede interpretarse con diferentes significados y connotaciones.

Lo que ha sido etiquetado como Estado de bienestar ha estado bajo discusión durante los últimos 20-25 años. El Estado de bienestar se ha agrupado bajo las siguientes tres características:

- Dificultades en la financiación debido a la globalización e innovaciones tecnológicas.
- Contexto cambiante de formulación de políticas de bienestar, incluida la creciente importancia del nivel de la UE.
- Cambio en el nivel general de la demanda de bienestar, debido a factores demográficos, patrones familiares y el mercado laboral (Taylor-Gooby, 2001).

Especialmente, en el tema de la financiación, se ha argumentado que tiene un impacto en el desarrollo de los Estados de bienestar nórdicos. El argumento es que los desarrollos en la libre circulación de capital y trabajo implican que las posibilidades de variaciones nacionales en la financiación se han reducido. Esto implica que los Estados de bienestar de alto nivel de gastos necesitan financiación estatal alta de bienestar. Por tanto, tienen más dificultades ahora y en el futuro para encontrar los medios necesarios para alcanzar los objetivos de los Estados de bienestar.

Las otras dos características también tienen alto impacto, especialmente si están vinculadas al argumento de la financiación. El cambio en el nivel supranacional (UE) y el cambio en la demografía tienen, de diversas maneras, un impacto en el nivel y la manera en que también se estructuran los Estados de bienestar nórdicos. La demografía lo hace debido a la necesidad de que los gastos satisfagan las necesidades mínimas que surgen de las personas mayores (pensiones) e incluso de la inmigración, que necesitan atención médica y otros tipos de subvenciones, mientras que hay menos personas en el mercado laboral.

El envejecimiento de las sociedades puede tener un impacto en el futuro, creando una presión sobre el Estado de bienestar debido a la composición demográfica cambiada también en los países nórdicos. En el nivel de la UE, se espera que hasta el año 2050 los cambios demográficos impliquen los siguientes aumentos en las áreas centrales del gasto del sector público (las cifras son porcentajes del PIB):

Gasto público en pensiones: 3,2%

Cuidado de la salud: 1,3 a 1,7%

Cuidado a largo plazo: 0,9 a 1,0%

Existen grandes variaciones entre los Estados miembros, pero en cualquier caso, estas cifras indican no necesariamente desafíos presupuestarios sino más bien un conflicto y un problema de distribución a resolver en la mayoría de los Estados de bienestar[10]. Esto, naturalmente, podría implicar un debate sobre el equilibrio entre los diferentes sectores de la sociedad y si el margen de maniobra económico es pequeño, entonces los cambios serán difíciles. El grado de presión sobre el gasto del sector público depende en alto grado del éxito de las políticas del mercado laboral y de la capacidad para aumentar la

---

[10] Greve, B. Ed., 2006. The future of the Welfare State. Aldershof, Ashgate.

tasa de participación y la edad promedio de retiro del mercado laboral. Si los aumentos actualmente previstos en la tasa de participación y la edad de jubilación se logran con éxito, entonces la presión sobre el gasto del sector público será menor.

De todos modos, surgirán problemas de transición, así como la necesidad de transferir recursos económicos de un área de gasto público a otra. Los argumentos sobre las consecuencias de las transiciones demográficas pueden usarse como punto de partida para los cambios en los estados de bienestar universales nórdicos.

Como vemos, el Estado de bienestar es un fenómeno político, social y económico que emergió en la época de la posguerra como alternativa frente a las crisis económicas del liberalismo clásico y como mecanismo de inclusión de amplios sectores marginados de la población al sistema social. El Estado de bienestar logró constituirse como una alternativa pacificadora de las democracias capitalistas avanzadas para el período subsiguiente a la Segunda Guerra Mundial.

Según Claus Offe[11], esta fórmula consiste:

"*... en primer lugar, en la obligación explícita que asume el aparato estatal de suministrar asistencia y apoyo (en dinero o en especie) a los ciudadanos que sufren necesidades y riesgos específicos característicos de la sociedad mercantil; dicha asistencia se suministra en virtud de pretensiones legales otorgadas a los ciudadanos. En segundo lugar, el Estado de bienestar se basa en el reconocimiento del papel formal de los sindicatos tanto en la negociación colectiva como en la formación de planes públicos*" (1994: 135).

A su vez, se considera que estos dos objetivos del Estado de bienestar minimizan y mitigan el conflicto de clases, es decir, equilibran la asimétrica relación de poder entre trabajo, capital y plusvalía y de ese modo, ayudan a sobrellevar las situaciones críticas del capitalismo liberal.

---

11 Claus Offe (Berlín, 16 de marzo de 1940) es un sociólogo político conocido a nivel mundial. Su orientación académica general es el marxismo de la Escuela crítica de Frankfurt, de la cual es considerado uno de los mayores representantes de la segunda generación. Aunque no es seguidor del funcionalismo, rescató del sociólogo alemán Niklas Luhmann la noción de teoría sistémica, con la cual comprende la sociedad como una estructura formada por sistemas y subsistemas.

Bustillo (1995) plantea que las principales características del Estado de bienestar se pueden resumir en los siguientes puntos:

1) Intervención estatal en la economía para mantener el pleno empleo o, al menos, garantizar un alto nivel de ocupación.

2) Provisión pública de una serie de servicios sociales universales, incluyendo transferencias para cubrir las necesidades humanas básicas (por ejemplo, salud, educación pensiones, ayudas familiares o vivienda).

3) Responsabilidad estatal en el mantenimiento de un nivel mínimo de vida, entendido como derecho social, es decir, como un problema de responsabilidad colectiva hacia todos los ciudadanos de una comunidad.

Su origen puede asimilarse con fenómenos de carácter económico. Algunos estudiosos asocian el intervencionismo de Estado con la crisis de los años '30, conocida como la "Gran Depresión", que comenzó en EEUU con alcances globales. Para Sidicaro[12], "la crisis económica mundial que se desencadenó en 1929 y la Gran Depresión que le siguió en la década de 1930 tuvieron una gravedad, una profundidad y una extensión espacial y temporal desconocida hasta ese momento y que en términos generales no se repitió" (1999: 10). Dicha crisis implicó un retroceso general de la producción en casi todos los países industrializados. Además, esta crisis también tuvo consecuencias políticas y sociales, con altos niveles de desocupación, protestas violentas y el temor a los estallidos revolucionarios. Esto llevó a un derrumbe de los presupuestos generales del liberalismo económico.

El Estado de bienestar resultó una renovación para el capitalismo liberal. Era necesario el planteamiento de una actividad estatal intervencionista en la vida social y económica de los países de Occidente con respecto a esta necesidad de transformación del capitalismo.

---

12 Ricardo David Sidicaro (11 de octubre de 1941) es un sociólogo argentino exiliado en Francia. Obtuvo su doctorado en Sociología en la École des Hautes Études en Sciences Sociales de París. Es investigador del CONICET, profesor de la Universidad de Buenos Aires en la Facultad de Ciencias Sociales y de la Universidad Nacional del Litoral en la Facultad de Humanidades y Ciencias. Fue coordinador general de la revista *Sociedad* de la Facultad de Ciencias Sociales y dirige actualmente la serie *Estudios Durkheimnianos* que se edita en España.

A propósito del tema, Hobsbawm[13] señala:

"*La experiencia de entreguerras y sobre todo, la Gran Depresión, habían sido tan catastróficas que nadie podía ni siquiera soñar* (...)". Algunos, como J. M. Keynes, habían participado en la vida pública desde 1914. Y por si la memoria económica de los años treinta no hubiera bastado para incitarles a reformar el capitalismo, los riesgos políticos en caso de no hacerlo eran evidentes para todos los que acababan de luchar contra la Alemania de Hitler, hija de la Gran Depresión y se enfrentaban a la perspectiva del comunismo y del poderío soviético avanzado hacia el oeste a través de las ruinas de unas economías capitalistas que no habían funcionado (Hobsbawm, 2005: 274).

El economista Galbraith (1998) afirma que el debate del Estado de bienestar acerca de su valor y legitimidad viene desarrollándose desde hace casi exactamente cien años. "*Una etapa de mayor alcance y en cierta medida más influyente, de este proceso sobrevino en Gran Bretaña veinticinco años después de la gran iniciativa de Bismarck. En este caso, se trataba menos del miedo a la revolución que de la agitación concienzuda e informada de hombres, mujeres y organizaciones preocupados por el destino de la sociedad, como Sidney y Beatrice Webb, H. G. Wells, George Bernard Shaw, la Sociedad Fabiana y los sindicatos obreros, que eran en aquel entonces influyentes y tenían objetivos bien formulados*" (Galbraith, 1998: 230).

Otra explicación del origen del Estado de bienestar es la de situarlo como un fenómeno propio del sistema político. El Estado de bienestar se consolida después de la Segunda Guerra Mundial por la búsqueda del mantenimiento del orden social, del surgimiento del movimiento obrero como actor social y político y del conflicto real o potencial que implicó en las sociedades capitalistas.

De otra parte, Habermas (1994) ha insistido en que la utopía de la sociedad del trabajo y la liberación del trabajo asalariado fue lo que inspiró al movimiento obrero a principios del siglo XX, adaptando al Estado democrático liberal constitucional en Estado social del bienestar. "*Se puede afirmar que el Estado Social democrático fue un gran avance político en relación con el Estado liberal democrático. Mientras este último*

---

13 Eric John Ernest Hobsbawm fue un inglés de origen judío, historiador con enfoque marxista de la subida del capitalismo industrial, del socialismo y del nacionalismo.

sólo garantizaba los derechos civiles y políticos, aquél garantizaba, además, derechos sociales tales como la educación básica, el acceso universal a la salud, un ingreso mínimo para todo el mundo y un sistema universal básico de pensiones" (Bresser-Pereira, 2004: 24-25).

Habermas afirma que:

"*Si bien surgió de la tradición socialdemócrata, no son solamente los gobiernos socialdemócratas los que han ido constituyéndolo. Después de la II Guerra Mundial, todos los partidos gobernantes en los países occidentales ganaron sus mayorías argumentando más o menos intensamente a favor de los objetivos del Estado social*" (Habermas, 1994: 119).

De igual modo, Habermas (1989) presenta dos formas de explicar el proyecto del Estado social de bienestar: La orientación *metodológica*, que estima que este tipo de Estado explica que la pacificación del antagonismo de clase debe ser buscada por el uso democráticamente legitimado del poder de la organización estatal para proteger y regular el proceso de crecimiento natural capitalista. Y la otra orientación, que tiene que ver con lo *sustancial*, que estima que el proyecto de Estado social se alimenta de los rezagos de la utopía del trabajo. Así, la paz, la libertad, la justicia social y la creciente prosperidad pueden coexistir entre democracia y capitalismo, garantizados por el rol benefactor y paternalista del Estado.

Offe plantea que "*... el modelo casi universalmente aceptado para crear cierta medida de paz y armonía social en las sociedades (...) de posguerra se ha convertido desde los setenta en fuente de nuevas contradicciones y divisiones políticas*" (Offe, 1994: 137). Este modelo que se había potenciado con la política económica keynesiana y que había llegado a concebirse como necesario para el cumplimiento de los imperativos del sistema capitalista, es decir, crecimiento y aumento de la producción, entraba en una fase crítica.

La acción del Estado de bienestar ha sido atacada tanto por la izquierda como por la derecha. Para los grupos ideológicos más escorados a la izquierda, la política del Estado de bienestar no es más que una racionalización reformista del sistema capitalista y un modo sofisticado de dominación burguesa de la sociedad. Para Offe, esta crítica puede resumirse en tres puntos: ineficiencia, carácter represivo y condicionador de un entendimiento falso de la realidad social y política dentro de la clase obrera.

La ineficiencia del Estado de bienestar se debía a que la finalidad del mismo era la estabilización del sistema capitalista y no su transformación "... *la estructura institucional del Estado de bienestar ha hecho poco o nada por alterar la distribución de ingresos entre las dos clases principales, que son el trabajo y el capital*" (Offe, 1998: 143).

Si bien es cierto que el Estado de bienestar había mejorado las condiciones de los asalariados, esto era resultado de mecanismos compensatorios contingentes, es decir, no había un cuestionamiento a las causas estructurales de la desigualdad social. El tipo de intervención social que desarrollaba el Estado de bienestar era, *a posteriori*, lo que llevaba a que fueran intervenciones sobre las consecuencias de determinados acontecimientos y no sobre las causas de los mismos. Claramente esto implica una pérdida de recursos y por lo tanto, contribuye a la ineficiencia. Adicionalmente, la ineficiencia del Estado de bienestar se observa en el hecho de que sus prestaciones y servicios se encuentran subordinados a las crisis fiscales a las que se enfrenta el aparato estatal (Offe, 1998).

Harvey (2004) señala que hacia la década del '70 este modelo comenzó a presentar carencias, como por ejemplo, cada vez más descontentos con el Estado por parte de las minorías no incluidas en sus programas, pérdidas de legitimación estatal, fracasos en la prestación estatal de bienes públicos e ineficiencias burocráticas. No obstante, Harvey considera que todas estas tensiones manifiestas no precipitaron la crisis del Estado de bienestar. Los dos últimos eventos sólo se pueden explicar por la aguda recesión de 1973, que sacudió todas las instituciones del régimen de acumulación. Hacia la década del '70, los indicios que mostraban una caída en la productividad y en la rentabilidad eran evidentes (Harvey, 2004). Los Estados comenzaron a mostrar fuertes déficits fiscales y sumado a esto, crecientes procesos inflacionarios[14].

Según Habermas (1994: 129), "el Estado Benefactor o Social, en su desarrollo, ha entrado en un callejón sin salida. En él se agotan las energías de la utopía de la sociedad del trabajo. El proyecto de este

---

14 La salida de los EE.UU. del sistema Breton Woods, que establecía como patrón de moneda fija al dólar. Y otro hecho importante fue la decisión de la OPEP de aumentar los precios del petróleo.

Estado, enfocado reflexivamente no sólo a la sujeción de la economía capitalista sino a la sujeción del mismo Estado, no puede mantener el trabajo como punto central de referencia".

En Europa Occidental, el proceso fue gradual y parcial, iniciado por administraciones que establecieron la reestructuración de la economía nacional y el papel del Estado. En los ex Estados comunistas, el proceso fue más abrupto, con la "doble transición" hacia el liberalismo político y económico y su pérdida de poder en el ámbito internacional. En América Latina, el giro hacia el liberalismo económico propició el advenimiento del liberalismo político (Molyneux, 2000: 30).

A nivel internacional, las economías se han abierto con la globalización, tras el colapso del sistema de gestión monetaria internacional de Bretton Woods[15]. El capital se hizo más móvil y las restricciones a esta movilidad se eliminaron rápidamente, inicialmente por las administraciones de Reagan y Thatcher y los flujos de capital como porcentaje del PIB aumentaron después de 1983. Esto se vio incrementado por la creciente influencia del FMI y el Banco Mundial en el establecimiento de la política económica. Finalmente, el colapso del comunismo y del bloque soviético en 1989-1990 señaló no sólo el triunfo del capitalismo sobre el socialismo de Estado sino también el triunfo del capitalismo desregulado sobre cualquier dirección económica pública sustancial.

Al mismo tiempo, el equilibrio de los intereses de clase se revirtió, el poder del capital aumentó, mientras que la membresía y el poder de los sindicatos disminuyeron, especialmente en el régimen liberal. La globalización mejoró la posición privilegiada de los negocios (Lin-

---

15 El sistema de administración monetaria de Bretton Woods estableció las reglas para las relaciones comerciales y financieras entre los Estados Unidos, Canadá, Europa Occidental, Australia y Japón después del Acuerdo de Bretton-Woods de 1944. El sistema de Bretton Woods fue el primer ejemplo de un orden monetario totalmente negociado destinado a regir las relaciones monetarias entre los Estados independientes. Las principales características del sistema de Bretton Woods eran una obligación para cada país de adoptar una política monetaria que mantuviera sus tipos de cambio externos dentro del 1% al vincular su moneda al oro y la capacidad del FMI para cerrar los desequilibrios temporales de pagos. Además, era necesario abordar la falta de cooperación entre otros países y evitar la devaluación competitiva de las monedas.

dblom, 1977). El poder estructural del capital aumentó la capacidad de los negocios y las finanzas para influir en la política del gobierno, incluida la política social, sin tener que ejercer presión directa sobre los gobiernos a través de sus agentes (Gough, 2000). La ola de desregulación aumentó este poder. A su vez, esto ha impulsado el "poder de agencia" del capital corporativo y financiero y su capacidad para establecer límites importantes a la intervención estatal.

A nivel institucional, las características del "capitalismo organizado" como las formas neocorporativistas de negociación salarial y negociación social se estaban debilitando. Comenzando en la anglosfera, el "capitalismo desorganizado" ganó terreno (Lash, S. y Urry, J., 1987). Las empresas y especialmente, los sectores financieros, comenzaron a ejercer una mayor influencia sobre la formulación de políticas económicas y sociales, anunciando el surgimiento de lo que Hacker y Pierson (Hacker, J. y Pierson, P., 2010) etiquetaron como *'ganador toma toda la política'*. El equilibrio entre los votantes y los grupos de interés corporativo se inclinó a favor de este último.

Las ideas neoliberales se volvieron más dominantes dentro de la formulación de políticas económicas y sociales, inicialmente dentro de la esfera anglosajona, pero cada vez más influyentes en toda Europa. Dos décadas de implacable ataque intelectual a la idea del bienestar público desafiaron la fe en el gran gobierno. El Estado debía retroceder; en su lugar, se abogaba insistentemente por los mercados o cuando éstos no eran posibles, por "cuasi mercados". Aunque los Estados de bienestar continuaron siendo financiados públicamente, las áreas crecientes de provisión de políticas sociales se subcontrataron a proveedores privados, con resultados ambiguos en términos de control de costes y calidad del servicio.

Las tendencias comunes a lo largo del tiempo y diferencias sistémicas entre los "regímenes de bienestar" se pueden caracterizar así:

En primer lugar, el gasto en bienestar continuó aumentando en toda la OCDE, aunque mucho más lentamente que en las décadas anteriores. El gasto social total en la OCDE aumentó en cinco puntos porcentuales del PIB en el cuarto de siglo después de 1980, pero gran parte de esto fue impulsado por grandes expansiones en los países del sur de Europa (España, Portugal y Grecia) que se recuperaron después de la democratización en la década de los '70. La tasa de crecimiento en los países anglosajones fue de alrededor de tres puntos porcentuales. Esto indica una reducción sustancial en algunos países, cuando se tiene en cuenta el crecimiento económico más lento, el envejecimiento de la población, las nuevas necesidades sociales y el menor crecimiento de la productividad en los servicios (Flora, P., 1986). La predicción de "*crecimiento hasta límites*" se confirmó ampliamente: el Estado de bienestar hasta 2008 se consolidó pero restringido. Los resultados del bienestar mejoraron en un rango de variables, especialmente en salud e ingresos, pero esto fue compensado por la desigualdad creciente.

Las investigaciones tienden a mostrar que, en todo caso, las diferencias entre los regímenes de bienestar continuaron divergiendo en este período (Hay y Wincott, D., 2012). Por ejemplo, no hay evidencia de que los generosos Estados de bienestar nórdicos se hayan visto en desventaja en la competencia internacional; más bien, al contrario, en "La ley de Cameron" (Cameron, DR, 1978) se afirma que las economías más abiertas casi siempre tienen Estados de bienestar más amplios (Scharpf FW y Schmidt VA, 2000). Éste fue también el momento en que las ideas de "Estados de bienestar productivos" e "inversión social" ganaron terreno, lideradas por el ejemplo de los países nórdicos, en particular Suecia (Hemerijck, A., 2012).

Por lo tanto, (Swank, D., 2002), en su investigación comparativa, demuestra que el aumento de la movilidad internacional del capital no ha contribuido de manera sistemática a la reducción de los Estados de bienestar desarrollados o al Estado fiscal. Las características institucionales nacionales han sido importantes para mediar en estos factores globales. Los intereses a favor del bienestar se ven favorecidos por los sistemas electorales inclusivos, la representación de intereses corporativistas sociales, la autoridad política centralizada y los programas universales y basados en el seguro social.

Antes de analizar la naturaleza del Estado de bienestar, subrayamos la importancia de los Estados, siendo éstos identificados como generadores de los derechos de propiedad y como reguladores y distorsionadores de los mercados (Douglas, 1979). Los antropólogos culturales han estudiado los significados y las actividades especiales de los "Estados" en marcos no occidentales.

Es deber explorar los problemas abordados en una serie de estudios comparativos e históricos que han considerado a los Estados como factores importantes en la forma de cómo influyen en los procesos políticos y sociales a través de sus políticas y de sus relaciones con los grupos sociales.

A partir de mediados de la década del 60 los "neomarxistas" iniciaron una serie de debates sobre el "Estado capitalista". Debatieron sobre las interpretaciones alternativas de las funciones socioeconómicas desempeñadas por el Estado capitalista. Para algunos, el Estado es un instrumento de dominación de clase; para otros, un garante del modo de producción de la acumulación económica y para otros, un terreno en el que se libran las luchas políticas de clases. Los neomarxistas afirmaban que los Estados están configurados intrínsecamente por las clases o las luchas de clases y sirven para mantener y ampliar los modos de producción (Block, 1977: 6-28).

Max Weber mantenía que los Estados son asociaciones obligatorias que reivindican el control de los territorios y las personas que en ellos habitan[16]. Las organizaciones administrativas, jurídicas y coercitivas constituyen el núcleo de todo Estado. Estas organizaciones tienen estructuras variables en los distintos países y pueden enmarcarse en algún tipo de sistema constitucional respectivo de gobierno parlamentario y contienda electoral por los puntos ejecutivos y legislativos clave. No obstante, Alfred Stepan señala:

"*Los Estados deben ser considerados como algo más que "gobiernos". Son sistemas administrativos, jurídicos, burocráticos y coercitivos permanentes que no sólo tratan de estructurar las relaciones entre la sociedad civil y la autoridad pública en una organización política, sino también de estructurar muchas relaciones cruciales dentro de la sociedad civil*" (Stepan, 1978: 111)

En consecuencia, el Estado no lo es todo; también otras organizaciones y agentes modelan las relaciones sociales y la política y el análisis debe estudiar a fondo la estructura y las actividades del Estado en relación con estos factores. La concepción weberiana del Estado no es un simple foro en el que los grupos sociales formulan demandas y emprenden luchas políticas o concluyen acuerdos. Los

---

[16] Max Weber sobre los Estados: véase Guenther Roth y Claus Wittich (comps.), Economy and society, vol. 2: cap. 9, vol. 3: caps. 10-13

Estados se sitúan necesariamente en la intersección entre los órdenes sociopolíticos nacionales para sobrevivir y avanzar en relación con otros Estados. El Estado moderno tal como lo conocemos y tal como fue conceptualizado por Weber y Hintze, ha sido siempre, desde su nacimiento en la historia de Europa, parte de un sistema de Estados competitivos e interrelacionados.

De otra parte, plantear una autonomía de Estado no es un rasgo estructural fijo de ningún sistema de gobierno. Las crisis pueden precipitar la formulación de estrategias y políticas oficiales por parte de élites o administradores que de otro modo no podrían materializar sus posibilidades de acción autónoma; de igual modo, las mismas posibilidades estructurales de acciones estatales autónomas cambian con el tiempo, a medida que las organizaciones de coerción y administración experimentan transformaciones, tanto internamente como en sus relaciones con los grupos sociales y con sectores representativos del gobierno.

Es verdad que todas las acciones del Estado benefician necesariamente a algunos intereses sociales y perjudican a otros. Las acciones autónomas estatales adoptarán formas que traten de reforzar la autoridad, la longevidad política y el control social de las organizaciones del Estado cuyos responsables generaron las políticas o ideas de actuación políticas pertinentes. Que de ello se deriven o no políticas racionales puede depender de cómo se defina el término "racional". Como dice Sthepan Krasner:

"*No hay un ningún motivo para dar por sentado a priori que el modelo de puntos fuertes y puntos débiles será el mismo para todas las actuaciones políticas. Es posible que un Estado pueda modificar la estructura de su sistema de asistencia médica, aunque no pueda construir una red eficaz de transportes, mientras que otra pueda resolver con relativa facilidad los desplazamientos de sus ciudadanos y ser incapaz de curar sus enfermedades*" (Krasner, 1976: 58)

Los enfoques de *State and Society* de Stepan y de *Power and Plenty* de Katzenstein exponen con especial claridad algunas observaciones importantes acerca de la investigación actual sobre los Estados en cuanto actores y estructuras. Situar de nuevo al Estado en el primer plano de los análisis de la elaboración de la política y del cambio social exige una ruptura con algunos de los supuestos social-deterministas más amplios del pluralismo, del desarrollismo estructural-funcionalista y de los diversos neomarxismos. Sin embargo, los estudios sobre los Estados por sí solos no han de sustituir las preocupaciones por las clases o los grupos, como tampoco han de forjarse argumentos puramente estatal-deterministas en lugar de explicaciones centradas en la sociedad. La necesidad de analizar los Estados en relación con los contextos socioeconómicos y socioculturales queda demostrada de forma convincente en las mejores investigaciones actuales sobre las capacidades de los Estados.

En definitiva, pareciera que asistimos a una expansión cuantitativa de la presencia del Estado en el sistema económico y comercial y simultáneamente, a una pérdida del papel de la política y de la acción pública en la orientación de las opciones económicas. El papel del Estado se reduce a actuar como un competidor más en la arena de la competitividad global (Rojo, 1996: 5).

El «Estado comercial abierto» no implica menos Estado sino la despolitización de la decisión pública en el gobierno de una economía mundializada y su sustitución por un gobierno técnico-mundial del nuevo orden económico. Pareciera así que la apoteosis de lo económico a la que asistimos es el triunfo no tanto del neoliberalismo y de las políticas de desregulación, de privatización de los derechos sociales y de los servicios públicos, sino de la *sociedad de mercado,* de aquel imaginario que representa la vida social como un espacio de mercado aunque no existan transacciones mercantiles.

«Sociedad de mercado» no es simplemente la importancia del mercado como «institución» económica en un determinado tiempo histórico y en una determinada sociedad sino la constitución del mercado en paradigma de toda acción política y social; la representación de la vida social como experiencia mercantil.

Polanyi nos dice que la existencia de un mercado autorregulador exige la división institucional de la sociedad en una esfera económica y una esfera política y "*este modelo institucional únicamente podía funcionar sometiendo a la sociedad a sus exigencias, pues una economía de mercado no puede existir más que en una sociedad de mercado*" (Polanyi, 1989: 126).

La sociedad de mercado implica una redefinición de la frontera entre el sector mercantil y el no mercantil de la economía por la que determinados bienes y servicios, que se consideraban imprescindibles para la sociedad y que el mercado no estaba en condiciones de proveer, eran organizados y suministrados por el Estado (energía, educación, seguridad, transportes y comunicaciones), han pasado progresivamente a entrar en el ámbito de la competencia mercantil. Este fenómeno de privatización de servicios públicos y de liquidación prácticamente consumada del sector público de la economía no debe, sin embargo, ser analizado como un simple cambio de titularidad, de pública a privada, como tampoco debe ser denunciado única y exclusivamente como una consecuencia más del triunfo del pensamiento neoliberal.

La idea de "sociedad de mercado", su poder inmanente en el imaginario colectivo no consiste únicamente en mostrar las ventajas de la libre competencia en sectores que todavía no son mercantiles, sino la de representar la vida social como un espacio de mercado.

La unificación global que se está realizando a nivel económico y financiero exige la afirmación de procesos de unificación del Derecho a través de la institución de órganos supranacionales de carácter judicial, dotados de órganos de control capaces de ofrecer al ciudadano instrumentos jurídicos contra sus gobiernos y provistos de poderes autónomos de coerción.

La Declaración Universal de Derechos Humanos de 1948 asume en esta perspectiva el papel de «norma fundamental», «embrión» junto a los pactos sobre derechos civiles y políticos y sobre derechos económicos y sociales, de una verdadera «constitución global», apta para conferir una legitimidad constituyente a organismos no sólo de gobierno sino también de garantía jurisdiccional de los derechos humanos a nivel mundial.

Podemos considerar que el inicio de la Política Social moderna coincide con la implantación del Estado de bienestar. El *Welfare State* significa la garantía del gobierno para asegurar unos niveles mínimos de renta, alimentación, salud, alojamiento e instrucción, como parte de los «derechos políticos» del ciudadano. Instituciones privadas, formales o no, colaboran en la situación de bienestar que se plantea como tarea exclusiva del *Welfare State.*

El economicismo implícito se encuentra en los planteamientos elaborados en el siglo XV por el liberalismo. Más allá de la tradición socialista macroestructural que ha contribuido a la comprensión del cambio social, no se ha liberado de una epistemología economicista, en contra de lo que no es público-colectivo.

Las propuestas de John Maynard Keynes, pensador influyente en el desarrollo de los Estados de bienestar europeos tras la Segunda Guerra Mundial, se focalizaron en el problema de la incertidumbre y de la naturaleza impredecible de los asuntos humanos[17], al tiempo que su visión pragmática del Estado de bienestar se articulaba como garante de estabilidad macroeconómica.

De acuerdo con esa lógica la finalidad del Estado de bienestar era, por tanto, coadyuvar al mantenimiento de la demanda interna y al crecimiento productivo de las economías nacionales. La consecución de los objetivos keynesianos fue decisiva en la estructuración del amplio consenso entre actores sociales e intereses organizados durante el desarrollo del capitalismo del bienestar. Ello facilitó el crecimiento económico sostenido de las democracias industriales occidentales durante el largo período de la posguerra.

Desde 1960 hasta mediados de los años 70, el gasto público se incrementó en los países de la OCDE en un promedio del 30%. Dicho aumento se debió en su práctica totalidad a la expansión del gasto social. La consolidación de los Estados de bienestar, con la puesta en vigor de políticas económicas de estímulo a la demanda por parte del sector público, constituye una relación causa-efecto bien establecida en la literatura sobre el tema (Rodríguez Cabrero, 1992: 21).

La Edad de Oro del desarrollo del capitalismo del bienestar (*Golden Age* o *trente glorieuses*, 1945-75) posibilitó que los sistemas de protección social de la Europa occidental fundamentaran su expansión en las altas tasas de actividad laboral masculina, en la acción complementaria de la familia y en particular, en el trabajo remunerado de las mujeres en los hogares (Lewis, 2001: 152). El acceso igualitario al consumo de masas había contribuido a fortalecer la demanda agregada y, en suma, al crecimiento económico sostenido. Se planteaba

---

[17] Incertidumbre que en forma de *shocks* imprevistos constituye uno de los más importantes "fallos de mercado" junto a los conocidos problemas de formación de oligopolios y monopolios, las disparidades entre costes privados y costes sociales, la existencia de bienes públicos o la información asimétrica a disposición de los diversos agentes económicos.

que las desigualdades poseían un carácter circunstancial y que los diferentes niveles socioeconómicos serían una mera función relativa a los procesos de movilidad social (generalmente ascendente) de los ciudadanos. Rico o pobre constituirían, por tanto, etapas de un perpetuo móvil en función de las capacidades y deseos por mejorar de los propios ciudadanos.

Una combinación de políticas sociales, keynesianismo y segregación de género facilitó un crecimiento económico sostenido y la generalización del "trabajador próspero" (*affluent worker*); un tipo de empleado representativo de la práctica totalidad de la fuerza laboral asalariada de profesionales y técnicos varones (Lipset, 1960; Goldthorpe *et al.*, 1969).

Los gobiernos gestionaron las economías nacionales con un alto grado de autonomía relativa y fueron capaces de proveer políticas sociales para atender necesidades y riesgos que el mercado y la familia no podían cubrir. Las consecuencias fiscales de tal provisión de Bienestar Social estaban legitimadas por el respaldo político de sólidas y amplias coaliciones interclasistas (Flora, 1986).

Las crisis del petróleo de los años 1973-74 y 1978-79 pusieron en evidencia la cada vez mayor apertura e interdependencia de las economías europeas y alteraron permanentemente el escenario de relativa prosperidad de las décadas precedentes. En el final de la Edad de Oro del bienestar coincidieron varios factores que impulsaron la readaptación del Estado de bienestar. De una parte, se produjeron fuertes desajustes fiscales, agravados por la disparidad entre una demanda ciudadana de más y mejores servicios públicos, combinada con una renuencia de determinados sectores de electores a asumir mayores impuestos para su financiación. Todo ello en un contexto de agudización de las convulsiones en la economía mundial provocadas por los *shocks* petroleros.

Hasta mediados de los años 70, el desarrollo del Estado de bienestar había facilitado un empleo abundante en Europa occidental (prácticamente, pleno empleo en el caso de los hombres), estable y asegurado con la expansión de programas de servicios sociales, educativos y sanitarios. La movilidad social ascendente había posibilitado el ensanchamiento de las clases medias y el poder adquisitivo de estos grupos se había incrementado significativamente, democratizando la compra masiva de bienes de consumo y cerrando el círculo virtuoso del crecimiento económico propio de ese largo ciclo de prosperidad. Se generalizó la protección de grupos sociales vulnerables con la implementación de programas de lucha contra la pobreza, de prestaciones asistenciales y de servicios sociales.

Pero la situación general del Estado de bienestar se vio abocada a un reajuste en los años 1980s y 1990s a causa de factores tanto exógenos (globalización financiera, transferencia de amplios sectores de actividad económica y empleo hacia Asia, debilitamiento de los nichos laborales de calidad en los países desarrollados, etc.), como endógenos (ineficiencias, captura de los programas por las lógicas corporativas de los profesionales encargados de su aplicación, efectos no intencionales, etc.).

Durante la Edad de Plata del *welfare* (1976-2007), los programas del bienestar reflejaron una preocupación primordial por la contención de los costes de los programas de protección social (*cost containment*), lo cual no siempre se tradujo en recortes o retrocesos del bienestar (*welfare retrenchment*). Con la maduración de los Estados de bienestar europeos, los poderes públicos habían pasado a procurar a los ciudadanos un volumen significativo de costosos servicios en una serie de ámbitos de bienestar (educación, pensiones, sanidad, etc.) que implicaban importantes compromisos presupuestarios. Esto generaba situaciones de acaparación y expulsión (*crowding out*) respecto a la posible implementación de políticas sociales que afrontasen nuevos tipos de retos que iban haciéndose visibles. Con el incremento del número de beneficiarios y el mantenimiento de la intensidad de servicios y prestaciones se hacía difícil también garantizar financieramente el mantenimiento de los derechos y tutelas prometidas a los ciudadanos. Desde posiciones neoliberales se aducía que esta situación cuestionaba las propias bases del modelo de capitalismo del bienestar. El ritmo de crecimiento de la provisión pública había seguido una pauta más geométrica que aritmética, lo que provocaba un constreñimiento programático y una pérdida de maniobrabilidad en la elaboración de una "nueva política del bienestar" (Pierson, 2001).

En este contexto, los niveles de gasto social público de los países europeos convergieron hacia un punto intermedio entre lo que destinaban al Bienestar Social los Estados más generosos y los menos dadivosos. A la hora de realizar comparaciones deben tomarse en consideración los casos desviados (*outliers*) para no distorsionar la interpretación del marco general de análisis. Ello sería inevitable si se realizara un cotejo lineal del gasto de los países nórdicos con alguno de los mediterráneos. Así, por ejemplo, Suecia destinaba a gasto social en 2001 el doble que España (medido en paridad de poder de compra por habitante). Al mismo tiempo, sucedía que Finlandia tenía el mismo nivel de gasto social que Italia. Tales instantáneas estadísticas se compadecen mal con el análisis de la dinámica inherente.

Tras analizar datos longitudinales de un conjunto de indicadores se ha apuntado que el rango de variación del *welfare* dentro de la Unión Europea es mayor que entre la UE y los Estados Unidos. Sin embargo, no cabe hablar de diferentes modelos sociales europeos sino de diferentes trayectorias internas (Alber, 2006: 393).

En el período 1994-2001, mientras el incremento del gasto social en Suecia había sido de un 7%, en España aumentó el 25%. Por contraste, los porcentajes de incremento en gasto social se habían mantenido bastante parejos en los casos de Finlandia e Italia. Con carácter general puede aseverarse que los países que tradicionalmente destinaban porcentajes mayores de su presupuesto público a la protección social son los que más frenaron el incremento de dichas partidas durante el período de referencia y en los que más aumentó la desigualdad de ingresos y el riesgo de pobreza (desde niveles muy equilibrados, por supuesto).

Por el contrario, los países que tradicionalmente habían destinado menos recursos públicos al bienestar son los que más expandieron el gasto social en ese período, así como los que más redujeron la desigualdad de ingresos y el riesgo de pobreza (desde posiciones relativamente malas). Por todo ello, la desigualdad de ingresos y el riesgo de pobreza también tendió a converger, creciendo en los países más igualitarios y con menos tasa de pobreza y reduciéndose en los menos igualitarios y con tasas de pobreza más altas (Adelantado y Calderón, 2005: 386).

Durante la Edad de Plata, los países europeos confrontaron un período de intensas reformas en sus fronteras funcionales y territoriales, no sólo respecto a la de protección social (Ferrera, 2005; Calzada y del Pino, 2008).

A pesar de la nominal soberanía estatal para llevar a cabo sus propias políticas diferenciadas, debe subrayarse la sintonía de todas ellas con una generalizada puesta en común de programas de actuación y una ausencia de variaciones de política económica en los contextos de europeización y globalización.

El caso de las políticas de planificación indicativa francesas (un país que ha hecho del mantenimiento de su soberanía un tema central de su política), implantadas tras la II Guerra Mundial con objeto de actuar de manera contracíclica sobre el ciclo económico, es significativo al sufrir un golpe de timón en los inicios del primer mandato presidencial de Mitterrand. Con marcada vocación keynesiana, el gobierno de Pierre Mauroy había auspiciado programas reactivadores que iban a contracorriente de una generalizada situación de contracción en el Viejo Continente. Al poco tiempo, dichas políticas sufrieron un giro copernicano y se alinearon con las de ajuste, austeridad y rigor presupuestario implantadas en la mayoría de los países europeos. No sólo se evidenciaron entonces las preferencias monetaristas en el despliegue de las economías políticas nacionales, sino que ninguno de los países de la entonces Comunidad Económica Europea volvió a desviarse sustancialmente de dichas pautas en el camino hacia la integración monetaria.

Durante los años 1990s, diversas políticas económicas y sociales se implementaron con objeto de lograr una mayor integración en el seno de la UE. Estas medidas culminaron con el establecimiento del Mercado Único Europeo y la introducción de la moneda única. En paralelo, las instituciones de la UE salvaguardaron y promovieron la competencia en el mercado interno. Más allá de alegar la necesidad de cambios en las economías europeas, el discurso de la globalización se fue instrumentalizando también a fin de intentar modificar los pactos de solidaridad del bienestar en el ámbito interno de los Estados miembros (Sykes *et al.*, 2001). En este período se fue materializando el alejamiento gradual de las políticas económicas de corte keynesiano por parte de los gobiernos de los Estados miembros de la UE. Se pasó así a compartir unos mismos objetivos estratégicos encaminados a la optimización del capital humano en el seno de los mercados nacionales con objeto de conseguir posiciones de ventaja comparativa en el mercado global.

Las capacidades de decisión económica y política se desligaron *de facto* de la soberanía de los Estados miembros y se europeizaron en gran medida con el establecimiento de la Unión Económica y Monetaria, con el Tratado de Maastricht de 1992 y la subsiguiente entrada en vigor del euro en 2002. No obstante y en paralelo al proceso de europeización económica y monetaria, buena parte de las competencias en política social y desarrollo del bienestar han permanecido como responsabilidad exclusiva de los Estados miembros. En un nuevo intento de conciliar los intereses nacionales y el desarrollo de un marco de referencia básico de carácter común para toda la Unión, un nuevo método se puso en marcha tras la Cumbre de Lisboa (2000). Se trataba de responder a la contradicción aparente que suponía europeizar ámbitos de política (como buena parte de las políticas del bienestar) anclados en la responsabilidad competencial de los Estados miembros.

Con anterioridad a la crisis desatada en 2007-08, los Estados de bienestar europeos estaban en un lento —pero gradual— proceso de convergencia hacia la mitad en la magnitud de sus indicadores, tales como la desigualdad de rentas, el gasto público y la protección social. Los coeficientes Gini de desigualdad de rentas y el riesgo de pobreza habían sido reducidos ligeramente, mientras que los presupuestos sociales habían aumentado en términos absolutos (Adelantado y Calderón, 2006: 374).

Antes de la Gran Recesión, la política del llamado «retroceso del bienestar» (*welfare retrenchment*) se había manifestado anticipadamente en acciones de contención de gastos (*cost containment*), lo que quedó ejemplificado por:

(a) Un endurecimiento de los criterios de acceso y elegibilidad a las prestaciones y servicios del bienestar en la Europa continental;

(b) una reducción en torno al 10% en el gasto de los generosos Estados nórdicos del bienestar; y

(c) una transferencia de responsabilidades desde el sector público estatal y privado lucrativo en sectores del Estado de bienestar británico (ej. pensiones).

Sin embargo, en los tres casos señalados las reformas fueron —al menos parcialmente— condicionadas (*path-dependent*) por las ideas, instituciones e intereses sobre los cuales los respectivos Estados de bienestar se construyeron tras la segunda guerra mundial y desarrollo posterior (Moreno y Palier, 2005).

Con anterioridad a la crisis económica y financiera de 2007-08, el Método Abierto de Coordinación (MAC) había sido implementado en la UE con el fin de conciliar ambos niveles; el comunitario y el estatal. Se trataba de superar el dilema planteado entre la necesidad de reforzar la regulación supranacional teniendo en cuenta la diversidad interna de los Estados miembros europeos[18]. El MAC se estableció en modo «abierto» según una regulación «blanda» (*soft regulation*), a fin de ajustarse a las nuevas condiciones económicas y al principio de subsidiariedad que caracteriza al proceso de europeización. El MAC ha perseguido, por tanto, una regulación no basada en reglas detalladas, sino en la instauración de «procedimientos» generales que pudieran permitir una mayor flexibilidad y variación asumiendo objetivos compartidos.

Algunos ejemplos actuales, tales como los contextos italiano y español (como la regulación del mercado de trabajo para los jóvenes, la reforma del sistema sanitario, etc.) pueden demostrar que las políticas sociales estatales no pueden llevarse a cabo sin tener en consideración el carácter referencial de los otros subsistemas societarios —1) el económico; 2) el de los servicios socio-sanitarios; 3) el de las redes informales—. El Estado del bienestar no puede producir bienestar por sí mismo, sino que tiene que respetar las «lógicas» específicas de los acuerdos económicos, de las relaciones para la salud y de la vida familiar. Las nuevas políticas sociales para la reconstrucción del Estado del bienestar pueden comenzar con el reconocimiento de que solamente la legitimación e institucionalización de los nuevos

---

18 El MAC es una regulación dirigida a la convergencia en términos de resultados, una vez acordados conjuntamente principios generales e indicadores comunes, pero dejando a los estados miembros (EMs) la posibilidad («abierta») de optar por los instrumentos adecuados para llevar a cabo estos objetivos, y de ajustarlos a la diversidad de elecciones políticas y coyunturas sociales a nivel nacional. Sólo la definición de objetivos se produce a nivel central, pero la implementación se realiza de forma descentralizada (Moreno y Serrano Pascual, 2009).

medios simbólicos generalizados de intercambio pueden resolver las dificultades irresueltas por el complejo «Estado-mercado», que está demasiado formalizado.

Ya anteriormente se afirmaba que los sistemas sociales postindustriales deben salir del conjunto institucional tradicional sobre el que se ha construido la «ciudadanía industrial», en la que los derechos sociales están estrictamente ligados al puesto de trabajo (Marshall, 1976). Las nuevas políticas sociales deben ser concebidas, por tanto, como una nueva interacción de estas esferas o subsistemas, con sus propios actores, derechos y códigos simbólicos específicos. En fin, lo que las sociedades contemporáneas van buscando es una diferenciación normativa del sistema social que pueda realizar lo que llamamos la ciudadanía postindustrial, es decir, un pleno reconocimiento de la integridad humana.

En términos generales, en la actualidad pueden identificarse los grandes principios motores en la actuación de conservadores, socialdemócratas y liberales respecto a la política social en la Europa democrática contemporánea. La escuela de pensamiento conservador ha procurado conciliar sus tesis patrimonialistas con el apoyo por los 'derechos naturales' de los trabajadores, enfatizando las políticas basadas en los postulados de paternalismo y ley y orden. Desde las instancias de poder gubernamental, los conservadores han consentido, en ocasiones, implantar restricciones legales a los bienes y propiedades privados al convenir, en ocasiones, en su implícita 'función social'.

Los socialdemócratas, por su parte, han desplegado estrategias de reformas graduales con el propósito final de alcanzar el bienestar colectivo de los ciudadanos, promoviendo especialmente la puesta en vigor de políticas igualitarias y redistributivas.

Los liberales, considerados como enemigos recalcitrantes de la intervención estatal, también han propugnado la provisión de un nivel mínimo público de asistencia pública, muy en línea con la idea de la nación-comunidad expuesta por los seguidores de Jeremy Bentham[19].

---

19 El pensamiento liberal se ha mostrado abierto a la instrumentalización de la intervención estatal mediante la promoción de élites de burócratas —el caso de la Alemania prusiana— o el establecimiento de estructuras intermedias corporativistas a fin de cohesionar el "cuerpo social". Éste fue el caso de los krausistas españoles, seguidores del filósofo alemán Karl Christian Friedrich Krause (1781-

2.3. LA VISIÓN DEL ESTADO DE BIENESTAR DESDE EL ENFOQUE SOCIALDEMÓCRATA

La cuna de la socialdemocracia la hallamos en Alemania como país promotor de esta corriente ideológica. La socialdemocracia es una doctrina y movimiento político de tendencia socialista, que no es lo mismo que decir que sea propiamente socialista, que surge en Europa a finales del siglo XIX y principios del siglo XX, con inspiración en el ideario marxista y se presenta como una propuesta teórica y práctica, moderada y reformista.

El Partido Obrero Socialdemócrata Alemán (1869) fue el primer partido de esta tendencia ideológica. También aparecen en la escena política partidos políticos socialdemócratas a finales del siglo XIX en países del Este y Norte de Europa, como en Dinamarca (1878), Bélgica (1885), Noruega (1887), Austria (1889), Suecia (1889), Hungría (1890), Polonia (1892), Bulgaria (1893), Rumanía (1893), Holanda (1894) y Rusia (1898). En España se funda en 1879 el PSOE, acunándose como "el partido del proletariado", lo que haría consagrar al PSOE y a su brazo sindical UGT, nacido en 1888, como "base identitaria de las clases trabajadoras". En Suecia, August Palm fue un activista clave en introducir el movimiento obrero socialdemócrata, liderándolo hacia una vía reformista, lejos de la inicialmente revolucionaria. El movimiento socialdemócrata se ha caracterizado, fundamentalmente, por su capacidad de adaptación a las exigencias de la realidad histórica donde surja.

Para los socialdemócratas, la transición de la sociedad capitalista al socialismo se adelanta a través de medios pacíficos, de reformas graduales dentro del sistema, con la construcción de un Estado social y democrático que garantice los derechos y el bienestar de la mayoría y no de medidas violentas como la revolución, que implica insurrecciones armadas, con el objetivo de terminar con el capitalismo como modo de producción.

1832), que abogaban por la consolidación de 'amortiguadores' institucionales que sirvieran de acomodo e interrelación entre las esferas individual y estatal.

El alemán Eduard Bernstein, uno de los fundadores de la socialdemocracia y padre del revisionismo, expresó en 1899:

"Desde el punto de vista político nos damos cuenta de que los privilegios de la burguesía capitalista, en todos los países avanzados, dan paso poco a poco a las instituciones democráticas. La legislación de la fábrica, la democratización de las administraciones comunales y la extensión de su competencia, la liberación de los sindicatos y de las cooperativas de todas las trabas legales, la consulta permanente de las organizaciones obreras por parte de las autoridades públicas en las contrataciones laborales caracterizan el nivel actual del desarrollo. A medida que las instituciones políticas de las naciones modernas se democratizan, se reducen la necesidad y las oportunidades de grandes catástrofes políticas"[20].

Desde el punto de vista económico, la ideología socialdemócrata acepta el sistema de economía de mercado, promoviendo la intervención de la autoridad pública para establecer equilibrios y garantizar un fluir en la economía de mercado.

La socialdemocracia ha sido identificada con el reformismo. El marxismo le critica por su búsqueda emancipadora a través de reformas políticas y sociales, aceptando el capitalismo como sistema económico.

Hasta finales de los años cincuenta del siglo XX, la socialdemocracia en general siguió basando sus acciones en tesis marxistas e incluso mantuvo la meta de establecer una sociedad sin clases.

En 1959, año en el que se celebró el Congreso del Partido Socialdemócrata Alemán (SPD) en Bad Godesberg, se reconoció la obsolescencia del marxismo frente a los retos que implicaba sobrevivir en una situación de posguerra y frente a la posibilidad de llegar al gobierno.

Finalmente, la socialdemocracia, en este periodo, se consolidó como una de las principales fuerzas políticas, leal al sistema capitalista, teniendo su mayor periodo de auge entre los años 1945 y 1973. Entonces, se pretendía humanizar el capitalismo y reformar el Estado.

---

[20] Eduard Bernstein, *Las premisas del socialismo y las tareas de la socialdemocracia. Problemas del socialismo. El revisionismo en la socialdemocracia,* 1a edición en español, Siglo XXI, México, 1982, p. 96.

Una vez más, la socialdemocracia adoptaba una estrategia pragmática que se adaptaba a las nuevas circunstancias.

Para el británico Charles Anthony Raven Crosland[21], los cinco elementos que componen el paradigma socialdemócrata clásico son:

- El liberalismo político: aceptación de las instituciones liberal-democráticas.
- La economía mixta: coexistencia de la propiedad privada de los medios de producción y de un control público (estatal) de la actividad económica a través de la planificación.
- El Estado de bienestar: ejecución de políticas sociales tendentes a distribuir la riqueza de una forma más equitativa, disminuyendo los efectos del mercado, promoviendo la justicia social e intentando corregir los desequilibrios generados por la economía de mercado.
- El keynesianismo[22]: ejecución de políticas económicas tendentes a lograr el pleno empleo, salarios elevados, estabilidad de precios y aumento del gasto público.
- El compromiso con la igualdad social.

Durante este periodo, la socialdemocracia logró avances, no sólo electoralmente, sino también respecto a la difusión de su modelo: simbiosis de la democracia liberal, el capitalismo y el bienestar social.

Más de dos décadas de avances llegaron a su fin con la crisis del sistema capitalista y el denominado "consenso del bienestar" en los años setenta. La crisis del petróleo y su alza de precios en el mercado

---

21 En su libro *El futuro del socialismo,* escrito en 1956.

22 Escuela de pensamiento creada por J. M. Keynes (1883-1946). Los principales elementos de esta corriente de pensamiento se hallan contenidos en la obra de J. M. Keynes *Teoría General de la ocupación, el interés y el dinero,* publicada en 1936. Una de sus principales aportaciones la constituye el análisis de la demanda efectiva y su incidencia en las variaciones del nivel de producción y empleo, en contra de lo sostenido hasta entonces por la doctrina oficial y la denominada ley de los mercados o ley de Say, según la cual es la oferta la que crea su propia demanda. Para regular las fluctuaciones de la demanda efectiva o demanda agregada y, en definitiva, de la actividad económica, la política monetaria ha de ser complementada con otros instrumentos de política económica, como la política fiscal, debido a las limitaciones de la primera.

desencadenaron una recesión económica, que puso al capitalismo *ad portas* de un proceso de grave decadencia.

El modelo económico que había financiado al Estado de bienestar desde el fin de la Segunda Guerra Mundial llegó a sus límites, conduciendo a un nuevo modelo: *el neoliberal.*

A nivel ideológico comenzó la ofensiva del discurso conservador contra la viabilidad de un Estado interventor y las políticas de bienestar económico y social. El aumento excesivo de los gastos públicos, los índices elevados de inflación, el aumento de la deuda pública, la ineficiencia de la burocracia, la pérdida de competitividad de las empresas públicas, etc., constituyeron el caldo de cultivo para nuevas políticas de mano de hierro.

Los gobiernos de centro-derecha en la década de los ochenta, como los encabezados por Margaret Thatcher en Gran Bretaña (1979-1990), Ronald Reagan en Estados Unidos (1981-1989) y Helmut Kohl en Alemania (1982-1998), dieron al traste con el paradigma socialdemócrata clásico.

El nuevo modelo, el neoliberal, impulsó políticas de intervención del sector privado en la economía, con el consecuente debilitamiento del Estado, al cual lo encontraron culpable del caos del sistema capitalista. El motor del crecimiento económico de los países comenzó a fortalecerse en el comercio internacional. Se promovieron políticas de privatización, liberalización y desregulación como los nuevos ejes del desarrollo económico. La globalización económica desencadenó a partir de la década de los ochenta nuevos retos y nuevas exigencias económicas, estrategias armamentísticas y de guerra, con neocolonialismos sofisticados.

El neoliberalismo, con su propuesta de un mercado mundial, impulsó lo que conocemos como globalización. La globalización neoliberal es un proceso que lleva a que los flujos sociales económicos, políticos, jurídicos y culturales, que antes tenían lugar dentro de las fronteras nacionales, ahora se trasladen más allá de las fronteras. Si bien es cierto que el desarrollo tecnológico permite la globalización, ésta no se hubiera desplegado de no ser necesaria para recuperar la tasa de ganancia del capital y si no, no hubiera existido una voluntad política de impulsarla por los gobiernos conservadores de Europa y Norteamérica)[23].

Podemos considerar como promotor del modelo neoliberal a Friedrich A. Hayek[24], pieza clave para entender no sólo el origen sino el desarrollo y las implicaciones de lo que ha significado la praxis de este modelo económico. Destacamos de Hayek sus ideas explicitadas en el texto publicado en 1944, donde esgrime los rasgos generales característicos del modelo económico neoliberal. La incapacidad y desconocimiento de la marcha de la sociedad y cualquier intento de introducir alguna forma de racionalidad en la economía es imposible. Cualquiera que sea el Estado o la organización política que lo intente la economía escapa a todo intento de organizarla y racionalizarla.

La competencia debe sustituir a la planificación. El liberalismo económico considera el máximum en la competencia, no sólo porque en la mayor parte de las circunstancias es el método más eficientemente conocido, sino, más aún, porque es el único método que permite a nuestras actividades ajustarse a las de cada uno de los demás sin intervención coercitiva o arbitraria de la autoridad (Hayek, 1990:65).

Lo importante es si el individuo puede prever la acción del Estado y utilizar este conocimiento como un dato al establecer sus propios planes, lo que supone que el Estado no puede controlar el uso que se hace de sus instrumentos y que el individuo sabe con exactitud hasta

---

23 Comité de Estudios Sociológicos en torno al neoliberalismo. Ponencia. Universidad de Oxford. 2016.

24 Friedrich A. Hayek nace en Viena el 8 de mayo de 1899. Participó en la Primera Guerra Mundial en la campaña en Italia del ejército austro-húngaro. En 1921 obtiene el doctorado en Jurisprudencia de la Universidad de Viena y un año después en Relaciones Políticas. En 1923 emigra a Estados Unidos para realizar estudios de posgrado en la Universidad de Nueva York. De regreso en Viena (1929) imparte los cursos de Economía y Estadística en la Universidad de Viena, en el Instituto Austríaco para la Investigación del Ciclo Económico de esa Universidad. En 1931, se instala en Londres e ingresa como docente e investigador a la Escuela de Ciencias Políticas y Económicas. En 1950 se dirige a Estados Unidos y hasta 1962 fue docente de la Universidad de Chicago. Su texto más próximo al neoliberalismo es el *Camino de servidumbre* publicado simultáneamente en Chicago y Londres en 1944. Hayek, en 1974, con Gunnar Myrdal, obtiene el Premio Nobel de Economía, curiosamente defendiendo postulados antagónicos en torno a la política económica y al papel del Estado.

dónde estará protegido contra la interferencia de los demás, o si el Estado está en situación de frustrar los esfuerzos individuales (Hayek, 1990:113).

El papel del Estado, según Hayek, es solucionar el problema de la financiación de los servicios públicos que provee el Estado, pero con la intención de que estos servicios ya no sean administrados por el Estado ni con recursos derivados de los impuestos. Esto implica establecer que los servicios que antes eran públicos ahora sean proporcionados por empresarios particulares.

Pese a sus publicaciones tan contrarias al Estado, Hayek considera al Estado como un mecanismo necesario para proveer servicios, vía incluso subsidios a los sectores de la población que no pueden acceder a través del mercado a esos bienes.

Hayek fue uno de los creadores del mito de la globalización y del neoliberalismo como modelo económico, perfilando una serie de cualidades de la relación entre el Estado y el mercado que ahora controlan el escenario económico mundial.

Resulta un dato curioso que Hayek consiguiera el Premio Nobel de Economía en 1974, apelando al mercado y a la mano invisible de Adam Smith y otro candidato consiguiera ese mismo año el mismo Premio Nobel que él: Gunnar Myrdal, de la Escuela de Estocolmo y pareja de Alva, considerada la ideóloga de las políticas de conciliación laboral y familiar en Suecia y que en esta obra tratamos más adelante.

Durante las tres primeras décadas del final de la Segunda Guerra Mundial, Suecia y los demás países nórdicos lograron construir Estados de bienestar amplios y generosamente financiados, basados en la aplicación de los principios universalistas de provisión común para todos los ciudadanos. Sus ingresos se financian mediante formas de tributación progresivamente redistributivas y sistemas de seguros nacionales.

Bajo la dirección, a menudo paternalista, de un Estado racional e ilustrado, Suecia encabezó la formación consciente de lo que eran verdaderamente sociedades socialdemócratas. Este éxito del siglo XX derivó en particular de la creación de países prósperos y cohesionados socialmente, pero sin la necesidad de ningún desafío directo a las características fundamentales de una economía de mercado abierta y de una democracia parlamentaria representativa con altos niveles de participación popular y de transparencia y rendición de cuentas.

De otra parte, Suecia y los otros países nórdicos no sacrificaron su bienestar económico en la búsqueda de un sueño igualitario. Los socialdemócratas gobernantes en Suecia y sus partidos hermanos en la región, cuando estaban en el gobierno eran siempre pragmáticos de principio y no socialistas utópicos. Como Estados pequeños, los nórdicos eran muy conscientes de que su éxito final provenía de una plena y exitosa integración en un sistema económico mundial más amplio como creyentes y practicantes del comercio abierto y de un internacionalismo genuino. Esto fue ciertamente evidente ya a finales del siglo XIX y el compromiso con un sistema comercial multilateral creció en importancia después de 1945, ya que Suecia en particular se convirtió en un participante económico activo en un mundo cada vez más integrado (Taylor, 2005).

En Suecia, las instituciones son representativas de empleadores y sindicatos (y así percibidas por los ciudadanos) que representan a los trabajadores como productores, pero también como ciudadanos, trabajando en armonía en la creación de un interés común. Al hacerlo, deben proporcionar los medios institucionales necesarios para la construcción de un modelo corporativista pero democrático y pluralista basado en los principios de un racionalismo humanista.

El impulso necesario para la modernización, en cualquier sociedad democrática, exige que se preste gran importancia a la formación de una política pública coherente para el avance de una verdadera igualdad social, para estimular los mercados abiertos, las energías emprendedoras y la rentabilidad empresarial.

Hoy en día, los demócratas de todo el mundo están luchando por el mismo problema fundamental: conciliar la necesidad de alcanzar y sostener el crecimiento económico y la competitividad de las empresas mediante un compromiso de reforma estructural de la economía política con el acuerdo y la cooperación activa de los que son los más afectados por el impacto del cambio. La modernización, a través del consenso, está en el corazón del nuevo modelo sueco tanto como en el viejo y el de sus vecinos.

Lo que Suecia y los demás países nórdicos han logrado es de importancia crucial en el debate político, el cómo la izquierda europea debe responder a los complejos desafíos que se imponen a las sociedades modernas por la globalización y el impacto de las tecnologías de la comunicación y la información en el mundo del trabajo y del mercado. Su éxito como economías sociales de mercado y sociedades democráticas continúa confundiendo los dogmas de moda y las ortodoxias del neoliberalismo prevaleciente.

Muchos observadores de la Suecia moderna no reconocen que los logros modernos del país se derivan principalmente del trabajo creativo, de su movimiento laboral extraordinariamente exitoso. El modelo nórdico siempre ha sido un proyecto político consciente. Los socialdemócratas siguen siendo el partido de izquierda más exitoso en el mundo democrático. La longevidad del partido en el gobierno es bastante notable.

Los socialdemócratas gobernaron Suecia con mayoría absoluta o en coaliciones durante cuarenta y cuatro años desde agosto de 1932 hasta septiembre de 1976, sin interrupción. Una vez más, formaron gobierno entre septiembre de 1982 y septiembre de 1991. Desde septiembre de 1994 han vuelto a ocupar el cargo hasta perder en 2006 y volver a gobernar en 2014. En resumidas cuentas, el Partido Socialdemócrata es el partido con más años de poder en los más de 80 años de estudio gobernando en una democracia parlamentaria multipartidista que se basa en un sistema electoral de representación proporcional, que generalmente no se conoce por producir gobiernos fuertes y decisivos pero sí coaliciones débiles.

La profunda experiencia histórica y práctica del partido en el gobierno ha ayudado a asegurar que los socialdemócratas puedan mostrar el rigor intelectual y la confianza en sí mismos necesarios para revisar y renovar su ideología básica a la luz de las circunstancias cambiantes.

La actual modernización de la socialdemocracia a través de la creación de lo que constituye un nuevo modelo sueco durante los últimos diez años es un buen ejemplo de lo que esto ha significado en la práctica. El partido ha elaborado un documento convincentemente discutido, que no sólo establece una visión altamente atractiva del futuro socialdemócrata de Suecia en el siglo XXI, sino que proporciona los fundamentos ideológicos para el nuevo modelo.

Citando a (Taylor, 2005), la libertad sigue siendo central en la visión socialdemócrata del partido, al declarar que:

"Todo el mundo debe ser libre para desarrollarse como individuo, para gobernar sus propias vidas e influir en su propia sociedad. La libertad implica (...) la libertad de participar y decidir sobre cuestiones junto con otros, para desarrollarse como individuo, para vivir en una comunidad segura y la libertad de vivir la propia vida y elegir un futuro propio".

Por un lado, la sociedad moderna puede proporcionar las oportunidades a todos los individuos para realizar su pleno potencial como seres humanos, pero por otro lado, también puede fortalecer el poder desigual e insaciable del capital. El Partido Socialdemócrata no tiene una visión benigna o complaciente de tal capitalismo de mercado. Adopta una actitud muy crítica ante la volatilidad de la especulación internacional, la concentración en la propiedad de las grandes empresas más allá del control democrático y la degradación ambiental que proviene de las fuerzas inherentemente destructivas del capitalismo no regulado. Como en el pasado, los socialdemócratas suecos sostienen que es necesario construir influencias compensatorias en la sociedad y en la economía para limitar la capacidad del capital para dominar y amenazar la democracia.

Los socialdemócratas suecos han llegado a declarar que *"la socialdemocracia es y sigue siendo un partido anticapitalista que siempre ha contrapesado las exigencias del capital para el poder sobre la economía y la sociedad"*. Pero también reconocen que esas influencias progresivas se han hecho más débiles de lo que solían ser. El desafío político de hoy es encontrar una manera de fortalecer las restricciones democráticas a la fuerza del capitalismo global. La respuesta principal reside en la reafirmación del concepto de interés público a través de las actividades progresistas de un Estado ilustrado, con sindicatos eficaces y fuertes, con movimientos no gubernamentales independientes en la sociedad civil, con asociaciones profesionales y fuerzas democráticas más amplias a nivel local, nacional e internacional, resaltando la fuerza del municipalismo sueco en cuanto a la universalidad de sus servicios y de la autofinanciación de la gestión.

Como dice su programa, *"la socialdemocracia sueca busca formar parte de esta fuerza política que hace de la globalización un instrumento de democracia, de bienestar y de justicia social"*. El nuevo modelo se basa en que no sólo es posible sino necesario para lograr una modernización exitosa que un país combine la búsqueda de la competitividad económica y la cohesión social en igual medida. Pero también sugiere que el neoliberalismo, en su repudio a los valores sociales democráticos básicos, no es la forma más efectiva de crear economías políticas ricas y eficientes.

Peter Auer, de la Organización Internacional del Trabajo, ha sostenido que no es la flexibilidad del mercado sino la existencia y adaptabilidad de las instituciones y regulaciones lo que explica el éxito. Según Blyth (2001), la construcción de las ideas e instituciones que constituirían el modelo sueco se inició en medio de la crisis económica de finales de los años veinte, cuando un grupo de diputados del Partido Socialdemócrata se interesó por las ideas relacionando el desempleo con una demanda insuficiente, desafiando algunos postulados clásicos de que el desempleo era un hecho natural. Un camino importante para estas nuevas ideas fue el Comité de Desempleo establecido en 1927.

Estas nuevas ideas pueden resumirse en términos de cuatro proposiciones clave:

Primero, la expansión de toda la economía fue vista como la solución tanto al desempleo como a la deflación.

En segundo lugar, la estabilidad del nivel de precios se tomó como un objetivo político vital para todos los grupos.

En tercer lugar, el Estado resolvió garantizar la confianza de las empresas al argumentar que equilibraría los presupuestos en el ciclo económico y no durante el año fiscal.

En cuarto lugar, se esperaba que el Estado desempeñara un papel activo en la gestión económica, pero principalmente como intermediario entre las empresas y el trabajo y como proveedor de las instituciones que hicieron posibles los tres objetivos anteriores.

Ante estas nuevas ideas, el Partido Socialdemócrata resistió en gran medida el proteccionismo económico, promovió altos niveles de concentración empresarial y alentó la centralización de las instituciones del mercado de trabajo. El Estado, entonces, institucionalizó estos arreglos en una serie de acuerdos empresariales y laborales que diseñaron la relación institucional del Estado con las empresas, para fomentar el crecimiento a través del éxito de las principales corporaciones, dentro de un sistema redistributivo de impuestos que fomentaba la productividad y la inversión. La relación institucional del Estado con el trabajo se basaba igualmente en un compromiso firme con el pleno empleo, destacando la participación tan importante de los sindicatos en las empresas y la alta afiliación sindical de los suecos. Esta garantía de pleno empleo se vendió a los negocios al narrarla como deseable por razones de eficiencia, ya que la plena utilización de los recursos, incluidos los humanos, facilitó otros objetivos políticos en lugar de ser un fin en sí mismo.

Así, a mediados de los años cincuenta, las principales instituciones reguladoras y distributivas del modelo sueco estaban firmemente establecidas. Al no cuestionar la propiedad, ese elemento más fundamental de las relaciones capitalistas y al narrarlo a través de un nuevo conjunto de ideas económicas que promovían los objetivos de bienestar, igualdad y pleno empleo como suma positiva, los suecos habían desarrollado una concepción de la economía y de la política y un conjunto de instituciones distributivas que se extendió hacia toda la sociedad consolidando el proyecto político socialdemócrata en el marco de una economía abierta capitalista.

Una forma sencilla de pensar en las categorías de Bienestar Social es la siguiente: todos los países deben manejar las dos tareas fundamentales de suavizar el consumo a lo largo de la vida y proporcionar seguros contra diversos riesgos. Esta concepción sueca de su modelo económico y social se fue extendiendo a los países miembros de la Internacional Socialista, confiando en la combinación de tres instituciones para estas tareas: el Estado, el mercado y la familia. Los Estados de bienestar liberales o anglosajones dependen un poco más del mercado, los Estados de bienestar conservadores o continentales dependen más de la familia y los Estados socialdemócratas, nórdicos, de bienestar universal, dependen más del Estado (Bergh, 2010).

2.4. DESIGUALDAD, VULNERABILIDAD Y EXCLUSIÓN SOCIAL

Los problemas sociales aumentan el malestar emocional y esta obra trata de ahondar en temas relacionados con el estrés financiero en padres e hijos, el impacto de la Covid-19 en la salud mental de las personas, la situación de los refugiados, etc.; en general, nuestra observación tiene como objeto los problemas sociales que detectamos como prioritarios dentro de la agenda política e institucional y dentro puesto que nos interesa analizar qué factores sociales son los mayores causantes del sufrimiento humano. Así, el trabajo de T. Izquierdo, O. López Martínez y A. Escarbajal pone de relieve que las situaciones de exclusión social y vulnerabilidad repercuten en el bienestar psicológico y por tanto, en la salud de las personas y en general, en su bienestar consigo mismos y con su entorno, con su "ser social" (Bárez, 2020: 93).

El concepto de exclusión social nos ayuda en la descripción de los motivos de comprensión sobre qué colectivos sufren falta de satisfacción de las necesidades humanas básicas y sus razones y otros grupos sociales tienen mayores niveles de protección. De esta manera, vemos que para D. La Parra y José María Tortosa, "*por exclusión se suele entender el conjunto de procesos estructurales, pautas ideológicas y culturales, tendencias sociales y mecanismos que producen el empobrecimiento personal o colectivo*". Estos investigadores relacionan exclusión social con mayor mortalidad y con menos oportunidades de desarrollo educativo. "(…) *En la medida que los individuos ven disminuido su bienestar en virtud de los procesos de exclusión procede contestar a la pregunta sobre ¿cuáles son los mecanismos por los que los procesos de exclusión social se convierten en factores personales de empobrecimiento?*" (Tortosa y La Parra, 2002: 55).

TABLA 2
Indicadores de exclusión social

Ámbito	Indicador	Situación
Relaciones sociales	Exclusión severa	Aislamiento. Conflictividad en las relaciones (familiares, de amistad, vecinales)
Integración social y familiar	Exclusión grave	Carencia o conflictividad de relaciones familiares, de amistad y vecindad
Exclusión de la participación	Exclusión de la participación	Personas que no se relacionan con nadie, personas que no acuden a nadie en caso de problemas personales o afectivos, personas que no pertenecen a determinadas asociaciones, grupos, sindicatos o clubes, personas que no van a votar en las elecciones

Fuente: Esther Raya Díez, 2006: 99

Entre las varias interpretaciones que existen sobre la exclusión social, con los matices sobre la lectura de si es una característica de los individuos o más bien de las sociedades, *"hay exclusión social cuando los modelos de relaciones sociales niegan a individuos y a grupos el acceso a los bienes, servicios, mercados y recursos que se asocian a la ciudadanía"* (Rodgers, 1995: 43). Es relevante esta mención ya que más adelante iremos tratando varias cuestiones que afectan a la vida de los individuos y la problemática que un asunto encierra en clave de grupos sociales que es cuando podemos categorizarla como "problema social".

Así, hacemos alusión a temas situados dentro de los trastornos de vida, tales como la drogadicción, el alcoholismo, la forma de establecer relaciones sexuales sin protección debida, especialmente significativo en el llamado "turismo sexual" con datos representativos como para poder hacer un diagnóstico de problema con una incidencia acusada en determinadas franjas de edad.

Además, se contemplan factores culturales como los que atañen a la estructura de las familias (los casos de estrés financiero de los padres) o la crisis de refugiados, que tiene tanto peso dentro del debate político en Suecia. Los lazos tradicionales de solidaridad en los que se ha movido su población en décadas pasadas han ido creando, a la par, una Administración cada vez más robusta y con un fuerte bagaje en la ejecución de políticas que traten de dar respuesta a los problemas que se identifican como públicos.

Para identificar y definir un problema concreto como social se analizan los factores que intervienen en ellos y en este punto en el que estamos, tratamos de ver los factores que intervienen en los procesos de exclusión social. Para ello, nos apoyamos en los trabajos, entre otros, de Sánchez Morales y de Tezanos Vázquez, que nos orientan en esta clasificación de factores:

- *Factores familiares/relacionales; relaciones y vínculos familiares débiles y/o deteriorados. Conflictos y rupturas, divorcios. Orfandad. Desarraigo social y falta de redes sociales de amistad.*
- *Factores personales; adicción al consumo de drogas y alcohol. Ludopatía. Enfermedades mentales. Falta de habilidades sociales y personales. Déficit en la formación académica. Violencia y malos tratos.*
- *Factores estructurales; desempleo, empleo precario, dificultades económicas, pobreza, falta de vivienda, desahucios.*

- *Factores culturales; movilidad migratoria, integración-rechazo cultural* (Sánchez M. y Tezanos V., 2004: 651).

La comprensión del fenómeno de nuevas desigualdades que se producen como parte de las complejas estructuras sociales es un objetivo constante, mostrando cómo afectan a las personas, puesto que la sensibilidad individual hacia el conjunto social es una de las razones por las que vivir en sociedades muy desiguales tiene tantas consecuencias (Bárez, 2020: 78 y 115). Por otro lado, se aborda esta propuesta no sólo desde la labor de la investigación social sino de observar la preocupación política e institucional en el diagnóstico y definición del problema público y todo el proceso de formulación de estrategias hasta su implementación.

Los apuntes de Willkinson y Pickett nos enriquecen de cara a reflexionar sobre desigualdad y estructura social pudiendo extraer datos medibles sobre los niveles de ansiedad en la población, correlacionándolo con un aumento de los problemas de conducta, falta de integración, falta de oportunidades, delincuencia, consumo desorbitado de alcohol o drogas. En sus análisis, las variables del estrés y la ansiedad son buque insignia de numerosos análisis posteriores. Y por supuesto, todas aquellas situaciones de precariedad y vulnerabilidad pueden llevar a la exclusión social. De forma tangible a estas reflexiones vemos a Bourdieu, cuando subraya que *"las razones y motivaciones de los individuos ocultan determinadas funciones sociales, porque las relaciones sociales se juegan desde unas determinadas posiciones sociales que son posiciones de clase"* (Bourdieu, 2005: 33). Con estas aportaciones teóricas tratamos de ahondar mejor en la conexión de la dimensión estructural que genera problemas que afectan al bienestar de las personas, preguntándonos ante todo *¿qué problemas son?* y en estas dificultades podemos trabajar mejor en conceptos como la vulnerabilidad y la exclusión social.

Madrid Pérez nos precisa que el término "vulnerabilidad" se comenzó a usar para hablar de las dificultades que las personas y colectivos tenían al afrontar calamidades o situaciones traumáticas y la capacidad de respuesta y recuperación de las personas (Bárez, 2020: 83). Este traspaso de la responsabilidad a la persona ha coincidido en el tiempo con un contexto de recortes de gasto social y de debilitamiento del sector público (Madrid, 2017: 55), como vemos a lo largo de este libro también referido en los países nórdicos y concretamente en el caso de Suecia.

El Programa de las Naciones Unidas para el Desarrollo (PNUD) concede mayor protagonismo al término vulnerabilidad que al de exclusión o desigualdad (Bárez, 2020: 83), como también aborda en sus continuos informes la transmisión intergeneracional de la vulnerabilidad de los padres desfavorecidos a sus hijos.

La vulnerabilidad puede entenderse como el estadio previo a la exclusión social y aunque la vulnerabilidad no necesariamente lleva a esta exclusión social, el concepto de exclusión social nos resulta útil, de la mano de Bárez Cambronero, de La Parra, Tezanos y Tortosa, para describir los motivos por los cuales unos colectivos sufren una situación de falta de satisfacción de las necesidades humanas básicas (que no son exclusivamente de tipo material), mientras que otros grupos sociales cuentan con mayores niveles de protección. Además, el alcance y los perfiles sociológicos de la exclusión tendrán que ver con pautas de actitud y decisiones en torno a, por ejemplo, discriminar en el acceso a la vivienda, estigmatizar una adicción, no acompañar una soledad, etc. (Subirats, 2005: 12).

El profesor Tezanos ha basado gran parte de sus investigaciones en la exclusión social y la desigualdad, analizando aquellos elementos de las sociedades actuales que dan lugar a un aumento de las situaciones de precarización y de vulnerabilidad social, estudiando perspectivas de evolución y la problemática concreta de los principales grupos y sectores excluidos. En esto, es donde el profesor Tezanos habla de la "sociedad dividida" (Tezanos, 2001), poniendo el foco en el aumento de las desigualdades y la tendencia a la dualización social, observando los factores que influyen en el proceso o en al propia situación de la exclusión social.

Los ámbitos económico, laboral, sanitario, educativo, político, relacional o de vivienda, entre otros, son variables que nos ayudan a comprender mejor quiénes están en situación o en riesgo de exclusión social y cuáles son los factores que han influido más para llegar a tal situación (Solano, 2007: 110). Así, el profesor Tezanos acude al término "ciudadanía social" para definir el fenómeno de la exclusión social haciendo referencia a la falta de oportunidades vitales.

En medio de estas aportaciones también cabe destacar la "sociedad líquida" de Bauman, con la que argumenta sobre la desafección ciudadana y del fin de un compromiso mutuo, que lo enraíza en el deterioro de la cohesión social.

Para el profesor Tezanos, la exclusión es un proceso de segregación social, estableciendo cuatro zonas básicas identificables en el proceso de exclusión social: zona de integración, zona de vulnerabilidad, zona de asistencia y zona de exclusión (Tezanos, 2001).

2.5. LA COHESIÓN SOCIAL

Con este marco teórico podemos llegar a identificar mejor la cohesión social existente entendida ésta en línea con la visión de la CEPAL, que la define como la dialéctica entre mecanismos instituidos de inclusión y exclusión sociales y las respuestas, percepciones y disposiciones de la ciudadanía frente al modo en que estos operan que se traducen en un sentido de pertenencia a la sociedad (Cepal, 2007). El concepto de cohesión social tiende a verse constituido por otros conceptos próximos, como la equidad, la inclusión social y el bienestar que, a su vez, tienen estrecha vinculación con los conceptos de ciudadanía y democracia. Precisamente inclusión y pertenencia o igualdad y pertenencia son los ejes sobre los que ha girado la noción de cohesión social en sociedades ordenadas bajo los preceptos del Estado de bienestar (Cantard, 2011: 4). Se vincula a su vez al concepto de exclusión inclusión social a partir de las relaciones sociales que se generan entre individuos, grupos e instituciones; entre las personas y las estructuras sociales. Su buque insignia lo constituye la equidad en el acceso a servicios y bienes públicos, al pleno ejercicio de los derechos ciudadanos con la participación en proyectos colectivos y en definitiva, a todo lo sustentable en la dignidad individual y colectiva.

Uno de los primeros sociólogos que en sus textos discutió la cohesión social y la integración fue Emile Durkheim. Durkheim discutió en sus libros en torno a lo que llamó la solidaridad orgánica. En una sociedad con solidaridad orgánica, según Durkheim, la cohesión debe ser mayor a medida que dependemos unos de otros. La solidaridad es simplemente el intercambio de bienes y servicios.

El trabajo se ha dividido y así se crea la necesidad de otras personas, lo que a su vez conduce a que la sociedad se mantiene unida (Durkheim, 1984: 86). Sólo cuando las conexiones se repiten varias veces es como se fortalece la solidaridad en la sociedad (Durkheim, 1984: 302). Como la redistribución que vio Durkheim en su época, con el auge de la misma sociedad capitalista y su impacto en la cohesión de la sociedad, ahora parece que vemos un cambio entre la sociedad industrial hacia una sociedad más orientada a los servicios, lo que a su vez nos da problemas de cohesión. La forma en que trabajamos también esta vez tiene un impacto en cómo nuestra sociedad se mantiene unida, al igual que el hecho de que muchas personas están sin trabajo. Durkheim argumentó que la existencia de una sociedad depende de la cooperación entre diferentes grupos que crearían la solidaridad social como base para la integración. Durkheim cree que el mercado no puede crear integración y cohesión social. El mercado tiene muchas disfunciones que necesitan ser corregidas con una intervención de actores externos. Si la sociedad se deja al libre mercado sin regulaciones esto conducirá a la anomia y grandes diferencias entre la población. Todas las sociedades deben sentarse juntos con la ayuda de lo que Durkheim llama "conciencia común". Esto significa que las personas tienen una conciencia colectiva del mundo (Durkheim, 1984: 64). Las ideas de Durkheim a menudo hace replantearse a los académicos qué ha podido salir mal en muchas grandes ciudades hoy, con el triunfo del neoliberalismo y el individualismo consecuente. Durkheim cree que a medida que las sociedades crecen en volumen, su complejidad aumenta, aumenta la división del trabajo y aumentan las diferencias individuales (Boglind *et* al., 2009: 211).

Durkheim estaba convencido de que la sociedad moderna contiene tendencias que exigen atención constante y contramedidas.

Según Durkheim, existen dos tipos de herencia que generan diferencias sociales, económicos y sociales. El primero puede reducirse mediante reformas políticas, el segundo es sin embargo, más difícil de resolver (Boglind et al Månson, 2009: 223). En Malmö, ciudad tradicionalmente obrera y con una alta tasa de inmigración, parece que la diferencia social afecta en muchos sentidos a la económica. Entonces, ¿cómo funcionan las teorías de Durkheim en un mundo globalizado? En este mundo posmoderno, como sugiere Bauman, en el que los lazos supuestamente se debilitan entre nosotros, la sociedad se convierte cada vez en algo más individualizado, ya no somos tan dependientes unos de otros como cuando Durkheim escribió sobre esta solidaridad y así, en este mundo posmoderno, parece más difícil mantener la visión de "comunidad".

En el ámbito académico sueco, se habla de que quizás los esfuerzos hay que volcarlos en una forma completamente nueva de cohesión. Poca gente habla hoy de solidaridad y sí se abordan más la integración y la segregación. La integración es el estado al que se aspira. En el debate político, la palabra se usa a menudo para explicar el proceso en que los inmigrantes se establecen en la sociedad y en el que la sociedad sueca se adapta al cambio en la composición de la población que conlleva la inmigración. La segregación, por su parte, significa una división, una separación de la sociedad y los habitantes de la sociedad; una separación espacial de los grupos de población, que puede ocurrir debido al estatus socioeconómico, la religión o el origen étnico, entre otros.

Importantes son también las referencias que encontramos en Norberto Elias o Wacquant, cuando estudian cómo surgen las relaciones de poder entre diferentes grupos en el tiempo, a cómo se relacionan los grupos interdependientes, visibilizando el problema de que quienes se sienten excluidos nunca se convierten realmente en parte de la sociedad en la que estén. Por tanto, este autor afirma que el Estado representa la cohesión. Cuando el Estado se retira de las áreas se pierde cohesión y surgen problemas entre los individuos. La confianza en otras personas también desaparece. La desconfianza forma parte de la naturaleza humana. Incluso en países donde la confianza es alta, a las personas les preocupa que los empleadores, los empleados o los proveedores puedan aprovecharse de ellas; que el gobierno tome decisiones que las perjudicarán; que los beneficios del gobierno se dirijan a quienes no tienen derecho a ellos o que los demás no paguen sus impuestos.

Con el triunfo del neoliberalismo dentro del dogma imperante en lo económico, hay una tendencia al mínimo intervencionismo del Estado. El neoliberalismo afecta en lo social a la desmovilización ciudadana y el Estado de bienestar también se ve afectado, con las implicaciones sobre la desigualdad social la cohesión social, con los añadidos sobre la imagen estática de quien a los pobres siempre los va a ver pobres o entre otros, que ser inmigrantes conlleva una serie de riesgos adicionales de exclusión social (Tezanos, 2007 y 2008).

Las instituciones constituyen la piedra angular de las organizaciones sociales. De no controlarse, la desconfianza reduce el comercio, la inversión y la innovación; distorsiona los incentivos políticos para adoptar políticas públicas que mejoran el bienestar y obstaculiza la prestación efectiva de servicios públicos. Para minimizar esta disrupción, las sociedades han recurrido históricamente a las instituciones. Las instituciones pueden mitigar el enorme efecto distorsionador que genera la desconfianza tanto en la esfera privada como en la pública, entre los agentes económicos y entre los ciudadanos y el gobierno defender sus contratos sociales y por ampliar los beneficios y obligaciones de la ciudadanía.

Para Wacquant, para lograr la cohesión en la sociedad, debemos resolver el problema del trabajo y cuando hace comparaciones sobre el grado de cohesión social que hay en EEUU resalta la gran labor que en Suecia hay con un servicio municipal bien dotado para atender todas las áreas problemáticas presentes en la sociedad.

Para el profesor de la Universidad de Gotemburgo, Jesper Strömbäck, que lleva años estudiando la cohesión social en Suecia a través del Instituto SOM, la cohesión social sigue siendo fuerte y el 95% de los encuestados se siente parte de la sociedad sueca. Quienes se muestran más desfavorables con este sentimiento son las personas con ciudadanía de otro país, las personas con menores ingresos y las personas que simpatizan con el partido de derecha radical SD.

En una sociedad cada vez más individualizada y heterogénea, en un contexto global de mayor fragmentación y de acentuación de brechas económicas y sociales, el Instituto SOM ha mostrado interés en las cuestiones relacionadas con la cohesión social haciendo preguntas sobre el grado en que las personas sienten que son parte de la sociedad, así como el grado en que las personas sienten un sentido de pertenencia con otros que los del propio grupo analizando además cómo determinados hábitos pueden llegar a afectar la cohesión social e incluso el consumo de qué medios de comunicación. Alrededor de un 85% siente que es necesario en la sociedad sueca. El 19% de los que no tienen ciudadanía sueca dicen que no se sienten parte de la sociedad sueca, pero este grupo es relativamente pequeño en general en la encuesta.

Los grupos con los que las personas se sienten menos conectadas son aquellos que tienen un origen étnico completamente diferente, una religión diferente, un estilo de vida completamente diferente y aquellos que provienen de una cultura diferente. Aquí, también, los cambios a lo largo del tiempo son muy pequeños.

Ligado al concepto de la cohesión social está la confianza y en el "barómetro de la confianza" de Suecia de 2022 observamos las instituciones en las que más ha crecido la confianza desde 2021, donde destacan el Gobierno (pasa de 40% a 50%), el Estado (de 50% a 58%), la Comisión Europea (de 32% al 40%), la Cruz Roja (de 52% a 59%), el Parlamento (45% a 52%), la Autoridad de Salud Pública (de 58% a 63%), la prensa diaria (de 31% a 36%) y la radio y televisión (de 51% a 56%) siendo las administraciones de policía, de salud y las educativas-universitarias las más valoradas.

Capítulo 3

PROBLEMAS SOCIALES Y POLÍTICAS PÚBLICAS

Las políticas del Estado de bienestar en los países nórdicos convergen en torno a la igualdad económica y social, los derechos universales y la ideología igualitaria. Otras características importantes se refieren a la participación en el mercado laboral, la cohesión social, la afiliación sindical, la cooperación en el mercado laboral y los generosos beneficios. El legado de este modelo, conocido como el "modelo nórdico", se construye a través de décadas e involucra una difusión de políticas e instituciones dentro de la región, con Suecia encabezando, Dinamarca y Noruega siguiéndolo de cerca y en último lugar Finlandia, habiendo experimentado ésta un "desarrollo tardío".

Gran parte de la variación en el desarrollo sociopolítico del modelo nórdico se puede explicar por un crecimiento económico constante. La contracción económica puede, de la misma manera, explicar los desafíos al modelo. Varios episodios y cambios (declive industrial, crisis coyunturales, el colapso del mercado soviético y el impacto del envejecimiento demográfico) han llevado a reformas de bienestar e individualización de los riesgos sociales, comenzando en Dinamarca a principios de los años noventa.

En relación con la base de datos de gasto social de la OCDE y del "Conjunto de datos de derechos de bienestar comparativo" (*Comparative Welfare Entitlements Dataset* - CWED 2), donde encontramos datos que relacionan las características institucionales de los programas de Bienestar (Scruggs, Jahn y Kuitto, 2014), puede deducirse que Suecia ha realizado un ajuste radical en su modelo institucional-redistributivo. El gasto público en Bienestar se ha reducido a través de cambios en los niveles de beneficios. Como resultado, muchos se decantan por que Suecia ya no sirve como el mejor ejemplo de políticas de Bienestar socialdemócratas. Este papel ahora lo toma Noruega, que ocupa el puesto número uno en la serie CWED, seguida de Dinamarca, Suecia a continuación y Finlandia en la parte inferior. En la obra de Esping-Andersen de 1990, Noruega y Suecia emergieron en la cima, con Dinamarca y Finlandia por debajo (Scruggs, 2006: 55).

3.1. POLÍTICAS ACTIVAS SOCIALES: TRABAJO Y SALUD PÚBLICA

El modelo nórdico fue pionero en las políticas activas de empleo impulsadas desde finales del siglo XX (Rubio 2013: 20; Moreno 2013: 29). En este caso, no prevalecía la orientación punitiva de otros sistemas cuya finalidad era evitar un "abuso" del seguro de desempleo y la aceptación rápida de cualquier tipo de ocupación, sino la mejora de la "empleabilidad" basada en una buena oferta formativa, el acompañamiento personal para la búsqueda de nuevos empleos y el apoyo al cuidado de los hijos para hacer posible esa búsqueda de modo efectivo. Se redujeron los periodos en los que podría percibirse la prestación por desempleo. En este contexto se desarrolló el concepto de "flexiseguridad" originariamente en Dinamarca, una combinación de un alto nivel de flexibilidad en el mercado laboral, impensable en países como Alemania y Francia incluso hoy en día y con pagos generosos a aquellos que están sin trabajo o que tienen que ser entrenados. Con este concepto se persigue facilitar el ajuste de las plantillas de las empresas a la coyuntura económica, reduciendo los costes de despido al tiempo que el Estado garantiza a los trabajadores el mantenimiento de los ingresos y la seguridad económica en las fases de transición entre ocupaciones, es decir, una propuesta a medio camino entre la tradicional protección social nórdica y la tendencia en el resto de Europa a sustituir políticas pasivas por políticas activas de empleo (Ruiz-Huerta, 2013: 83).

En el terreno de las pensiones, los países nórdicos fueron introduciendo tanto la posibilidad de complementar las públicas con otras privadas, como la utilización de métodos de cálculo actuarial para vincular la cuantía de las mismas a la evolución de la esperanza de vida. Asimismo, la percepción de la pensión pública quedó condicionada a los recursos disponibles por parte de cada jubilado. No obstante, el cambio más profundo en países como Suecia implicó la introducción de pensiones obligatorias de capitalización que, unidas a la evolución de los mercados bursátiles desde su introducción, han reducido de manera efectiva la pensión que cobran las personas jubiladas (Belfrage y Ryner, 2009: 257). Finalmente, el aumento de la desigualdad y la pobreza que se produjeron a partir de los años '90 dieron lugar a la aparición de programas dirigidos a colectivos sociales determinados al tiempo que los servicios generales y las prestaciones universales se hacían menos generosas, algo que para algunos analistas significaba la aproximación del modelo al de tipo continental (Moreno, 2013: 29).

El "Laboratorio Social Europeo" proporciona a la UE una impresionante cantidad de información sobre lo que puede ir bien y lo que puede salir mal en las políticas sociales y del mercado de trabajo. Muchos ejemplos de buenas prácticas proceden de los países escandinavos como Suecia y Dinamarca, que han abandonado las antiguas tradiciones de bienestar sólo cuando parecían necesarias, por ejemplo, mediante la introducción de una mayor flexibilidad en los mercados laborales. Estos países proporcionan pruebas no solo de que el crecimiento económico puede mejorarse significativamente en un entorno europeo, sino también de que las altas tasas de crecimiento pueden combinarse con la inclusión social. La integración de los jóvenes en el mercado laboral a través del sistema dual de formación profesional es un buen ejemplo.

El interés reciente en las políticas activas del mercado de trabajo motiva una evaluación minuciosa del éxito que han tenido los programas activos del mercado de trabajo en diversos países. Suecia es, entonces, un caso de particular interés, ya que éste es el país donde el enfoque en la política activa del mercado de trabajo ha sido el más grande. En parte, esto refleja una vieja tradición, en parte fue la respuesta a un repentino y abrupto aumento del desempleo a principios de los años noventa. En su apogeo en 1994, las políticas activas del mercado de trabajo en Suecia abarcaban más del 5% de la fuerza de trabajo y los gastos representaban más del 3% del PIB. En Suecia existe una larga tradición de política activa del mercado de trabajo.

A principios del siglo XX, se crearon oficinas municipales de empleo (Thoursie, 1990). En las depresiones de los años entre guerras, el gobierno organizó obras de socorro y empleos especiales para jóvenes. En 1948, los cimientos de la política moderna del mercado de trabajo se establecieron cuando se instituyó la Junta Nacional del Mercado de Trabajo (Calmfors *et al.*, 2002).

Los orígenes intelectuales de las políticas modernas del mercado de trabajo sueco se remontan a los escritos de Gösta Rehn y Rudolf Meidner a finales de los años cuarenta y principios de los cincuenta, que hemos abordado anteriormente. Durante la recesión de 1991 que sufrió el país, el volumen de programas del mercado de trabajo ha alcanzado niveles sin precedentes, llegando a casi el 5% de la fuerza de trabajo en 1994 (Forslund *et al.*, 2004). Las experiencias suecas de los años noventa constituyen un ejemplo único de cómo se han utilizado los programas activos del mercado de trabajo a gran escala como medio para luchar contra el alto desempleo.

Al analizar los mecanismos a través de los cuales estas políticas afectan al empleo, las principales conclusiones son:

- El empleo subvencionado parece causar el desplazamiento del empleo regular, mientras que esto no parece ser el caso de la formación en el mercado de trabajo.
- No está claro si estas políticas aumentan o no la presión salarial en la economía.
- En los años noventa, los programas de formación parecen no haber aumentado las probabilidades de empleo de los participantes, mientras que algunas formas de empleo subvencionado parecen haber tenido tales efectos.

Los programas para la juventud parecen haber causado efectos de desplazamiento sustancial, al mismo tiempo que las ganancias para los participantes parecen inciertas. En general, estas políticas probablemente han reducido el desempleo abierto, entendiendo éste como aquel que representa a todas aquellas personas dentro de la fuerza productiva que no tienen empleo y que a pesar de estar disponibles para trabajar de inmediato no lo encuentran, aun cuando han tomado medidas concretas para buscar ya sea un empleo asalariado o un empleo independiente durante la semana de referencia del período de medición, siendo importante señalar que en el desempleo abierto existe la disposición plena de las personas para trabajar.

Calmfors *et al.* (2002) concluye que la política activa del mercado de trabajo de la escala utilizada en Suecia en los años noventa no es un medio eficaz de la política de empleo al reducirse, en su criterio, el desempleo abierto pero también el empleo regular. Para ser eficaces, estas políticas deben utilizarse a menor escala. Debería hacerse más hincapié en la reducción del desempleo de larga duración en general y en un menor énfasis en los programas para la juventud. Estas políticas no deben utilizarse como medio para renovar la elegibilidad de los beneficios de desempleo.

Durante la última década ha aumentado el interés internacional por las políticas activas del mercado de trabajo, es decir, las medidas para aumentar el empleo directamente dirigidas a los desempleados. De acuerdo con definiciones convencionales, estas políticas comprenden: 1) actividades de mediación de empleo con el objetivo de mejorar la coincidencia entre vacantes y desempleados; 2) formación en el mercado de trabajo y (3) creación de empleo (empleo subsidiado).

Las recomendaciones para ampliar el uso de estas políticas se han convertido en normas de organismos internacionales, como la OCDE y la Comisión Europea. En la UE, el Consejo Europeo acordó en 1997 una estrategia de empleo que incluya una política activa del mercado de trabajo como ingrediente clave y muchos Estados miembros han seguido estas recomendaciones.

Al menos, antes de los años noventa, el pensamiento de la política sueca del mercado de trabajo se guio principalmente por los principios establecidos por Gösta Rehn y Rudolf Meidner, que abordaron la combinación de políticas que permitieran los objetivos de baja inflación, pleno empleo y compresión salarial. Les preocupaba que una política antiinflacionaria de gestión de la demanda causara desempleo en los sectores de baja productividad. Para evitar esto, recomendaron la readaptación laboral y otras medidas de mejora de la movilidad, para que los trabajadores amenazados por el desempleo en sectores de baja productividad pudieran ser transferidos a sectores de alta productividad, aliviando la escasez de mano de obra allí (Calmfors *et al.*, 2002).

Sin embargo, un problema principal con las políticas activas del mercado de trabajo en Suecia en los años noventa fue su tamaño; era un problema expandir los programas de formación muy rápidamente en una situación en la que no existe la infraestructura adecuada. También es de esperarse que los programas de capacitación sean ineficaces en una situación de muy baja demanda, cuando la duración del desempleo sea larga en todas las circunstancias y cuando sea difícil saber dónde se presentará la futura escasez de mano de obra en la economía. El resultado es que los programas de formación deben mantenerse más bien pequeños en una profunda recesión (Calmfors *et al.*, 2002).

Los países nórdicos han reforzado las políticas activas de empleo que contaban allí con larga tradición, especialmente en el caso de Suecia. En todos ellos, los cambios recientes han puesto un énfasis creciente en la idea de "bienestar a cambio de trabajo", las condiciones de elegibilidad se han endurecido y la cuantía de las prestaciones se ha reducido, a pesar de lo cual debe insistirse en que en comparación con otros países europeos continúan siendo relativamente generosas.

Las políticas activas nórdicas han sido puestas como ejemplo en relación a la utilización de medidas incentivadoras de la inserción social y laboral. En materia de empleo, algunos países como Dinamarca se han convertido en una referencia en relación con la denominada "flexiseguridad", que implica que los empleadores disfrutan de una mayor flexibilidad para contratar y despedir a los trabajadores, mientras que éstos gozan de una mayor protección en las transiciones entre puestos de trabajo (Rubio, 2013: 107).

Las pensiones universales de las que disfrutaban todos los ciudadanos nórdicos una vez llegada la jubilación también se han visto retocadas de distintas formas. Como explica Rubio (2013), a partir de los años noventa en Dinamarca, Suecia y Finlandia, la pensión básica universal se condiciona a la comprobación de recursos y en concreto, a la cuantía recibida de otras pensiones. Además, los sistemas de pensiones han reforzado el vínculo entre la generosidad de la pensión y las contribuciones previas. Asimismo se han introducido mecanismos de capitalización, gestionados por empresas privadas. Es, por ejemplo, el caso de Dinamarca, donde el sistema de pensiones consta de tres pilares: la pensión universal, las pensiones de empleo y las pensiones privadas.

En los casos de Suecia y Dinamarca se ha incrementado la provisión privada de servicios de Bienestar, así como otras medidas inspiradas en la Nueva Gestión Pública, tal y como es la libre elección de proveedor, especialmente en Educación y Sanidad, o la creación de cuasi-mercados en el sector público. En Noruega, aunque en el sector sanitario se han adoptado también diferentes medidas inspiradas en la Nueva Gestión Pública, la provisión pública de los servicios de salud continúa siendo la protagonista. Finalmente, ya sea con el objetivo de reforzar la igualdad de género, de conseguir que el mayor número de mujeres puedan incorporarse al mercado laboral e incluso con el propósito de reforzar la competitividad de la economía, las políticas orientadas a las familias y en especial la inversión en Educación, se han reforzado en los últimos años en todos los países incluidos en este régimen (Kautto, 2010: 586). Sin embargo, se ha llamado la atención sobre los efectos que pueda tener sobre la igualdad de género el incremento de las prestaciones monetarias en detrimento de los servicios públicos de cuidado infantil, ya que, en general, estas prestaciones invitan especialmente a las mujeres a permanecer en el hogar y por tanto, a abandonar el empleo en mayor medida que los programas basados en la provisión de servicios públicos. Debe recordarse, no obstante, que el nivel de participación de las mujeres de estos países en el mercado laboral se encuentra entre los más elevados del mundo desde hace ya décadas.

La formación en el mercado laboral se ha llevado a cabo de forma privada desde la mitad de la década de 1980. Los actores privados que colaboran con los servicios del mercado laboral han sido parte de la política sueca del mercado laboral desde 2007. Los contratistas externos representan actualmente una parte importante de las iniciativas que el Servicio Público de Empleo de Suecia ofrece a los solicitantes de empleo que están registrados. En 2019, aproximadamente 61.000 personas desempleadas participaron en servicios de empleo con actores independientes contratados por el Servicio estatal de Empleo Público y 46.000 desempleados participaron en la formación adquirida y de ahí consiguieron sus trabajos.

3.1.1. El papel del municipalismo en las políticas de empleo

El servicio de empleo acaba de ser reformado para mejorar la eficiencia de la política del mercado laboral y entre otros aspectos que consideraremos, se resalta que a los inmigrantes recién llegados se les ofrecen iniciativas que promueven un establecimiento rápido y efectivo en la vida laboral y la sociedad.

El 9 de mayo de 2019, el Gobierno encargó al Servicio Público de Empleo de Suecia que preparase y analizase ciertas condiciones para la reforma de este organismo, cuyas conclusiones se conocieron el 1 de noviembre, subrayando el papel de las mancomunidades de municipios como prestadoras del servicio de empleo facilitando la entrada de personas en el mercado laboral. Para ello, se garantiza una coordinación efectiva entre los municipios, a partir de estructuras ya existentes mientras se adaptan estas estructuras a las condiciones de diferentes municipios (atendiendo a condiciones locales y prioridades políticas) incluyendo en sus servicios tanto el apoyo a los buscadores individuales de trabajo como la colaboración en cuestiones estratégicas, procurando ciertos servicios bajo la Ley de Contratación Pública.

Las mancomunidades de municipios ("*Kommuner*") tienen una amplia competencia y están activas en varias áreas que contribuyen a la implementación de la política estatal del mercado laboral. Las responsabilidades de las *kommuner* incluyen las partes básicas de la vida de una persona, como vivienda y escuela primaria y educación secundaria para asegurar el apoyo básico, como también promover la contribución municipal a la política del mercado laboral desarrollando estrategias en crear comunidad empresarial local.

Entre las iniciativas municipales también destacan las actividades de búsqueda de empleo y que las mancomunidades diseñen políticas de ayuda a los residentes municipales desempleados para un empleo subsidiado o regular, dejando un espacio relativamente grande para que los municipios puedan participar como contratistas del Servicio Público de Empleo estatal. Tales poderes vienen recogidos en la Ley de Gobierno Local y en la legislación especial adicional que desarrolla en la práctica lo que está determinado por la Ley, variando los poderes según el esfuerzo o la medida y dónde y cuándo se realiza.

A principios de 2020, menos de la mitad de los *kommuner* tenían una oficina de servicio de empleo pero su objetivo para finales de 2022 es el de garantizar la presencia en todo el país, diferenciando entre esfuerzos de correspondencia, que son los destinados a personas que están cerca de conseguir un trabajo y los esfuerzos de equipamiento, que son los destinados principalmente a personas que están más alejadas del mercado laboral. Donde más esfuerzos se realizan desde el ámbito mancomunal es en la formación del desempleado, ya que los municipios son responsables de la Educación de sus adultos.

Hay que tener en cuenta el dato de que el total del gasto público para la totalidad del sistema educativo supone aproximadamente un 7,5% del PIB, lo que hace que Suecia sea uno de los países que más invierte en Educación, mientras la media europea es de un 5,8%.

En 1997 se puso en marcha un sistema especial de asistencia educativa que permite a las personas en paro seguir una educación básica o secundaria, durante máximo un año, al tiempo que reciben una suma equivalente a la prestación contributiva por desempleo o al subsidio asistencial.

Como parte de los programas gubernamentales activos de mercado de trabajo, se ofrece formación profesional a las personas en paro o amenazadas con perder su puesto de trabajo. Las actividades de formación y reciclaje se organizan a través de la Agencia Nacional de Formación para el Empleo (AMU), que coordina unos 100 centros de formación.

Además de la Ley de Gobierno Local, existen otras regulaciones que rigen lo que los municipios y mancomunidades pueden hacer y que son importantes para el área del mercado laboral. Según la Ley de la Junta de Desempleo (Rundström, 2020: 30), los municipios tienen la tarea de prevenir el desempleo en su propio municipio y reducir sus efectos; también, en las áreas de servicio social y Educación.

Con el apoyo de la Ley de Servicios Sociales, los municipios tienen la obligación de promover el derecho de las personas a trabajar (Capítulo 3, Sección 2 de la Ley de Servicios Sociales).

La presencia física del servicio de empleo en todo el país ha ido disminuyendo. Durante el período 2014-2018, el Servicio Público de Empleo de Suecia cerró sus operaciones locales en 60 municipios.

A principios de 2014, el Servicio Público de Empleo tenía oficinas en 278 de los 290 municipios de Suecia. Cuatro años después, había oficinas en 218 municipios. En poco menos de un tercio de estos municipios, había una oficina de servicios de empleo que estaba abierta todos los días laborables de la semana. Según el Servicio Público de Empleo de Suecia, las principales razones del cierre de oficinas durante estos años han sido el cambio en los métodos de trabajo y la digitalización.

Entre enero de 2019 y enero de 2020, se cerraron las oficinas en otros 84 municipios y en enero de 2020, 134 de los municipios del país tenían una oficina de Empleo. De acuerdo con los últimos acuerdos legislativos que el gobierno quiere poner en marcha, el Servicio Público de Empleo habrá de garantizar la asistencia en todo el país pero con una colaboración entre redes de municipios para que funcione de manera más eficiente, trazando de manera clara la división de responsabilidades entre Estado y municipio.

La razón por la que el gobierno anterior que encabezaba Eva Magdalena Andersson quería que las mancomunidades de municipios y municipios ampliaran sus actividades en el área del mercado laboral era porque la proporción de personas desempleadas que están lejos del mercado laboral había aumentado y muchas de estas personas desempleadas reciben su apoyo a través de la asistencia financiera de los municipios, con la ayuda de una planificación individual coordinada, contribuyendo a un aumento constante del empleo a largo plazo y situando al municipio como contratista en nombre del Servicio Público de Empleo de Suecia.

Se procura que estas actividades del Servicio de Empleo supongan un diseño equivalente para empleadores y demandantes de empleo en todo el país y todo ello adaptado a las condiciones y necesidades en diferentes partes del país, con programas de colocación laboral, orientación, formación, reinserción y actividades enfocadas a jóvenes con discapacidad (llevar a cabo actividades comerciales donde las personas con discapacidad tengan la oportunidad de empleo) estableciendo un plan de acción individual con el solicitante de empleo, separando entre las áreas de política social, educativa, de integración y de política empresarial y tratando de reunir de manera efectiva a quienes ofrecen trabajo con quienes buscan trabajo. Entre ellos, hay tres listas prioritarias: la educación municipal para adultos, la orientación comunitaria para inmigrantes recién llegados y la orientación para la actividad laboral para los jóvenes menores de 20 años que no han empezado a trabajar y no han comenzado o completado una educación secundaria superior, con el objetivo de reducir el desempleo juvenil.

Como la Educación es una parte importante de la política del mercado laboral, las personas que no tienen educación secundaria son candidatos más difíciles para obtener empleos y las mujeres en este grupo tienen una posición particularmente débil el mercado laboral. En 2018, el desempleo fue de poco más del 20% entre personas que no tenían educación secundaria, que se puede comparar con una tasa de desempleo de poco menos del 4% entre aquellos con educación postsecundaria. Poco más de un tercio de los desempleados que se registraron en el Servicio Público de Empleo de Suecia en 2019 carecían de educación secundaria superior. Las personas desempleadas que carecen de una educación equivalente a la escuela primaria están aumentando también. Equipar a los solicitantes de empleo con las habilidades adecuadas es central para un buen funcionamiento de la política del mercado laboral.

La importancia de la educación de adultos en la oferta de habilidades se aclara en la Ley de Educación. Las guías inscritas en educación dentro de la educación municipal para adultos es una forma en que el Servicio Público de Empleo de Suecia puede contribuir a que los desempleados participen en iniciativas educativas, separando entre adultos de nivel básico, de secundario y de superior.

La iniciativa municipal temprana se basó en la responsabilidad municipal por la atención deficiente y los costes de la atención de emergencia para los pobres. Los primeros servicios municipales de empleo se establecieron en 1902 y desde 1907, el Estado otorgaba subvenciones para diversas actividades con la condición de que las oficinas municipales de empleo tendrían un uniforme método de trabajo en todo el país. Durante aproximadamente 40 años, el servicio de empleo estuvo a cargo de municipios y *kommuner* (consejos de condado; buscando su equivalente en España, mancomunidades de municipios). Bajo el liderazgo municipal, los planes de Empleo han consistido principalmente en tres tareas: colocación laboral, control de desempleo y estadísticas.

No fue hasta 1940 cuando Suecia consiguió una organización estatal para servicios de empleo, integrando las juntas laborales del condado (de las *kommuner*, activas hasta 2008) con el objetivo de dirigir y de coordinar las oficinas locales, asumiendo posteriormente sus competencias el Servicio de Empleo estatal "*Arbetsförmedlingen*". Una gran parte de los ingresos municipales para medidas del mercado laboral son remuneraciones del Servicio Público de Empleo de Suecia a los municipios.

En el mercado laboral, el Servicio Público de Empleo de Suecia reemplaza a los municipios en el pago a los desempleados que participan en la capacitación laboral. Los municipios también pueden recibir una compensación por las actividades de búsqueda de empleo y estudio u orientación profesional para desempleados dentro de los Planes de Garantía Juvenil de Empleo. En general, los participantes en iniciativas municipales son mayores receptores de asistencia financiera que los que participan en el Servicio de Empleo público estatal y también hay una mayor proporción de personas poco cualificadas que participan en iniciativas municipales.

La formación en el mercado laboral se ha llevado a cabo de forma privada desde la mitad de la década de 1980. El propósito de habilitar a los contratistas externos fue para promover la flexibilidad en las iniciativas de capacitación y una mejor gestión de los recursos.

En promedio, cada oficina tiene a 19 empleados a tiempo completo trabajando en los problemas del mercado laboral.

La política de empleo se basa en el principio de activación destinándose un amplio porcentaje a programas de activación del mercado de trabajo, rozando un 50% del gasto total en materia de política de mercado de trabajo. Desde 1993, están permitidas las agencias de empleo con fines lucrativos; sin embargo, está prohibido solicitar cuotas a los empleados y sólo les está permitido cobrarlas a los empresarios.

La participación laboral de la mujer sueca es elevada en comparación con la participación de la misma en otros Estados miembros de la UE: un 78%, frente a una media europea de un 57%. En Suecia, la tasa de desempleo para mujeres es inferior a la de los hombres, como veremos posteriormente, lo cual resulta curioso dado que, en la mayoría de los países europeos, las tasas de desempleo para mujeres son más elevadas que para los hombres.

Dentro de las estrategias de empleo, cabe hablar de la importancia de las centrales sindicales suecas, con un alto porcentaje de participación de los trabajadores, cifrándolo en torno a un 90%. Los tres sindicatos mayoritarios son la Confederación Sueca de Sindicatos (LO), que reagrupa a 21 organizaciones sindicales y cuenta con más de 2 millones de afiliados; la Confederación Sueca de Trabajadores Profesionales (TCO), con casi un millón y medio de miembros y la

Confederación Sueca de Asociaciones de Profesionales (SACO), que cuenta con cerca de medio millón de miembros. Aproximadamente, la mitad de la población activa sueca está constituida por personal administrativo, mientras que la mayor parte de los miembros de la Confederación LO trabaja fuera del sector industrial.

Las organizaciones LO y TCO se basan en el principio industrial, según el cual los sindicatos se organizan por sector económico en lugar de por la actividad profesional de los empleados.

Los empleadores pagan el 0,3% de su nómina total a los consejos de seguridad laboral, como una póliza de seguro contra despidos. Cuando la situación económica es buena, el dinero se acumula; luego, cuando existe la necesidad de reducir el tamaño de las plantillas, los consejos están allí para mitigar el golpe, cubriendo un asesor personal para quien pueda ser despedido próximamente y así ayudar a poder encontrar un nuevo puesto de trabajo en las personas afectadas. Sobre un 90% de los trabajadores que son despedidos vuelven a tener empleo en un plazo de seis meses.

También, los empresarios disponen de un alto nivel de organización. Las organizaciones más importantes son la Confederación Sueca de Empresarios (SAF) para el sector privado, la Asociación Sueca de Autoridades Locales, la Federación de Diputaciones Provinciales y la Agencia Sueca de Funcionarios (AgV). La principal de estas organizaciones es la SAF, que en el primer registro publicado en 1994 representaba ya a 42.000 compañías del sector privado, con un total de 1,3 millones de trabajadores.

En Suecia, los acuerdos colectivos han desempeñado tradicionalmente un papel esencial en la regulación de las relaciones entre empresarios y trabajadores. Los acuerdos colectivos abarcan cualquiera de los aspectos de la relación entre empresario y trabajador, como por ejemplo los salarios, las condiciones laborales, así como los términos y las condiciones de contratación. Incluso aunque exista legislación sobre un determinado ámbito, esto no impide la conclusión de acuerdos colectivos, partiendo siempre de que dichos acuerdos garanticen una posición mejor que la prevista en las disposiciones legales.

Habitualmente, la negociación se producía a nivel central, en las que ambas partes negociaban en nombre de sus respectivos afiliados.

Sin embargo, desde 1983, con el Gobierno de Palme, las negociaciones en el sector privado se han ido descentralizando y éstas se producen cada vez con más frecuencia a nivel de sectores. La Confederación de Empresarios (SAF) se opone abiertamente a que las negociaciones sobre cuestiones salariales se realicen a nivel central.

El éxito de la política de los sindicatos en materia de equiparación salarial puede verse claramente en las escasas diferencias salariales existentes en Suecia en comparación con las habituales en otros países de la OCDE. Mientras que la diferencia salarial entre las categorías de trabajadores dentro del sector industrial, a comienzos de la década de los 80, era de un 34% en Suecia, en el Reino Unido esta diferencia alcanzaba el 210% y en los Estados Unidos el 490% (OECD, *Economic Surveys* - Sweden, 1994).

Gracias al "compromiso de paz" existente entre las organizaciones de empresarios y los sindicatos, que data del denominado acuerdo "*Saltsjöbaden*" de 1938, en Suecia se convocan pocas huelgas y son escasos los días que se pierden en las mismas —la media anual era de 100 por cada 1.000 empleados entre 1988 y 1992— mientras que la media anual del Espacio Económico Europeo (EEE) estaba en 153.

Con la adhesión en 1995 de Suecia a la UE, previamente el Gobierno sueco se aseguró, a través de la Comisión Europea, de que el Protocolo Social del Tratado de la UE no supondría ningún cambio en las prácticas existentes internamente en el país en materia de mercado de trabajo y más concretamente, de su sistema de acuerdos colectivos entre los interlocutores sociales.

La legislación sueca no prevé ningún tipo de salario mínimo, sin embargo, las retribuciones salariales mínimas se establecen en los acuerdos colectivos y desde la crisis económica de 1991, el sistema de pensiones fue modificado para poder garantizar su sostenibilidad, dándose tres tipos de pensiones: 1) *Garantipension*: para quienes no alcancen las cantidades que el Estado estima que son necesarias para vivir; 2) *Ikonstpension*: sistema de capitalización individual con planes de pensiones de empleo y 3) *Premiepension*: Lo que forma el sistema individual de pensiones. Las cuentas nocionales tratan de un sistema de prestación indefinida, que funcionan como los planes de pensiones privados, donde se toma en cuenta todo lo aportado a la Seguridad Social durante toda la vida laboral, calculándolo con respecto al dato de la esperanza de vida en el momento de jubilarse. Contrasta con el sistema de reparto que hay en España.

El conjunto de la legislación en materia de mercado laboral en vigor hoy día en Suecia data de comienzos de la década de los '70 como, por ejemplo, las leyes en materia de participación de los trabajadores en la toma de decisiones sobre cuestiones relacionadas con la vida laboral, la seguridad en el trabajo y el estatuto de los representantes sindicales en el lugar de trabajo.

Según la Ley sobre las Vacaciones Anuales, todos los empleados tienen derecho a un mínimo de 25 días laborables, esto es, a cinco semanas de vacaciones anuales.

La Ley sobre Seguridad del Empleo protege a los trabajadores contra el despido improcedente, lo que supone que el empresario deberá alegar motivos objetivos para dicho despido. Un motivo objetivo de despido, por ejemplo, es la falta de trabajo, que haga posible prescindir de una o más personas. Sin embargo, si el trabajador puede ser transferido a un puesto distinto dentro de la misma compañía, no debe procederse al despido. Por lo general, los despidos se rigen por el principio de que los últimos contratados son los primeros en ser despedidos.

Los empleadores tienen obligación de informar a sus empleados del desarrollo de la producción de la empresa, del estado de su economía y sobre las directrices de las políticas de personal de la empresa. Cuando un empresario prevé cambios significativos en las actividades de la empresa o en las condiciones laborales para uno o varios miembros de las sindicales, tiene la obligación de consultar con los empleados ante de tomar ninguna decisión. En empresas privadas con al menos 25 empleados, éstos tienen derecho a representación en el consejo administrativo).

3.1.2. Los cambios en la legislación laboral: la crisis de 2008 y la reforma de 2010

La crisis global de 2008 alteró los cimientos en los que se asentaban las finanzas de muchos países y por tanto, cabe analizar las consecuencias para Suecia en cuanto a los cambios legislativos que se realizaron y que, entre otros, derivó en la reforma laboral de 2010 y en los recortes que posteriormente detallaremos.

En una entrevista realizada en junio de 2018 a Pernilla Andersson, profesora de la Universidad de Estocolmo, nos habla de que Suecia es el país de la OCDE con más refugiados *per cápita* pero que no podía considerarse exitosa su integración porque muestra cifras en las que señala que los extranjeros pasan ocho años antes de que la mitad tenga un empleo y que con una formación escolar básica, la mayoría sigue sin empleo diez años después de su llegada a Suecia. Sostiene que la formación, por sí sola, no puede resolver los problemas de integración y que aunque hay muchas ayudas a la contratación por parte de las subvenciones administrativas, el uso que los empresarios hacen de ellas es muy limitado, poniendo el foco en que seguramente se deba a las dificultades burocráticas que llevan consigo estos contratos con ayudas y que estas ayudas caducan tras pasar un tiempo, pudiendo compensar al empresario por la baja productividad temporal de un recién contratado durante su tiempo de aprendizaje y no de forma continua, como también destaca el riesgo de que las ayudas puedan ser “estigmatizantes”. Apoya que los sueldos mínimos algo más bajos ayudarían a aumentar el empleo entre las personas con menor formación definiendo nuevos tipos de empleos que sean sencillos evitando el efecto contagio a los salarios de otros grupos.

Como explican Bevelander y Emilsson, la reforma introdujo dos nuevos instrumentos diseñados para acelerar la integración del mercado de trabajo: nueva compensación económica y el apoyo de “guías de introducción” (Bevelander y Emilsson, 2016). La primera herramienta, llamada “beneficio de introducción”, proporciona incentivos económicos más fuertes para participar en el programa de integración. El apoyo económico ofrecido es ligeramente más alto que el nivel de asistencia social y no se ve afectado por los ingresos de otros miembros del hogar. Por lo tanto, cuando un refugiado y su cónyuge participan en el programa, el ingreso de su hogar se duplica. Además, si los participantes encuentran empleo, se les permite continuar recibiendo el “beneficio de introducción”, además de los ingresos de su trabajo, durante los dos primeros años completos. La motivación de estas medidas fue aumentar la participación de los refugiados y sus familiares en el programa y, posteriormente, en el mercado laboral.

La Oficina Nacional de Auditoría de Suecia realizó tres auditorías separadas de los programas y ha sido muy crítica con respecto a su efectividad (Riksrevisionen, 2014: 11). Si bien reconoce que la misión del Servicio de Empleo es complicada, en parte porque hay pocos empleos adecuados disponibles, las auditorías destacan los defectos significativos en el contenido, alcance y calidad de los servicios brindados como parte del programa. Algunos de los problemas mencionados en estos informes son los siguientes:

- Se dedica mucho tiempo y muchos recursos a garantizar que los proveedores de servicios realmente presten los servicios que el Estado ha pagado.
- La correspondencia de la capacitación de los refugiados con un municipio donde se necesitan sus habilidades no garantiza su futuro empleo. Esto se debe a que la mayoría de los refugiados y sus familias tienen antecedentes educativos y profesionales que no son lo suficientemente específicos como para trabajar en una posición similar en Suecia.
- La escasez de viviendas en los municipios con buenas condiciones del mercado laboral hace que sea difícil priorizar las perspectivas del mercado laboral.
- Aunque las evaluaciones formales del Servicio de Empleo sugieren que las guías de introducción desempeñan un papel en la provisión de apoyo social y que los refugiados y sus familias están satisfechos con los servicios que reciben de las guías, hay mucho margen de mejora en esta área (Arbetsförmedlingen, 2013). Además, el modelo de libre elección ha sido cuestionado debido a la capacidad limitada de los recién llegados para tomar decisiones informadas sobre sus posibles guías y las organizaciones detrás de ellos. Puede observarse que las guías no han tenido tanto éxito en facilitar la transición de los inmigrantes al trabajo como se había esperado. Por ejemplo, mientras 21.763 personas participaron en programas de introducción de diciembre de 2010 a marzo de 2013, sólo se realizaron 991 pagos para el empleo inicial y sólo se realizaron 84 pagos por un año de empleo no subsidiado.

Si bien puede ser demasiado pronto para llegar a conclusiones sobre los efectos a largo plazo de los programas de introducción en la participación de los refugiados y sus familias en el mercado laboral, la perspectiva a corto plazo sugiere que los programas tuvieron, en el mejor de los casos, sólo un éxito parcial para alcanzar sus objetivos. En el lado positivo, estos programas se han asegurado de que los servicios de empleo se hayan puesto en contacto y brinden servicios a los refugiados mucho antes que las entidades locales antes de la reforma de 2010 (Statskontoret, 2012). Sin embargo, las cifras muestran que la transición exitosa de los refugiados al mercado laboral sigue siendo lenta. Hasta donde se sabe, sólo ha habido una evaluación académica del programa de introducción adoptado entonces (Andersson, 2015), analizando en esa evaluación los efectos en el empleo, en los ingresos y la transición a la educación regular para los participantes que se inscribieron en el programa en 2011 y comparando esos resultados con los resultados de los participantes que comenzaron el año anterior bajo el sistema anterior. Los autores concluían que no había diferencia entre estos dos grupos en términos de la probabilidad de ser empleado, el nivel de ingresos o la participación en la educación regular después de uno o dos años en el programa. Sólo alrededor del 27% de los que habían comenzado el programa en 2010 ó 2011 estaban empleados en algún momento en 2011 ó 2012. Se necesitan más investigaciones basadas en datos actualizados y diferentes cohortes para llegar a conclusiones sólidas sobre el efecto de la Reforma de 2010 y sus actualizaciones legislativas, habiendo consenso en investigación social acerca de que existen cuatro vías para poder aumentar la integración económica y éstas son: 1) La formación académica; 2) El replanteamiento de los sueldos, la negociación de convenio y la definición de los empleos sencillos; 3) La estructura de ayudas a la contratación vía subvención y simplificación de procedimientos burocráticos a los empresarios y estudio de conveniencias, con un *óptimo paretiano* bien definido y 4) La iniciativa empresarial; sistema de ayudas y apoyo a quien desee trabajar desde la promoción por cuenta propia.

3.1.3. Recortes en la prestación por desempleo tras la crisis de 2008

En lo que concierne a los países que introdujeron recortes a raíz de la crisis mundial de 2008, su aparición varía en función de las características nacionales propias.

Encontramos recortes de mayor a menor importancia en Austria, España, Estados Unidos, Grecia, Irlanda, Japón, Portugal y Suecia. La cuantía de estos recortes varía por país: en Portugal, las tasas de reemplazo cayeron entre 7 y 23 puntos porcentuales en función del perfil; en Suecia, 6,9 puntos menos en todos los perfiles; en Estados Unidos, 5,5 puntos menos; en España, entre 2,4 y 6,7 puntos de recorte; en Grecia, entre 4,3 y 5,1 puntos menos; en Irlanda, entre 3,3 y 4,5; en Japón, 3,4 puntos; y en Austria, 2,6 puntos.

Suecia introdujo recortes en la prestación por desempleo en todos los perfiles de ingreso. Esto ha hecho que este país nórdico pasara de ser el cuarto más generoso en esta prestación a situarse en décima posición.

En definitiva, los países que registraron unos recortes más intensos durante la crisis son los meridionales (España, Grecia y Portugal) e Irlanda, es decir, aquellos que siguieron políticas de ajuste más duras.

El seguro de desempleo en Suecia (*Akassa*) ha sido determinante en los últimos tiempos, por la razón del aumento masivo de despidos por la crisis del coronavirus.

No existe la indemnización, por lo que al terminar el contrato, se abona sólo la liquidación usual y habitual (con cálculo de porcentuales de vacaciones, promociones, antigüedad, etc.). Debido a esta desprotección a la que quedan expuestos los empleados, el seguro se encarga de que uno siga estando protegido hasta encontrar un nuevo empleo. Durante el periodo en que se busca un nuevo trabajo, se reciben pagos semanales, quincenales o mensuales. La prestación por desempleo "voluntaria" equivale al 80% del salario que el trabajador venía percibiendo, con un límite máximo de 910 coronas (sobre 82 euros) al día los cien primeros días y 760 coronas (sobre 71 euros) a partir de entonces.

3.1.4. Mujer, empleo y conciliación laboral y familiar en Suecia

A principios de siglo XX, en Suecia las viudas recibían ayudas económicas para pobres, *poor relief*, mientras que las madres solteras eran confinadas en casas de pobres o bien eran obligadas a dejar a sus hijos en orfanatos (Madruga, 2006: 110). En pocos años en Suecia se experimenta un gran avance social destacando como uno de los primeros países en promulgar medidas legales para las madres separadas, solteras y abandonadas, en una época en que las cuestiones morales desempeñaban un papel importante. Por tanto, en estudios constantes sobre opinión pública, puede constatarse que las familias monoparentales no sufrieron el rechazo de la sociedad sueca (Wennemo, 1994: 85).

Cuando se analiza la ruptura matrimonial desde un punto de vista histórico hay que destacar que el sistema nórdico era menos rígido que el de otros países europeos. En la década de 1920, el divorcio incluía una amplia variedad de motivos entre los que se encontraban el mutuo acuerdo y la ruptura de las relaciones maritales (Goode, 1993), entendiéndose el divorcio como resultado de una serie de problemas personales y sociales y no como una crisis de la moral individual.

En cuanto a la custodia compartida tras el divorcio, entonces era suficiente la oposición de uno de los progenitores para negar la custodia compartida. En cambio, en la actualidad, en un 80% de los casos, los padres siguen teniendo este tipo de custodia tras el divorcio, pero esto no siempre implica que un hijo viva, en parte, con el padre y, en parte, con la madre; en nueve de cada diez casos vive con la madre (Swedish Institute, 2021).

Además Suecia, su Estado, ha mostrado históricamente un carácter pionero ante los hijos no matrimoniales. Desde principios de siglo se desarrolló un individualismo igualitario, a través del cual se instauró la igualdad entre el marido y la esposa. Los países escandinavos, con Suecia a la cabeza, eran menos patriarcales que otras sociedades porque eran luteranos. Pero esto no implica que el luteranismo fuera menos patriarcal que otras religiones; lo que ocurría era que, en esta época, el luteranismo se había convertido en menos ortodoxo y eso favorecía a los niños y las mujeres. Esta igualdad se extiende en el reconocimiento de derechos entre los hijos matrimoniales y extramatrimoniales[25]. Se instituyó la igualdad de derechos de paternidad, aunque inicialmente no una igualdad en los derechos de

---

25 *Swedish Marriage Act* de 1915.

herencia, hasta llegar al año 1954[26] y extenderse a todos los hijos los mismos derechos de herencia. Ya en 1976 se elimina definitivamente esta distinción (Therborn, 1993: 258), identificándose entre los suecos actitudes más liberales hacia el fenómeno de la cohabitación desde principios del siglo XX[27].

La preocupación por el descenso de la población en Suecia y por el bienestar de las familias con hijos, en las primeras décadas del siglo XX se había circunscrito a los círculos políticos conservadores, que temían el impacto del declive poblacional en su fuerza laboral y en su poder militar (Madruga, 2006: 110). En los años treinta y cuarenta, un encendido debate ocupó la escena política sueca en torno a la cuestión de si las familias con hijos debían recibir deducciones fiscales o prestaciones familiares[28]. Tanto los conservadores como los partidos agrarios favorecían las deducciones fiscales, mientras que los socialdemócratas y los liberales apoyaban las prestaciones familiares. Los socialdemócratas lideraron el discurso de la reducción de la desigualdad entre clases sociales como vía de proporcionar amparo a los niños.

Las propuestas de los Myrdal se diferenciaban de las políticas conservadoras de países como Francia y Alemania en que combinaban dos objetivos aparentemente contradictorios: fomentar la natalidad y el control de la misma. Myrdal no pedía que la mujer volviera a su tradicional papel de ama de casa; al contrario, ponía el énfasis en hacer más fácil tener hijos a las madres trabajadoras. De acuerdo con Popenoe (Popenoe, 1988: 107), la novedad que se introduce en la escena política sueca es la consideración de que la carga económica de la educación y crianza de los hijos debía pasar del individuo a la sociedad, hablando por vez primera de que la familia es la principal institución de la sociedad, lejos de las disquisiciones morales planteadas por la Iglesia, aunque esta manera de ver a la familia eran opues-

---

26 1954 års lag om moderskapshjälp (Ley de 1954 sobre Asistencia a la Maternidad).

27 En la actualidad, las relaciones económicas de quienes cohabitan se encuentran reguladas en la *Joint Home Act* (Ley de Hogares Unidos).

28 Betänkande angående moderskapspenning och mödrahjälp avgivet av Befolkningskommissionen (Informe sobre el estrés materno y sobre asistencia a la maternidad proporcionado por la Comisión de Población en 1936).

tas a corrientes "antifamilialistas", que criticaban a la familia burguesa victoriana que había emergido en el siglo XIX y cuyos exponentes los vemos en intelectuales que ven a la familia como opuesta al desarrollo personal y a la libertad del individuo (visión defendida por el feminismo) y por otro lado, en los marxistas, que también ven en la familia un lugar de opresión. Frente a esto, el mérito de Alva Myrdal y otras feministas fue introducir en el debate político la cuestión del derecho de una mujer trabajadora a casarse y tener una familia (Gustafsson, 1995: 296)[29].

A medida que evolucionaba la política familiar sueca se consiguió fusionarla con una política de clase y una política de género. El proyecto del Estado de bienestar desarrollado a partir de los años sesenta en Suecia asignaba una mayor responsabilidad estatal en el cuidado de los niños, ancianos, enfermos y discapacitados (Popenoe, 1988: 124). La idea no es maximizar la dependencia de la familia, sino las capacidades individuales para conseguir la independencia (Esping-Andersen, 1990). En el caso sueco, la satisfacción de las necesidades de cuidados y de servicios personales se han repartido entre la familia y el Estado de bienestar. No hay que olvidar que antes del desarrollo del Estado de bienestar la mayoría de estos servicios eran proporcionados por la mujer dentro de la familia y que la familia sueca se marca como ideal que hombre y mujer por igual deben poder trabajar para mantenerse.

Las relaciones económicas entre los esposos están reguladas por el Código del Matrimonio de 1987 que, entre otras cosas, expone que no hay derecho a la pensión compensatoria tras una separación. Para los hijos es diferente y está regulado en el código parental (Björnberg, 1995). También contiene enmiendas al Código de Sucesiones, destinadas a reforzar la posición del cónyuge económicamente más débil en caso de divorcio o fallecimiento del otro cónyuge. La responsabilidad en la socialización de los hijos es compartida por los padres y el sector público (Björnberg, 1992: 98). El Estado garantiza el derecho de ser padre/madre y, al mismo tiempo, controla la forma en que este derecho se realiza.

---

29 También se la considera pionera en introducir en el debate político la importancia de la inclusión de la educación sexual en las aulas.

En cuanto al indicador de número de divorcios se observa la misma tendencia creciente. En la década de los cincuenta se producían 1,18 divorcios por cada 1.000 habitantes (Goode, 1993: 84). En 1960, este número de divorcios ascendía a 1,2 por mil habitantes, según los datos proporcionados por Eurostat. Aunque ya en la década de los sesenta Suecia tenía niveles medios de ruptura matrimonial, fue a partir de la simplificación de la ley de divorcio en 1973-1974 cuando se aceleraron los cambios y aumentó el número de familias monoparentales. El factor principal que explica el aumento del número de divorcios en el período 1961-1983 fue la liberalización de la ley de divorcio (Castles, 1993: 24), una tendencia que ha continuado al alza posteriormente, aunque el perfil de las familias ha ido cambiando con el transcurso del tiempo, perdiendo peso las viudas[30] a favor de las divorciadas y madres solas[31]. Así, una alta participación laboral de las mujeres mayores de 45 años señala una necesidad latente de prestaciones para la baja parental o los servicios de atención a la infancia, al no poder estas mujeres hacerse cargo de los sus hijos.

También, se apostó políticamente por una convergencia en las tasas masculina y femenina de participación en el empleo. Mientras que en 1983 la participación femenina llegaba al 80,6% frente al 90,2% de los hombres, en 1991 la participación laboral de las mujeres subió al 84,9% frente al 90,1% de los hombres (Hoem, 1992: 281). Y en 1998, un 74% de las mujeres entre 20 y 64 años tenían un trabajo remunerado, en comparación con un 79% de los hombres. Será en la década de los ochenta cuando las obligaciones familiares no supongan diferencias en la participación laboral de la mujer. Así, en 1982, un 83,7% de las mujeres participaba en el mercado laboral, un 83,5% de las mujeres casadas y un 80,6% de madres con hijos menores de siete años (Gustafsson, 1985: 259).

En la década de 1950 se institucionalizaron los programas de vivienda, de empleo y prestaciones constantes tales como la pensión alimentaria, la baja de maternidad, los servicios de atención a la in-

---

30 Desde 1990, en Suecia no existe la pensión de viudedad. Se justificó como forma de que las mujeres no dependan de la vía del matrimonio y sí de ser activas laboralmente para tener su encaje en la sociedad.

31 Las madres solas tienen preferencia a la hora de conseguir plaza en una escuela infantil para su hijo.

fancia y otras prestaciones de familia. En esa década, el divorcio pasa a ser un asunto privado y es en 1974 cuando se establece el *divorcio ruptura*. De acuerdo con él, si las dos partes están de acuerdo y no hay hijos menores de 16 años, hay un reconocimiento automático de su derecho al divorcio; si no es así, la ley fija un periodo de reflexión de 6 meses.

Con respecto al anticipo de la pensión alimentaria, ya con la Ley de 1964, se estableció una cantidad mínima en lugar de los acuerdos individuales negociados en los tribunales, garantizando a todos los niños un mínimo de subsistencia. No sólo se proporcionaba una seguridad económica básica para los niños con un progenitor ausente, sino que, al mismo tiempo, se transfería parte de la responsabilidad recaudatoria del progenitor por la custodia en el Estado (Garfinkel, 1982: 513).

Las décadas de 1960 y 1970 son, según algunos autores, la fase de expansión de los servicios sociales en Suecia (Olsson, 1993: 16)[32]. En los sesenta se produjeron los debates más interesantes en torno a la política familiar[33]. Y también son estas dos décadas las más importantes en el desarrollo e implementación del conjunto de políticas familiares de monoparentalidad[34]. El compromiso público con el principio de la igualdad de géneros y la importancia concedida a la actividad económica como una forma de conseguir la primera han sido elementos clave en la historia de la participación de las mujeres en el mercado laboral. Así lo destacan, entre otros investigadores, Britta Hoem y Jan Hoem (Hoem, 1993: 19). En los años 1960 se produce la expansión de los servicios públicos de escuelas infantiles (Sundström, 1991: 99).

---

32 *Stöd åt barnaföderskor: betänkande 1 avgivet av Socialpolitiska kommittén* (Apoyo a la natalidad: Informe 1 presentado por el Comité de Política Social, en mayo de 1961).

33 "*Ökat stöd till barnfamiljer"; promemoria avgiven av Familjeberedningen* ("Mayor apoyo para familias con niños"; memorando dado por el Consejo Asesor de la Familia en 1964).

34 *Familjestöd: betänkande avgivet av Familjepolitiska Kommittén* (Apoyo familiar: informe presentado por el Comité de Política Familiar en 1972).

El "Informe Erlander", que toma su nombre del primer ministro socialdemócrata sueco[35], se publica en 1964 y supone que, por primera vez en la historia, el partido socialdemócrata defenderá una visión integral de la situación de cada individuo que incluye su estatus como miembro de una unidad familiar, el respeto a su individualidad y la igualdad de género como parte importante en sus aspiraciones para conseguir la igualdad entre todos los ciudadanos. En este periodo se desencadenó una discusión pública en tono a los roles de género en la sociedad sueca. Este debate penetró tanto en la política familiar, como en la educativa y en la del mercado laboral (Liljeström, 1970). El elemento central de dicho debate giraba en torno al papel de la política social como promotora de determinadas estructuras familiares.

El informe Erlander tuvo una gran influencia en el desarrollo legislativo de principios de los setenta. Una de las principales recomendaciones fue convertir el sistema de baja de maternidad en un sistema de baja parental. Esta sustitución implicaba mucho más que una simple variación semántica, estudiando las horas necesarias dedicadas al trabajo antes del nacimiento del hijo, los incentivos para el empleo y el nivel de las prestaciones (Nisman, 1992: 95). En este sentido, si la madre se encontraba estudiando y no tenía ningún ingreso perdía la oportunidad de compartir esta baja con el padre a menos que encontrara un trabajo después del nacimiento. Asimismo, era importante tener un trabajo antes del nacimiento de un segundo hijo al elevar la tasa de sustitución.

En 1974 se estableció una tasa de sustitución de la prestación de un 90% del salario y se introducía la novedad de compartir la baja con el padre[36]. Se consideraba así que una extensión de las bajas de maternidad a los hombres era una forma de simbolizar la igualdad entre los géneros, dando más oportunidades a los hombres para adquirir una mayor responsabilidad en el cuidado de los hijos (Haas, 1992: 401). Pero no sólo la baja parental, también la baja de paterni-

---

35 Tage Erlander es el jefe de gobierno que más tiempo ha permanecido en su mandato en una democracia, de 1946 a 1969 (23 años).

36 Así vemos que es en 1974 cuando se introduce el permiso parental. Por primera vez, ambos padres tenían derecho a una compensación financiera por estar en casa con sus hijos.

dad y la baja para cuidar hijos enfermos permitía a padres y madres compartir la misma, con una ley en 1974 que concedía a los hombres la baja dentro del primer mes siguiente al nacimiento del hijo y permitió compartir con la madre 10 días de baja para cuidar de un hijo cuando éste se encontraba enfermo (Madruga, 2006: 132). Al mismo tiempo, desde 1974, el *parental leave* se podía utilizar a media jomada hasta que el hijo cumpliera los ocho años (Sundström, 1991: 140).

La formulación de la política de cuidados del niño ha concernido tanto al gobierno central como a las autoridades locales. Mientras que el gobierno central ha sido el encargado de establecer los objetivos de esta política, las autoridades locales han sido las encargadas de ponerla en práctica. En 1975, una ley sobre educación preescolar obligaba a las autoridades locales a proveer plazas para todos los niños menores de seis años. De acuerdo con Ruggie (Ruggie, 1984: 269), la secuencia en la intervención estatal en el área de los servicios de atención a la infancia ha sido determinada, en primer lugar, por un incremento de la participación de la mujer en el mercado laboral; en segundo lugar, por las recomendaciones de las comisiones gubernamentales y finalmente, por las necesidades sociales específicas, en función del número de horas que los progenitores trabajaban y los ingresos que tuvieran.

El discurso sobre el declive de la familia tradicional apenas ha tenido eco en la sociedad sueca, a diferencia de otras sociedades como la británica o la americana, donde ha venido asociado con altas tasas de dependencia de las familias monoparentales respecto de las prestaciones asistenciales (Hobson y Takahashi, 1997: 145).

En 1978 tanto padres como madres consiguieron el derecho a una baja no remunerada hasta que sus hijos cumplieran 18 meses, así como el derecho de reducir la jornada laboral a seis horas (Madruga, 2006: 118).

En 1980 se introdujo el subsidio de embarazo para mujeres gestantes; éstas, de acuerdo con la naturaleza del trabajo, podían abstenerse de seguir trabajando durante los dos últimos meses de embarazo sin necesidad de justificar enfermedad. De esta manera, se eliminó toda posibilidad de sufrir estrés en el embarazo, además de garantizar la no discriminación de las mujeres y la toma regular de tiempo libre antes del nacimiento del bebé.

A principios de la década de los ochenta, entre los partidos socialdemócratas europeos comenzaron a perder fuerza las ideas del *keynesianismo* redistributivo en favor de términos de eficiencia económica. Conseguir un presupuesto equilibrado y una menor intervención estatal eran considerados requisitos imprescindibles para alcanzar la deseada eficiencia económica. En 1982, los socialdemócratas introdujeron cambios en la baja para cuidar a los hijos enfermos. Por un lado, aumentaron hasta 60 los días de disfrute, por otro, extendieron esta prestación a todas aquellas familias con hijos menores de doce años (Sundström, 1992: 202). En 1988, los padres consiguieron tres meses más de baja parental, aumentando a doce los meses remunerados, al mismo nivel de compensación que el de enfermedad: en la mayoría de los casos, con el 90% de los ingresos y con una paga adicional mínima en los tres meses siguientes. Se consiguieron, de esta manera, tres meses más de baja parental remunerados. La seguridad en el empleo quedaba garantizada por un periodo de dieciocho meses. De acuerdo con esta legislación, los padres pueden utilizar el *parental leave* hasta que el hijo tenga ocho años.

Cuanto mayor es el salario de la mujer, es mayor la probabilidad de que el padre tome la baja parental (Nisman, 1992: 15). En marzo de 1991, ante las altas tasas de absentismo, el gobierno decidió rebajar la tasa de sustitución de la baja para cuidar de los hijos enfermos de un 90 a un 70% para los primeros días y como consecuencia de este cambio, la tasa de absentismo disminuyó (Gustafsson, 1995: 304). Por otra parte, parece que los empresarios estaban a favor de este tipo de bajas y no veían ningún problema en el acogimiento de la baja parental que se tomaba a tiempo completo; solo unos pocos empresarios, de pequeñas empresas, expresaban problemas ante estas bajas.

Como observa la Dra. Madruga, en su libro "*Monoparentalidad y política familiar*" (2006), hay determinados autores que consideran que una de las razones del éxito electoral de los socialdemócratas fue la percepción pública de la eficiencia económica y del bienestar social (Stephens, 1996: 45). Lo cierto es que han mostrado un apoyo decidido y generalizado a las políticas sociales y el Estado de bienestar. Los servicios de atención a la infancia tenían en 1986 un apoyo mayoritario y las prestaciones asistenciales eran mucho menos populares. Este apoyo masivo es consecuencia del carácter universal de las políticas.

En medio de una fuerte crisis económica, en 1991 ganó las elecciones una coalición opuesta al Partido Socialdemócrata. Una de las propuestas principales consistía en detraer recursos del sistema de servicios de escuelas infantiles para asignar estos recursos a las familias con hijos menores de tres años en forma de prestaciones de cuidado. Se aprobó una ley por la cual las mujeres podían elegir entre un pequeño subsidio o los servicios de atención a la infancia municipales. En 1994, al recuperar el poder los socialdemócratas, defendiendo que la prestación de cuidado no era solidaria con las madres trabajadoras, lograron que se suprimiera (Hobson y Takahashi, 1997: 128). En la búsqueda de un permiso parental más igualitario, se introdujo en 1995 el llamado "*mes del padre*", a través de *Föräldraledighetslagen* (Ley de permiso parental de 1995), que garantiza que madre y padre tienen un mes asignado que no se puede transferir[37]. En 2002, ese tiempo se extendió a dos meses.

Con el nuevo siglo y milenio, nos hemos ido enfrentando a una economía cada vez más globalizada. Desde principios del año 2000, en Suecia se concede a los padres, tras el nacimiento de un hijo, una baja parental con prestación económica durante un total de 450 días, de los que 420 pueden ser repartidos entre los progenitores como ellos quieran. Sin embargo, los otros 30 días, llamados "*mes del padre*", no pueden ser transferidos. A los padres que viven solos se les permite obtener esta baja en su totalidad. El nivel de remuneración es del 80% de los ingresos brutos durante 360 días. Para los 90 restantes se paga una cantidad fija diaria de 60 SEK (en torno a 6€). Las prestaciones pueden usarse de formas diversas: quedarse en casa a jornada completa o trabajar a jornada parcial durante un período más largo. Los padres sin trabajo remunerado anterior al nacimiento de un hijo reciben durante 450 días la cantidad fija diaria.

Además de estas prestaciones, al nacer un hijo el padre tiene derecho a diez días de baja de paternidad. Cualquiera de los progenitores

---

[37] Aquí vemos que es en 1995 cuando se reserva un mes de permiso parental para cada padre. En 2002 se reservó un segundo mes para cada padre. En 2016 se reservó un tercer mes para cada padre.

puede también obtener permiso para cuidar a un hijo enfermo con compensación por la pérdida de ingresos (60 días por año e hijo). Y para facilitar la conciliación del trabajo con la vida familiar, los que tengan hijos menores de ocho años tienen igualmente derecho a reducir su jornada laboral diaria en dos horas, con la reducción correspondiente de sueldo.

Durante la década de 2000, la política se ha centrado en la atención a los niños y a las familias con niños: se fijó una tasa máxima, un límite, sobre cuánto debe pagar una familia por su cuidado y también una regla de bloqueo, de forma que la familia pagará un máximo del 3% de sus ingresos en cuidado de niños para el primer hijo aumentándose el nivel de garantía del permiso parental desde los 120 SEK por día en 2002 (aprox. 11€), a 150 en 2003 (aprox. 14€) y a 180 SEK desde 2004 (aprox. 17€). El número de días de beneficios parentales ha aumentado desde los 240 días en la década de 1970 a 480 días hoy.

3.1.5. El permiso de paternidad y maternidad en la actualidad

El beneficio parental es el dinero que recibe para poder estar en casa con su hijo en lugar de trabajar, buscar trabajo o estudiar.

Puede ser elegido para el beneficio parental el padre o madre del niño o quien tiene su custodia; quien esté casado o conviviendo con los padres del niño; si está en casa con su hijo en lugar de trabajar, estudiar o buscar empleo y si está asegurado en Suecia. Comúnmente se está asegurado si se vive o se trabaja en Suecia, si el niño vive en Suecia, o dentro de la UE incluyendo a Suiza.

El beneficio parental se paga por 480 días para un niño. Durante 390 días, la compensación se basa en el ingreso que uno tiene (días en el nivel de beneficios por enfermedad). Para los otros 90 días, la compensación es de 180 SEK por día (días en el nivel mínimo, aprox. 17€).

Las disposiciones sobre prestaciones parentales se encuentran en el Capítulo 4 de la Ley General de Seguros[38]. El permiso parental les da a los padres el derecho a estar en casa con su hijo durante 480

---

[38] *Lagen om allmän försäkring, AFL* (La Ley General de Seguros, de 1962).

días con compensación del fondo del seguro. Sin embargo, 390 de los días con una compensación son iguales a la prestación por enfermedad, con un mínimo de 180 SEK por día (aproximadamente 17€). (Para niños nacidos antes de 2002, se aplican 360 días y al menos 60 SEK por día, aproximadamente 6€).

Si los padres tienen la custodia compartida del niño, ambos tienen derecho a la mitad del número total de días de beneficios parentales, pero uno de los padres puede transferir el derecho a la asignación parental al otro progenitor.

La Agencia Sueca de Seguridad Social establece que incluso un tutor legal que se pueda acreditar será equiparado al padre en la aplicación de la ley. Lo mismo se aplica a quien pueda demostrar vivir junto a la pareja que tenga el hijo como quien ha recibido el derecho de adopción de un niño.

En relación con el nacimiento del niño, al padre se le da diez días cubiertos por el subsidio parental temporal.

Una mujer embarazada empleada, contratista o autónoma en Suecia puede recibir beneficios desde el comienzo del embarazo al final de él.

El beneficio por embarazo se paga a las mujeres que tienen una capacidad de trabajo reducida.

En Suecia, los padres tienen derecho a 480 días de permiso parental pagado por nacimiento o adopción de un niño. Se trata de un número alto según los estándares internacionales y refrenda el famoso argumento de que Suecia brinda un sistema amigable para los niños.

Ofrecer permiso parental remunerado es una forma de permitir que los padres combinen el trabajo con la vida familiar. Tener un hijo no significa el final de una carrera, simplemente una pausa. Y no se trata sólo de igualdad: a nivel nacional también se traduce en economía, en maximizar el potencial de la fuerza laboral y, por extensión, en potenciar el crecimiento del país.

En los esfuerzos de Suecia para lograr la igualdad de género, cada padre tiene derecho a 240 de los 480 días de permiso parental remunerado. Cada padre tiene 90 días reservados exclusivamente para él o ella. Estos últimos, si uno de los padres decide no asumirlos, no pueden ser transferidos a la pareja. Hoy, los hombres en Suecia toman casi el 30% de todos los permisos parentales remunerados, una cifra que dentro de las políticas públicas se muestra como insuficiente.

La mayoría de los niños en Suecia van a preescolar (*förskola*). Los padres a menudo eligen volver al trabajo cuando su hijo tiene alrededor de 18 meses, que generalmente es cuando los niños comienzan el preescolar. Hay una tarifa máxima, que generalmente es del mismo nivel que la asignación mensual por hijo: 1250 SEK (actualizado a diciembre de 2019, 115€ aproximadamente).

Los residentes de Suecia no tienen que preocuparse por ahorrar dinero para la educación de sus hijos: la escuela para niños de 6 a 19 años, desde la clase de preescolar hasta la escuela secundaria superior, está totalmente financiada por los impuestos, y a menudo incluye almuerzos.

La educación financiada con impuestos continúa en la universidad para estudiantes de la UE (con el pago adicional de la tasa por derechos de examen) pero se aplican tarifas a estudiantes de fuera de la UE.

Si trabaja en Suecia y necesita tomarse días libres para cuidar a un niño enfermo, existe una compensación a través de la Agencia de Seguridad Social de Suecia, que está disponible para niños menores de 12 años, mientras que los niños de 12 a 15 años necesitan acreditar un certificado médico.

Todo este sistema de ayudas, de facilidades en la conciliación, va más allá de los permisos parentales. Incluye desde la instalación de rampas para cochecitos hasta parques infantiles y secciones de parques dedicadas para niños. Suecia tiene muchas áreas y espacios públicos aptos para familias. Así, la mayoría de los centros comerciales y bibliotecas tienen salas de enfermería para bebés y cambiadores en baños compartidos; muchas bibliotecas y museos también tienen un lugar de estacionamiento designado para el cochecito o silla de paseo; la mayoría de los restaurantes proporcionarán una silla alta para bebés y niños pequeños y muchos también tienen mesas para cambiar pañales en los baños. Por último, en algunas ciudades suecas los padres que empujan a los bebés y niños pequeños en cochecitos y sillas de paseo pueden viajar de forma gratuita en los autobuses públicos dotados de grandes puertas en el medio del autobús, lo que permite que los padres no tengan que dejar a su hijo sin supervisión para ir al conductor del autobús y mostrar su billete de viaje.

Actualmente, hay diferencias en las ayudas respecto a la fecha de nacimiento del niño[39]:

- Si el niño nació antes del 1 de enero de 2014: los padres reciben la mitad de los 480 días cada uno, pero 60 días al nivel de beneficios por enfermedad están reservados para cada padre. El resto, se pueden transferir entre sí.
- Si el niño nació en 2014 ó 2015: recibe 195 días cada uno en el nivel de beneficios por enfermedad y 45 días cada uno en el nivel mínimo. Puede dividir los días entre ellos transfiriéndoselos entre sí como estimen, salvo 60 días al nivel de beneficios por enfermedad reservados y no transferibles al otro padre.
- Si el niño nació en 2016 o más tarde: recibe 195 días cada uno en el nivel de beneficios por enfermedad y 45 días cada uno en el nivel mínimo. Puede dividir los días entre ustedes transfiriéndose días entre sí, pero 90 días al nivel de beneficios por enfermedad están reservados y no pueden transferirse al otro padre.
- Si tiene la custodia exclusiva el beneficio parental se paga por 480 días para un niño. Durante 390 días, la compensación se basa en el ingreso que uno tiene. Para los otros 90 días, la compensación es de 180 SEK por día (días en el nivel mínimo, 17€ aproximadamente). Los primeros 180 días siempre serán en el nivel de beneficios por enfermedad.
- Si tiene varios hijos (gemelos, trillizos) los padres pueden obtener el beneficio parental por cada niño y, por lo tanto, estar en casa al mismo tiempo. Quien tenga la custodia exclusiva del niño, tiene derecho a todos los días.

Se puede obtener el beneficio parental hasta el día en que el niño haya terminado su primer año en la escuela obligatoria, pudiendo solicitar este beneficio hasta el día en que el niño cumpla 8 años.

---

39 Datos extraídos de Försäkringskassans (2021) Agencia eueca de Seguridad Social. *Información sobre el permiso parental en Suecia.* Disponible en: https://www.forsakringskassan.se/privatpers/foralder/foraldraforsakringen45ar

Puede incluso alargar el beneficio parental hasta que el niño cumpla 12 años o cuando termine su formación en la escuela obligatoria, pero desde el cuarto cumpleaños del niño sólo puede haber reservado 96 días en total. En caso de gemelos, puede ahorrar 132 días en total.

- Si tiene o ha tenido ingresos, recibe casi el 80% de sus ingresos si obtiene el beneficio parental los 7 días de la semana, pero con un límite de 1.006 SEK por día, 93€ aproximadamente.
- Si ha trabajado durante al menos 240 días consecutivos antes del nacimiento del niño o en base al cálculo de la solicitud del cobro de la prestación, el beneficio parental es en base a sus ingresos (llamándose "beneficio parental al nivel de beneficios por enfermedad"). Para recibir esta prestación debe haber tenido un ingreso anual de al menos 82.100 SEK, 7.600€ aproximadamente, durante al menos los 240 días consecutivos anteriores, no necesitando haber trabajado en el mismo lugar o haber tenido el mismo ingreso todo el tiempo, sino que lo importante es la cantidad de días con ingresos.
- Si no ha trabajado durante al menos los 240 días consecutivos anteriores al nacimiento del niño, recibe 250 SEK por día (23€ aproximadamente) durante los primeros 180 días. Esto equivale a unos 7.500 SEK por mes (690€ aproximadamente).
- Si tiene bajos ingresos o no tiene ingresos: si no tiene ingresos o ganó menos de 117.590 SEK en un año (10.830€ aproximadamente), recibe 250 SEK por día (en torno a 23€), equivaliendo a unos 7.500 SEK por mes (690€ aproximadamente).
- Si es un buscador de trabajo: si tenía un trabajo antes de convertirse en un buscador de empleo, puede recibir la prestación parental en función de los ingresos que tenía en ese momento. La condición es que se haya registrado en el Servicio Público de Empleo el primer día de la semana en que estuvo desempleado y que todavía siga registrado. Si trabajó 6 meses o más antes de quedar desempleado, es suficiente haberse registrado en el Servicio Público de Empleo dentro de los tres meses posteriores a su desempleo. Si no puede recibir el beneficio parental en función de sus ingresos, obtendrá un beneficio parental de 250 SEK diarios (23€ aproximadamente).

- Si se trata de una empresa unipersonal, los padres pueden recibir el beneficio parental en función de sus ingresos estimados por las actividades comerciales. Si su empresa se encuentra en la fase inicial, es posible que todavía no haya obtenido muchos ingresos estimados, en cuyo caso, durante los primeros 24 meses recibirá una cantidad igual al beneficio parental que recibiría un empleado con los mismos deberes, capacitación y experiencia.
- Si es estudiante y no percibe ingresos del trabajo, tiene derecho a la obtención de 250 SEK por día (en torno a 23€), pero si trabajó antes de comenzar a estudiar, puede recibir un beneficio parental basado en su último salario[40].

Al calcular, entre otras cosas, este beneficio parental, se utiliza el SGI, que determina la tasa de sustitución. SGI significa "ingresos calificados para beneficios por enfermedad". Es una cantidad calculada por la Agencia Sueca de Seguridad Social, que es la base de cuánto dinero puede recibir un ciudadano si enferma o solicita el permiso parental y se calcula sobre la base de un ingreso laboral anual estimado. Si no tuviera SGI, puede quedarse sin compensación o recibir menos dinero. Cuando una persona ya no tiene un ingreso del trabajo, la regla principal es que el SGI deja de aplicarse. Hay situaciones en las que una persona que no trabaja debe mantener sus ingresos basados en beneficios por enfermedad y esta protección SGI se aplica, por ejemplo, al desempleo, siempre que se esté registrado y se busque trabajo activamente a través del Servicio de Empleo.

En el permiso por niño enfermo, muchos padres de niños pequeños optan por reducir sus horas de trabajo durante y después del permiso parental. Esto puede conducir a menores ingresos, lo que podría afectar los ingresos que califican para el beneficio por enfermedad (SGI).

Cuando el hijo es menor de un año, se contemplan dos escenarios: si tiene permiso parental a tiempo completo o parcial (o se abstiene de buscar trabajo), no tiene que hacer nada para proteger sus ingresos calificados. Mantiene los mismos ingresos calificados que te-

40 En la base de datos de sueldos de *Statistikmyndigheten SCB* el empleado puede ver el cálculo de ingresos en su profesión.

nía cuando nació el niño, incluso si no está cobrando el beneficio parental. Los ingresos calificados se volverán a calcular en función del salario que reciba cuando trabaje a tiempo completo. Por lo tanto, si el padre o madre tiene el mismo salario que antes, tendrá los mismos ingresos calificados que antes de que naciera el niño, pero si tiene un salario más bajo que cuando estaba con el beneficio parental, sus ingresos calificados serán más bajos. Cuando el hijo cumple un año de edad, se contemplan dos escenarios: si tiene beneficio parental a tiempo completo (o se abstiene de buscar empleo), conserva sus ingresos calificados anteriores si toma al menos cinco días completos de beneficios parentales por semana.

En otro caso, Si comienza a trabajar a tiempo completo o parcial, sus ingresos calificados se volverán a calcular en función del salario que reciba cuando trabaje. Por lo tanto, si el padre o madre tiene el mismo salario que antes, tendrá los mismos ingresos calificados que antes de que naciera el niño, pero si tiene un salario más bajo que cuando estaba con el permiso parental, sus ingresos calificados serán más bajos[41].

El beneficio parental está protegido durante los dos primeros años de vida del niño y no se ve afectado si sus ingresos calificados se reducen. Esto significa que incluso si los ingresos calificados son más bajos (por ejemplo, si reduce sus horas de trabajo), recibirá la misma cantidad de beneficio parental que antes si toma el permiso parental nuevamente antes de que el niño cumpla dos años de edad. Lo mismo se aplica en el caso de nuevo embarazo antes de que el niño mayor tenga un año y nueve meses; también recibirá el beneficio parental calculado utilizando los mismos ingresos calificados que antes de que se redujera.

Pese a los grandes avances logrados en Suecia, siempre a la vanguardia en políticas de conciliación y de igualdad de género, el último dato recogido anualmente por la Agencia Sueca de Seguridad Social refleja que aún existe una brecha de género entre quienes más se benefician de la asignación parental. Los siguientes datos lo re-

---

41 Datos actuales de la Agencia Sueca de Seguridad Social sobre el permiso parental.

frendan: los hombres retiraron el 29% de la asignación parental (y se incorporaron antes a la vida laboral) y las mujeres retiraron el 71%[42].

3.1.6. El teletrabajo antes y después de la Covid-19

Si hacemos una lectura sobre la implementación del teletrabajo en empresas públicas y privadas en diversos países, podemos ver la falta de normativa como un factor importante pero no esencial en los modelos de TCR (Trabajo Conectado Remoto) o de teletrabajo en el mundo.

Este concepto del "teletrabajo" ha supuesto una revolución, un fenómeno sociológico que crea nuevos hábitos en la vida y costumbres de las personas. En este fenómeno, se encuentran los efectos adversos derivados de una mayor distancia espacial entre los empleados; una comunicación deteriorada que da como resultado una menor innovación o la fusión de la vida laboral y personal, familiar y social que conduce a horas extraordinarias ocultas.

En el caso de Europa, se dispuso su importancia en julio de 2002, en el contexto del Consejo Europeo entre las centrales empresarias y sindicales, con la firma del "Acuerdo Marco Europeo sobre Teletrabajo" (AEMET). En este acuerdo, el teletrabajo se definió como "una forma de organizar y ejecutar el trabajo usando tecnologías de la información como parte de un contrato o relación laboral, donde el trabajo, que también puede realizarse en el local del empleador, se realiza sobre una base regular fuera de dichos locales".

Dentro de esta nueva estrategia en las Relaciones Laborales, en la que el teletrabajo está ganando cada vez más peso y sobre todo, con las medidas de restricción de la movilidad ciudadana implementadas por la pandemia del coronavirus, es cuando adquiere una nueva perspectiva las políticas de conciliación laboral y familiar y el papel de las mujeres. Este género dedica el doble de tiempo al cuidado del hogar que los hombres, estando los estereotipos de género aún muy arraigados ya que un 45% de la sociedad española cree que es la mujer la que debe abandonar el trabajo en el inicio de la maternidad"

---

42 Datos de la Agencia Sueca de Seguridad Social que pueden consultarse vía *online* en https://www.forsakringskassan.se/

(Torns y Moreno: 2008). La mujer asume el cuidado de los hijos y el peso de las políticas de Dependencia sigue recayendo en ellas mientras se desenvuelve en el mundo laboral, sin embargo pocos hombres han entrado al mundo doméstico.

En un informe recogido por la Dra. Anna Lidgren referente a Suecia, *"los hombres que viven con niños tienen salarios más altos por hora que los hombres sin niños, a diferencia de las mujeres trabajadoras"* (Vicente, 2020: 5).

Las mujeres que trabajan en las organizaciones están más expuestas que los hombres a un mayor estrés, por la necesidad de conciliar la familia con el trabajo; un buen ejemplo de ello es que la mayoría de las mujeres que están en carrera gerencial tienen que decidir entre mantener su carrera profesional y la familia. Aquellas que pueden optar por el modelo TCR pueden disponer de más tiempo familiar reduciendo así la sensación de doble jornada laboral que muchas veces exige un puesto gerencial. Tanto el trabajo como la familia requieren tiempo y energía, y más aún cuando existen grandes distancias entre el hogar familiar y la oficina laboral.

La actual crisis de salud y económica relacionada con la pandemia de Covid-19 y las medidas de distanciamiento físico necesarias han obligado a muchas empresas a introducir el teletrabajo a gran escala. Esto puede catalizar una adopción más amplia de prácticas de teletrabajo también después de la crisis, con una amplia gama de impactos y efectos netos inciertos sobre la productividad, la conciliación y otros indicadores. Las políticas públicas y la cooperación entre los interlocutores sociales parecen cruciales para garantizar que los métodos de trabajo nuevos, eficientes y que mejoren el Bienestar que surgen durante la crisis se mantengan y desarrollen una vez finalizado el distanciamiento físico.

Ha habido algunas voces críticas a esta nueva manera de entender las cuestiones organizativas del trabajo. Para el Profesor de la Universidad de Stanford, Nick Bloom, habrá menos productividad al trabajar en casa junto a *"nuestros hijos, en espacios inadecuados, sin elección y sin días de oficina"* (Gorlick, 2020).

Ya en 2015, una fracción sustancial de los trabajadores en muchos países de la OCDE trabajaba a distancia, es decir, trabajaba fuera de la oficina, desde casa o en un espacio público, al menos ocasionalmente. Sin embargo, el grado de teletrabajo de personas varió ampliamente entre países, desde alrededor del 25% en Portugal e Italia hasta más del doble de personas en Suecia y Dinamarca (OCDE, 2020). Hay que tener también en cuenta que los trabajos que permiten realizar algunas tareas desde casa pueden no ser adecuados para realizarse en su totalidad a través del teletrabajo. Por ejemplo, mientras que en Suecia el 57,2% de las personas informaron de haber realizado algún trabajo a distancia en 2015, solo el 30,7% de los trabajos actuales podrían realizarse durante un confinamiento estricto (Boeri, Caiumi y Paccagnella, 2020).

También se valoran otras variables, como la reducción de costes en las empresas, al reducir el espacio de oficina y de los equipos de oficina, como de las contrataciones de personas que están vinculadas a una ubicación diferente. Por otro lado, el teletrabajo reduce el número de interacciones en persona, lo que perjudica los flujos de conocimiento, la comunicación y la supervisión administrativa.

A partir de aquí, los gobiernos inciden en una nueva regulación del teletrabajo, con políticas que garanticen el aumento de la capacidad del teletrabajo de los grupos de trabajadores desfavorecidos, por ejemplo, trabajadores poco cualificados, de edad avanzada o rurales, impidiendo que se queden más rezagados y sean excluidos de los beneficios que ofrece el teletrabajo. También, en la apuesta sobre la formación en la tecnología y el establecimiento de jornadas de trabajo claras, sin que genere una alteración de los ciclos biológicos y de las relaciones familiares y sociales al mezclar el espacio de trabajo con el espacio privado.

La Agencia Sueca de Salud Pública recomendó que todos los trabajadores que pudieran trabajar desde casa lo hicieran. Algunos lugares de trabajo que estaban cerrados por ley en otros países permanecieron abiertos en Suecia, sobre todo escuelas de primaria e infantiles. Desde la perspectiva de los padres, pudo haber sido un factor importante en términos de asegurar una oferta laboral y ser más productivos cuando trabajan desde casa. Estos factores pueden ser particularmente importantes en un contexto nórdico con un modelo muy claro de doble fuente de ingresos y una separación residencial casi universal entre los niños y abuelos. Las encuestas de Gallup durante la pandemia mostraron que el 70-80% de la población sueca apoyaba la estrategia de las autoridades (Falk, 2020).

Tegnell[43] criticó a las empresas que habían permitido a sus empleados trabajar desde casa, alegando que era injusto para los trabajadores que no podían hacerlo[44]. Sin embargo, incluso antes de que se publicara esa entrevista, la Organización Mundial de la Salud declaró una pandemia y la Agencia de Salud (organismo independiente) publicó anunció que el riesgo de transmisión en Suecia había aumentado. Según el relato retrospectivo de Tegnell *(*2020*)*, la estrategia de la Agencia entró en una nueva fase. Recomendó que se prohibieran las reuniones de 500 personas o más, lo que el gobierno promulgó de inmediato mediante una directiva. Cinco días después, Tegnell declaró que se estaba produciendo transmisión comunitaria y que *la gente debería, de hecho, trabajar desde casa si fuera posible*[45]. Al día siguiente, la Agencia instó a los proveedores de Educación superior a cambiar inmediatamente la enseñanza a distancia. Los colegios daneses y noruegos habían cerrado varios días antes, el 11 y 12 de marzo.

Las recomendaciones de la Agencia siguieron siendo sólo eso: recomendaciones sobre el comportamiento, con la adhesión dejada a la conciencia del individuo (Pierre, 2020: 478). Quizás lo más significativo para la vida cotidiana de muchas personas es que nunca hubo una directiva para cerrar jardines de infancia y escuelas, en general. La Agencia de Salud Pública se refirió a la falta de evidencia de que los niños transmitan el virus y la necesidad de mantener a los padres en sus lugares de trabajo.

Desde el comienzo de la pandemia, las pruebas de coronavirus fueron una característica importante de las estrategias de algunos países. Éste no fue el caso en Suecia. Algo más tarde, incluso cuando otros países europeos introdujeron requisitos para el uso de mascarillas en lugares públicos, la agencia se resistió a las sugerencias de que

---

43 Nils Anders Tegnell es un funcionario y médico sueco especializado en enfermedades infecciosas. Es el epidemiólogo estatal actual de Suecia. En sus puestos, ha tenido papeles clave en la respuesta sueca a la pandemia de gripe porcina de 2009 y la pandemia de la Covid-19.

44 Entrevista a N. Tegnell en *Sveriges Radio* el 24 de junio de 2020.

45 Entrevista a N. Tegnell en *Sveriges Radio* el 16 de marzo de 2020.

las mascarillas podrían ser una forma de obstaculizar la propagación del virus entre la población en general[46].

En resumen, mientras que otros países se inclinaron hacia el principio de precaución, la Agencia Sueca de Salud Pública interpretó consistentemente la información disponible sobre el coronavirus de una manera mínima, lo que significó una intervención relativamente limitada en la vida de las personas.

A través del teletrabajo Suecia se inserta en la construcción de las *Smart cities*, las ciudades inteligentes que, con vistas al desarrollo sostenible, logran conciliar y satisfacer las exigencias de los ciudadanos, de las empresas y de las instituciones.

La amplia utilización de las TIC, en particular en el campo de la comunicación y de la movilidad y cuidado del medio ambiente, facilita tal objetivo. El teletrabajo está considerado e incentivado como una medida para mejorar la eficiencia energética y reducir la polución. El teletrabajo en Suecia ha sido facilitado por la amplia difusión de instrumentos de tecnologías TIC y las elevadas capacidades de base que han permitido una amplia utilización de la tecnología. Actualmente, el 86% de la población de 16 años tiene en una casa un ordenador y el 8% tiene acceso a Internet de banda ancha. Se trata de uno de los países con más alto porcentaje de acceso a Internet en el mundo, lo que favorece una mentalidad predispuesta a la red, siendo Suecia considerada una "potencia digital" en función del grado de su desarrollo digital (BBVA Research, 2017).

Por un lado, está la gente que vive en zonas urbanas y por otro, el resto de la población que vive en áreas separadas por largas distancias. El uso de la tecnología informática se hace cada vez más obligatorio y el teletrabajo es considerado como una oportunidad clave para empujar el desarrollo económico en las áreas marginales y distantes de los centros urbanos. En el país, el teletrabajo tiene una amplia difusión. Más de la mitad de las empresas con 10 o más trabajadores tiene personal que trabaja, por lo menos, medio día por semana fuera de la empresa a través de los sistemas tecnológicos de

---

46 Este argumento se debió a la débil evidencia científica de su utilidad, más el riesgo de que las mascarillas faciales pudieran restar importancia a quedarse en casa cuando hay síntomas, lavarse las manos y mantener la distancia.

la compañía. Los datos disponibles del Instituto Sueco de Estadísticas (*Statistiska centralbyrån*, SCB) hacen referencia al porcentaje de empresas que practican esta forma de trabajo y no al número de trabajadores o a la cantidad de horas trabajadas (Cal, 2013: 7) y por esta razón, se consideró hacer un estudio atendiendo a experiencias de empleados teletrabajando durante la estancia posdoctoral en 2021.

En Suecia, la difusión del teletrabajo se ha hecho para superar las grandes distancias y la baja densidad de la población. Se trata de un país de casi diez millones y medio de habitantes en una superficie de 450 mil km2., con 2,2 millones de personas viviendo en zonas urbanas y el resto de la población viviendo en áreas separadas por largas distancias, resaltando la relevancia del teletrabajo como una oportunidad clave para empujar el desarrollo económico en las áreas marginales y distantes de los centros urbanos.

El porcentaje de empresas involucradas en el teletrabajo aumenta con su dimensión. El 86% de las empresas cuenta con al menos 250 trabajadores y el 35% con un número de trabajadores de 1 a 9. La incidencia es más elevada en el sector de la información y comunicación (79%) y en el de las actividades financieras (66%). Disminuye en los hoteles y restaurantes (32%) y en el transporte (37%). Entre las personas más involucradas en el teletrabajo están los investigadores, los profesores y los periodistas; todos ellos con altas calificaciones y capacidades.

Una de las primeras experiencias de la extensa aplicación del teletrabajo se ha realizado en la STEM (*Swedish National Energy Administration*), que era la autoridad para la gestión de la energía. En 1999, el gobierno sueco, dentro de una estrategia de desplazamiento de las autoridades centrales a las afueras de la capital, decidió desplazar las oficinas de la STEM con sus 155 trabajadores en un pueblo a 110 kms. al suroeste de Estocolmo. No fue una decisión popular ya que los gestores de las autoridades centrales tenían miedo de que una parte importante de los empleados no aceptase esa opción. A través de coloquios con los empleados y los sindicatos, se tomó la decisión de otorgar a todo los empleados, en la mayor parte de los casos residentes en Estocolmo incluidos los recientemente contratados, el acceso al teletrabajo. Se establecieron de manera conjunta las tareas a cumplir fuera de la oficina. Para aquellos que podían trabajar desde sus casas, se aplicó un contrato individual sobre un modelo acordado con el sindicato que preveía la utilización del teletrabajo dos días por semana. Se definieron las obligaciones de los empleados en términos de alcanzabilidad telefónica, obligatoriedad de encuentros semanales de trabajo, posibilidad para el empleador y el representante de la salud y seguridad de acceder al lugar de teletrabajo en casa. La gerencia suministraba los ordenadores y verificaba la idoneidad del lugar de trabajo. La experiencia ha sido muy positiva y no ha causado ninguna disminución de la eficiencia y del compromiso. Se ha comprendido que el problema era el de reestructurar la organización del trabajo con nuevas reglas integrando el teletrabajo a la organización. Sin embargo, ha surgido un punto crítico en las relaciones entre el empleado en teletrabajo y el resto del personal. Los que habían continuado trabajando en la oficina a tiempo completo pensaban haber sido desfavorecidos en la división de las tareas respecto a los teletrabajadores (Cal, 2013: 9).

Suecia exige una absoluta paridad de género también en el área de teletrabajo. El teletrabajo se ha adoptado también para facilitar estrategias más completas de descentralización para evitar la congestión urbana y el tránsito. En algunos casos, se ha introducido el teletrabajo para responder a la necesidad de desplazar determinadas actividades productivas y de dirección lejos de la capital del país.

En junio de 2003, los interlocutores sociales suecos acordaron un conjunto de directrices conjuntas sobre la aplicación nacional del acuerdo marco europeo sobre teletrabajo de 2002. Las organizaciones de interlocutores sociales suecos ven el acuerdo de la UE sobre el teletrabajo como un avance positivo en el diálogo social europeo, que coincide con las opiniones de las partes del mercado laboral sueco. En ocasiones anteriores, las Directivas de la UE dieron fuerza legal a los acuerdos de interlocutores sociales europeos y luego se implementaron mediante una nueva legislación en Suecia. El enfoque de dejar la aplicación a los propios interlocutores sociales se ajusta más al modelo sueco de relaciones laborales.

Las directrices suecas hacían referencia a los principios establecidos en el acuerdo europeo de teletrabajo en áreas como las condiciones laborales, la protección de datos, la salud y la seguridad y la organización del trabajo, aunque conviene resaltar que el sector público a nivel municipal y regional ya tenía un reglamento que cubría el teletrabajo antes de la firma del acuerdo marco de la UE en 2002.

No obstante, desde 2002 y luego, desde más negociaciones posteriores, todos estos sectores han incluido el acuerdo marco de la UE en sus convenios colectivos.

Ni los interlocutores sociales ni el gobierno sueco han deseado establecer una legislación específica dirigida a los teletrabajadores, ya que consideran que la legislación laboral vigente y otras leyes son efectivamente aplicables a los teletrabajadores.

En dos entrevistas realizadas a trabajadoras suecas, a una profesora de Educación Secundaria de Estocolmo y a una consultora tecnológica, una de las conclusiones es que valoran positivamente el teletrabajo para conciliar vida familiar y laboral y resaltan, sobre todo, que la cultura de trabajo es diferente al poder trabajar por objetivos y en este caso, no tener un horario rígido, que puede ser aprovechado para disfrutar de la familia.

En el trabajo postdoctoral, en la recogida de datos a través de cuestionarios sobre cómo desde Suecia los trabajadores valoran el teletrabajo, *grosso modo* se extrajeron los siguientes resultados:

De la población sueca consultada, la mayoría muestra que es una continuación de una manera de trabajar que ya venían asumiendo desde antes, teniendo claro el horario en el que se desconecta digitalmente, informando de que programan que al terminar el horario laboral, aparece un mensaje de respuesta informando a la persona que envió el mensaje de que hasta el comienzo de la próxima jornada laboral no será leído y por tanto, no contestado, avisando del horario en el que podrá estar de nuevo disponible. 94 de 98 personas consultadas recomiendan el teletrabajo argumentando, entre otros, el ahorro del tiempo en el desplazamiento y el ahorro en combustibles fósiles. La cultura medioambiental es la que más predomina en las respuestas.

Este trabajo se encuadra dentro de un análisis comparado con otros países europeos, siendo superiores y más positivas las respuestas recogidas en Suecia sobre el teletrabajo, demostrando que en Suecia llevan con esta operatividad laboral más tiempo que en el sur y con unas políticas diferentes de conciliación[47].

---

47 Resultados de este estudio publicados en la revista portuguesa *Desenvolvimento e sociedade*, nº 10. Diciembre de 2021.

3.2. LA POBREZA EN SUECIA

Como complemento de estudio de las políticas sociales activas, hay que tener presente que una de las principales transformaciones que inciden sobre el paisaje de la vulnerabilidad económica es la propia evolución de los Estados de bienestar. Las políticas de inclusión desarrolladas en el marco de la expansión de las transferencias y los servicios públicos han eliminado algunos de los ejes de fractura habituales en la sociedad tradicional, pero asistimos a un escenario en el que están emergiendo otros.

Así, por ejemplo, el programa que absorbe más recursos en los modernos Estados de bienestar, los sistemas de pensiones de reparto (sustentados en las cotizaciones realizadas a lo largo de toda la vida laboral del beneficiario/a) han mejorado las condiciones de vida de buena parte de la población anciana. A lo largo de las últimas décadas, el valor real de las pensiones y otras prestaciones que favorecen a las personas de edad avanzada ha crecido.

Los Estados de bienestar son hoy más generosos con las personas mayores de lo que lo eran hace tres o cuatro décadas, a igualdad de condiciones de cotización, pero en muchos países el sistema sigue condenando a la precariedad económica a muchas personas con trayectorias laborales cortas, intermitentes o con bajas retribuciones.

El siguiente gráfico muestra las tasas de riesgo de pobreza antes y después de transferencias, calculadas con datos recientes de la EU-SILC (*European Union Statistics on Income and Living Conditions*)[48]. Los datos proporcionados recogen hasta el año 2018 y muestran tasas de pobreza estimadas con el umbral del 60% de la renta equivalente disponible. En estos datos se incluye información calculada a partir de las rentas del conjunto de la población (tasa de pobreza antes de transferencias, tasa de pobreza después de transferencias, la diferencia absoluta y la eficacia reductora). Entre los países que más reducen la pobreza figuran los países nórdicos pero también nos encontramos con alguna sorpresa en el análisis al observar a Irlanda o Hungría. Los países donde el Estado de bienestar tiene menor capacidad reductora corresponden al sur de Europa (España, Italia,

---

48 ◆◆◆◆FALTA TEXTO DE LA NOTA◆◆◆◆

Grecia) y algunos países del Este (Letonia, Bulgaria y Rumanía). Se trata de países que presentan además las tasas de riesgo de pobreza finales más elevadas.

La ordenación de países no varía sustancialmente si en lugar del umbral del 60% de la renta equivalente utilizamos el 40% para estimar una pobreza más intensa. Veintiuno de los 30 países analizados (27 pertenecientes a la UE más Islandia, Noruega y Suiza) consiguen sacar a más de la mitad de su población más pobre de esta situación mediante transferencias. En cambio, en Bulgaria, Rumanía y Grecia, no llegan a una tercera parte las personas pobres que escapan de esta condición aprovechando las transferencias monetarias, como podemos ver a continuación en el siguiente gráfico.

GRÁFICO 1
Riesgo de pobreza antes y después de las transferencias en la UE-27

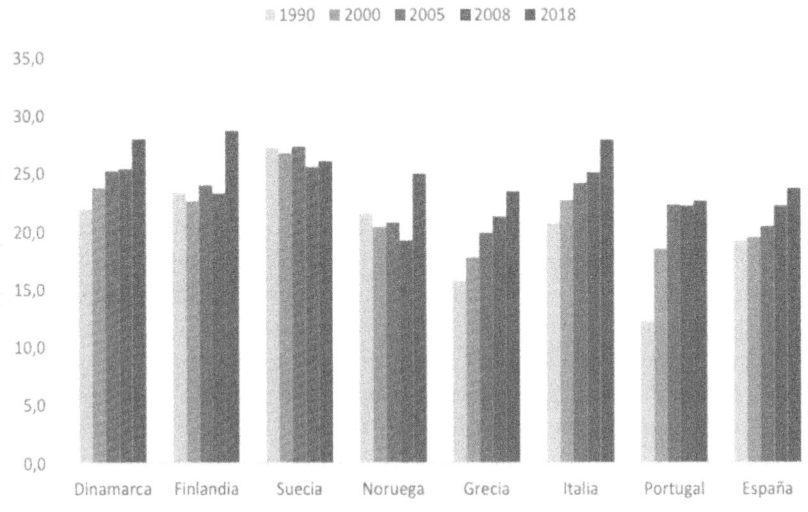

Fuente: Datos de la OCDE (2021)

Con estos datos podemos extraer la importancia del análisis de la pobreza antes de las transferencias y después, con el cálculo de la diferencia, siendo una política exitosa si conseguimos que la pobreza descienda significativamente tras las transferencias, logrando así una eficacia reductora medida en un porcentaje calculado en base a la población beneficiada y las mejoras conseguidas observadas.

Si analizamos diversos datos estadísticos acerca de la pobreza de niños y personas mayores que tenemos en el entorno de la UE, observamos ligeras brechas entre la pobreza de niños y personas mayores, siendo más acusada entre los niños.

Estimadas las tasas de riesgo de pobreza infantil en un umbral del 40% de los ingresos equivalentes, podemos subrayar que en los países de la UE-27 (a excepción de Malta), la diferencia entre ambas tasas es positiva, lo que indica que el riesgo de pobreza es mayor en la infancia.

La diferencia es especialmente elevada en Italia, España y la mayoría de los países del Este de Europa. En 13 de los 18 países para los que disponemos datos, la brecha aumentó significativamente entre los años 2010-2014. Las evidencias apuntan a que la crisis económica fue acentuando las dificultades económicas de los hogares con niños, sin que la protección social pública hacia este grupo lograra paliar el deterioro de su situación relativa respecto a las personas de edad avanzada, cuyas rentas son resultado fundamentalmente de transferencias públicas.

Para calibrar la capacidad de los sistemas públicos de protección social de reducir la pobreza infantil resulta útil comparar las tasas de riesgo de pobreza antes de las transferencias sociales con las que se observan después esas transferencias. En esas transferencias se incluye un conjunto heterogéneo de prestaciones, desde derechos de protección social de espectro amplio (pensiones, prestaciones y subsidios de desempleo, prestaciones asistenciales) hasta políticas destinadas específicamente a familias con niños.

Irlanda y Reino Unido son los países de la UE 15 donde la reducción es más importante. Los países mediterráneos (Grecia, España e Italia) son los países donde las transferencias tienen menor efecto sobre la pobreza infantil, como podemos ver a continuación en el siguiente gráfico.

GRÁFICO 2
Porcentaje de personas en riesgo de pobreza en Suecia

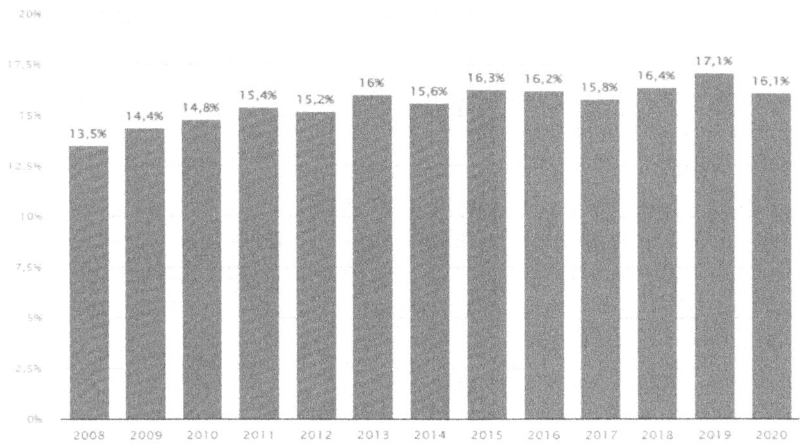

Fuente: Datos de Statista (2008-2021)

Suecia cerró 2021 con un 15,7% de sus habitantes en riesgo de pobreza, así pues ha descendido 0,4 puntos respecto a 2020, cuando el riesgo de pobreza alcanzaba el 16,1%. Los menores de 18 años son los que tienen la tasa más alta de riesgo de pobreza, con un 18,1% de jóvenes con ingresos inferiores al umbral de pobreza (Datosmacro, 2022).

Aunque Suecia tiene una pobreza material y social más baja que la mayoría de los demás países de Europa, con datos de que el 4% vive en la pobreza material y social de ese 15,7% de población en riesgo anteriormente mencionada, la pobreza material y social es más común entre los desempleados, el 21% de los desempleados, en comparación con el 2% de los que trabajan. También es más común que las personas nacidas en el extranjero vivan en estas condiciones en comparación con las personas nacidas en el país, 11% en comparación con poco menos del 2%. Un poco menos del 2% de la población de Suecia vive en una pobreza material severa. La proporción es mayor entre los que viven solos con hijos y los nacidos en el extranjero. En ambos grupos, la proporción es del 6% (*Statistiknyhet* SCB,

2021), sin perder la perspectiva de que la desigualdad económica ha aumentado desde la crisis de 1991 más en Suecia que en cualquier otro país de la OCDE desde entonces (Naciones Unidas, 2020). La pobreza infantil existe porque los padres de los niños son pobres. El buen contacto entre los niños y los padres es de vital importancia para el desarrollo y la seguridad de los niños. El contacto y la unión depende del tiempo que los padres tienen para sus hijos, la situación social y financiera de los padres y el servicio y apoyo que la sociedad puede brindar.

Los liberales suecos también apuestan por una buen sistema de financiación con fondos públicos para el preescolar y un permiso parental generoso, atribuyéndose la iniciativa del llamado "*mes del padre*" en 1995, así como la incorporación del tercer mes específico de permiso parental que se aprobó en 2014.

Los municipios obtuvieron el derecho de introducir el subsidio municipal para el cuidado de hijos en 2008 y se eliminó esta posibilidad en 2016. Se otorgaba a los padres que se quedaban en casa con niños de 1 a 3 años. Las familias de origen extranjero han utilizado la prestación en mayor medida que las familias cuyos padres habían nacido en Suecia, habiendo gran disparidad en la implementación de esta política pública entre municipios. Por ejemplo, en 2012 sólo podías recibir un subsidio para el cuidado de niños en 115 de los 290 municipios de Suecia (Lindahl, 2019).

Por otro lado, la proporción de pensionistas pobres en Suecia es menor que en todos los demás países de la UE, a juzgar por los datos que recoge la Agencia sueca de Pensiones, con una edad media de jubilación de 64 años, la más alta de los países nórdicos (*Pensionsmyndigheten*, 2022). Ha habido recientemente propuestas para la introducción de una semana familiar, una semana libre adicional al año, para padres que necesiten pasar tiempo con sus niños. Sin duda, la red extensa de escuelas infantiles proporcionada por la administración local cubre las necesidades de muchos padres. La mayoría de la gente está de acuerdo en que los niños tienen el mismo valor humano que los adultos, pero al mismo tiempo necesitan apoyo y protección especiales. También se habla de contemplar medidas para aumentarlos recursos en psiquiatría infantil y adolescentes para ayudar a niños y jóvenes y de establecer un servicio de atención digital para niños y jóvenes que, tal y como dice el programa del partido socialdemócrata, "*no se sientan bien*", incluyendo programas de salud mental en la escuela.

3.2.1. Abandono escolar y pobreza

Este punto se toma como importante dentro de la agenda de los problemas sociales ya que, entre otros autores, Pérez-González y Robles Gaviria plantean que el absentismo, el fracaso escolar y el abandono escolar forman parte de los puntos de partida o paradas importantes en el camino de la exclusión social extrema[49].

Todos los países escandinavos tienen un porcentaje mucho mayor de niños que niñas que no completan la escuela secundaria superior dentro de los cinco años. El porcentaje de deserción es mucho más alto entre los inmigrantes que en el "resto de la población", mientras que la proporción para los descendientes de inmigrantes se encuentra en algún punto intermedio. Hay dos excepciones en particular a este patrón general. La tasa de abandono escolar es más baja en Suecia que en los otros países escandinavos, especialmente entre los niños. Entre las mujeres descendientes de inmigrantes, la proporción es más baja en Noruega y está a la par del resto de la población.

TABLA 3
Las mujeres nacidas en el extranjero en Suecia

Inmigrantes	Descendientes de inmigrantes	Resto de la población
42% en Noruega	25,6% en Noruega	26,7% en Noruega
37% en Suecia	38,8% en Suecia	18% en Suecia
43,6% en Dinamarca	37,2% en Dinamarca	32,3% en Dinamarca

49 Ver citado en J. Bárez (2020): 107

TABLA 4
Los hombres nacidos en el extranjero en Suecia

Inmigrantes	Descendientes de inmigrantes	Resto de la población
58,7 en Noruega	43,2% en Noruega	35% en Noruega
43% en Suecia	32% en Suecia	22,3% en Suecia
57,8% en Dinamarca	49,2% en Dinamarca	36,6% Dinamarca

Fuente: "Foreign-born in Sweden". Education statistics: Statistics Norway, Statistics Sweden, Statistics Denmark (2020)

Bevelander *et al.* (2013) estimaron sus propias cifras para Suecia y surgieron disparidades que corresponden, en gran medida, a la imagen que presentamos aquí para Dinamarca y Noruega. Por ejemplo, la tasa de abandono de la escuela secundaria superior entre los de Somalia es particularmente alta en Dinamarca y Noruega. Éstas son similitudes interesantes. Sin embargo, entre aquellos con antecedentes de Turquía e Irak, la tasa de deserción es mucho más alta en Noruega que en Dinamarca. No está claro por qué la tasa es tan alta para los grupos de Turquía e Irak, pero el patrón en Noruega se corresponde con varios hallazgos en un estudio previo de las condiciones de vida de los inmigrantes (Blom y Henriksen, 2008: 5).

Con una mentalidad dirigida a la defensa de que la educación pública es una inversión y no un gasto, los últimos resultados de PISA mostraron muy buenos resultados en los indicadores sobre Educación obtenidos desde Suecia, creando estos resultados varias controversias y entre ellas, la revelación de que no se recogía información del número de estudiantes nacidos en el extranjero o la de los nativos con un dominio regular o malo del idioma sueco. Sus resultados no son tan buenos en comparación con otros países nórdicos actualmente, con un toque de atención que desde la OCDE hizo que se replanteen el incremento de sus resultados para la mejora de la calidad y la igualdad de su sistema educativo en los niveles preuniversitarios, con altas incidencias registradas en cuanto a falta de disciplina en las aulas o retrasos constantes en la llegada al aula.

Con un 86% de su Educación siendo pública, prácticas como el "*homeschooling*" no se aceptan, lo que viene a explicar en gran parte la desconfianza de docentes y dirigentes políticos en que las escuelas de primaria y secundaria se cerraran en plena pandemia por la Covid-19 y se evidenciaran otras brechas sociales entre los niños y jóvenes en cuanto a su instrucción.

3.2.2. El riesgo de exclusión en los jóvenes

Con esta frase "la importancia de romper la cadena" es con la que se da comienzo a muchos proyectos de investigación que tienen como foco a los jóvenes en riesgo de exclusión y que suelen impulsar con gran interés las administraciones locales. En tales estudios vemos cómo se segrega en función de jóvenes escolarizados y sin escolarizar, valorando la escuela como el lugar donde se reúnen niños y jóvenes de todos los rincones de la sociedad y donde se transmite el contenido de valores democráticos fundamentales. El propósito de investigar la escuela es para detectar e identificar a los niños y jóvenes que corren el riesgo de terminar en exclusión y los esfuerzos que la escuela hace en ellos, a través de métodos cualitativos, creando conversaciones durante sesiones de entrevista.

La delincuencia juvenil es un tema que preocupa a los gestores políticos, a pesar de que hay estudios concluyentes acerca de los valores que se defienden dentro del "*folkhemmet*", su idea de comunidad y por tanto, los valores que se les inculcan desde niños para tener visión comunitaria y la disuasión al mal. Diversas estadísticas muestran una disminución de la delincuencia en los jóvenes de hasta 15 años, en todo lo referido a delitos como robos, aunque aumentando el porcentaje de abuso sexual (Informe BRÅ, Crime 2020: 152).

Éste es un tema interesante para la sociedad, ya que los jóvenes en exclusión o los jóvenes delincuentes son un gran coste financiero para la sociedad; en parte, en forma de daños y en parte, costes por sufrimiento de las víctimas. De esta manera, también las instituciones son una carga financiera para la sociedad y una de las conclusiones de estos estudios es que con intervenciones tempranas en jóvenes en riesgo se puede reducir el gasto público, así como se reducen los daños.

El aumento de problemas en la salud mental entre los jóvenes se estudia con preocupación con informes críticos acerca de que el individualismo ha hecho a la sociedad más distante en términos del otro (Nikolaisen, 2015: 27). La escuela tiene la tarea de contribuir a la comprensión y la diversidad, con aseveraciones coincidentes en que los jóvenes que se encuentran "lejos de la sociedad" se convierten en delincuentes.

El estudio "*Barn och ungas utanförskap*" ("La exclusión de niños y jóvenes") da datos acerca de que el 5% de los jóvenes analizados ha podido cometer algún delito y no siendo esperanzador con el 95% restante, ya que todo "problema de salud mental no detectado o un problema de integración en un inmigración puede ser la causa de cualquier problema delictivo futuro".

Con el fin de crear una "escuela para todos" se han realizado varios intentos para apoyar a los alumnos que presentaron dificultades en la adquisición de su conocimiento. La necesidad de apoyo tiene su origen en la pedagogía especializada. Anteriormente, la escuela tenía grupos especiales donde los estudiantes con discapacidades se separaban de los demás. Más tarde, este sistema fue cuestionado, tanto desde una perspectiva de derechos humanos como desde la eficiencia; los métodos pedagógicos especiales fueron transferidos a lo ordinario.

Los nuevos desafíos han llevado a un nuevo pensamiento sobre el concepto de "necesidades especiales" y tiene un nuevo significado. Hoy se trata más de inclusión que de integración. Los jóvenes se sienten excluidos por alguna otra razón como discapacidad, origen inmigrante o falta de relaciones con los compañeros. De esta manera, se estudian variables como "valores democráticos", "salud", "participación escolar", "problemas económicos", "vulnerabilidad", "discriminación", "sociabilidad" y entre más, "segregación residencial". Con estas variables se trata de identificar patrones como que las oportunidades de vida afectan las elecciones de los jóvenes o que la forma en que los jóvenes socializan está influenciada, entre otros, por cómo son las condiciones de su hogar, cuáles son los antecedentes y las posibilidades socioeconómicas de sus padres o también, cuánto apoyo de la escuela y del núcleo familiar en el cuidado infantil reciben los niños y jóvenes y cómo esto puede afectar a su forma de ver la sociedad.

La escuela es parte de la comunidad, donde conocen a todos los niños desde la infancia y en la escuela todos deben sentirse seguros.

Además, la escuela debe apoyar a las familias en su responsabilidad con los niños, por tanto, el trabajo debe hacerse en colaboración con los hogares, indicando qué condiciones saludables pueden haber para los niños tales como un ambiente de crecimiento seguro y estimulante, con esfuerzos de apoyo compensatorio que igualan las diferencias para los niños necesitados, alejándolos de la exclusión con el riesgo de la "delincuencia potencial" y del riesgo además de "las pocas posibilidades de vida".

El Consejo del Condado de Estocolmo (división administrativa provincial) ha impulsado también diversos estudios sobre "Niños y jóvenes" centrados en niños y adolescentes escolares de 7 a 15, con conexión a la exclusión en otros entornos como municipios y regiones.

El investigador Ingvar Nilsson ha publicado valoraciones sobre estadísticas de resultados escolares, de las transiciones a la escuela secundaria superior y una serie de diferentes factores socioeconómicos como la formación académica de los padres, la proporción de la población con antecedentes extranjeros y las estadísticas del mercado laboral en cada región analizada, como podemos ver en el estudio "*Sociala investeringar kring barn och unga*".

Históricamente, las personas siempre han buscado de una manera u otra formar asociaciones. En la Suecia de hoy, el bienestar proporcionado por la sociedad significa garantizar que los ciudadanos reciban atención, educación, cuidado y un sistema legal y para esto, debe haber una alta confianza en que el sistema funcionará, con medidas de bienestar dirigidas a grupos más vulnerables, porque "es importante que todos se sientan involucrados en la sociedad también, que los efectos positivos de participar se perciban como una parte importante de la democracia" (Rothstein, 2000).

Así se implementan diversos programas de esfuerzo dirigidos para inmigrantes que necesitan ayuda, como la ayuda al aprendizaje de idiomas para poder ingresar al mercado laboral, madres solteras o con hijos con dificultades, mayores y enfermos que necesitan cuidados; en definitiva, crear redes de seguridad para aquellos que temporalmente están en dificultades por diversos motivos y con una pedagogía inalterable en cuanto a que todos en la sociedad se benefician, porque si más personas ingresan en el mercado laboral, más personas pagarán para mantener el bienestar que se financia principalmente por impuestos.

En diversos estudios encargados por la propia administración se muestra que la política social funcional tiene un efecto beneficioso en la economía de la sociedad y por lo tanto, también en el crecimiento del país (Rothstein, 2000), con todos los cambios habidos en la sociedad desde que empezaron a diseñarse los modelos de bienestar. Actualmente, las personas no viven tan cerca de su familia o los valores van en una dirección que no significa "solidaridad" como anteriormente.

Las observaciones hechas en las entrevistas a los jóvenes que han estado o están en situación de exclusión, ya sea por adicción a drogas, por actos de delincuencia o por enfermedades mentales, son reveladoras en cuanto a la expresión de decepción de estos jóvenes sobre cómo ha actuado o no ha actuado la sociedad cuando eran pequeños, identificando rasgos de pobreza, o sin contacto con padres o adultos que pudieran ser un modelo de vida, con situaciones de escolarización regular o con conflictos con otras personas. Se describía, en general, a unos jóvenes, con gran falta de autoestima y confianza en general (informes de Ingvar Nilsson y Anders Wadeskog). Estas investigaciones identifican factores de riesgo que pueden llevar a los jóvenes a entrar en el crimen, factores tales como condiciones desfavorables en el hogar, falta de escolaridad, desempleo, miembros de la familia en abuso o delito continuo, trastornos de concentración o atención o crecimiento en áreas donde los recursos económicos o sociales son bajos (Nilsson, 2001: 105).

Con estas conclusiones se intenta llegar a algún punto intermedio (Meeuwisse y Swärd, 2002: 100) intentando tumbar el determinismo, que significa que las acciones de los individuos están completamente predeterminadas y controladas de acuerdo con estructuras predeterminadas. Cuando la sociedad busca acciones sobre problemas sociales, es más fácil adoptar un enfoque voluntario; así sería posible inducir al individuo a adaptarse, en lugar de ser determinista, donde el individuo no puede influir en sí mismo (Månsson, 2002: 153). La sociedad no sólo se basa en la interacción social sino también en estructuras y marcos, lo que hace que las personas desarrollen un sistema aceptado y un comportamiento esperado (Månsson, 2002: 151). La forma en que las personas perciben o cómo vemos los problemas sociales tiene mucho que ver con lo histórico, aspectos culturales y políticos con los que los creamos unos juicios de valor. Por lo general, podemos encontrar que los problemas sociales tienen antecedentes en quienes contribuyen y han contribuido a muchas opiniones y pensamientos políticos sobre los problemas, afectando nuestra visión (Meeuwisse y Swärd, 2002: 47).

3.3. SOBRE LA MIGRACIÓN

En la pretensión constante de analizar los problemas sociales identificados como públicos y si la cohesión social es alta, es destacable un epígrafe referido a la inmigración, sobre todo en ciudades como Gotemburgo y Gävle y más concretamente en Malmö, con estrategias municipales encaradas a trabajar mejor la integración y la inclusión social.

Si analizamos diversas investigaciones sociales y nos atendemos a estadísticas concretas como las publicadas en Statista, las ciudades de Copenhague, Helsinki, Oslo y Estocolmo están marcadas por la prosperidad económica y el progreso. En cuanto a la presencia de inmigrantes, puede explicarse en términos históricos y políticos. Estocolmo, al igual que el resto de Suecia, comenzó a recibir migrantes laborales en una escala notable a mediados de la década de 1960, algo antes de Copenhague y Oslo y varias décadas antes de Helsinki. Existe el mismo orden para la llegada de los refugiados, los solicitantes de asilo y los migrantes familiares: Estocolmo experimentó una gran afluencia de estos grupos antes de Copenhague y Oslo y mucho antes de Helsinki. En parte como resultado, Estocolmo ha estado durante más tiempo más segregada que Copenhague y Oslo, que a su vez están más segregadas que Helsinki. Las diferencias son particularmente pronunciadas para los inmigrantes de África, Asia y América Latina. Un aumento significativo se dio en Estocolmo tras el golpe militar de Pinochet en 1973, acogiendo asilados chilenos que encontraban facilidades en Suecia para poder exiliarse.

La política nórdica ha evolucionado dentro de un marco cultural específico, que, al igual que la política, converge en torno a una fuerte orientación de valores igualitarios (Graubard, 1986). Este marco está potencialmente amenazado por el aumento de la diversidad étnica, como lo sostiene Hagelund (2002).

La inactividad económica de los inmigrantes puede ser una combinación de programas de calificación, políticas de incentivos que alienten a las personas a trabajar y medidas contra la discriminación en el mercado laboral. Los programas de educación y calificación están lejos de ser nuevos, los esquemas existentes en general son demasiado débiles o están diseñados para resolver los problemas tradicionales del mercado laboral. Existe la imperiosa necesidad de ampliar esquemas y medidas que combinen el idioma y la capacitación laboral, dirigidos tanto a los refugiados como a los inmigrantes voluntarios.

Aunque las minorías étnicas tienen amplios derechos civiles, no hay duda de que la discriminación en el mercado laboral sigue siendo un problema. Los trabajos de campo en Oslo y Estocolmo han documentado que las minorías visibles tienen entre un 30% y un 80% menos de probabilidades de recibir una oferta de trabajo que los nativos (Birkelund *et al.*, 2014). Un enfoque político más efectivo en este campo incluiría, más allá de los actos de igualdad de trato, las actividades de información y supervisión, las operaciones de monitoreo y las cláusulas de cumplimiento en los contratos públicos.

Desde 1954, el mercado laboral nórdico común (Fischer y Straubhaar, 1996: 2) y desde 1994, toda la región nórdica ha sido parte del mercado laboral europeo abierto dentro del área UE/EEE (Unión Europea y Espacio Económico Europeo). Esto significa que durante más de 50 años los ciudadanos de los países nórdicos han podido vivir y trabajar libremente en otro país nórdico y que este derecho se ha extendido, en gran medida, a todos los ciudadanos de la UE/EEE. Además, los países nórdicos han reclutado trabajadores de países no europeos, como Pakistán y Turquía (Østby, 2005: 18).

El empleo fue la razón principal de la inmigración hasta principios de los años setenta. La industria sueca permaneció intacta después de la Segunda Guerra Mundial y estaba lista para producir para una Europa que estaba siendo reconstruida y necesitaba gran cantidad de mano de obra, que en parte estaba cubierta por los europeos del Sur.

Hacia finales de la década de 1960, la inmigración estaba dominada por los finlandeses que habían perdido sus empleos. La migración laboral a los tres países se detuvo cuando la crisis del petróleo en 1973 condujo a restricciones a la inmigración desde países fuera de la región nórdica. Luego siguió un largo período de reunificación familiar para trabajadores migrantes o nuevos inmigrantes que huían de la guerra o la persecución de países como Chile, Vietnam, Irán, ex Yugoslavia, Irak y Somalia.

Durante un largo período de tiempo que se extiende hasta el cambio de siglo, Dinamarca tenía casi tantos inmigrantes como Suecia. Desde 2000, la inmigración a Dinamarca ha sido bastante estable, mientras que las cifras de inmigración de Noruega y Suecia se han duplicado. Suecia tenía un número particularmente elevado de inmigrantes hasta 1970 (desde Finlandia) y una gran afluencia de refugiados a principios de los años 90 y desde 2005. El aumento de la inmigración a Noruega después de 2005 se debe a la gran cantidad de personas que emigran para trabajar, sobre todo tras la expansión de la UE en 2004 a diez nuevos países, tales como Chipre, Eslovaquia, Eslovenia, Estonia, Hungría, Letonia, Lituania, Malta, Polonia y República Checa.

A pesar de las similitudes en el panorama general de la inmigración, existen grandes disparidades entre los países nórdicos en términos de números de inmigrantes. Actualmente, Suecia tiene tres veces más inmigrantes que Noruega y Dinamarca (1.43 versus 0.55 y 0.44 millones de personas) (Statistics, 2019).

Suecia también tiene el porcentaje más alto de nacidos en el extranjero de estos países, con un 15% de la población a comienzos de 2018, en comparación con un 10% de promedio para la UE; una cifra proporcionada por la agencia de estadísticas europea Eurostat. También en Suecia encontramos la mayor proporción de descendientes de inmigrantes. Las razones para inmigrar, tal y como recoge *Statistics*, son en primer lugar por motivos laborales y a continuación, por motivos familiares, por cuestiones de refugio o asilo político o educacionales, entre las variables más representativas.

En general, Suecia tiene la política de inmigración e integración más flexible de los países nórdicos y Dinamarca tiene una política más estricta en esta área que los otros dos países. Noruega se encuentra en algún punto intermedio. (Para una discusión detallada sobre las políticas de integración en los países nórdicos, ver Brochmann y Hagelund, 2012 y 2013 y Bevelyer *et al.*, 2013). En Noruega, la economía ha sido particularmente favorable en los últimos años, por lo tanto, deberíamos esperar que los inmigrantes tengan un mejor acceso al mercado laboral en Noruega que en los otros dos países.

3.3.1. El acceso de los migrantes humanitarios al empleo

La literatura sobre la integración económica de los inmigrantes muestra que no sólo su capital humano sino también sus motivos de migración o su ruta de ingreso al país de acogida influyen en sus oportunidades de empleo (Bevelander y Pendakur, 2014: 689). Los trabajadores migrantes tienen mejores oportunidades de empleo y mejores resultados que los refugiados y los migrantes familiares (Irastorza, 2017: 5).

Este punto nos resulta muy relevante ya que el Profesor J. F. Tezanos desarrollar una idea al precisar que cada presenta sus propios umbrales de exclusión e inclusión, subrayando que "*tener o no tener un trabajo normal implica en las sociedades actuales un riesgo serio de quedar alienado, fuera del estándar de integración social*" (Tezanos, 2008: 11). Adicionalmente, la discriminación y la exclusión de ciertos grupos se producen en múltiples planos y generan diversas vulnerabilidades crónicas. Un ejemplo es la transmisión intergeneracional de la vulnerabilidad de los padres desfavorecidos a sus hijos (Bárez, 2020: 84).

Las tasas de empleo de los migrantes humanitarios varones y de los migrantes de reunión familiar que se mudaron a Suecia después de 1997 son de más de 20 puntos porcentuales inferiores a los de los trabajadores migrantes y aproximadamente unos 35 puntos porcentuales inferiores a los nativos. Las mujeres muestran un patrón similar. Sin embargo, la diferencia entre los niveles de empleo de las mujeres migrantes humanitarias y los migrantes de reunión familiar es mayor, al igual que la diferencia entre estas dos categorías y la tasa de nacidos en el país. La brecha de género en el empleo entre hombres y mujeres nativos es menor, mientras que es más pronunciada entre los inmigrantes, especialmente entre los migrantes de reunión familiar, para quienes la brecha es de casi 20 puntos porcentuales.

TABLA 5
Tasas de empleo de inmigrantes por razones humanitarias en Suecia por país de origen y género en porcentaje

País	Hombres	Mujeres
Bosnia y Herzegovina	73,00%	67,60%
Etiopía	50,60%	47,60%
Irán	50,20%	46,20%
Afganistán	49,80%	20,30%
Irak	48,70%	28,20%
Siria	41,70%	29,80%
Eritrea	38,80%	28,70%
Somalia	27,00%	13,00%

Fuente: Elaboración propia con datos de *Statistics Sweden's STATIV dabatase* (2016)

Los refugiados somalíes tienen las tasas de empleo más bajas, tanto entre hombres como mujeres, con tasas del 27% y 13%, respectivamente. Entre los hombres inmigrantes, los de Eritrea y Siria tienen las siguientes tasas de empleo más bajas, mientras que lo mismo se aplica a las mujeres inmigrantes de Afganistán e Irak; éstos son los grupos de inmigrantes con los niveles más bajos de educación.

Los refugiados afganos tienen, con mucho, la mayor brecha de género en el empleo, con una diferencia en el empleo entre hombres y mujeres de casi 30 puntos porcentuales. Los que vienen de Irak (20 puntos porcentuales) y Somalia (14 puntos porcentuales) también tienen considerables diferencias de género.

Los datos confirman estudios previos en Suecia: los migrantes de reunión humanitaria y familiar tienen tasas de empleo más bajas que los migrantes laborales y los nativos. Los migrantes humanitarios y de reunión familiar tienen, en promedio, el mayor número relativo de personas con sólo educación primaria y esto probablemente contribuye a explicar la brecha de empleo entre ellos y otros grupos.

La tasa de empleo para los recién llegados es más alta en Noruega que en Dinamarca y Suecia. Si bien la tasa de empleo se estanca después de cuatro a siete años de residencia y luego disminuye ligeramente en Noruega y Dinamarca, aumenta esta tasa con la duración de la residencia en Suecia. Aquellos que han vivido en Suecia o

Noruega por más de 15 años participan en el mercado laboral en la misma medida. El patrón es el mismo para mujeres y hombres inmigrantes de Asia, África y América Latina en Noruega y Suecia.

De acuerdo con MIPEX (*Migrant Integration Policy Index* III), un índice que compara las políticas de integración en 24 países europeos, Suecia tiene la mejor política para la inclusión de inmigrantes en el mercado laboral a pesar de su menor tasa de empleo, particularmente en los años iniciales después de la inmigración.

Existen diversos estudios en este campo que tratan de relacionar que la inmigración puede beneficiar al Estado del Bienestar. Así, en el estudio presentado por Dorte Sindbjerg Martinsen y Gabriel Pons Rotger, de la Universidad de Copenhage, subrayan que el problema del "turismo de Bienestar" ha sido planteado por varios políticos en toda Europa, con sus detractores sobre que la inmigración recibida de otros países de la UE puede crear una carga para los sistemas de Bienestar internos. Su estudio arrojó una conclusión positiva acerca del impacto que la inmigración de la UE ha tenido en el gasto social en Dinamarca, encontrando que entre 2002 y 2013 los inmigrantes de la UE hicieron una contribución neta positiva significativa a las finanzas públicas del país.

Esta preocupación por trabajar en estudios que analizan el impacto de la inmigración de la UE fue a más al convertirse en uno de los temas principales de la campaña de referéndum en Reino Unido por su salida de la UE, con continuas alusiones a la relación entre la inmigración de la UE y el Estado de bienestar británico. La participación de los ciudadanos de la UE en el mercado laboral británico y sus derechos a los beneficios sociales se ubicaron en el centro de un acalorado debate polarizado sobre la inmigración de la UE. La suposición de que el Reino Unido se había convertido en un eje de atracción para los inmigrantes de la UE que buscan asistencia social fue una de las posibles razones que llevaron a muchos votantes a respaldar el Brexit, aunque este debate no ha sido exclusivo del Reino Unido. El miedo al 'magnetismo del Bienestar' es especialmente prominente en Dinamarca o Suecia. Sus líderes han mostrado preocupación por la viabilidad o el apoyo del Estado de bienestar a la luz de la libre circulación de la UE, siendo Dinamarca actualmente el país con mayor proporción de beneficios no contributivos, con atractivas prestaciones por hijo y una prestación de desempleo basada en seguros, entre otros.

Valorando el incremento del número de inmigrantes de la UE, para evaluar el impacto fiscal de este incremento se compilan datos administrativos sobre todas las contribuciones de los ciudadanos de la UE a través de los impuestos (por ejemplo, el IVA) y las contribuciones al mercado laboral y se compararon con sus gastos de asistencia social en términos de beneficios en efectivo y beneficios de servicio. El gasto promedio en bienes públicos (defensa, protección del medio ambiente, gestión de residuos, infraestructura, etc.) también se tuvo en cuenta en parte del análisis. Para evitar sobreestimar la contribución de los ciudadanos de la UE, los autores mencionados eligieron utilizar un cálculo de las remesas en los pagos del IVA de los ciudadanos de la UE en sus primeros cinco años de residencia, sugiriendo a través de gráficas que las finanzas públicas de un Estado pueden beneficiarse de la inmigración de la UE. Igual de importante es que el perfil de los ciudadanos de la UE no se ajuste a la imagen de un "turista de bienestar", tendiendo los migrantes de la UE a ser relativamente jóvenes, contribuyendo financieramente al sistema y tomándose su tiempo para reclamar beneficios.

3.3.2. La mendicidad y la movilidad forzada de los romaníes

En junio de 2015, el gobierno sueco de coalición "rojiverde" presentó un paquete integral de reformas llamado: *"Combatir la vulnerabilidad y mendicidad. Nadie debería tener que mendigar"*, distribuido por las Oficinas Gubernamentales de Suecia en 2015. Se trataba de un análisis de los momentos clave en el debate público y parlamentario y detalles del paquete de reforma. Vemos cómo los funcionarios públicos, líderes de partidos y figuras públicas luchan por encontrar formas de abordar la mendicidad callejera sin recurrir a la criminalización.

Algunos de sus esfuerzos para reducir la mendicidad van desde la expansión como la retractación de la ley penal para controlar, regular y proteger la movilidad de las personas pobres, particularmente cuando el gobierno busca proteger a los "vulnerables" de la explotación y las indignidades de la vida callejera.

Los esfuerzos para regular, controlar y proteger a los migrantes romaníes en Suecia se han debatido desde la expansión de la UE en 2008 con la inclusión de Rumanía y Bulgaria. Hubo varios episodios notables en este período, pero dadas las limitaciones de espacio conviene subrayar una de esas propuestas que se convirtió en una piedra angular en el debate: "Därför bör vi göra det förbjudet att ge till tiggare" (*"Por lo tanto, deberíamos prohibir dar a los mendigos"*; Rothstein, 2013).

Esta influyente pieza capta su énfasis en la dignidad humana, por ejemplo, contrasta marcadamente con el tratamiento de las personas sin hogar en las ciudades de EE.UU., que a menudo están más sujetas a la indiferencia o al "destierro" (Beckett y Herbert, 2009). Pero su llamada a poner fin a la limosna puede conducir a la privación forzada, lo que sugiere cómo los objetivos de mejora pueden tener efectos violentos a quienes están sujetos a ellos.

El editorial publicado por uno de los politólogos más conocidos de Suecia rechaza la prohibición de mendigar pero busca penalizar la limosna. Basado en los principios de igualdad y dignidad, el autor explica cómo dar dinero a los mendigos es degradante y humillante porque reduce el estatus de quienes piden dinero creando desigualdad. Él argumenta que aquellos que dan dinero a personas en la calle los degradan en lugar de ayudarlos. No se les trata como iguales, como "compañeros humanos", argumenta, sino que se los está usando para "adormecer la conciencia social de [dador]" (Rothstein, 2013). Aboga por el uso de la ley penal contra la limosna para proteger a los romaníes de la explotación y la desigualdad, estableciendo paralelismos con la prohibición de la compra de sexo en Suecia. En Suecia, desde 1999 los clientes de la prostitución están penalizados, pudiendo enfrentarse hasta a un año de cárcel y demás cuestiones relativas al estigma social.

Al mismo tiempo, rechaza el uso del derecho penal contra quienes ejercen la mendicidad, citando su ineficacia contra las raíces estructurales de la pobreza que impulsa a los migrantes a la mendicidad. Explica cómo la dependencia a las sanciones penales va en contra de la mayoría de las personas indigentes y "sufrientes" y va en contra de nuestra humanidad y el sentido de la justicia (Rothstein, 2013).

Hay evidentes frenos en la criminalización de los pobres móviles en Suecia, pero controles igualmente fuertes para responder a la situación. Sobre la base del factor de explotación, el autor del debate establece una conexión entre la mendicidad y el crimen organizado, motivando acciones legales contra la mendicidad con fines de control del delito. En Suecia, existe una creencia común de que los romaníes se ven obligados a migrar para mendigar y posiblemente sean víctimas de la trata de personas (Djuve *et al.*, 2015). La Junta Nacional de la Policía sueca ha confirmado la presencia de una "banda criminal itinerante" extranjera que ha obligado a personas, en su mayoría, a otros miembros de la familia, de Europa Central y Oriental, a venir a Suecia para mendigar y cometer delitos (Junta Nacional de Policía de Suecia, 2016: 23). Siguiendo la analogía de la prostitución, el autor del debate explica que la prohibición de comprar sexo fue motivada por los esfuerzos de control delictivo para desbaratar el crimen organizado y la trata de personas. El mismo enfoque podría usarse para mendigar. Esta preocupación protectora se genera, en parte, por el principio de igualdad y una creencia fundamental en la dignidad humana: nadie debe ser coaccionado en contra de su voluntad o explotado con fines de lucro. Debemos señalar que la UE penaliza de manera similar la trata como una violación de los derechos humanos y la dignidad humana (Consejo Europeo, 2010).

El posible vínculo entre la mendicidad y el crimen organizado motivó gran parte del debate en todo el espectro político en Suecia, que terminó en el paquete de reformas del gobierno. Una vez más, se resalta que la preocupación dominante es que los mendigos romaníes puedan ser víctimas de la coacción criminal en lugar de los perpetradores del crimen; una distinción que puede no resonar en otros contextos políticos en los que el hurto menor, el robo y otras formas de "bandidismo móvil" pueden ser más generalizados o sujetos a debate público. En Estocolmo, un número relativamente pequeño de mendigos romaníes, el 1%, fue multado por robo, drogas o violencia en 2015 (Djuve *et al.*, 2015). Aquí, el control del delito motiva ciertos aspectos del control de la migración pero no penaliza a los pobres mismos.

A principios de la primavera de 2015, después del creciente malestar con la mendicidad callejera y la duplicación de los inmigrantes romaníes en 2014, los moderados (el principal partido de la oposición) comenzaron a presionar por leyes penales más estrictas para ir contra la mendicidad organizada, vinculando la movilidad de los pobres romaníes a la explotación forzada. Retomando los temas de protección y explotación, la ex ministra de Justicia Beatrice Ask (MP) y Tomás Tobé (MP) argumentan que *"nunca aceptaremos que las personas vulnerables sean explotadas"* (Ask & Tobé, 2015).

Los moderados son fuertes defensores contra la mendicidad organizada, citando encuestas policiales que vinculan la mendicidad con las redes del crimen organizado. Aunque la investigación reciente en ciencias sociales cuestiona este punto de vista, porque la mayoría de sus encuestados romaníes migraron libremente para estar con y trabajar en grupos familiares (Djuve *et al.*, 2015), el posible vínculo entre la mendicidad y el crimen organizado se presenta fácilmente como una justificación para la acción estatal. Los Demócratas de Suecia, el tercer partido más grande de Suecia y de tendencia de extrema-derecha, respaldan de manera similar esta posición.

Este partido, *Sverige Demokraterna* (SD), ha querido durante algún tiempo prohibir la mendicidad organizada. Los informes de las autoridades y el testimonio de personas mendicantes demuestran que los mendigos, a menudo, son engañados o, en el peor de los casos, forzados [a irse] a Suecia. *"Los Demócratas de Suecia no pueden permitir que esto continúe. Nadie en Suecia debería tener que suplicar por su sustento".* (Molinder *et al.*, 2015).

Este partido, fundado en 1988, ha ido puliendo con el tiempo su discurso y sobre este tema han llegado a afirmar que nadie debería tener que mendigar en Suecia. *"La idea es hacer que sea difícil para aquellos que quieren explotar a las personas"* (Molinder *et al.*, 2015).

El ministro de Justicia y Migración, Morgan Johansson, explicó: *"Es inaceptable que las personas que son vulnerables, especialmente debido a la pobreza o la discriminación, sean explotadas o víctimas de delitos en Suecia"* y continuó: *"La explotación de la vulnerabilidad o el reclutamiento o el transporte de una persona para que sea explotada por mendicidad es culpable de tráfico humano"* (Johansson, 2015). Aquí el gobierno apoya la expansión del derecho penal contra la mendicidad organizada pero rechaza la criminalización de la mendicidad. El gobierno parece estar dispuesto a extender el alcance de la ley penal para ofrecer protección contra la explotación pero no parece estar dispuesto a criminalizar la pobreza misma.

El Partido Verde, socios menores de la coalición gobernante "rojiverde", rechazó enérgicamente la prohibición de la mendicidad, citando la solidaridad y los derechos humanos: "Al permitir la mendicidad, mostramos nuestra humanidad" (*Green Party*, 2015). El Partido Verde buscó la forma de abordar la situación de los gitanos en Suecia para 'levantar su dignidad' y 'ayudarlos a aprovechar sus derechos humanos' (Green Party, 2015).

Los moderados han criticado abiertamente las respuestas del gobierno, rechazando una prohibición nacional de la mendicidad (*Moderates*, 2015), al igual que el Partido Liberal, socios del bloque en la alianza de centroderecha: 'No a la prohibición de mendigar' y 'Sí a la libre circulación' han sido sus frases más notorias. "*La policía* (...) *igualmente rechaza la prohibición de mendigar, pero considera esto como un desperdicio de recursos, persiguiendo a los pobres mendigos en nuestras ciudades*" (Ahrlin, en *The Local*, 2015).

En su argumentario, la justificación para imponer la Ley de orden público podría verse como un uso abusivo del poder estatal; para reducir la mendicidad en Suecia simplemente bastaría desalojar a los mendigos. Restringir la movilidad de los pobres puede lograrse sin recurrir a sanciones penales. Pero también debemos prestar atención a la preocupación del gobierno y de otros partidos políticos por las condiciones degradantes y el deseo de proteger a los más vulnerables de estas indignidades. Ésta es una dinámica diferente a la de la eliminación de personas sin hogar en muchas ciudades de EE.UU.

El paquete de reformas del gobierno de junio de 2015 no criminaliza la limosna. El gobierno le pide al público que deje de dar dinero a las personas en la calle y en su lugar done dinero a obras de caridad. Dos de las tres reformas buscaban canalizar fondos directamente a organizaciones benéficas y a ONG en Rumanía y Bulgaria como una forma de crear incentivos para que los romaníes permanezcan en sus países de origen (Oficinas Gubernamentales de Suecia, 2015). Estas oficinas gubernamentales de gestión de fondos para este programa específicos fueron diseñadas para atacar las raíces estructurales de la pobreza. Las reformas también buscaban desviar el factor de atracción hacia Suecia: que las personas entregan dinero directamente a los gitanos. Desde el Ministerio de Integración se subrayó que los suecos eran obviamente libres de dar dinero a los romaníes y que su "solidaridad y generosidad" eran "grandes activos" para el país (Regnér, en *Dagens Nyheter*, 2015) pero que deberían animarse a canalizar estas donaciones a las organizaciones de ayuda, señalando la larga historia de trabajo humanitario de Suecia fuera del país.

Los democristianos expresaron una posición sorprendentemente similar, proponiendo dar dinero a organizaciones benéficas y de ayuda y canalizar fondos sociales europeos directamente a ONG en Rumanía y Bulgaria (Busch Thor y Eclund, 2015).

Ebba Busch Thor, líder del partido democristiano y Annika Eclund (del ecologista MP) señalaron la importancia de mostrar solidaridad con los romaníes como seres humanos necesitados pero defendiendo una "*perspectiva a largo plazo sobre cómo se rompe la pobreza*" (Busch Thor y Eclund, 2015). Apoyando la desviación de fondos de los gitanos a Rumanía, declaraban: "Es mejor dar el dinero a las agencias de socorro [aquí y en el extranjero] que un billete en la copa del mendigo" (Busch Thor y Eclund, 2015). Ellos también buscaban desalentar la limosna: "Nunca debemos ayudar a alentar a la gente a recurrir a la mendicidad" ya que "no hay solución, ni futuro, ni dignidad en la mendicidad" (Busch Thor y Eclund, 2015), valorando positivamente la propuesta de fortalecer a la sociedad civil en Rumanía para resolver sus propios problemas.

Estos objetivos a largo plazo pueden resultar exitosos, pero a corto plazo crean condiciones de vida difíciles para los gitanos en Suecia. Se enfrentan a crecientes restricciones a su movilidad y residencia, a mayores restricciones a sus medios de subsistencia, ya que se les dice repetidamente que su vida es indigna. "*Dado que los mismos mendigos son conscientes de estar en un callejón sin salida degradante e indigno, su fe en el futuro también muere*" (Busch Thor y Eclund, 2015). Los gitanos llegan a Suecia a ganarse la vida como migrantes laborales autoidentificados y envían recursos muy necesarios a la familia a su país de origen (Djuve *et al.*, 2015). Sin embargo, los esfuerzos del Estado para proteger a los gitanos, recalcando su vulnerabilidad, explotación y estatus desigual, hacen que a corto plazo les sean retirados sus medios inmediatos para ganarse la vida. "*Ésta es una violencia benevolente, un tipo de privación forzada provocada por buenas intenciones*", según este autor.

Los inmigrantes romaníes también son expulsados por las tensiones nacionalistas que se presentan como garantes del Estado de bienestar. Estas pulsiones nacionalistas están claramente en tensión con el profundo compromiso de la sociedad con la igualdad y la dignidad humana, pero están presentes de todos modos.

El paquete de reformas del gobierno se fue moviendo para determinar una mayor responsabilidad a los gitanos en los países de origen, Rumanía y Bulgaria. Como se señaló anteriormente, el gobierno ha buscado canalizar las donaciones suecas y los Fondos Sociales europeos no a los romaníes en Suecia sino al gobierno de Rumanía y varias ONG, organizaciones de beneficencia y otras agencias de socorro que trabajan con los romaníes en Rumanía. En la búsqueda de cooperación para "desarrollar el bienestar, los derechos del niño y la igualdad de género" en Rumanía para mejorar las condiciones de vida de la población gitana, se hace menos probable que migren.

El Partido Liberal afirmaba que "la solución es el país de origen" pero aceptando proporcionar "medios agudos para aliviar el sufrimiento en Suecia". Sin embargo, conviene señalar que el Partido Liberal propuso bloquear el acceso a la Educación para los hijos de ciudadanos de la UE. Argumentaron que era mejor para el niño no interrumpir su educación en Rumanía o Bulgaria al viajar con su familia a Suecia. Y tal vez no sea demasiado sorprendente que sean los Demócratas de Suecia (SD) quienes articulen esta posición con más fuerza. *"Otros países miembros de la UE deben asumir la responsabilidad de sus ciudadanos. Suecia no es el conjunto de los servicios sociales de Europa. Rumanía debería ocuparse de los rumanos y Suecia debería cuidar de nuestros ciudadanos suecos"*. (Molinder *et al.*, 2015).

Para el otoño de 2015, esta postura más nacionalista se había endurecido en Suecia. El coordinador nacional de la plataforma "Ciudadanos vulnerables de la UE", encargado de proporcionar orientación a los organismos locales y públicos sobre cómo responder a los romaníes, comenzó a condenar los asentamientos ilegales y a introducir una política de "tolerancia cero" diseñada para acelerar los desalojos. "No se puede dar un trato especial a ningún grupo de la sociedad", fue su frase más repetida. En 2015, el Gobierno decidía nombrar a un investigador especial que actuaría como coordinador nacional y apoyo a las autoridades, municipios, consejos de condado y organizaciones que se reúnen con ciudadanos vulnerables europeos que se encuentran temporalmente en Suecia. El informe fue presentado al Gobierno el 1 de febrero de 2016. En este informe, los ciudadanos vulnerables de la UE se refieren a personas que son ciudadanos de otro país de la UE y que no tienen el llamado derecho de residencia en Suecia. El encargo del coordinador finalizó con la presentación de este informe, en el que también pedía el desarrollo de nuevas formas de cooperación entre el poder público y la sociedad civil.

Poco después, la policía arrasó un asentamiento ilegal en Malmö, desalojando a unos 200 residentes romaníes, la mayoría de los cuales regresaron a Rumanía, aunque algunos se unieron a una protesta pública en el ayuntamiento. Con los nuevos controles fronterizos impuestos entre Suecia y Dinamarca a raíz de la crisis de refugiados de ese año, llegó a quedar claro cuántos gitanos regresaron.

La Ley sueca de Extranjería permite la denegación de la entrada por motivos económicos independientemente del estatuto de la UE (Ley de Extranjería, capítulo 8, sección 2.2). Aunque fue controvertido, a los romaníes se les ha negado la entrada por estos motivos. Así, podemos ver cómo las buenas intenciones como mantener el Estado de Derecho pueden dar lugar a la movilidad forzada y posiblemente, a la privación forzosa al servicio de intereses nacionales.

Este estudio (Horgen, 2020) utiliza una combinación de datos de encuestas cuantitativas sobre mendigos migrantes rumanos y trabajadores de la calle en Oslo, Estocolmo y Copenhague y trabajos de campo cualitativos en Escandinavia y Rumania (Djuve *et al.*, 2015). La parte cuantitativa consiste en tres encuestas separadas de 1.269 migrantes en Estocolmo ($n = 446$), Oslo ($n = 438$) y Copenhague ($n = 385$), realizadas durante el verano y el otoño de 2014. Presenta un marco para estudiar la migración para la mendicidad que va más allá de las narrativas generalizadas arraigadas en la cultura o la pobreza. Su autor sostiene que la migración para mendigar es una adaptación económica intencional, integrada en tres conjuntos distintos de fenómenos sociales:

1) Los procesos sociales y económicos de marginación de las comunidades romaníes en la Rumania post comunista pueden ayudar a explicar el motivo de la migración en términos de pobreza y falta de opciones alternativas.

2) La estructura del capital social dentro de los hogares y comunidades romaníes puede ayudar a explicar por qué pueden participar en la migración transnacional en condiciones extremadamente difíciles a pesar de la falta de recursos económicos y educativos.
3) Las identidades romaníes "opositoras" pueden ayudar a explicar por qué algunos están dispuestos a participar en actividades "transgresoras" que otros perciben como vergonzosas, permitiendo así la explotación de recursos económicos marginales en tiempos de dificultades económicas.

Desde 2007, un flujo constante de inmigrantes romaníes ha viajado a Escandinavia utilizando servicios regulares de autobuses, automóviles privados o autobuses informales que conectan los puntos críticos de migración en el campo rumano con las ciudades nórdicas, en un campo transnacional donde los individuos y las familias viajan de ida y vuelta de forma frecuente y regular. Durmiendo en parques, en aceras, en automóviles estacionados o acampando en el bosque, mendigan, recogen botellas, tocan música o realizan servicios menores, reciclan chatarra o se dedican a delitos menores. En relación con otros flujos migratorios, sus números son modestos. Las estimaciones varían y las poblaciones fluctúan según la temporada, pero el número total de trabajadores migrantes de la calle apenas ha excedido unos pocos miles de personas pero, sin embargo, su notable presencia en espacios públicos ha creado acalorados debates políticos.

Dinamarca ha adoptado el enfoque más riguroso para disuadir su llegada, con una prohibición nacional de la mendicidad aplicada selectivamente a los extranjeros, tácticas policiales severas contra los durmientes y limitaciones estrictas a la financiación pública de las ONG para servicios a migrantes sin hogar.

Suecia ha tomado la posición opuesta, permitiendo a los migrantes mendigar y dormir en espacios públicos y asignando fondos de ONG para servicios básicos, vivienda y alimentos.

Noruega ha tomado una posición intermedia donde la ciudad de Oslo impuso una prohibición municipal de dormir al aire libre. Se propuso una prohibición nacional de la mendicidad en 2014, pero se retiró al año siguiente y las ONG reciben financiación *ad hoc* para los servicios.

Hoy en día hay un creciente cuerpo de investigación sobre la racialización de los inmigrantes romaníes en el discurso público (Yuval-Davis, Wemyss y Cassidy, 2017), sobre cómo la migración romaní se enmarca como una amenaza para el orden público y la seguridad y el posterior aumento de los sentimientos antigitanos en toda Europa (Pusca, 2010; Nacu, 2012; Sigona y Vermeersch, 2012).

Las regulaciones internas como la legislación contra la mendicidad se utilizan cada vez más para controlar la movilidad de las poblaciones no deseadas y las autoridades en los países nórdicos han respondido de manera más general a la pérdida de control directo movilizando a los trabajadores municipales y a la policía local como guardianes cotidianos (Tervonen y Enache, 2017). Una estrategia implícita ha sido disuadir su entrada haciendo que la vida sea desagradable a través de diversas formas de interrupción y criminalización de sus actividades, al tiempo que proporciona solo un mínimo de servicios. Un argumento recurrente, por ejemplo, entre los políticos locales ha sido evitar la instalación de baños públicos porque podrían atraer a los romaníes migrantes.

Este estudio sugiere por qué tales esfuerzos tienen un efecto limitado. Los migrantes romaníes están fuertemente motivados por una situación desesperada y la falta de alternativas en sus países de origen. Al mismo tiempo, para mantener un sentido de autoestima y nociones de valor frente al desprecio con el que se encuentran tanto en el Norte como en el hogar, lo más probable es que también continúen cultivando sus lazos internos de parentesco y los límites morales entre ellos y el mundo exterior.

3.3.3. ¿Hay discriminación racial en Suecia?

Un aspecto central del problema de la eliminación del término raza por parte de Suecia es que el Estado no reconoce, supervisa ni aborda la discriminación racial estructural, incluso cuando sea posible. Lo ven como una cuestión universal de derechos humanos.

Aunque actualmente se pueden obtener estimaciones aproximadas de grupos raciales a partir de los datos disponibles sobre el país de nacimiento y ciudadanía de las personas, esto será cada vez más difícil en un futuro por la ya cantidad creciente de miembros de la sociedad que tienen tercera y cuarta generación, antecedentes de inmigrantes, etc.

Según la oficina oficial del censo, Estadísticas Suecia (*Statistiska centralbyrån*, SCB), los inmigrantes hoy constituyen aproximadamente el 17% de la población, el 9% de los cuales nacen fuera de Europa y se espera que el número de inmigrantes a Suecia, sin mencionar a sus descendientes, aumente en el futuro (Estadísticas Suecia, 2016: 22-31). Esto se puede comparar con EE.UU., que en 2015 tenía una población inmigrante del 13,2% (Oficina del Censo de los Estados Unidos, 2015). En Suecia, los inmigrantes están especialmente concentrados en las principales ciudades: las tres ciudades más grandes tienen alrededor del 15% de inmigrantes no europeos (*Statistics Sweden*, 2016: 28).

En un informe reciente del Estado de Suecia, en el plan nacional actual del gobierno contra el racismo desde 2016 y en el trabajo del *Ombudsman* (Defensor del Pueblo) se menciona que la etnicidad es el segundo motivo más común de discriminación (después de la discapacidad) en las denuncias recibidas por el *Ombudsman* —que tiene la tarea de vigilar el cumplimiento de la Ley de Discriminación— pero no hace más distinciones con respecto a "grupos étnicos" (Gobierno de Suecia, 2019: 5). En lugar de considerar cómo la nacionalidad sueca pudo haber sido moldeada por distinciones raciales y una historia de colonialismo europeo y lo que esto puede significar con respecto a los derechos humanos universales, el informe parece ubicar a Suecia como una excepción a tales historias, constitucionalmente inclusivas e internacionalistas.

En el plan nacional [contra el racismo], el Gobierno afirma que a lo largo de la historia, Suecia ha sido un país en el que se han expresado y han coexistido multitud de puntos de vista, opiniones y perspectivas. "*Esto significa que Swedishness es la suma de varias partes diferentes: Los saami, afro-sueco, romaní, musulmán y judío, junto con muchos otros componentes, son parte de lo que es el sueco*" (ibid, pág. 10).

El reciente plan nacional contra el racismo, que se nutre del espíritu de la Convención Internacional sobre la Eliminación de todas las Formas de Discriminación Racial de la ONU de 2012, menciona la segregación de vivienda como un problema y un nuevo programa de reforma a largo plazo que, literalmente, expresa que "se extenderá de 2017 a 2025 para abordarlo", pero no se menciona si se trata de una forma de segregación racial entre miembros blancos y no blancos de la sociedad (Gobierno de Suecia, 2017: 15). Sin embargo, a partir de los estudios disponibles, parece claro que los residentes de origen no europeo —y especialmente, inmigrantes de África y del Medio Oriente— tienden a vivir en vecindarios segregados de bajos ingresos con otros inmigrantes (Marcińczak *et al.*, 2015; Aldén y Hammarstedt, 2014).

Las tres ciudades más grandes de Suecia, —Estocolmo, Gotemburgo y Malmö— están hoy tan segregadas como Los Ángeles en los EEUU (Östh *et al.* 2014). También en Suecia, los barrios con un número creciente de residentes no blancos tienen puntos de inflexión que resultan en "vuelo blanco" (del inglés "White Flight", que es la emigración en masa a otras áreas ante la llegada masiva de inmigrantes que son personas de otras razas (Aldén *et al.*, 2014).

Y como en muchos otros países, entre los resultados de la segregación urbana en Suecia se encuentran el estigma social, sentimientos de desesperanza, creciente inquietud social y violencia y escuelas primarias cada vez más segregadas con un fuerte efecto en el rendimiento educativo (Malmberg *et al.*, 2013; *Nationella operativa avdelningen*, 2015; Vallström, 2015; Andersson *et al.*, 2010: 2674).

También parece haber motivos para considerar la posibilidad de una discriminación racial recurrente contra las personas de color en el empleo en Suecia. Por ejemplo, la tasa de desempleo de los inmigrantes en Suecia con un origen no europeo es aproximadamente cuatro veces mayor que la de los nativos (OECD, 2015: 310-313). Para los africanos, es cinco veces mayor (Aldén y Hammarstedt, 2014: 11), esto a pesar de que los "africanos subsaharianos" en Suecia, según una encuesta europea sobre minorías y discriminación realizada por la Agencia Europea de Derechos Fundamentales, pueden tener, en promedio, más educación que la población general (FRA, 2017: 89).

Entre los que no trabajan ni estudian, las personas de África y Asia están sobrerrepresentadas (Gobierno de Suecia, 2013: 94-95). Es muy probable que los inmigrantes de otros países europeos encuentren trabajos que coincidan con su nivel de educación como los suecos nacidos en el país, mientras que los inmigrantes de países no europeos (y especialmente los que provienen de África y Asia) tienen muy pocas probabilidades de hacerlo (ibíd., pág. 16). A diferencia de los inmigrantes no europeos que llegaron a Suecia siendo niños y han recibido su educación más alta allí, los inmigrantes de niños de Europa occidental, central y oriental no reciben un sueldo más bajo o rendimientos más bajos en relación con su educación que los suecos nativos (Katz y Östberg, 2013: 27).

Los "africanos subsaharianos" que viven en Suecia aparecen entre los incidentes más altos de discriminación en el lugar de trabajo de toda la UE (17% de incidencias denunciadas en un informe correspondiente a 2017 (FRA, 2017: 36).

El informe del Estado señala que los crímenes de odio "afrofóbicos" son los más prevalentes de cualquier categoría y que el racismo "afrofobia/antinegro" es un problema social extenso (Gobierno de Suecia 2017, págs. 28-31 y 40-42). El Consejo Nacional Sueco para la Prevención del Delito reconoce los crímenes de odio afrofóbicos como una categoría y gobierno sueco anterior (legislatura 2018-2022) puso en marcha algunas medidas para combatir la "afrofobia" como encargar al Defensor del Pueblo que lleve a cabo iniciativas de sensibilización sobre el tema (Consejo Nacional para la prevención del Crimen 2018; Gobierno de Suecia 2018, 34: 9). Aun así, no se menciona a la "afrofobia" como una forma de discriminación racial y no se hace referencia a la raza o las distinciones raciales como tales en relación con ella.

Exclusivamente, utilizando términos como origen étnico, origen nacional, origen inmigrante, color de piel y otras circunstancias similares cuando se habla de patrones sociales de discriminación contra personas que visiblemente no son de ascendencia europea, puede faltar información acerca de cómo y por qué pueden ser discriminadas.

Además de no hacer ninguna referencia a la raza y las distinciones raciales, parece haber una tendencia a reducir el racismo estructural a cuestiones de creencias y actitudes. En el plan nacional contra el racismo de 2017, el Gobierno declaraba que es importante reconocer la existencia del racismo estructural. El plan lo describe como creencias conscientes o inconscientes generalizadas sobre grupos étnicos, que llevan a que los miembros de dichos grupos tengan diferente acceso a derechos y oportunidades sugiriendo que los casos individuales de discriminación o crimen de odio no son eventos aislados sino parte de un mayor contexto (Gobierno de Suecia, 2017: 11). De manera similar, el plan nacional define la "afrofobia" como "*ideologías, creencias o valores que expresan hostilidad contra los afrodescendientes...*" (ibid, pág. 11). Tal definición parece descuidar cómo se puede organizar la sociedad; se percibe una carencia en cuanto a observar las maneras que conducen a desventajas recurrentes y agravadas y al acceso desigual a los derechos de los afrodescendientes, por ejemplo, la segregación *de facto* y el acceso desigual a recursos básicos tales como la educación y en definitiva, a las situaciones vividas de africanos/afrodescendientes, de la observación de la falta de oportunidades, de poder e influencia acumulados en la sociedad, etc.

Sin embargo, parece haber dos eventos en el horizonte que podrían cambiar ciertos escenarios de discriminación ocurridos y señalados. Uno, es que el Parlamento saami sueco, junto con el Defensor del Pueblo, están desarrollando una Comisión de la Verdad para investigar los abusos cometidos por el Estado sueco contra los saami y sus derechos humanos y proponer medidas compensatorias y prospectivas apropiadas para corregir el trauma histórico (Parlamento Saami de Suecia, 2018). Sólo para mencionar un indicador de la actual situación de los derechos humanos de los saami, según una compilación de conocimientos del 2017 del Parlamento Saami sobre la salud mental de los saami suecos, la mitad de las mujeres jóvenes saami han considerado suicidarse, uno de cada tres jóvenes saami consideraron seriamente o planearon suicidarse y aproximadamente dos de cada cinco pastores de renos hombres parecen sufrir trastornos de ansiedad clínica (Parlamento Saami de Suecia, 2017: 6). En un informe de 2015 que el Parlamento Saami presentó al Relator Especial de las Naciones Unidas sobre los Derechos de los Pueblos Indígenas, el colonialismo se menciona 55 veces en 75 páginas. Entre otras cosas, el informe recomienda una Comisión de la Verdad que "aborde plenamente y traiga reparación por todas las raíces coloniales y estructurales de discriminación y violaciones de los Derechos Indígenas que los pueblos indígenas saami en Suecia han sufrido y siguen sufriendo injustamente" (Parlamento Saami de Suecia 2015: 4).

Nombrar, reconocer y abordar la discriminación racial estructural contra los saami probablemente sea parte de este proceso, aunque hoy en día, los saami se definen por el derecho sueco y europeo como una minoría étnica que es culturalmente distinta y tienen una historia propia en el país (Consejo de Europa, 2019). Además, son pueblos indígenas a los que los derechos de autodeterminación, integridad cultural y tierra son centrales (OIT, 1989), Asamblea General de la ONU (AGNU, 2007). Por lo general, también son físicamente indistinguibles de los blancos suecos y no discriminados en función de características como el color de la piel. Por lo tanto, puede parecer apropiado hablar de la discriminación que enfrentan los saami como ejemplos de discriminación étnica más que racial. Por otro lado, históricamente, los saami suecos han sido sometidos a una inferiorización racial y exclusión de una nación sueca circunscrita racialmente. Una parte del daño que se les ha hecho es negarles igual dignidad humana y derechos sobre la base de que son pueblos innatamente inferiores con culturas innatamente inferiores.

La opresión de los saami podría decirse que es continua con la comprensión histórica de Suecia y de otros países europeos sobre, por ejemplo, la identidad europea blanca, la nacionalidad, la civilización y la dignidad humana y sus tratamientos de los pueblos indígenas y las personas de color en otros lugares (FUR, 2013: 190).

El otro evento es que los 15 Estados miembros de la Comunidad del Caribe (CARICOM) actualmente están haciendo una advertencia a Suecia y a otros Estados europeos para que —como lo haría el DDPA (*Durban Declaration and Programme of Action*; ONU, que en 2001 fijó objetivos de consenso en la Conferencia Mundial contra el Racismo)— "tomen medidas apropiadas y efectivas para detener e invertir las consecuencias duraderas" de tales prácticas como la esclavitud, la trata transatlántica de esclavos, el *apartheid* y el colonialismo (la Oficina del Alto Comisionado para los Derechos Humanos, ACNUDH, 2001, artículo 102, página 38). CARICOM solicita que Suecia y otros Estados europeos financien un Programa de Justicia Reparadora de CARICOM (CRJP) de 10 puntos (CARICOM *Reparations Commission*, 2014). La mayoría de las medidas incluidas en el programa ya están recomendadas por la DDPA, como una disculpa oficial por los crímenes contra la humanidad perpetrados en la región, el alivio de la deuda, la transferencia de tecnología, la erradicación del analfabetismo, un programa de desarrollo de pueblos indígenas y un programa para el regreso de África a los descendientes de africanos esclavizados (ACNUDH, 2001). CARICOM ha prometido llevar a Suecia y otros Estados europeos a la Corte Internacional de Justicia si no están dispuestos a apoyar la CRJP (CARICOM, 2016). La demanda de reparaciones de la CARICOM es una oportunidad para hacer frente y si es posible y en cualquier momento, asumir la responsabilidad de su participación en un orden colonial de discriminación racial y violaciones de los derechos humanos.

3.3.4. Migración humanitaria (refugiados) y mercado laboral: antes y después de la crisis de refugiados de 2015

En línea con estudios previos, se establece que los migrantes humanitarios y los migrantes de reagrupación familiar ofrecen resultados más pesimistas en comparación con los trabajadores nativos en cuanto a incorporación en el mercado laboral. Sin embargo, el análisis de cohorte en el que se estudia a las personas que comparten características en común durante un periodo concreto, muestra que las tasas de empleo de los migrantes humanitarios masculinos y femeninos que han estado en Suecia durante más de diez años alcanzan el 70 y el 65%, respectivamente. Los inmigrantes humanitarios de Bosnia-Herzegovina, Irán y Etiopía tienen una educación superior y mejores resultados que los refugiados de otros países de origen.

Principalmente, como resultado de los grandes flujos migratorios de inmigrantes humanitarios (o refugiados) a Europa desde el comienzo de la guerra siria, la recepción e integración de los refugiados se ha convertido en un tema prioritario en las agendas de los académicos y legisladores en los países anfitriones, incluyendo Suecia.

Suecia es uno de los tres países europeos, junto con Alemania y Austria, que ha recibido la mayor cantidad de solicitudes de asilo desde 2014. Entre 2014 y 2017, Suecia recibió 273.117 solicitudes de asilo (87.380 de las cuales fueron presentadas por ciudadanos sirios) y concedió 143.858 permisos de residencia a los refugiados. Sin embargo, ésta no es la primera vez en la historia que Suecia recibe un gran número de solicitantes de asilo. Suecia ha acogido a los refugiados a gran escala desde la década de 1970 y aunque todavía es demasiado pronto para evaluar la integración en el mercado laboral de los migrantes humanitarios posteriores a 2014, tanto los académicos como los legisladores podrían aprender de la experiencia de aquellos que migraron en años anteriores.

De acuerdo con un informe del Parlamento Europeo, entre 1997 y 2010, las tasas de empleo de los refugiados en Suecia, diez años después de la llegada, eran nueve puntos porcentuales menor que en Alemania (53% y 62%, respectivamente). Eurostat proporciona una imagen ligeramente más positiva del empleo de inmigrantes que ingresaron en Suecia buscando protección internacional o asilo: más del 58% de ellos estaban empleados en 2014, seis puntos porcentuales más que en Alemania y más de 1,5 puntos porcentuales por encima de la media de la UE (Eurostat, 2014). A fin de facilitar un mayor y más rápido grado de integración del mercado de trabajo de los inmigrantes y refugiados en particular, desde principios de los años setenta se ha contado con apoyo público para la vivienda, para el conocimiento sociocultural general y la capacitación lingüística.

En 2010, la responsabilidad de la integración de los refugiados se transfirió de los municipios al Servicio Público de Empleo a nivel estatal y se introdujo un programa más centrado en la integración del mercado laboral. Este nuevo programa de introducción recibió una mayor financiación y fue capaz de aumentar los incentivos económicos para participar en programas para encontrar empleo. También mejoró el acceso a los servicios del mercado laboral. Sin embargo, no se observó una mejora significativa en la integración global del mercado laboral a corto plazo para el grupo como un todo en relación con este cambio.

En estos años, la investigación sobre este tema ha crecido enormemente, impulsada por una mayor migración global y una mejor y más información estadística disponible. La mayoría de los estudios sobre integración económica de inmigrantes todavía se realizan de acuerdo con el modelo de capital humano del Premio Nobel de Economía en 1992 Gary Becker (Becker, 1992: 5), pero las propuestas de capital social, así como factores institucionales como el estatus de admisión y la discriminación, han sido incluidos en modelos explicativos de "*mercado de trabajo/inmigrante/integración*" (Behtoui, 2007: 716).

En los estudios de oferta del mercado de trabajo estándar, se plantea la hipótesis de que la probabilidad de empleo, de mayores ingresos y la igualdad de trabajo está determinada por el nivel de capital humano acumulado por el trabajador individual (Becker, 1975). Esto incluye la educación formal, la experiencia en el mercado laboral y las habilidades adquiridas en el trabajo. Sin embargo, cuando se trata de migración, la educación y las habilidades pueden no ser perfectamente transferibles entre países. Estas habilidades podrían ser la información del mercado laboral, el dominio del idioma de destino y las licencias ocupacionales, las certificaciones o credenciales, así como las habilidades más específicas definidas para tareas específicas (Bevelander, 2005: 332).

Los migrantes no económicos como los refugiados y los migrantes de agrupación familiar, basan su decisión de migrar, en parte, en un conjunto diferente de intenciones y, por lo tanto, son seleccionados de manera menos positiva para la inclusión en el mercado laboral.

Aydemir sostiene que hay muchos factores no observables que constituyen la calidad y la relevancia del capital humano de los inmigrantes y pueden dar como resultado problemas de transferencia de habilidades o un desajuste entre la demanda y la oferta (Aydemir, 2011: 451). Se esperaría que los inmigrantes altamente cualificados se integraran más fácilmente en los mercados laborales, y de hecho, estudios previos realizados en Suecia indican que los trabajadores migrantes están mejor educados y tienen mejores resultados en el mercado laboral que los refugiados y los migrantes de reunión familiar, la mayoría de los cuales son parientes de refugiados (Bevelyer e Irastorza, 2014).

Bevelander sugiere que el "*tipo de migración*" del grupo total de inmigrantes es un factor importante que puede explicar la brecha de empleo de inmigrantes nativos en Suecia (Bevelyer, 2016).

Desde principios de los años setenta, Suecia ha implementado una política activa de mercado de trabajo con el objetivo de aumentar los niveles de empleo para todos los residentes del país, en particular, los de los grupos tradicionalmente más desfavorecidos, como las mujeres y los inmigrantes.

La reforma del programa introductorio de 2010 apuntaba a fortalecer el enfoque en la integración del mercado laboral. Si bien los principales elementos del programa siguen siendo los mismos que antes (formación lingüística, orientación cívica y actividades del mercado laboral), el contenido básico y el alcance del programa se establecieron por primera vez en la ley. Los "*grupos objetivo*" para el programa de introducción son los refugiados y sus familias reunidas. Si bien la participación en el programa no es obligatoria, los que eligen no participar no tienen derecho a recibir ningún apoyo económico.

En los datos recogidos en la base de datos STATIV (base de datos longitudinal para estudios de integración) proporcionados por *Statistics Sweden* se brindó una visión general de la integración en el mercado laboral de los migrantes humanitarios en Suecia. STATIV es una base de datos sobre estudios de integración que contiene información sobre todas las personas registradas en Suecia y se actualiza cada año.

Las muestras incluyen a 3.484.308 nativos y 389.653 personas nacidas en el extranjero que se mudaron a Suecia desde 1998 como refugiados, migrantes de agrupación familiar o trabajadores migrantes. Este período de tiempo fue seleccionado porque Suecia comenzó a clasificar sistemáticamente a los inmigrantes por tipo de migración en 1997. Todos los miembros de la muestra tenían entre 25 y 60 años.

Los nacidos en el extranjero representan el 10% de la muestra, de los cuales el 56,5% son refugiados, el 26,1% son migrantes de agrupación familiar y el 17,5% se mudó a Suecia como trabajadores migrantes. La edad media de los migrantes humanitarios incluidos en la muestra es de 38, mientras que para los trabajadores migrantes y los migrantes de reunión familiar la edad promedio es 36 años. La edad promedio de los nativos en la muestra es de 43 años. Los principales países de origen de los migrantes humanitarios desde 1998 han sido Irak (23,6%), Somalia (7,8%), Irán (4,9%), Bosnia y Herzegovina (3,4%), Siria (3,2%), Afganistán (3,2%) y Eritrea (2,6%).

Los migrantes humanitarios tienen un nivel promedio de escolaridad más bajo que otros migrantes y nativos. Aquellos que se mudaron a Suecia para trabajar tienen el mayor nivel de educación entre los cuatro grupos incluidos en el análisis, seguidos de los migrantes de reunión familiar. Las mujeres tienen un mayor nivel de Educación en todos los grupos resaltando que la brecha de género entre los migrantes humanitarios es pequeña.

El nivel educativo de los migrantes humanitarios de Irán es el más alto entre los países que se comparan: tienen el mayor porcentaje de personas con educación universitaria y el porcentaje más bajo con sólo educación primaria. Los iraquíes tienen el segundo número relativo más alto de graduados universitarios y el porcentaje de refugiados iraquíes con sólo educación primaria también es bastante grande (más del 35%). Entre el 50% y el 60% de los inmigrantes de Bosnia y Herzegovina han completado la educación secundaria y el número de inmigrantes humanitarios de Eritrea y Etiopía con educación secundaria también es bastante grande; alrededor del 40-45%. Los refugiados de Somalia tienen el nivel educativo más bajo (casi el 60% de los hombres y el 80% de las mujeres sólo han completado la educación primaria), seguidos por los migrantes de Eritrea, Afganistán y Siria.

En cifras de Acnur del año 2022, los tres países de petición de refugio principales que tiene Suecia son Ucrania, Siria y Uzbekistán.

Los refugiados de Siria en Suecia, después de la guerra que comenzó en 2011, tienen tasas de prevalencia de ansiedad, depresión, bajo bienestar subjetivo y trastorno de estrés postraumático, que oscilan entre 30% y 40%. La mayoría reportó síntomas en línea con, al menos, uno de estos cuatro tipos de enfermedades mentales y muchos cumplieron múltiples criterios. El trastorno de salud mental, en general, era más común entre las mujeres, los mayores y los refugiados divorciados o viudos.

La guerra en Siria ha sido responsable de casi medio millón de muertes, según UNHCR —Alto Comisionado de las Naciones Unidas para los Refugiados— (2017). Además, más de 11 millones de personas se han visto obligadas a abandonar sus hogares y de ellas, alrededor de un millón de personas han llegado a Europa. Suecia ha recibido a más de 100.000 solicitantes de asilo de Siria desde 2011, convirtiendo a Suecia en el segundo mayor receptor europeo de refugiados de Siria. Sin embargo, todavía faltan tasas confiables de prevalencia de problemas de salud mental y experiencias estresantes o traumáticas en esta población de refugiados. Una imagen más clara basada en datos empíricos sólidos de la magnitud de la mala salud mental entre los refugiados sirios reasentados en Europa y en qué medida han estado expuestos a factores de riesgo conocidos es imprescindible para abordar adecuadamente sus necesidades de salud mental a nivel social.

Se sabe que la prevalencia estimada del trastorno de estrés postraumático (TEPT), los trastornos de ansiedad y la depresión en las poblaciones de refugiados varían ampliamente entre las poblaciones. En un artículo de revisión que incluye 29 estudios sobre la salud mental a largo plazo entre los refugiados afectados por la guerra, se informó de que las tasas de prevalencia van del 4,4% al 86% para el TEPT, del 2,3% al 80% para la depresión y del 20,3% al 88% para la ansiedad (Bogic *et al.*, 2015: 29). Este tipo de heterogeneidad también se ha observado en un estudio de Fazel *et al.* donde vemos una revisión sistemática basada en estudios que utilizan entrevistas psiquiátricas para evaluar los trastornos mentales entre los refugiados reasentados en los países occidentales (Fazel, 2005: 365). Esas tasas tan dispares parecen ilustrar el problema de considerar a los grupos de refugiados como poblaciones homogéneas. Una plétora de circunstancias que incluyen diferencias en experiencias de pre-migración, apoyo y recepción en el país de reasentamiento y leyes de inmigración hacen que las extrapolaciones de una población de refugiados a otra den resultados muchas veces no bien ajustados a la realidad, dificultando la evaluación de la validez de las estimaciones.

A menudo, cuando se estudia la salud mental de los refugiados, se hace una distinción entre los factores de riesgo encontrados antes o después de la migración (Miller *et al.*, 2017: 129). Los eventos potencialmente traumáticos (PTE) relacionados con refugiados o relacionados con la guerra son el tipo de factores de riesgo pre-migratorios a los que se ha prestado más atención en la literatura y muchos de ellos también han demostrado estar fuertemente asociados con la mala salud mental (Mollica *et al.*, 1997: 106). Asociaciones de este tipo se han observado en muchas poblaciones de refugiados y en muchos destinos diferentes de reasentamiento, incluyendo Europa (Lindencrona, 2008: 130). En particular, las experiencias de violencia interpersonal durante la fase de premigración se han relacionado con problemas de salud mental (Steel, 2009: 302). Aunque este tipo de asociaciones suelen ser más fuertes en relación con el TEPT (trastornos de estrés post traumático), también se han observado comúnmente cuando se emplean la ansiedad y la depresión como medidas de resultado (Lindencrona, 2008: 121).

Durante la etapa posterior a la migración, los refugiados (así como los migrantes no refugiados) pueden experimentar una serie de diferentes tipos de dificultades que pueden socavar la recuperación o aumentar los problemas de salud mental (Miller, 2010: 7). Estos tipos de experiencias a menudo se denominan "*estrés posterior a la migración*" y suelen ser de carácter más persistente que las PTE, que tienden a ser repentinas o traumáticas. Los estudios han indicado que las experiencias posteriores a la migración, en muchas circunstancias, tienden a ser más perjudiciales para la salud mental de los refugiados de PTE y que están asociados con el estrés posterior a la migración. Se han identificado varios tipos de experiencias estresantes después de la migración como especialmente comunes entre las poblaciones de migrantes/refugiados.

Se ha demostrado que están asociados con la salud mental: los conflictos intergeneracionales y conyugales (Wong, 2007: 43), la discriminación étnica (Bhugra, 2004: 13), las condiciones de vida socioeconómicas duras (Pascoe, 2009: 531), la pérdida de estatus (Beiser, 2001: 1321), las acomodaciones institucionales (Porter, 2005: 602), las habilidades lingüísticas deficientes (Beiser, 2001: 1334) y el escaso apoyo social (Carta, 2005: 12).

La relación entre las características de la situación y estructura social y las características de las personas (Bárez, 2020: 90) hace que analizar la situación de los refugiados tanto en la acogida como en su desenvolvimiento posterior sea un trabajo arduo dentro de la Sociología. La exclusión social, en la clasificación expuesta por Subirats, tiene una serie de características y aquí resaltamos la parte politizable de dicha exclusión, ya que ésta *es susceptible de ser abordada desde los valores, desde la acción colectiva, desde la práctica institucional y desde las políticas públicas* (Subirats, 2005: 12).

En los datos contrastados por la Agencia de Salud Pública, se extraen los resultados de un estudio entre niños recién llegados nacidos en Afganistán, Irak y Siria. Los resultados muestran que aproximadamente cuatro de cada diez de los participantes del estudio tenían síntomas de estrés postraumático (TEPT). La proporción con síntomas de PTSD fue más alta entre los que nacieron en Afganistán y llegaron a Suecia sin compañía. El estudio incluyó a 1.129 niños recién llegados de entre 16 y 18 años. Se les había concedido un permiso de residencia en Suecia y se les había recibido en un municipio entre 2014 y 2018. La encuesta se realizó a través de una encuesta postal durante el período de junio a septiembre de 2018.

La hoja informativa está dirigida principalmente a los responsables de la toma de decisiones a nivel nacional, regional y local, el personal escolar, los investigadores y otros grupos profesionales que, de diversas formas, trabajan o son responsables de promover la salud y las condiciones de vida de los niños y jóvenes. Los colectivos profesionales que se encuentren en su trabajo con niños y jóvenes recién llegados también pueden estar interesados en el contenido. Los resultados pueden formar la base para planificar y diseñar intervenciones específicas en el área. En los informes que el gobierno encarga se muestra preocupación en torno a la participación social y la salud mental que se detecta entre los refugiados.

3.3.5. Posición de la derecha radical nórdica en cuanto a la migración

Los partidos de derecha radical concurren en los parlamentos nórdicos, consolidándose entre las primeras tres fuerzas políticas, resultado de un largo proceso histórico. En su estudio, Seymour M. Lipset y Stein Rokkan[50] concluyeron que la aparición de partidos en Europa Occidental se había estabilizado en la posguerra. Los sistemas de partidos reflejan, con escasas pero significativas excepciones, las estructuras de división de la década de los veinte del siglo pasado. Las alternativas partidistas son más viejas que gran parte del electorado. Para la mayoría de los ciudadanos en Occidente, los partidos activos de hoy forman parte del paisaje político desde su infancia o desde que enfrentaron por primera vez el problema de elegir entre "paquetes" alternativos en unas elecciones (Lipset, 1967: 50). Sin embargo, esta práctica cambió en la era del posmaterialismo, cuando nacieron dos nuevas familias: los movimientos verdes y la derecha radical populista (Mudde, 2007: 1).

---

50 En 1967, estos autores publican su trabajo más conocido y que daba forma a la escuela sociológica del estudio del comportamiento electoral, según la cual, el voto se explica preferentemente debido a la acción de factores macroestructurales o grupales. Esto es, el voto está determinado por la posición del votante en la estructura social. Las interacciones en la estructura social determinan la configuración de grupos más o menos similares y, por lo tanto, con una pauta de voto homogénea.

Según Klaus von Beyme, el extremismo político en Europa ha recorrido tres etapas en la posguerra: el neofascismo (1945-1952), la protesta antisistémica (1953-1979) y la crisis económica (de 1980 al presente) (Von Beyme, 1988: 6). Sin embargo, esta última ha sido superada con el paso del tiempo, puesto que en ella se ha gestado un cuarto periodo que nace alrededor del año 2000, precisamente cuando estos partidos políticos se presentan frente a los electores como una opción real de gobierno y acceden al ejercicio del poder político en varias democracias de Europa, etapa catalogada como la de su legitimación política (Widfeldt, 2010: 20).

El populismo antisistémico surge en medida en los sesenta. Durante las negociaciones para ingresar en la UE, estos partidos surgieron casi simultáneamente en Suecia, Dinamarca y Noruega (Ignazi, 1992: 34).

En 1968, Bertil Rubin, otrora militante del Partido del Centro, fundó el Partido del Progreso Sueco (FSP), pero nunca lo consolidó nacionalmente, participando sólo en el ámbito local. Tras su refundación en 1979, una escisión del FSP y el movimiento "Preservar a Suecia" se fusionaron con el Partido Sueco en 1986, refundándose en 1988 con la aparición del actual partido "Demócratas suecos", de enfoque ultranacionalista.

Por su parte, en 1972, el Partido del Progreso Danés (FKP), instancia neoliberal y contraria a los impuestos y la burocracia, irrumpió en Dinamarca cuando su líder, Mogens Glistrup, reconoció no tributar, presentando a su partido como anarcoliberal y antielitista (Andersen, 2003: 2).

A partir de los '80, Escandinavia se caracteriza por la politización de la inmigración y el chovinismo de Bienestar (Rydgren, 2004: 16) ya que el porcentaje de inmigrantes y refugiados se incrementó significativamente en los países nórdicos (Bjørklund, 2002: 110), resultado éste de dos factores, uno económico y otro. Por un lado, los nuevos patrones de producción capitalista en la globalización económica incentivaron la llegada de inmigrantes a los mercados más prósperos en Europa Occidental y por otro, los refugiados expulsados por las guerras étnicas en Yugoslavia y los Balcanes fueron recibidos en estos países garantes de los derechos humanos. En estas circunstancias, la fortuna electoral de estos partidos en Noruega y Dinamarca fue inversamente proporcional: el FRP se convirtió en un partido relevante entre 2001 y 2005, mientras que el FKP decreció hasta perder todos sus escaños en 2001, posición que se acentuó tras la salida de Kjærsgaard en 1995, cuando fundó el Partido Popular Danés (DF) "*para proteger el Estado de bienestar combatiendo la inmigración y las sociedades multiétnicas*" (Bergmann, 2017: 54). El DF recolectó los votos del FKP y obtuvo representación parlamentaria en 1998, hasta posicionarse hoy día como el segundo partido más votado en Dinamarca. Por su parte, en Suecia, la derecha radical se reconfiguró cuando los Demócratas Suecos (SD) irrumpieron en 1988 tras la fusión entre el Partido Sueco y el Partido del Reich nórdico (Klein, 2013: 117). En 2010 consiguió por vez primera representación parlamentaria y actualmente se mueve en torno al 15% de los votos.

La consolidación del extremismo político en Escandinavia llegó en 2001. En Dinamarca, el DF respaldó a la coalición de gobierno dirigida por los liberales entre 2001 y 2011 y se convirtió en la primera fuerza del "bloque azul" tras los comicios de 2015. En Noruega, el FRP también fue un soporte parlamentario para los democristianos entre 2001 y 2005 y se integró en el gobierno conservador a partir de 2013. Por su parte, en Finlandia, los nacionalistas del PS participaron en el gabinete entre 2015 y 2017, pero fueron expulsados de la coalición tripartita por la designación como su presidente de Jussi Halla-aho, personaje vinculado con el neonazismo. Por último, en Suecia, los SD superaron el umbral en 2010, incrementaron sus votos en 2014 quedando terceros en las elecciones de septiembre de 2018. *Electograph* había ido publicando las encuestas de *YouGov* y *Sentio Poll* donde daban por ganador en escaños al Partido Socialdemócrata y dejando a la ultraderecha en segunda posición, con casi 10 puntos por encima de los moderados.

Recientemente, la desafección política y cierto declive cultural han abonado un caldo de cultivo propicio para la inoculación de la xenofobia y el racismo de la derecha radical en Escandinavia. Ante un contexto de inestabilidad e incertidumbre agravado con la pandemia mundial por la Covid-19 y las consecuencias económicas y de tendencia alcista de la inflación que en gran parte derivan del conflicto entre Ucrania y Rusia, la gestión socialdemócrata —encadenada por su tradicional compromiso con la beneficencia, el refugio y los derechos humanos—, ha visto reducido su apoyo popular y la confianza ciudadana en solucionar las peticiones de sus electores, cuyos reclamos se centran en mejorar las prestaciones y los servicios otorgados por el Estado. Según el Eurobarómetro (Eurostat) de 2017, los ciudadanos nórdicos exhortan a su gobierno a que enfrente los problemas relacionados con la salud, el paro y la inmigración, entre otros.

En los últimos años, bajo la influencia de estos partidos políticos nacionalistas —hostiles a los inmigrantes, los refugiados, el islamismo y el multiculturalismo—, los gobiernos en Dinamarca, Finlandia, Noruega y Suecia —integrados principalmente por los socialdemócratas, los conservadores y los liberales— han ido recortando los servicios estatales y las prestaciones sociales para los recién llegados y se han aprobado leyes migratorias mucho más restrictivas.

El partido sueco SD, ultranacionalista, ha vivido la renuncia de Mikael Jansson, que fue el líder del partido de 1995 a 2005, para constituir el nuevo partido "Alternatives for Sweden" (fundado en marzo de 2018), censurando que SD se haya vuelto "*demasiado moderado*". Mientras tanto, el líder de SD, Jimmie Åkesson, defiende, entre otras cuestiones controvertidas, que "*hay que demoler las casas en los suburbios de la gente que crea problemas*". Sus comentarios, de carácter xenófobo, racista y homófobo, granjean los recelos y el rechazo entre los partidos de los dos grandes bloques, ya que Suecia sigue teniendo una buena reputación internacional en materia de gestión de refugiados dado su alto nivel del Estado de Derecho y en esta materia existe un consenso entre partes, como también en un mayor control policial y de lucha contra el crimen.

La relación entre la inmigración y la delincuencia es uno de los temas más manidos en la agenda política y mediática de Suecia en los últimos años dada la fuerte irrupción de los SD en el parlamento, hasta convertirse en la segunda fuerza parlamentaria en las elecciones de septiembre de 2022.

3.3.6. Los órganos de control formales e informales frente a la migración

Los problemas representados por los órganos de control interno formales (el Defensor del Pueblo y el Ministerio de Justicia) han sido interpretados dentro de un marco de *cuestiones* de *procedimiento*. Los problemas destacados por estos organismos se relacionan con la incapacidad del Estado para llevar a cabo sus tareas de procedimiento adecuadamente. Esto incluye una gran cantidad de problemas diferentes: no tener en cuenta toda la información relevante en el proceso de solicitud, largos tiempos de procesamiento de la solicitud, retrasos en la designación de un abogado, demoras en la entrega de información al solicitante o al asesor legal y la pérdida de documentos originales pertenecientes al solicitante, como pasaportes y certificados de matrimonio y también, el tratamiento otorgado a los solicitantes de asilo y a las personas que solicitan permisos de residencia.

Además de los fallos asociados con las tareas administrativas, también hay críticas relacionadas con la ejecución de las deportaciones, con un enfoque particular en el trabajo de la policía. Sin embargo, incluso si el informe incluye acusaciones de brutalidad o de decisiones erróneas relacionadas con una deportación, las acciones del Defensor del Pueblo y del Ministerio de Justicia se enfocan en la documentación del incidente, no en la ejecución de la deportación en sí.

Fue muy relevante al respecto el caso, en diciembre de 2001, de dos hombres deportados a Egipto desde Suecia por agentes estadounidenses, con la asistencia del Servicio de Seguridad sueco. El Defensor del Pueblo condenó enérgicamente al Servicio de Seguridad sueco por una serie de fallos organizativos, describiendo algunos de sus actos como ilegales. Etiquetar actos como ilegales es muy raro, particularmente cuando se trata de los cuerpos formales de control nacional. En este sentido, referirse a los actos de esta manera constituye una fuerte condena en comparación con el uso de la palabra violación, que no se considera que tenga el mismo peso (Whyte, 2009: 170). Sin embargo, los funcionarios estatales suecos fueron culpados por su pasividad en relación con el trato de los dos hombres; un caso de omisión en lugar de comisión (Barak, 1991). La decisión sobre la propia deportación, que fue tomada por el gobierno, no fue investigada, ya que el gobierno y sus ministros no están sujetos a la supervisión del Defensor del Pueblo. Si bien esta figura consideró esto en términos de un incidente aislado, otros órganos de control ven el caso como un continuo de acciones incorrectas y omisiones para compensar estos fallos.

Enmarcar el problema como un problema de procedimiento puede permitir una comprensión del Estado como generalmente funcional, pero al mismo tiempo también sujeto a fallos ocasionales. Incluso cuando el problema se representa como endémico, la suposición subyacente parece ser que el problema se puede resolver mediante rutinas mejoradas. El binario entre los procesos de asilo satisfactorios/insatisfactorios forma una percepción del proceso de asilo y de las reglas en las que se basa este proceso como válido. Esto significa que la cuestión de si las decisiones sobre el asilo y los permisos de residencia (o el tratamiento sustantivo de los solicitantes) han sido o no correctas sobre la base de las obligaciones nacionales o internacionales, no está sujeta a examen.

Además, otra condición que permite que esta representación del problema tome forma se encuentra en la posición de los agentes sociales que informan de los incidentes (a pesar de que ambos organismos de control interno pueden iniciar casos ellos mismos). Con la excepción de los casos que implican la ejecución de deportaciones, los incidentes referidos han ocurrido dentro del proceso de búsqueda de un permiso de residencia. Los que están fuera de este proceso, es decir, las personas indocumentadas y sus problemas percibidos, no están incluidos dentro de este marco. El factor importante aquí no es la ciudadanía sino más bien (Goodey, 2005) y el estado formal de ser un solicitante de permiso de residencia. Éste es un Estado que en la terminología de Bourdieu puede describirse como el capital que es esencial para tener una posición en el campo donde se responsabiliza al Estado.

Los órganos formales de control internacional, el Tribunal europeo de Derechos Humanos y la ONU, presentan problemas dentro de cuatro tipos de marcos: *no devolución, el Estado de Derecho, obligaciones positivas y elementos no discriminatorios* y *represivos.* En general, los problemas se enmarcan en la línea de una distinción entre el control que aborda quejas individuales (sentencias del Tribunal europeo o de la ONU) o problemas generales de derechos humanos (en los informes de las Naciones Unidas).

En el discurso de la ONU, los llamados a soluciones son más prominentes que las críticas expresadas y las críticas se formulan como recomendaciones más que como una condena.

Las problemáticas formuladas por el Tribunal europeo de Derechos Humanos se interpretan dentro de un marco de *no devolución.*

Sus sentencias concluyen que la aplicación de una orden de deportación contra el solicitante daría lugar a una violación del derecho a la vida o una violación de la prohibición de la tortura.

Los juicios transmiten una desconfianza en la forma en que el Estado ha interpretado los motivos de protección aducidos por los solicitantes de asilo. Sin embargo, las declaraciones y el lenguaje utilizado en los juicios implican que aún no se ha producido ningún daño. Los juicios establecen un híbrido entre aquellos que necesitan protección y aquellos que no y resaltan la suposición subyacente de que el Estado soberano puede permitir que ciertas personas se conviertan en miembros del Estado-Nación y se lo nieguen a otros. La soberanía le da al Estado el privilegio de negar la residencia de no ciudadanos y hacer cumplir su partida (Ellermann, 2010: 408).

El contexto contribuye a una imagen del Estado sueco como un, a veces, fallido y a veces protector de los derechos humanos, más que como un violador de los derechos humanos (Pickering, 2013: 183). Un marco legal supranacional permite a las ONG impugnar Estados a nivel nacional. Eilstrup-Sangiovanni y Bondaroff demuestran la posibilidad de utilizar marcos legales que expresen una afirmación de principios supranacionales y que permitan a las ONG disfrutar de un apoyo más universal y al mismo tiempo desafiar las acciones del Estado de manera radical. Sin embargo, los problemas formulados por los órganos de control internacionales formales se entienden en relación con el marco de los derechos humanos, un marco que es apoyado por los Estados y no menos importante, por el Estado sueco. En este sentido, hacer que los Estados rindan cuentas por las violaciones de los derechos humanos puede no sólo fortalecer la legitimidad del marco de derechos humanos, sino también contribuir a la legitimidad de los propios Estados (Stanley, 2013: 13). En otras palabras, recurrir a la ley puede servir para una función estabilizadora y conservadora en relación con el orden político existente, usando la terminología de Arendt.

El mismo marco, *no devolución*, es evidente en las presentaciones de problemas formuladas por la ONU. A diferencia del material del Tribunal europeo de Derechos Humanos, el enfoque en los informes periódicos de las Naciones Unidas y en los informes de los Relatores Especiales no se dirige exclusivamente a casos individuales.

Los problemas con respecto al proceso de solicitud de la ONU se han interpretado dentro de un marco *de norma de ley*, que contrasta con la forma en que se representan los *problemas en el* marco del *problema de procedimiento.* En el marco del *problema de procedimiento,* los problemas se presentan como ocurridos dentro del contexto de un proceso que es en gran parte justo, mientras que en el *Estado de Derecho marco,* el proceso de buscar asilo se representa como injusto y desigual. En los informes de la ONU, la atención se dirige al proceso de toma de decisiones (incluidos los rechazos de solicitudes de asilo y deportaciones ejecutados por motivos inexactos), a la retención de información en audiencias de deportación (en particular, audiencias con presuntos terroristas), a los aspectos de las decisiones tomadas en relación con las personas LGTBI y las mujeres en general y también, hay un apartado que hace alusión a la desconfianza general hacia los solicitantes de asilo, como lo indican las evaluaciones de credibilidad. Las representaciones del problema se basan en la suposición subyacente de que los procedimientos de la agencia sueca en cuestión son defectuosos con respecto al principio de seguridad jurídica. Sin embargo, estos aspectos son desarrollados por las ONG. El *Estado de Derecho marco,* así como los siguientes marcos por parte de las comisiones de la ONU, está conformado por una evaluación externa del Estado en lugar de las agencias estatales y se centra en cuestiones generales, señalando problemas sistémicos.

Dentro de un marco de *obligaciones positivas y no discriminación,* los problemas están presentados en varios informes de la ONU como esfuerzos insuficientes para prevenir diversas formas de discriminación: la discriminación de los solicitantes de asilo en general, la discriminación en relación con cuestiones de género y los esfuerzos insuficientes para combatir la violencia contra las mujeres refugiadas en particular, la discriminación de los migrantes indocumentados y los solicitantes de asilo en relación con el acceso a la atención médica, la educación y la vivienda. Los informes también señalan problemas relacionados con la recepción de niños no acompañados en general y con medidas ineficaces para evitar la desaparición de niños que viajan sin tutores en particular, llegando a cuantificarse del orden de unos 10.000 niños que desaparecieron de las fronteras con Europa y que denunciaron las ONG en el momento más álgido de la crisis de refugiados de 2015. Este marco está conformado por una evaluación externa del Estado, que enmarca el Estado como una violación continua de los derechos humanos.

Las problemáticas sobre la detención de inmigrantes, que se encuentran en los documentos de la ONU, han sido interpretadas dentro de un marco de *elementos represivos.* Este marco también se aplica a las presentaciones en varios informes de la ONU del caso discutido anteriormente que involucra la deportación de dos hombres a Egipto en 2001. En contraste con los otros marcos descritos, este marco resalta actos de comisión por parte de representantes estatales. El problema de la detención se presenta como una cuestión de hasta qué punto, con qué frecuencia y por cuánto tiempo se emplea la detención.

El problema de que los solicitantes de asilo sean colocados en prisiones preventivas sin haber cometido un delito, por otro lado, se presenta como una práctica de la que las ONG tratan de concienciar en su abandono. Estas interpretaciones de las representaciones problemáticas relacionadas con la detención de solicitantes de asilo tienen implicaciones para el tema de la legitimidad del Estado. Si el Estado detiene a personas sin causa, la legitimidad del Estado está en duda, pero si se presenta como una cuestión de la medida en que se emplea la detención, diversos trabajadores y voluntarios de Cooperación creen que esto no debe interpretarse como un desafío a la legitimidad del Estado. Este tema se discutirá más a fondo en relación con los encuadres empleados por las ONG.

El análisis del control informal realizado por las ONG revela marcos similares a los encontrados en relación con los organismos formales de control internacional, en primer lugar, la ONU. Las similitudes entre las representaciones problemáticas de la ONU y las ONG no es sorprendente, ya que los informes de las ONG constituyen una base para los informes periódicos de la ONU, mientras que las ONG utilizan los informes de las Naciones Unidas para enfatizar sus representaciones problemáticas. Sin embargo, hay dos diferencias centrales. En primer lugar, los problemas se representan de forma algo diferente dentro de los mismos marcos y el lenguaje utilizado dentro de estos marcos difiere. En segundo lugar, surgió un nuevo marco en las entrevistas con las ONG, al que puede denominarse *derecho de asilo.*

El discurso crítico que se encuentra en los informes de las ONG se asemeja al de la ONU. Sin embargo, la crítica es más dura que la de la ONU, por ejemplo, afirmando que no proporcionar una representación adecuada a una persona que solicita asilo es "*una violación del derecho a la igualdad de trato ante la ley*" (*United Nations Association of Sweden*, 2008). En comparación con los otros organismos de control, la crítica de las ONG se formula con mayor frecuencia en términos generales, sugiriendo un problema sistémico, como en el ejemplo: "*Parece haber una renuencia general a creer en las declaraciones de los solicitantes de asilo*" (*Save the Children Sweden*, 2002).

El tema de las decisiones para rechazar las solicitudes de permisos de residencia se ha interpretado en dos marcos diferentes, según como se represente el problema. Tal como se describe en el denominado *no devolución*, el problema se presenta como una decisión errónea, mientras que en los informes de las Naciones Unidas y las ONG también se lo representa como motivo de que se haya examinado injustamente la solicitud y por lo tanto, se interpreta como un fallo bajo el marco del *Estado de Derecho*. La diferencia puede parecer sutil, pero puede sugerirse que tiene cierta importancia para nuestra comprensión de la forma en que se ejerce el control en relación con los Estados. Parece interesante la siguiente cita de una ONG en un informe alternativo:

> *[...] existe una falta de conocimiento y / o experiencia entre los abogados en la ley de asilo, pero también hay una falta de comprensión en las leyes de derechos humanos y en el derecho humanitario en la Junta de Inmigración e incluso en los tribunales. Los juicios no están suficientemente razonados como para servir como guía legal para un resultado legalmente predecible (Helsinki Committee for Human Rights, 2008)*.

El problema se presenta aquí como general y como un problema de conocimiento insuficiente, creando una situación con poca seguridad legal para el solicitante de asilo. Las representaciones problemáticas ubicadas dentro de este marco por las ONG se inclinan más por describir a Suecia como un país que a veces elude su responsabilidad de brindar protección a otros Estados que por describir a Suecia como incapaz de brindar protección en casos individuales.

La diferencia entre los cuerpos de control formales e informales también se nota en *los elementos represivos marco*, pero este marco también revela la diferencia entre el grupo de ONG. Si bien varias ONG consideran que el uso de los centros de detención es problemático en ciertos aspectos, uno de los representantes de las ONG expresó una enérgica condena de los centros de detención y abogó por que se abandonaran por completo, ya que detener a alguien que no cometió un delito debe ser considerado como un delito grave por parte del Estado. En contraste con la formulación del problema descrita por la ONU y también en los informes escritos de las ONG, en esta entrevista particular se cuestionó la legalidad de los centros de detención *per se.* Este marco y las diferencias significativas que se encuentran en él ilustran la forma en que los marcos están incrustados en un contexto sociocultural (Benford, 2000: 611), pero también resalta las diferentes posiciones de los cuerpos de control y las estrategias empleadas en el campo.

Las ONG han enfatizado en la falta de caminos legales para la migración y cómo los controles fronterizos constituyen barreras a los esfuerzos de las personas para buscar protección; éstos son problemas que no se mencionan en ninguno de los informes o juicios escritos. Aunque estos problemas están representados de forma algo diferente por diferentes ONG, dependiendo de la visión de las fronteras y soberanía del Estado de la organización respectiva, están sin embargo incrustados en el mismo marco: el *derecho de asilo.* El énfasis dentro de este marco difiere un tanto entre las ONG, con algunas organizaciones enmarcando los temas en términos del *derecho a buscar asilo,* mientras que otras los enmarcan más en términos del *derecho a ser otorgado asilo.*

3.3.7. El empleo temporal y el desempleo de los inmigrantes

La migración es un evento social de vida estresante ya que abarca el manejo de circunstancias de premigración, a menudo traumáticas en el caso de los refugiados, con la desafiante integración posterior a la migración en una sociedad de acogida.

Los estudios sobre el bienestar psicológico de los migrantes varían en sus resultados reflejando una amplia heterogeneidad hacia la etnicidad, las condiciones relacionadas con la migración y los determinantes socioeconómicos (Kosidou, 2012: 7) pero reconocen una mayor vulnerabilidad de los inmigrantes a los desafíos de salud mental derivados de la exposición al proceso migratorio compuesto por factores sociales y financieros de adversidad, infrautilización de servicios de salud y discriminación (Syed, 2006: 182).

En Suecia, a través de varias oleadas de inmigración por motivos económicos y humanitarios, una proporción de la población nacida en el extranjero aumentó constantemente del 4,0% en 1960 al 11,3% en 2000 y al 17,0% en 2015 (*Statistics Sweden*, 2022) excediendo las estadísticas correspondientes para Europa (10,0% en 2015) y países vecinos del norte de Europa (13,0% en 2015).

Actualmente (2022) Suecia sigue recibiendo una gran afluencia de inmigrantes, lo que hace que el tema de la integración sea una de las preocupaciones gubernamentales y públicas más importantes. Según un informe de Naciones Unidas, la mayoría de los inmigrantes en Suecia están en edad de trabajar (media de edad de 41 años), lo que enfatiza el empleo con su efecto neto sobre las habilidades culturales, lingüísticas y sociales como un aspecto central de la integración.

La política sueca de migración e integración apunta a la igualdad de oportunidades en el mercado laboral sin diferencias en el empleo, el desempleo y los salarios en relación con el origen del individuo que concuerde con el objetivo general de salud pública nacional de crear condiciones sociales para una buena salud para toda la población (Lemaître, 2007: 48). Sin embargo, un estudio sueco sobre la actividad del mercado de trabajo de los inmigrantes destaca diferencias considerables en las tasas de empleo dentro de la población inmigrante, revelando que los no europeos nacidos en el extranjero, las mujeres y los refugiados están peor (Hammarstedt, 2014: 9).

Si el efecto del estado de empleo sobre el bienestar psicológico se ve alterado por los factores relacionados con la migración es una cuestión que merece mayor atención. Las revisiones y los estudios nacionales han proporcionado evidencia de la asociación entre el empleo, el estatus de inmigrante y los trastornos mentales graves (Hollyer, 2013: 29), mientras que los datos empíricos sobre las correspondientes asociaciones con trastornos psicológicos, particularmente con respecto a los grandes estudios poblacionales (Bogic, 2015: 29) son relativamente escasos con cierta variabilidad en los resultados debido principalmente a la heterogeneidad en la etnicidad de grupos de inmigrantes (Rask, 2016: 281). El efecto moderador de la inmigración de refugiados y no refugiados requiere una consideración aparte (Schuring, 2009: 1023) ya que, además de las diferencias antes mencionadas en la participación en el mercado de trabajo, los refugiados demuestran un riesgo sustancialmente mayor de trastornos mentales en comparación con otros inmigrantes y nativos (Lindert, 2009: 246).

Hallazgos de asociación entre el desempleo y la angustia psicológica son consistentes con la evidencia de revisiones sistemáticas y metaanálisis (Luhmann, 2012: 615).

Conocido como uno de los factores estresantes más fuertes, se considera que el desempleo es similar al del duelo con respecto a su efecto negativo sobre la salud psicológica. Se ha demostrado que la experiencia del desempleo puede desencadenar una gran cantidad de estresores conductuales y sociales adicionales que, a su vez, afectan aún más la salud mental (Drapeau, 2012: 105).

Aunque los mecanismos subyacentes de la angustia psicológica siguen sin estar claros, se ha sugerido que los inmigrantes pueden estar particularmente en riesgo, ya que su exposición a los factores estresantes relacionados con la migración se combina con circunstancias socioeconómicas desfavorables y posibles desafíos con respecto a la integración.

Resultados muestran que el desempleo contribuye igualmente a las desigualdades de salud psicológicas entre los grupos nacidos en Suecia y los nacidos en el extranjero. Del mismo modo, un estudio alemán (Aichberger, 2012: 16) mostró que el desempleo aumentaba el riesgo de angustia psicológica entre los inmigrantes turcos y los nacidos en Alemania.

Estudios finlandeses (Rask, 2016: 281) y holandeses (Schuring, 2009: 1023) mostraron un riesgo más pronunciado de deterioro de la salud psicológica entre las personas nativas desempleadas con un riesgo menor o nulo observado en grupos desempleados multiétnicos nacidos en el extranjero.

Se han observado diferencias en los riesgos de angustia psicológica entre los inmigrantes desempleados en relación con la etnia, el país de nacimiento y el estatuto de refugiado; sin embargo, la evidencia de la modificación por origen étnico sigue siendo inconsistente, probablemente debido a una heterogeneidad sustancial (Tinghog, 2007: 990).

La etnicidad puede verse como un sustituto de conductas y actitudes basadas en la cultura, la exposición a la estigmatización y la discriminación, así como la oportunidad de ingresar y permanecer en la fuerza de trabajo.

Se ha sugerido que los inmigrantes nacidos fuera de Europa, especialmente los refugiados, pueden experimentar una mayor carga de factores estresantes, agravada por las tasas de empleo más bajas.

En estudios de inmigración, el papel del género en la asociación entre el empleo y el bienestar mental también parece ser poco claro (Rask, 2016: 287). Algunas inconsistencias provienen de una variedad de determinantes sociales y de salud que pueden actuar como factores de riesgo y de protección que interactúan con los roles de género convencionales que, a su vez, pueden variar entre los diferentes grupos étnicos.

Un estudio cualitativo de Knocke informó de que los inmigrantes y los nacidos en Suecia son igualmente activos en la búsqueda de empleo y están altamente motivados para integrarse en el mercado laboral. Esto podría explicar por qué las personas, si se las excluye de la fuerza de trabajo, parecen estar igualmente afectadas independientemente de su estatus migratorio y género.

El impacto negativo del empleo temporal en la salud psicológica no debe pasarse por alto (Robert, 2014: 404). Se ha demostrado que además de la incertidumbre sobre la situación laboral, los trabajadores temporales pueden verse expuestos a entornos de trabajo físicos y psicológicos poco saludables, bajos salarios, falta de seguro de salud y seguridad social y, no menos importante, desde la impotencia para contrarrestar estas presiones (Kim, 2015: 985).

Los resultados informados por Lahelma muestran que el desempleo y el empleo temporal son importantes para todo el espectro de síntomas de angustia, en la asociación entre el estado laboral y la angustia psicológica. En esta interesante publicación se explica la situación de los no refugiados, considerados "inmigrantes en activo", para quienes el empleo temporal puede servir como un paso hacia un trabajo permanente.

3.3.8. Malmö y Gotemburgo, estrategias de las ciudades de mayor población inmigrante

Las posibilidades, en general, de que las ciudades participen en la gobernanza global se ven limitadas por los inmensos problemas y desafíos que deben enfrentar, en parte debido a la velocidad de la tasa de urbanización y la desigualdad subsiguiente del desarrollo.

Si bien las ciudades son centros atractivos para la migración, sus artes creativas, la innovación y las oportunidades de empleo, también son centros de formas agudas de pobreza, viviendas precarias y falta de vivienda (Amen *et al.*, 2011). Por lo tanto, las ciudades se convirtieron en espacios de participación, politizando una agenda económica que fomenta la exclusión social, la marginación y el desarrollo desigual (Harvey, 2012). Además, en las áreas urbanas las personas viven una al lado de la otra. Tienen diferentes culturas, diferentes identidades grupales y diferentes oportunidades de vivir vidas decentes. En consecuencia, el proceso intensificado de globalización, junto con la tasa de urbanización, los nuevos patrones de migración y las relaciones sociales transformadas, significa que muchas ciudades se encuentran en peligro de perder cohesión mientras descienden a los campos de batalla para el conflicto social. Si los desafíos que enfrentan no pueden ser manejados adecuadamente, las ciudades ya no podrán contribuir al desarrollo sostenible.

El desarrollo desigual de la globalización se entiende, en parte, como una consecuencia no deseada del surgimiento de la ciudad del conocimiento y la distorsionada distribución del ingreso que tiende a seguirle, no sólo entre países sino, sobre todo, dentro de los países. En muchos países desarrollados, el mercado laboral ha comenzado a dividirse entre empleos de altos ingresos para los que muchos trabajadores carecen de las calificaciones requeridas y un trabajo mal remunerado con el que se hace difícil la vida. Además, la demanda de una mano de obra altamente calificada y bien educada frecuentemente resulta en un proceso de gentrificación, que crea diferencias entre las áreas de vivienda. Los niveles más altos de ingresos y el estatus social aumentan la demanda y aumentan los precios de la vivienda en algunas áreas, lo que finalmente obliga a los residentes existentes a buscar nuevas viviendas en áreas con aumentos de precios más lentos. El desarrollo de la sociedad tras el proceso de gentrificación refuerza aún más el proceso de segregación (Wacquant, 2009). Ésta es una de las razones por las cuales las divisiones urbanas y las dinámicas de conflicto interno amenazan la estabilidad social en muchas partes del mundo.

Parte de la literatura sobre sostenibilidad busca dar al concepto un significado más definitivo al sugerir que la sostenibilidad social es una combinación de equidad social y 'sostenibilidad de la comunidad', que a su vez puede definirse como sostenibilidad en un contexto o vecindario local (Dempsey *et al.*, 2009: 289). Otros se refieren a la cuestión de la cohesión social; los factores que mantienen unida a la sociedad, la cohesión social, trata de las relaciones de las personas entre sí, o capital social, para lo cual la sociedad civil es uno de los factores cruciales (Putnam, 1996).

Los investigadores argumentan que la capacidad de las ciudades para gestionar la diversidad cultural y combatir la desigualdad social y la discriminación será decisiva para sus oportunidades de desarrollarse en un mundo cada vez más globalizado. Muchos definen la sostenibilidad social como la capacidad de fomentar un clima que promueve la coexistencia entre grupos de diferentes orígenes culturales y sociales, fomentando así la interacción social y la mejora de la calidad de vida para todos. Por lo tanto, la sostenibilidad social significa que las ciudades deben ser capaces de convertirse en contrapesos, equilibrando la exclusión siendo lo más incluyente posible (Polèse y Stren, 2000; Borja y Castells, 1996).

En un mundo globalizado, donde lo local se entrelaza cada vez más con lo global en cualquier contexto social dado, la forma en que las personas se relacionan con las ideologías políticas dominantes y los tres valores básicos —seguridad, desarrollo y justicia— sobre los cuales se basan, juntos forman las condiciones previas para la sostenibilidad social.

El término sostenibilidad social solo puede definirse en relación con estos tres valores. El significado de la sostenibilidad social, en otras palabras, es todo menos arbitrario o fluido, que se compone de una especie de "equilibrio" que existe entre estos tres valores. Si hay un déficit de alguno de los valores (por ejemplo, un déficit de justicia en relación con la seguridad y el desarrollo), el sistema en última instancia no será socialmente sostenible. La necesidad de equilibrio significa que el tema de las compensaciones y los objetivos en conflicto y cómo se abordan, se convierte en un elemento central de la sostenibilidad social.

En última instancia, la sostenibilidad social implica un sistema social no discriminatorio que considera al individuo como poseedor de los derechos económicos, sociales y culturales (Dempsey, 2009). La sostenibilidad social y la cohesión sólo pueden lograrse mediante un contrato social y sólo en presencia de condiciones estructurales que le dan a las personas un sentido de pertenencia y confianza, a pesar de la posibilidad de que puedan existir valores diferentes. Tal identidad social y afinidad fortalece el respeto propio de la gente, la autoconfianza y la autosuficiencia. Esto, a su vez, aumenta la capacidad de las personas para contribuir al mantenimiento y el fortalecimiento de la sostenibilidad social.

Ante esto y dada la situación en Malmö y Gotemburgo, se puede proponer la siguiente definición de sostenibilidad social y ciudad socialmente sostenible: La sostenibilidad social constituye la capacidad de una sociedad para abordar cuestiones sociales complejas y en función de esta capacidad, perpetuar su existencia como un organismo social en funcionamiento. Esta capacidad está formada y sostenida por las relaciones estructurales que abren un espacio para la participación del individuo y la oportunidad de comprender diferentes contextos y sentirse seguro de sí mismo. Una ciudad socialmente sostenible es una ciudad justa y segura, con numerosos espacios públicos libres de discriminación y donde las personas que viven y trabajan allí tienen un sentido de confianza social y compañerismo. Esto requiere que los habitantes no sólo sientan que están involucrados, sino que también participen verdaderamente en el desarrollo social de la ciudad.

Se requiere una fuerte participación popular y la construcción de confianza desde abajo. Una herramienta cada vez más común utilizada para fortalecer el compromiso es el diálogo. Sin embargo, el diálogo no debe limitarse al llamado diálogo de los usuarios, que permite a los funcionarios, inspirados por la nueva administración pública, entrar en la cabeza de los ciudadanos a través de la interacción de primera mano para producir servicios que satisfagan sus necesidades. Los desafíos que enfrentan las ciudades consisten en problemas complejos para los cuales no hay soluciones rápidas ni soluciones identificables.

La seguridad positiva, basada en una mayor confianza y cohesión social, requiere que los ciudadanos urbanos participen más plenamente en la toma de decisiones políticas, ya sea en la movilización, asignación y distribución de diversos recursos o la identificación de problemas complejos y formas adecuadas de gestionarlos. Lo mismo ocurre con la comprensión y la actuación sobre conceptos impugnados y abiertos como la seguridad, el desarrollo y la justicia y mucho menos el concepto de sostenibilidad social. La transición de la política urbana a la gobernanza urbana, con su asociación creciente y opciones políticas importantes, exige la co-creación de los tomadores de decisiones y los ciudadanos; una co-creación, sin embargo, que abarca todo el proceso de toma de decisiones desde la formulación de los problemas y el análisis de las estructuras de posibilidad hasta la identificación de las medidas y su implementación. Los co-creadores también comparten la responsabilidad por el resultado.

Para tal empresa, se requiere un diálogo ciudadano abierto, inclusivo y empoderador. El diálogo trata de hacer visibles a los diferentes actores y sus perspectivas, para que sientan que se les escucha y se les respeta y que pueden influir en las decisiones que afectan sus vidas cotidianas. Obviamente, para algunos en el gobierno urbano, el temor real de compartir el poder es una limitación. Sin embargo, el poder no debería considerarse un juego de suma cero. En la sociedad de redes, el poder es más una cuestión de poder para hacer algo que poder sobre algo. Cuantas más personas estén empoderadas y cuanto más perciban posteriormente que los titulares de poder son legítimos, más fuerte será su capacidad para prestar su apoyo a dicho liderazgo. Esto requiere un método de diálogo ciudadano orientado a la transformación, capaz de hacer frente a las relaciones asimétricas caracterizadas por lagunas conceptuales importantes y la profunda desconfianza entre los diferentes interesados (Abrahamsson, 2003).

Suecia ha pasado de ser un país emigrante, antes de la Segunda Guerra Mundial y con una sociedad étnicamente homogénea a una comunidad múltiple con muchas minorías étnicas. Actualmente, aproximadamente la mitad de la población inmigrante en Suecia procede del Mediterráneo Oriental, de procedencia islámica. Malmö y Gotemburgo son ejemplos de ciudades que lo han hecho muy bien en la movilización de los recursos necesarios para convertirse en nodos atractivos y competitivos en la red global. Ambas ciudades, con poblaciones de 300.000 y 500.000 respectivamente, solían considerarse demasiado pequeñas para actuar solas en el contexto global. Una mayor cooperación subnacional y regional se ha convertido en primordial. La región de Gotemburgo es una de las regiones de más rápido crecimiento en Europa, a través de inversiones masivas en infraestructura de transporte, comunicación y capitalización deliberada en efectos de sinergia en investigación, desarrollo tecnológico e innovación que involucran al Hospital Universitario Sahlgrenska, compañías industriales líderes como Volvo, SKF y Ericsson, la Universidad de Tecnología de Chalmers y la Universidad de Gotemburgo.

La ciudad ha logrado colocarse en el mapa para los inversores extranjeros. Se cree que la variada oferta cultural y la reputación de Gotemburgo para organizar grandes eventos han sido cruciales.

La región de Malmö es una historia de éxito similar. Con su impresionante inversión en TI y tecnología avanzada, la ciudad ha logrado revertir el estancamiento económico de la década de 1990 y el desempleo del 25% que siguió al cierre de sus fábricas y astilleros de gran importancia. En su lugar, se encuentra una atractiva y futurista ciudad del conocimiento verde. Su mezcla multicultural, con más de 100 idiomas hablados y 160 nacionalidades diferentes, es crucial en la comercialización de la atmósfera continental e internacional de la ciudad.

El proceso de globalización, sin embargo, ha traído un desarrollo desigual y por lo tanto, una mayor desigualdad; consecuencias no deseadas que son la desventaja de las historias de éxito de Malmö y Gotemburgo. Cuando se suman a la población de la ciudad, las estadísticas muestran que los crecientes niveles de segregación han dejado a la ciudad de Gotemburgo dividida en tres partes: la población más adinerada se ha mudado a los suburbios en el suroeste, dejando el centro de la ciudad en manos de la clase media, mientras que la aceleración de la gentrificación ha forzado a la clase media baja, a los trabajadores y a los emigrantes a salir del centro de la ciudad para vivir en los suburbios menos costosos del noreste. Este desarrollo se manifiesta en fuertes diferencias, ya sea en las tasas de empleo, los ingresos, la esperanza de vida o la salud.

En realidad, sin embargo, los sitios donde se sienten las consecuencias sociales de este desarrollo desigual son mucho más complejos. En el mismo vecindario, incluso en el mismo bloque de pisos, los requisitos previos para una vida decente varían significativamente. Lo mismo es cierto de Malmö. Aquí también, donde cada tercer habitante es nacido en el extranjero, la variedad multicultural de personas ha traído consigo una fuerte segregación (Johansson y Sernhede, 2006).

La situación se ha visto agravada por el papel cambiante del Estado y su retirada del espacio político. El Estado sueco ha abandonado su enfoque metropolitano y sus políticas urbanas financiadas con impuestos para centrarse en la gobernanza urbana. Para ciudades como Malmö y Gotemburgo, este cambio se ha manifestado en acuerdos de desarrollo local financiados, en gran medida, por asociaciones público-privadas locales, más que por el contribuyente. Las ciudades han tratado de encontrar su propia financiación a través de una combinación de asociaciones público-privadas y un aumento en las tarifas de los usuarios. Esto ha aumentado considerablemente el apalancamiento del sector privado, con el resultado de que se ha priorizado la inversión en el crecimiento económico y el aumento de la competitividad internacional a expensas de las iniciativas sociales.

De especial preocupación para el desarrollo sociopolítico de Malmö y Gotemburgo es la juventud urbana. Según la Junta Nacional sueca de Asuntos de la Juventud, que ha analizado las condiciones de vida de la población suburbana, el 35% de los jóvenes de entre 20 y 25 años en los suburbios de Rosengård (Malmö) y Angered (Gotemburgo) no trabaja ni estudia. Para algunos distritos residenciales, esa cifra puede llegar al 50-60%, especialmente para los nacidos en el extranjero y menos formados. Es alarmante que una proporción cada vez mayor de jóvenes en algunas urbanizaciones sea la tercera generación de desempleados de larga duración. Se consideran "desempleables" y simplemente han dejado de buscar trabajo.

La sociedad se muestra incapaz de aprovechar la energía, la inteligencia y el compromiso de la próxima generación, de la que depende y en particular, de su población que envejece. La falta de viviendas asequibles empeora las cosas. Muchos jóvenes se ven obligados a mudarse y salir de la casa de sus padres, "niños boomerang" que no pueden encontrar ni un trabajo permanente ni un hogar propio permanente. Tanto Gotemburgo como Malmö, a veces, experimentan graves trastornos sociales, alimentados por la frustración de lo que se percibe como discriminación, falta de respeto y falta de oportunidades para vivir una vida digna. Las tensiones sociales han aumentado como resultado de la migración transnacional y un mejor acceso a la información mundial sobre lo que está sucediendo en otras partes del mundo. La exclusión social y la discriminación que enfrentan las personas en todo el mundo dan connotaciones raciales y coloniales a las experiencias locales, con frustración y alienación como resultado.

En las décadas de 1950 y 1960, la mayoría de inmigrantes procedían de otros países escandinavos, sobre todo de Finlandia, y del centro y sureste de Europa. En las décadas de 1970 y 1980, Suecia comenzó a recibir un número creciente de inmigrantes de regiones no europeas como América del Sur y el sureste asiático y en las dos últimas décadas, la mayoría de inmigrantes proceden de la ex Yugoslavia e Irak. La inmigración de los años cincuenta y sesenta estaba formada principalmente por personas que acudían a Suecia por razones laborales, mientras que desde principios de los setenta ha predominado la inmigración de personas refugiadas y solicitantes de asilo. Suecia es un país étnicamente segregado.

Tanto en Estocolmo como en Gotemburgo y Malmö existen zonas con una alta proporción de población inmigrante. Estocolmo, conformado por 18 distritos, el distrito de Rinkeby está concentrado por un 75% de la población que es inmigrante de primera o segunda generación. Se crearon los Centros de Recursos Familiares y las Escuelas Abiertas de Recreo como una iniciativa de las trabajadoras y trabajadores sociales y sanitarios para hacer frente a la situación a menudo desesperada de muchas de las familias residentes en zonas como los guetos urbanos étnicos.

La Escuela Abierta de Recreo es un espacio en el que las madres y padres pueden estar con sus hijas e hijos pequeños durante el día bajo la orientación de profesoras/profesores de educación infantil y otras u otros profesionales. No es un servicio público obligatorio, pero la mayoría de distritos de Estocolmo y otras zonas urbanas ofrecen este servicio a las personas residentes en la zona. Resulta particularmente útil en zonas como Rinkeby, con una gran proporción de familias numerosas y un elevado desempleo, ya que ofrece a las mujeres desempleadas una oportunidad de salir de casa y reunirse con otras mujeres y niños. Entre las actividades que se desarrollan en la Escuela Abierta de Recreo cabe citar la formación lingüística para personas adultas. Tanto las Escuelas Abiertas de Recreo como los Centros de Recursos Familiares son actividades financiadas con fondos públicos y ofrecidas por la administración del distrito.

El país ha experimentado revueltas de jóvenes —en las ciudades de Malmö, Gotemburgo y Upsala en 2009 y en Estocolmo en 2013— que han hecho visibles con nuevas reivindicaciones sobre igualdad social. En 2007 se creaba *Megafonen*, que trataba de aglutinar a personas de regiones desfavorecidas en cuestiones de discriminación, segregación, gentrificación, racismo y derechos de género.

El Partido Liberal ha sido el artífice de las propuestas en torno a ampliar los requisitos para la integración de las personas inmigrantes, pasando por adquirir la capacidad de hablar y comprender el idioma con cierta precisión. En 1997 se aprobaba una ley para diferenciar entre la inmigración de primera y de segunda generación y hacer un seguimiento de los que habían o no conseguido la nacionalidad sueca. En la legislatura 2014-2018, una nueva ley de inmigración permitiría obtener beneficios a partir de un año trabajado en el país estando registrado en la Agencia Tributaria y en la Seguridad Social y entre ellos, la garantía de una sanidad a bajo coste con una alta cobertura (hay copago en la atención primaria), prestaciones parentales, cuidado dental, pensión y prestaciones por desempleo, entre otros (Selin, 2015). Una moral y un comportamiento antirracista es el objetivo. Estas ciudades buscan seguir en la creación de una ideología intercultural, en la que las diversas culturas convivan compartiendo valores de humanismo, de democracia, de solidaridad, de pacifismo y de tolerancia, para construir una sociedad moderna globalizada e inclusiva que sigue creciendo en términos de inmigración (Ålund & Schierup, 1991).

En Malmö, la población de origen extranjero representa un 40% del total en la ciudad. El barrio de Rosengård cuenta con un 87% de inmigración. Las escuelas suplementarias están presentes entre grupos de inmigrantes que, creando una organización, ofrecen a las personas recién llegadas o a los hijos de las familias asentadas en Malmö una oportunidad de seguir inmersos en su origen, tanto en la religión como en el idioma y en la educación. Estas escuelas han existido desde finales del siglo XIX. El motivo fue la creciente oleada de personas inmigrantes después de la Segunda Guerra Mundial (Maylor, Glass & Issa, 2010). Así, las escuelas suplementarias se encuentran hoy en día en los países donde hay un gran número de inmigrantes dispuestos a perpetuar su cultura y a conservar sus hábitos y costumbres. Las escuelas suplementarias nacieron para que "los niños pudieran construir una identidad colectiva en una sociedad que les aleja de su patrimonio cultural" (Bouakaz & Persson, 2007). Son organizaciones voluntarias que existen para apoyar el aprendizaje de los niños, por lo general los fines de semana y a veces por las tardes. Muchos de los niños extranjeros, o con padres extranjeros, asisten a estas escuelas, además de a su escuela ordinaria. Ellos pueden aprender de su propia cultura y también mejorar sus habilidades de las materias escolares ordinarias. Estas escuelas son organizadas por los padres de los niños extranjeros. Siempre ofrecen estas oportunidades educativas fuera de las horas escolares para los niños que provienen de las comunidades étnicas minoritaria. En Malmö, se creó la opción de las escuelas suplementarias, destacando la escuela suplementaria somalí "*Al-Salam*", en la que las asignaturas son impartidas en sueco y en árabe. Los padres suelen estar involucrados en las actividades que ahí se realizan, en un intento de cohesión e inclusión de ambas culturas. Los padres de extranjeros y aquellos que, siendo ya nacionalizados, desean mantener su cultura de origen, matriculan a sus hijos con la mente puesta en que la crianza de un niño en una cultura diferente trae desafíos constantes, de ahí que en sus aulas se vean arropados y entrenados por dos docentes. Es tal la importancia que se da a la integración social que en la Facultad de Educación de Malmö, entre más, existe esta asignatura: "*Learning and Teaching in Multicultural Schools*", para poder formar mejor a los futuros docentes en los contextos de multiculturalidad que vivirán en sus aulas.

3.4. SOBRE LA SALUD PÚBLICA

Si importante es analizar la integración y la inclusión social en aras a tener más base de conocimiento en lo referido a la lucha contra la vulnerabilidad y la exclusión social, las políticas de salud pública nos hablan también de los efectos de la desigualdad en cuanto a la esperanza de vida y su calidad, con mucha base empírica sobre los programas públicos e investigaciones referidos a la salud mental.

Las políticas de salud pública en los países nórdicos tienen mucho en común. Los cinco países establecen institutos de salud pública para monitorear y analizar la salud de las poblaciones; los programas de educación sanitaria se han establecido en cada país y han adoptado programas nacionales de salud pública, incluidos programas de vacunación integrales para niños(as) y las actividades de salud pública se producen en el sector público o en colaboración con ONG. Sin embargo, existen diferencias entre los países con respecto a cómo ven las causas de la mala salud y en consecuencia, su enfoque de las políticas de salud pública (Vallgårda, 2011: 6).

Vallgårda hace una distinción entre las políticas que se centran en el comportamiento individual y la responsabilidad y políticas que se centran en las condiciones sociales y otros factores que son externos al individuo. El primer enfoque se considera que está de acuerdo con una ideología liberal que hace hincapié en elecciones autónomas de individuos que pueden ser habilitadas por la información necesaria. El segundo enfoque se considera estar de acuerdo con una ideología socialdemócrata con énfasis en el Estado intervencionista para mejorar la salud y las condiciones sociales y de vida. Una política entre estos dos es una política social liberal que enfatiza la igualdad de oportunidades sobre la base de un Estado intervencionista para facilitar la autodeterminación.

En resumen, la política de salud pública en los años 2000 en Dinamarca es categorizada como la más liberal y la noruega como la más socialdemócrata, mientras que Suecia y Finlandia son vistos como intermedios. De hecho, en Suecia, uno de los principales gestores de sanidad privada en Europa es de origen sueco, Capio. Aunque abone un 30% de sus ganancias, parte de la sanidad cayó en manos privadas en los '90.

La desigualdad social en salud y la esperanza de vida han sido ampliamente documentadas en cada país por investigadores académicos y autoridades. El enfoque político para reducir la desigualdad en salud difiere entre los países y se asocia con diferentes enfoques, para reducir el riesgo para la salud y mejorar la salud y la esperanza de vida.

Con respecto a abordar la desigualdad en salud, se puede hacer una distinción entre políticas universales dirigidas a toda la población y políticas residuales centradas en grupos con características específicas (Vallgårda, 2010: 495). Un enfoque universal concuerda con una interpretación del problema como un gradiente, mientras que el enfoque residual concuerda con una interpretación del problema de exclusión o en desventaja, que comprende una parte menor de la población. Vallgårda identifica las políticas danesas en la década de 2000 como una política residual. Suecia cambió del enfoque universal al residual, debido al cambio de gobierno en 2006 hasta 2014. Se considera que las políticas finlandesa y noruega se basan en una estrategia combinada.

Una serie de datos de un informe de la Universidad de Estocolmo titulado "*Nordic food systems for improved health and sustainability*" ofrece una visión general de la situación de salud pública en cada uno de los cinco países nórdicos y en la región nórdica en general mostrando el estado y el desarrollo en función de una dieta no saludable, inactividad física, alto tiempo de pantalla recreativo, sobrepeso/obesidad y obesidad. Las hojas informativas también muestran el estado de estos factores de riesgo, así como las políticas públicas dirigidas a la contención del consumo de alcohol, que fue un grave problema social en la Suecia de los '70 y el tabaquismo, siendo Suecia uno de los primeros países en restringir el consumo de tabaco en los centros públicos.

"*En general, los datos muestran que la salud pública va en la dirección incorrecta entre los adultos de la región nórdica entre 2011 y 2014. Entre los niños de la región nórdica, el panorama general no ha cambiado*", es una de las aseveraciones que aparecen en el estudio.

Los datos muestran qué países tienen el comportamiento de salud más favorable y el menos favorable en la región nórdica. El comportamiento de salud en Dinamarca es menos favorable cuando se trata de fumar diariamente y el consumo de alcohol.

"El desfavorable primer lugar nórdico de Dinamarca para fumar y el alcohol es una de las principales causas de la pérdida de años de vida sana y una esperanza de vida más corta que en los otros países nórdicos. En los cinco países nórdicos, las mujeres danesas tienen la esperanza de vida más baja y los hombres daneses tienen la segunda esperanza de vida más baja", dice Sisse Fagt, asesora *senior* del Instituto Nacional de Alimentos.

Desde la Agencia Nacional de Salud Pública, el trabajo para el conocimiento de la población sueca hace esta división por grupos de edad y de ejes estratégicos:

1. Niños y jóvenes: apoyo al conocimiento sobre cómo se puede fortalecer la salud mental entre los niños pequeños y niños en riesgo, así como apoyo al conocimiento dirigido directamente a preescolares y escuelas. Entre los jóvenes, resaltan los estudios sobre prevención de embarazos no deseados y de enfermedades de transmisión sexual, por grupos prioritarios en la detección de mayores niveles de incidencia registrados. En este grupo hay tres asignaciones en el campo de la salud y la sexualidad: prevención del VIH y las ITS, salud y derechos sexuales y reproductivos (SDSR) y la salud de las personas lesbianas, gays, bisexuales, transgénero, queer e intersexuales (LGBTQI).
2. Empleo: apoyo al conocimiento sobre salud mental y prevención del suicidio en la vida laboral, incluida la atención de la salud laboral y la salud de los estudiantes.
3. Ancianos: apoyo al conocimiento sobre el tratamiento en salud, servicios sociales, atención al anciano, así como también cómo los propios ancianos y sus familiares pueden fortalecer su salud mental.
4. Prevención del suicidio: apoyo al conocimiento sobre cómo se puede prevenir y prevenir el suicidio.
5. Participación social, normas y estigma: apoyo de conocimientos sobre cómo se puede responder al estigma en torno a las enfermedades mentales, donde también se contempla el estigma de los grupos LGTBI y/o transgénero y también, cómo se puede aumentar la participación social entre los refugiados.
6. Implementación: soporte de conocimientos que describe cómo se pueden implementar nuevos conocimientos y nuevos métodos y métodos de trabajo.

En el informe siguiente: "*Psykisk ohälsa, suicidalitet och självskada bland unga transpersoner. En kvalitativ intervjustudie om riskfaktorer, skyddsfaktorer och möjliga förbättringar i samband med psykisk ohälsa*"

("Mala salud psicológica, suicidio y autolesiones entre los jóvenes transgénero. Un estudio cualitativo sobre factores de riesgo, factores protectores y posibles mejoras asociadas a enfermedad mental") de la Agencia de Salud Pública, basado en entrevistas sobre enfermedades mentales entre jóvenes trans de 16 a 26 años, vemos que las tendencias suicidas y las autolesiones son comunes entre las personas transgénero. Las personas homosexuales, bisexuales y transgénero (personas LGBT) en general tienen peor salud sexual y reproductiva que el resto de la población. El trabajo plantea, entre otros asuntos, temas como la imagen social y propia, la satisfacción sexual, la exposición al abuso sexual y las actividades relacionadas con el sexo en Internet[51].

En junio de 2018, el Riksdag decidió un nuevo marco de política de salud pública, con un objetivo general de política de salud pública reformulado de crear condiciones sociales para una salud buena y equitativa en toda la población y cerrar las brechas de salud dentro de una generación. La meta esclarece la responsabilidad de la sociedad, que requiere un trabajo conjunto e intersectorial.

3.4.1. Los riesgos en salud pública asociados a los viajes al extranjero entre los jóvenes

Varios estudios han demostrado que los viajeros toman riesgos de salud sexual cuando viajan al extranjero (Vivancos, 2010: 849), lo que implica un mayor riesgo de adquirir infecciones de transmisión sexual (ITS). Los adolescentes y adultos jóvenes sexualmente activos son un grupo de alto riesgo de infección por clamidia, riesgo atribuible a la población de infección en una cohorte de viajeros internacionales jóvenes en Australia (Wand, 2011).

En la población sueca, la incidencia de infecciones por clamidia adquiridas en el extranjero aumentó en un 46% entre 2006 y 2019. La incidencia de gonorrea adquirida en el extranjero, en la población, aumentó en un 110% entre 2006 y 2019. La mayoría de los

---

51 Hoja de la encuesta disponible en: https://www.folkhalsomyndigheten.se/publikationer-och-material/publikationsarkiv/s/sexuell-och-reproduktiv-halsa-och-rattigheter-bland-homosexuella-bisexuella-och-transpersoner/

infectados eran jóvenes entre 15 y 29 años de edad. De los casos prevalentes de VIH, un 11% fue infectado en el extranjero.

Alrededor del 70% de los jóvenes suecos entre los 15 y 29 años de edad informaron en 2008 de que estuvieron en el extranjero al menos una vez durante el año anterior. Teniendo en cuenta la proporción de ITS adquiridas en el extranjero, esto hace que los jóvenes sean un grupo particularmente relevante para intervenciones específicas contra el aumento de los riesgos de salud sexual en el extranjero.

Mejorar este conocimiento es esencial para diseñar intervenciones apropiadas para las personas que viajan al exterior. Si el número cada vez mayor de jóvenes que adquieren ITS en el extranjero se debe a un cambio de comportamiento o un mayor riesgo de infección debido a factores contextuales (por ejemplo, mayor prevalencia de las infecciones en cuestión) y no sólo al hecho de que pasan más tiempo en el exterior, esto requeriría estrategias de intervención diferentes de las ya aplicadas para la escena doméstica.

El estudio se realizó en Skåne, el condado más al sur de Suecia, con 1,3 millones de habitantes, de los cuales aproximadamente 206.000 tenían 18-29 años de edad en 2013. El sur de Suecia limita con Dinamarca y un puente interconectado, Öresund, proporciona fácil acceso en ambos lados de la frontera aumentando las oportunidades de empleo dentro de la distancia de viaje para la juventud sueca.

Los principales hallazgos en este estudio son que el riesgo de tener relaciones sexuales con un compañero ocasional mientras estaba en el extranjero aumentó aproximadamente cinco veces para ambos sexos en una muestra de la población general de jóvenes en el sur de Suecia. Sin embargo, el tiempo pasado en el extranjero tuvo un fuerte efecto modificador sobre el riesgo de tener un compañero ocasional. Por lo tanto, aquellos que habían pasado muy poco tiempo (alrededor de 5 días) en el extranjero tenían un riesgo casi 20 veces mayor de tener relaciones sexuales con un compañero ocasional en el extranjero por unidad de tiempo.

El objetivo principal de este estudio fue poner a prueba la hipótesis de que viajar al extranjero aumenta la tendencia a participar en conductas sexuales de mayor riesgo. Estudios previos han respaldado esta noción y parece que una proporción creciente de las formas más comunes de ITS diagnosticadas entre jóvenes suecos se adquiere en el extranjero. Sin embargo, estudios previos no han sido diseñados para determinar si las personas que ya practicaron conductas sexuales de riesgo en su entorno habitual continuaron haciéndolo en el extranjero y por lo tanto adquirieron ITS con mayor frecuencia debido a su mayor prevalencia en parejas sexuales extranjeras que en parejas sexuales en Suecia. O alternativamente, si estar en el extranjero cambió el comportamiento del individuo en una dirección más arriesgada, por ejemplo, debido a un menor control social o una mayor presencia de factores desencadenantes.

Tanto las mujeres como los hombres mostraron un mayor riesgo de tener sexo casual mientras viajaban al extranjero en comparación a su estancia en Suecia. Las investigaciones futuras deberían examinar las razones subyacentes que contribuyen a este aumento del riesgo, a fin de poder diseñar intervenciones apropiadas para los viajeros jóvenes.

Las personas jóvenes son más vulnerables ante comportamientos de alto riesgo; por ejemplo, como sugiere Bárez, caen presas ante anuncios atractivos que promueven alcohol y tabaco (Bárez, 2020: 84). Tanto la creciente popularidad de los viajes al extranjero entre los jóvenes de hoy en día y el alto nivel de actividad sexual en este grupo de edad en general indican que las intervenciones pueden ser necesarias para hacer frente a este creciente desafío de salud pública.

3.4.2. La salud de las personas transgénero en Suecia

El informe titulado: "*Hälsan och hälsans bestämningsfaktorer för transpersoner i Sverige*" ("La salud de las personas transgénero en Suecia") de la Agencia de Salud Pública publicado en 2016 muestra que la mayoría de los encuestados califican su estado de salud como bueno, mientras que una minoría siente que puede vivir plenamente en según su identidad de género. Además, un alto porcentaje afirma haber estado expuesto por abuso, discriminación y violencia. De acuerdo con estudios previos de Suecia e internacionalmente, esto también muestra que muchas personas trans en algún momento seriamente han considerado suicidarse o han intentado quitarse la vida. El informe nacional anterior sobre las condiciones de vida y los resultados de salud de las personas transgénero se llevó a cabo en 2005, y debido a diferencias metodológicas hay dificultades para hacer algunas comparaciones entre las dos encuestas. Sin embargo, el resultado sugiere que la situación de vida y salud autopercibida de las personas trans no ha mejorado durante la última década. Sin embargo, se han producido una serie de cambios sociales diferentes que, a tenor literal de este informe, posibilitan mejores condiciones y condiciones de vida para personas transgénero a nivel estructural. Entre otras cosas incluye que los niños menores de 18 años tienen derecho a la atención y los servicios sociales relacionados con las personas trans sin el consentimiento de ambos cuidadores. Los requisitos de esterilización para la reasignación legal de sexo fueron abolidos en 2013, así como los requisitos para ser soltero y ciudadano sueco.

Los encuestados del estudio sostienen que representan un grupo que está expuesto en gran medida a la discriminación, sienten miedo de salir solos y están expuestos a diversos tipos de violencia. En el caso de la violencia, en la mayoría de los casos el perpetrador era una persona desconocida en un lugar público. Esta vulnerabilidad limita la movilidad cotidiana y el espacio vital, así como el acceso a servicios básicos como la atención de la salud. Muchos encuestados, en este informe, informaron adicionalmente de que se abstenían de diversas actividades sociales y cotidianas en por temor a ser discriminados.

Las encuestas han destacado la importancia de entornos de ocio seguros y que promuevan la salud.

Sólo un pequeño porcentaje de los participantes del estudio respondieron que pueden vivir plenamente de acuerdo con su identidad de género, lo que sugiere que la mayoría de las personas no han tenido el espacio vital que les gustaría.

Casi la mitad informa que tiene una relación problemática con la comida; los trastornos alimentarios entre las personas transgénero es un área que carece de apoyo empírico, pero deja abierta una línea de investigación al indicar que las personas transgénero tienen un mayor riesgo a desarrollar trastornos alimentarios. Se supone que esto se debe, entre otras cosas, a experiencias de insatisfacción con el propio cuerpo.

Al igual que estudios previos entre personas transgénero, este estudio muestra que los pensamientos sobre y los intentos de suicidio son comunes, con datos que en este informe llegan a más del 30% de los encuestados. Esta parte de los pensamientos suicidas alberga un porcentaje mayor de afectados en los encuestados del grupo trans que entre los encuestados homosexuales y bisexuales, estableciendo que los intentos de suicidio entre las personas transgénero tienen una conexión con depresión y exposición a discriminación y violencia por identidad de género y/o expresión de género. Varios estudios han investigado las causas subyacentes a los intentos de suicidio entre las personas transgénero, pero hay datos limitados sobre factores protectores. Sin embargo, un estudio ha demostrado que la experiencia de apoyo social desde su la familia es un factor protector, así como la estabilidad emocional y el deseo de tener una familia.

Una décima parte de los participantes del estudio indica haber recibido una o más veces peticiones de "venta de sexo". Las razones para vender sexo son muchas; los encuestados afirman que necesitaban dinero, que es emocionante o que querían hacerse daño. Una quinta parte de los que "vendían" sexo (citando literalmente la expresión aludida en este informe) también afirman que es una manera de obtener la confirmación de su identidad de género.

Existen dificultades para comparar estos estudios suecos con otros estudios a nivel internacionales ya que el contexto sueco difiere de otros contextos en términos de, por ejemplo, las condiciones socioeconómicas.

Aparte, los resultados muestran que un encuestado (0,2%) declara vivir con el VIH, el cual es un bajo porcentaje en comparación con estudios entre personas trans en otros países. Sin embargo, casi la mitad de los encuestados afirma que nunca se ha hecho la prueba del VIH, por lo que puede deducirse un conocimiento limitado sobre la prevalencia del VIH entre las personas transgénero en Suecia. No hay datos exhaustivos sobre el número de personas trans seropositivas en Suecia, pero los datos existentes sugieren que la alta prevalencia del VIH que se documenta en estudios de otras partes del mundo no se puede probar en Suecia y que la prevalencia del VIH entre las personas trans en Suecia refleja la baja prevalencia del VIH en la población general. Esto puede deberse, en parte, a una mayor accesibilidad a los servicios sanitarios y sociales que promuevan una mejor salud y unas buenas condiciones sociales y económicas. Al mismo tiempo, un tercio de los encuestados respondió que no conocen ningún centro en el que poder hacerse la prueba del VIH u otras ETS y recibir un buen tratamiento. Este es un obstáculo para el trabajo de prevención del VIH y ETS y la promoción de la salud sexual entre personas transgénero en Suecia.

Los jóvenes encuestados en este estudio reportaron peor salud general y mayor exposición al abuso, la discriminación y la violencia que los encuestados de mayor edad. La edad es también una variable que puede, entre otros, afectar al sentimiento de participación en la sociedad, a unas condiciones económicas determinadas y al desarrollo de la identidad del grupo. Las personas transgénero jóvenes también pueden ser más vulnerables a las reacciones fóbicas de la sociedad y por las restricciones legales estructurales en torno a la reasignación de sexo.

Los estudios sugieren que las personas trans jóvenes experimentan varios desafíos estresantes con el proceso de identificarse e integrarse a la sociedad como persona transgénero. La mayoría de los encuestados informó de que tenía poca confianza en los organismos públicos que deben tener un papel protector y creador de seguridad en la sociedad como la policía, la sanidad, la escuela y los servicios sociales. La poca confianza de las personas transgénero en instituciones sociales puede verse como un síntoma de la experiencia de una falta de comprensión en el grupo.

Al igual que muchos otros estudios, los resultados muestran que las personas transgénero son un grupo vulnerable y con peores condiciones de vida de las que podrían tener. Las limitaciones en la vida dependen, en gran medida, de los valores y normas de la estructura social. Los resultados del estudio muestran la necesidad de esfuerzos comunitarios que contribuyan a una vida segura.

Se concluye hablando de lo importante que es visibilizar y aumentar el conocimiento sobre las personas trans en un público general y dentro de una gama de instituciones sociales para prevenir actitudes negativas, como es necesaria una atención sanitaria accesible y transcompetente así como entornos seguros y lugares de reunión, escuelas, lugares de trabajo e instituciones sociales para la mejora de las condiciones de vida.

Las preguntas de la encuesta nacional de salud pública (HLV) sobre la orientación sexual ahora se complementa con preguntas adicionales sobre identidad sexual, práctica sexual, la salud sexual y la identidad de género y de esta manera, las personas trans pueden recibir un mejor seguimiento en cuanto a su salud, con un enfoque orientado a la inclusión dentro de las escuelas y la enseñanza en general.

En 2015 se elaboró un programa nacional de acción para la prevención del suicidio haciendo hincapié en su gran importancia para las personas trans, formulando mejoras en sus oportunidades de vida y procurando el aumento del conocimiento sobre las personas con tendencias suicidas con estrategias de cuidado, haciendo hincapié en la promoción de la salud en una tarea conjunta entre municipios, condados y organismos diversos.

3.4.3. El nivel socioeconómico y los problemas de salud mental

Un estudio longitudinal en Suecia investigó las asociaciones entre el nivel socioeconómico y el riesgo de sufrimiento psicológico y depresión (Kosidou, 2011: 160) Los resultados mostraron que la educación no estaba relacionada con ningún resultado entre hombres y mujeres, mientras que el ingreso se asoció con el riesgo de ambos resultados y la fuerza de las asociaciones aumentó con la gravedad de los síntomas. Un estudio transversal basado en la encuesta nacional de salud pública en Suecia evaluó la asociación entre dificultades económicas y problemas de salud mental (Ahnquist, 2011: 788).

El objetivo de este estudio fue investigar la asociación entre el nivel educativo, las dificultades económicas y los problemas de salud mental en forma de angustia psicológica en una muestra poblacional en Suecia en 2012, en plena crisis mundial. Además, las posibles diferencias en estas asociaciones entre hombres y mujeres.

Los hallazgos de este estudio sugieren que no existe una asociación inversa entre el nivel educativo y la angustia psicológica en esta población adulta en Suecia. Sin embargo, se encontró una fuerte asociación entre las dificultades económicas y la angustia psicológica. Las asociaciones entre el nivel educativo, las dificultades económicas y la angustia psicológica, respectivamente, fueron bastante similares en hombres y en mujeres a pesar de que la prevalencia de angustia psicológica fue mayor entre las mujeres.

Varios estudios previos han mostrado diferencias educativas en problemas de salud mental, pero se ha observado una asociación débil entre el nivel educativo y los trastornos mentales comunes, por ejemplo, en una población trabajadora en Finlandia (Lahelma, 2006: 1390). En algunos estudios en Suecia no se ha mostrado ninguna asociación entre la baja escolaridad y los problemas de salud mental (Kosidou, 2011: 168) mientras que un estudio danés mostró una relación entre la baja educación y la alta prevalencia de depresión menor y mayor.

Los resultados relativos a las dificultades económicas están en línea con un estudio nacional sueco en el que las dificultades económicas se asociaron fuertemente con la angustia psicológica (Ahnquist, 2011: 788). Otros tantos estudios también han demostrado asociaciones más fuertes con las dificultades económicas o de ingresos que con el nivel educativo. De las medidas de las posiciones socioeconómicas, el nivel educativo suele ser el más distante y el primero adquirido. Afectan la ocupación y el estado laboral, lo que a su vez contribuye a los ingresos. Los ingresos contribuyen a los estándares materiales de vida y poder adquisitivo. Sin embargo, las dificultades económicas reflejan influencias más próximas y acumuladas o pueden estar más relacionadas con cambios adversos en las condiciones de vida que pueden contribuir a su asociación más fuerte con problemas de salud mental (Weich, 1998: 115). La asociación entre el nivel educativo y la angustia psicológica fue similar en hombres y mujeres en este estudio.

El estudio tiene algunas limitaciones. La tasa de respuesta fue del 53%. Como las personas con mala salud y/o baja educación, a menudo, tienen tasas de respuesta más bajas, esto puede llevar a una subestimación de las diferencias educativas en la salud mental. Además, es posible una sobreestimación de la asociación (Hernán, 2004: 625). Sin embargo, la fuerte asociación entre las dificultades económicas y la angustia psicológica sugiere que los resultados no deben subestimarse severamente. Además, el estudio se basa en datos transversales que evitan cualquier interpretación de la dirección de los resultados. Es posible que los problemas de salud mental conduzcan a un menor logro educativo, a una reducción de los ingresos y a un mayor nivel de dificultades económicas. Los estudios longitudinales previos, sin embargo, han demostrado que la dirección principal es de las dificultades económicas y de los ingresos asociados a los problemas de salud mental.

No se dispuso de datos sobre otros posibles factores de confusión, como el historial personal de problemas de salud mental, y por lo tanto, es posible cierta confusión residual. Además, un sesgo de método común puede haber afectado la asociación entre las dificultades económicas y la angustia psicológica, ya que tanto la exposición como el resultado fueron autoinformados. Sin embargo, es más probable que esto conduzca a una subestimación que a una sobreestimación de la asociación (Rothman, 2008).

En este estudio usaron una medida de problemas de salud mental, angustia psicológica (GHQ-12). Este cuestionario de salud general se desarrolló para detectar la morbilidad psiquiátrica no específica. Algunos estudios previos han combinado varias medidas. Lahelma *et al.* utilizaron el resumen del componente mental GHQ-12 y SF-36 (encuesta de salud, de forma abreviada, de 36 meses de medidas de calidad de vida genéricas y de fácil administración) para examinar la asociación entre la posición socioeconómica y los trastornos mentales comunes en su estudio entre empleados finlandeses y encontraron resultados similares para ambas medidas. Ahnquist y Wamala usaron tres indicadores diferentes de problemas de salud mental en su estudio de la población sueca: angustia psicológica (GHQ-12), ansiedad severa y uso de medicación antidepresiva.

Una de las ventajas de este estudio es que se basa en una muestra considerable y representativa de la población general en una gran área geográfica y abarca un amplio grupo de edad de hombres y mujeres de 25 a 74 años. Aunque el estudio se limitó a cuatro condados, cubre la población adulta general en estos condados, que comprende casi 1 millón de habitantes. La prevalencia de angustia psicológica fue similar a la media nacional en Suecia.

Los problemas de salud mental son la principal causa de discapacidad en todo el mundo y las desigualdades sociales en materia de salud son un importante problema de salud pública.

En Suecia, existen grandes diferencias educativas en la salud autoevaluada. Las personas con bajo nivel educativo tienen aproximadamente el doble de frecuencia de autoevaluación que las personas con un alto nivel educativo (Granström, 2015: 677). Como los problemas de salud mental están fuertemente asociados con la autoevaluación de la salud, los problemas de salud mental pueden tener un papel mediador en la asociación entre la educación y la autoevaluación de la salud (Molarius, 2002: 364).

Se requieren más estudios para explicar la asociación positiva entre el nivel educativo y la angustia psicológica, ya que en resumen, no se encontró asociación inversa entre el nivel educativo y la angustia psicológica en este estudio. Las personas con educación media tenían un nivel de angustia psicológica algo más bajo que las personas con educación superior. Después del ajuste por el estado laboral y el apoyo social, incluso las personas con bajo nivel educativo tenían menos problemas psicológicos que aquellos con educación superior, añadiendo indicadores que establecían más asociación con la frustración. Sin embargo, se encontró una fuerte asociación entre las dificultades económicas y la angustia psicológica. Las asociaciones entre el nivel educativo, las dificultades económicas y la angustia psicológica no difirieron entre hombres y mujeres.

Una proporción sustancialmente mayor de padres en Islandia (2008) reportó mayor estrés financiero que los padres en los otros países nórdicos. Islandia fue golpeada más dura y más abruptamente por la crisis financiera mundial en 2008 que los otros países (Benediktsdottir, 2011: 183). Sin embargo, a pesar de que los niños islandeses tenían el promedio de puntuación más alto en el Cuestionario de Capacidades y Dificultades SDQ-TDS (índice de fortalezas y dificultades), las probabilidades de problemas de salud mental en caso de estrés financiero de los padres eran significativamente menores que entre los niños en los otros países nórdicos. Esto indica que los problemas de salud mental entre los niños islandeses no estaban tan fuertemente asociados con el estrés financiero como en los otros países.

El factor socioeconómico influye en la adquisición de las competencias emocionales en niños y niñas. Dado que los entornos de riesgo social están asociados a la pobreza, estos niños tienen más probabilidades de sufrir déficits emocionales en la infancia y en edades más avanzadas, desajustes sociales y psicopatologías (Bárez, 2020: 85).

Las teorías sobre la privación relativa enfatizan que las comparaciones subjetivas influyen en cómo las personas experimentan su situación (Crosby, 1976: 85), que puede conducir a emociones de enojo e injusticia que a su vez pueden tener efectos negativos en la salud (Marmot, 2003: 9). Además, las posibilidades de participar en la sociedad se inhiben y se reduce el control sobre la vida propia, que son importantes para la salud (Marmot, 2001: 1233). Estos mecanismos de privación relativa se han propuesto como una cuestión clave en las asociaciones negativas entre la desigualdad del ingreso y la salud de la población (Wilkinson, 2006: 1768) y relevantes para adultos, niños y adolescentes (Bernburg, 2009: 1223). Si aproximadamente la mitad de los niños islandeses viven en familias con estrés financiero, es probable que no perciban su situación como adversa. En contraste, los hijos de padres con estrés financiero en los otros países nórdicos sí que podrían percibir tal situación como adversa, si se comparan desfavorablemente con la mayoría de los niños que viven en familias sin estrés financiero.

La cultura occidental moderna se caracteriza por el materialismo y el individualismo que enfatizan la importancia del dinero, las propiedades y el consumo (Eckersley, 2006: 252). El consumo como proceso cultural puede proporcionar a las personas significado, propósito e identidad social (Marmot, 2001: 1233).

Un estudio sueco entre jóvenes encontró en la marca de ropa la importancia para desarrollar y expresar identidad y describió las compras como una práctica social significativa. No poder participar en actividades culturales ni expresar libremente la identidad deseada puede tener efectos negativos en la salud mental y el bienestar. Otro estudio sueco entre adolescentes de 10-18 años encontró que no poder comprar cosas que otros tenían estaba fuertemente relacionado con las quejas de salud, también cuando se ajustaba a la situación financiera de la familia (Gianneschi, 2012).

Marmot y Wilkinson describen cómo los recursos financieros definen el lugar de uno en la jerarquía social que, si es bajo, conduce al estigma, al aislamiento social y reduce el control sobre la vida. En Islandia, el estrés financiero puede no haber sido tan distintivo como un marcador de estatus social como antes de la crisis, ya que la situación financiera por la mayoría de la población se vivía con gran preocupación. Cuando se ajustó por estado civil, nivel educativo y país de nacimiento, la asociación negativa entre el estrés financiero de los padres y la salud mental infantil entre los niños islandeses ya no fue significativa, lo que indica que la situación social de la familia era más importante en Islandia que el estrés financiero *per se*.

En los otros países nórdicos donde la proporción de niños que viven en familias que muestran estrés financiero fue menor, el ajuste por la situación social no afectó sustancialmente las estimaciones de los resultados. El estrés financiero en estos países podría haber sido un indicador más importante de la condición social y relacionado con la salud mental infantil a través de los mecanismos de privación relativa como se argumentó anteriormente.

La asociación entre el estrés financiero de los padres y la salud mental infantil se encontró similar en todos los períodos de la infancia y entre los niños y las niñas. Los hallazgos están en línea con estudios previos (Bøe, 2012: 1557), como vemos en el titulado: "*Self-evaluated anxiety in the Norwegian population: prevalence and associated factors*" (Arch Public Health, 2019: 10). La ausencia de diferencias de edad es, en parte, sorprendente, ya que el consumo y la privación relativa podrían ser más importantes en la adolescencia que en las edades más jóvenes. Los resultados indican que los mecanismos de privación relativa también pueden existir entre los niños más pequeños, como concluyeron Pickett y Wilkinson. Los estudios previos son inconsistentes sobre las diferencias de género (Reiss, 2013: 24).

El sistema de bienestar de los países nórdicos ha tenido éxito al proporcionar requisitos previos favorables para la salud y el bienestar de los niños (Lundberg, 2008: 372). Sin embargo, se ha propuesto que los valores modernos inherentes al individualismo y al materialismo (por ejemplo, un énfasis excesivo en el consumo) desencadenan expectativas individuales a niveles más allá de lo que es realista lograr (Lindgren, 2010: 803). Esto podría contribuir a una explicación de los problemas de salud mental extendidos entre los niños, a pesar de las condiciones favorables de otro modo, sobre todo si los niños también se están comparando desfavorablemente con los demás. En congruencia con Pickett y Wilkinson, por lo tanto, estos resultados indican que la reducción de las desigualdades de ingresos en los países ricos, como los países nórdicos, probablemente sería más favorable para el bienestar de los niños que un mayor crecimiento económico.

El estudio sobre los niños y la forma en que les afecta el estrés financiero de los padres forma parte de todo análisis dentro de los problemas sociales que busca las causas del malestar que se detecta en la población para poder diseñar políticas públicas que impulsen su erradicación. Erving Goffman sugiere que las privaciones, que tienen origen estructural y que encadenan todo tipo de injusticias y desigualdades, no sólo tienen que ver con los recursos materiales y económicos sino que también afectan a las estructuras emocionales de los individuos, al deteriorarse las relaciones afectivas en el seno de las familias. Así, la desigualdad no tiene sólo un componente meramente económico sino que también lo es emocional. De esta manera, se puede comprender e interpretar la realidad de un contexto social y cultural determinado en una época concreta.

"Los adolescentes y jóvenes de familias con recursos escasos pueden llegar a sentirse avergonzados al percibir su situación de vida precaria como defecto personal y experimentar inseguridad relativa al estatus, es decir, por el modo en que los demás los identifican incidiendo negativamente en sus relaciones sociales y en la relación con sus progenitores a quienes achacan y culpan de sus privaciones" (Goffman, 2021: 74).

3.4.4. Los fenómenos del consumo de alcohol y de la drogadicción

El trastorno por consumo de alcohol (AUD) —por sus siglas en inglés— es uno de los trastornos mentales más prevalentes que afecta a aproximadamente el 3,6% de la población mundial. Los AUD son un importante contribuyente de la morbilidad y la mortalidad, con un consumo excesivo de alcohol asociado a una mayor carga de enfermedades, accidentes y problemas sociales (Samohkvalov *et al.*, 2010: 1871).

En un reciente estudio de registro poblacional publicado en *Acta Pyschiatrica Scandinavica*, los autores evaluaron las tasas de mortalidad y esperanza de vida en personas diagnosticadas con AUD en Dinamarca, Finlandia y Suecia durante un período de veinte años (Westman *et al.*, 2014). Dentro de estos países, Suecia tiene las políticas de alcohol más restrictivas, mientras que Dinamarca tiene las políticas menos restrictivas.

Diversos estudios se han mandado hacer desde los responsables de la gestión de la salud pública en diversos gobiernos para dar con la información sobre el consumo en estos países, siendo las conclusiones en Suecia bastante esperanzadoras al encontrarnos con datos de consumo muy inferiores a los del resto de países de la UE.

Así, en un estudio publicado por la Universidad de Gävle por Emelie Jansson, se subraya que el abuso de drogas y alcohol es un problema de salud en todo el mundo y los adictos sobrios son un grupo vulnerable en la sociedad. En la adicción, no es sólo el consumo de la droga o el alcohol lo que causa daño; sus situaciones de vida pueden verse afectadas, no sólo el contacto con amigos y familiares.

Se publican de forma permanente investigaciones sobre las experiencias de afectados por diversas adicciones, con apoyo o no apoyo social, sus posibles actividades de ocio, su inclusión o exclusión en cuanto a "las reglas del sistema" y su participación en la sociedad. Su metodología se basa en estudios empíricos cualitativos a través de entrevistas semiestructuradas para responder al propósito de las experiencias de estos factores. Los datos recopilados se transcriben y analizan mediante análisis de contenido cualitativo. Los resultados se categorizan y muestran que en las adicciones sienten la falta de apoyo social, las barreras para realizar actividades de ocio y la exclusión en la sociedad, pero manifestándose un deseo mayoritario de querer perseguir intereses, hacer buenos amigos y sentir una comunidad.

Suecia lleva aplicando desde los años '70 una política muy restrictiva sobre el consumo del alcohol, con tiendas especializadas en su venta. La ligazón que desde el poder público se hizo del consumo de alcohol y de violencia intrafamiliar hizo que se viera al alcohol como parte de distintas esferas personales que podían verse afectadas, "*como los lazos sociales y familiares, la salud o el trabajo*" (Hernández, 2010: 25).

3.4.5. El deporte como integración

El estudio del deporte ha ido yendo a más situándolo como herramienta para el logro social, dándole una utilidad que se ha vuelto cada vez más prominente en contextos de política social (Coalter, 2007; Ekholm, 2016; Norberg, 2011; Seda y Andrews, 2012). Su análisis se ha centrado en dar respuesta a los desafíos de la segregación, la exclusión social y la delincuencia, surgiendo diversas publicaciones de repertorio de pedagogía social sobre cómo ha llegado el deporte a ser visto y utilizado como un medio para hacer frente a los problemas sociales.

Estos estudios segregan en base a las zonas urbanas, rurales y con el eje centro-periferia para analizar diversos perfiles, dotando a los jóvenes de habilidades y competencias para la participación democrática y la inclusión, diseñando estrategias para tratar problemas sociales, con un enfoque particular en educación y motivación de los jóvenes y los elementos pedagógicos sociales del esfuerzo.

Se estudian, además, el origen de las lesiones, la formación de pandillas y delincuencia y se elaboran más actividades en áreas cercanas a personas que necesitan ayuda, teniendo el deporte una larga tradición en la política de bienestar sueca y situando su origen durante las décadas de 1960 y 1970 (Turunen, 2004). Las áreas más analizadas se han denominado las del "*Million Program*", situando su análisis en las afueras de las grandes ciudades, que han constituido una categoría de riesgo con respecto a la aparición de diversos problemas sociales (Petersson, 1997), trabajando en contrarrestar los patrones de segregación.

Como parte de la sociedad civil, el deporte ha sido visto como un elemento colaborativo importante para enfrentar los desafíos de la política social contemporánea (Ekholm, 2016; Stenling, 2015; Ös-Terlind, 2017). En Suecia se trabaja en que el deporte se aborde como un fin social.

También se destaca el potencial del deporte para contribuir al desarrollo individual, desarrollando el empoderamiento de los jóvenes (Lawson, 2005). Los jóvenes pueden, a través de la participación en los deportes, aumentar la autoestima y la autoconfianza, lo que puede conducir a aumentar su capacidad de participar en la sociedad (Fraser *et al.*, 2005), la capacidad de asumir la responsabilidad de sí mismos (Luguetti *et al.*, 2017) y mejorar su desempeño educativo (Lawson, 2005). Así, se ha señalado que el deporte puede contribuir al desarrollo de la sociedad.

Con la inspiración de Foucault y sus pensamientos sobre el poder y la gobernanza, los investigadores han elaborado iniciativas sociales basadas en el deporte dirigidas a jóvenes vulnerables tras controlar su comportamiento proporcionando herramientas de superación personal y autocontrol (Green 2012; Hartmann y Kwauk, 2011).

En consecuencia, en la sociedad del riesgo, las personas deben formarse en ser ciudadanos activos, dispuestos y capaces de tomar decisiones activas, con la intención de crear su propio futuro escapando de toda vulnerabilidad como una alternativa a la existencia potencialmente destructiva (Dahlstedt, 2009a).

Una idea repetida es que los jóvenes necesitan que se les considere tomadores de riesgos, para aprovechar las oportunidades que ofrece la sociedad pensando de otras maneras, obteniendo otros "caminos de pensamiento". De esta manera, la forma de pensar de los jóvenes se convierte en sujeto a intervención y aquí, en estas publicaciones, es cuando el papel de la droga en los jóvenes es analizado, ahondando en las habilidades sociales como el coraje de decir que no y estudiando la ausencia de las figuras paternas en sus vidas o de su comportamiento dentro de un partido. La gestión del riesgo consiste en sensibilizar a los jóvenes sobre todo riesgo que les puede afectar (Dahlstedt, 2018).

Estos datos de referencia fueron, en gran parte, recogidos en una visita a *Idrottsgymnasium* (Instituto de Educación Secundaria Idrotts, en Estocolmo), que está especializada en el deporte y por tanto, prepara a la élite de los deportistas del país desde el resto de las materias que se imparten en sus estudios medios, compaginando estudios y deporte durante tres años y desarrollando las carreras de atletismo, fútbol americano, balonmano o golf, entre sus especialidades más premiadas.

3.4.6. El concepto de "mortalidad"

La mortalidad fue más alta en general en Dinamarca que en Finlandia o Suecia. La mortalidad estandarizada aumentó en los últimos 20 años tanto en hombres como en mujeres en Dinamarca. En Finlandia y Suecia, la mortalidad estandarizada disminuyó tanto en hombres como en mujeres a lo largo del tiempo.

En los tres países, las tasas de mortalidad en las personas con AUD fueron más altas en los grupos de edad más jóvenes. Las personas con

AUD tuvieron una mayor mortalidad por todas las causas de muerte, incluidas todas las enfermedades, las condiciones de medicación y el suicidio.

3.4.7. El concepto de "esperanza de vida"

La esperanza de vida es más alta en Suecia y más baja en Dinamarca. En los tres países, la esperanza de vida es más larga en las mujeres que en los hombres. La diferencia en la esperanza de vida se calculó con base en la esperanza de vida en la población general menos la esperanza de vida de las personas con AUD. En Dinamarca, esto fue aproximadamente de 27,6 años; Finlandia, de 26,9 años; Suecia, de 24,9 años.

Durante un período de 20 años, las diferencias de esperanza de vida aumentaron en los hombres (Dinamarca, en 1,8 años; Finlandia, en 2,6 años; Suecia, en 1,0 años). En las mujeres, las diferencias de esperanza de vida aumentaron en Dinamarca (0,3 años), pero disminuyeron en Finlandia (0,8 años) y en Suecia (1,8 años).

En estos tres países nórdicos, las personas que están hospitalizadas con AUD tienen una esperanza de vida promedio de 47-53 años si son hombres y de 50-58 años si son mujeres. El principal hallazgo del estudio fue la esperanza de vida más corta (~ 26,5 años) de las personas con AUD en comparación con la población general"[52].[53]

3.4.8. La pandemia por la Covid-19: resiliencia económica en el Norte

El impacto económico causado por la pandemia es único en muchos aspectos, desde su escala y velocidad, y cómo la actividad económica se ha visto reducida. La pandemia de la COVID-19 ha desacelerado la actividad económica y, como resultado, el mercado laboral. Claramente ha tenido un impacto negativo en el empleo, pero también ha impulsado el desempleo afectando su disponibilidad

---

52 Informe del Servicio Nacional de Salud Mental (2014)

53 Informe sobre mortalidad y esperanza de vida de Acta Psychiatrica Scandinavica (2014)

o su búsqueda. El impacto depende tanto de la duración como de la rigurosidad de las medidas de encierro y de los recursos y estructuras económicas en las regiones. El impacto económico de la pandemia no tendrá los mismos efectos en todas las regiones.

La estructura industrial local está estrechamente vinculada al tema de la resiliencia regional[54]. Las estructuras socioeconómicas regionales, por ejemplo, estructuras industriales y los roles de los sectores público y privado, como empleadores, tendrán una influencia importante en qué tan bien las regiones pueden resistir y recuperarse de los choques planteados por la pandemia. El sector público puede actuar como una fuerza estabilizadora y ayudar a otros sectores (por ejemplo, el turismo, otras industrias en el sector de servicios) y las industrias se adaptan a las conmociones económicas, pudiendo crear demanda de otras industrias y reducir el desempleo durante y después de las crisis económicas y las recesiones. En todas las regiones del Ártico, el sector privado emplea entre 4 y 13 puntos porcentuales menos que su participación a nivel nacional.

---

54 El concepto de *resiliencia regional* se usa típicamente para describir cómo las regiones responden a los cambios en su entorno económico. El concepto de resiliencia regional se refiere a la capacidad de una región para adaptarse a los cambios de una manera que brinde buenas oportunidades para el desarrollo de producción y empleo después de un shock. Igualmente, importante es la capacidad de las regiones para anticipar y prepararse para los disturbios y recuperarse de ellos a través de la política regional (Martín 2012). Desde el punto de vista de la economía regional, la pregunta interesante es por qué algunos "resilientes" son menos vulnerables y más capaces de adaptarse y recuperarse de choques y perturbaciones externas que algunas otras regiones "menos resilientes".
La estructura industrial local está estrechamente vinculada al tema de la resiliencia regional. Con respecto a resiliencia regional, cuando la estructura industrial de una región se vuelve cada vez más especializada, también aumenta el riesgo de una desaceleración del crecimiento derivada de shocks externos.
La resiliencia regional depende no solo de las estructuras industriales o de la capacidad de las empresas e industrias para adaptarse a las condiciones cambiantes, sino también a la política seguida tanto a nivel nacional como niveles regionales. Una exitosa estrategia de triple hélice (universidad-industria-gobierno colaboración) mejora la capacidad de una región para adaptarse a los cambios en el entorno empresarial local. Una estrategia de desarrollo colectiva y con visión de futuro es quizás la forma más importante de las autoridades locales para intervenir y apoyar la resiliencia en sus diversas formas. El marco de la resiliencia creativa amplía esta visión en los siguientes tres pilares: creación de conocimiento, emprendimiento y espíritu comunitario (Simonen et al., 2020).

Las estructuras industriales varían bastante entre las 5 regiones del Ártico. Existen variaciones regionales, especialmente en las siguientes industrias del sector de servicios: educación, salud humana y trabajo social, autoridades públicas y defensa nacional.

Curiosamente, en las 5 regiones del Ártico, las proporciones de empleo de estas mismas industrias en el sector de servicios suele ser mayor que el promedio nacional. Además, el papel del sector público es significativo, especialmente en estas industrias. La participación del empleo también varía en la minería, la explotación de canteras y la manufactura, mientras que la posición como empleadores en estas ciudades es menor que su participación a nivel nacional.

Los efectos económicos de la pandemia, por ejemplo, los relacionados con el empleo, durarán años. Estos efectos probablemente variarán de acuerdo, por ejemplo, con la densidad de población (grandes ciudades vs áreas rurales), el atractivo de áreas (servicios, etc.) y la diversidad económica de las regiones (industrialmente diversa vs. áreas especializadas). Los roles de los sectores público y privado como empleadores, el sector público como fuerza estabilizadora también pueden afectar el desarrollo regional ahora y después. El desarrollo del empleo dependerá de cómo las empresas desarrollen oportunidades en varias regiones. Regiones donde el sector de servicios, por ejemplo, el turismo, es un empleador importante, que debe repuntar a medida que los procesos de vacunación y apertura de fronteras sean más realistas.

3.4.9. Las estrategias de contención y de distanciamiento social en Suecia en la pandemia

El objetivo general del gobierno sueco desde el inicio de la pandemia de Covid-19 ha sido salvaguardar la vida y la salud de las personas y mantener la capacidad de atención médica, aplanando la curva de infecciones y limitando el número de personas que están infectadas. Si bien Suecia ha implementado una serie de medidas de contención y distanciamiento social, a partir de principios de marzo 2020, su estrategia general siguió siendo menos restrictiva que la de sus pares (Bricco, 2021). Sin embargo, Suecia nunca entró en un período de bloqueo estricto con pedidos obligatorios de quedarse en casa, cierres de escuelas y cierres obligatorios de negocios. Los datos de *Oxford Covid-19 Government Response Tracker*, que busca cuantificar la rigurosidad de las medidas de contención, sugieren que hubo una diferencia sustancial entre Suecia y los otros países nórdicos, así como el promedio del Espacio Económico Europeo (EEE) y el Reino Unido, en términos de rigor de las medidas de distanciamiento social durante el Cierre global.

Los efectos de las políticas de contención sobre la actividad económica: El resultado del crecimiento en el primer trimestre de 2020 proporciona algunas pistas iniciales sobre los efectos de las políticas de contención sobre la actividad económica. Para agosto de 2020, todas las economías avanzadas han publicado datos del PIB del primer trimestre, aunque algunas de las estimaciones podrían revisarse sustancialmente. El promedio simple de estas estimaciones es una disminución intertrimestral del PIB del 2,5%.

Suecia no registró una contracción económica en el primer trimestre de 2020 a diferencia de casi todas las demás economías avanzadas. 2020: Los datos del primer trimestre muestran un crecimiento positivo del PIB del 0,2% intertrimestral. Si bien esto fue impulsado principalmente por las exportaciones, el consumo y la inversión privados (que se puede suponer que se verán más afectados por las políticas de contención) también se desempeñaron mejor que en la mayoría de las economías avanzadas, aunque experimentaron un crecimiento negativo. Evidentemente, el primer trimestre coincide con el inicio de la crisis, que comenzó a intensificarse en marzo.

2020: Los resultados de crecimiento del primer trimestre en las economías avanzadas han estado correlacionados con la duración y la intensidad de las medidas de contención. Las medidas de contención más estrictas se asocian con mayores pérdidas de producción: el coeficiente de correlación entre el nivel medio del índice de rigurosidad de Oxford (que refleja tanto el número de días en que se aplicaron las medidas de contención como su intensidad) y el crecimiento de la producción en el primer trimestre de 2020 fue, aproximadamente, de un -0,6.

La contracción del PIB en 2020: el segundo trimestre fue significativamente mayor en Suecia que en otros países nórdicos. Sin embargo, esta diferencia se debió en gran medida a una disminución de las exportaciones más que al consumo y la inversión privados. Además, la caída acumulada del PIB en los primeros seis meses de 2020 ha sido menor en Suecia en comparación con otros países nórdicos. Estos datos aún podrían revisarse y es importante tener en cuenta que otros factores pueden haber estado en juego.

Existe una gran variación en los resultados del crecimiento en las economías avanzadas que no se puede explicar solo por las diferencias en las estrategias de contención, y una variedad de otros factores, incluidas las tasas de infección, las interrupciones de la cadena de suministro o la disminución de las exportaciones también pueden ser importantes.

El impacto de las políticas de contención parece haber sido heterogéneo entre sectores. Los últimos datos de fabricación muestran tendencias similares en los países nórdicos y en la zona del euro en su conjunto, lo que refleja principalmente una caída de la demanda externa y las interrupciones en las cadenas de suministro. El sector manufacturero de Suecia, que no se ha visto directamente limitado por las medidas de contención y distanciamiento social interno, se ha visto afectado por el entorno externo. En abril, el índice PMI (*Purchasing Managers' Index*) manufacturero se hundió 17 puntos en comparación con febrero, en línea con el promedio de Alemania y la zona del euro. Al 15 de julio, el sector manufacturero representaba el 30% de todos los despidos temporales, aunque sólo proporcionan el 15% del empleo total.

La adopción de medidas de política macroeconómica rápida y decisiva sigue siendo fundamental para evitar resultados económicos más nefastos. La respuesta política de Suecia para combatir el impacto económico de la pandemia ha sido rápida, amplia y bien diseñada dado su cómodo espacio fiscal.

La evidencia hasta ahora implica efectos muy desiguales. Investigaciones recientes en esta área (Furceri, 2020: 138), muestran que las epidemias pasadas condujeron a un aumento de la desigualdad; y Alstadsæter *et al.*, que utilizan datos basados en registros de Noruega, muestran que los despidos temporales afectaron a partes financieramente vulnerables de la población en una medida relativamente grande (Alstadsæter, 2020: 27131).

3.4.10. Efectos del teletrabajo en el contexto de la pandemia en Suecia

Un estudio se centró en los trabajadores de oficina que trabajaban desde casa durante el brote de COVID-19 en Suecia (Hallman, 2021) recopilando datos antes y durante la COVID-19 y a nivel de población sugiere que los comportamientos físicos, es decir, diferentes tipos de actividad física y el sueño, han cambiado; la actividad física ha disminuido, mientras que el tiempo sentado y el tiempo total de sueño han aumentado (Sañudo, 2020: 15). Una explicación puede ser que *Work From Home* (WFH) está asociada con otros comportamientos físicos. Por lo tanto, aunque la investigación es escasa, algunos estudios sugieren que la WFH está asociada con cambios en el tiempo empleado en diferentes comportamientos físicos (Pabilona, 2020: 59), pero se sabe poco específicamente sobre la medida en que los comportamientos físicos de los trabajadores de oficina difieren entre los días de WFH en la oficina. Además, es posible que los estudios anteriores no se apliquen a WFH durante el brote de COVID-19. Primero, la extensión de WFH ha aumentado en gran medida durante la pandemia (Eurofound, 2020), que ahora incluye a trabajadores con experiencia previa limitada. En segundo lugar, se recomienda el WFH durante el brote de COVID-19 y en algunos casos incluso es obligatorio, es probable que no sea voluntario en la misma medida que antes de la pandemia (Vilhelmson, 2016: 77). Los empleados a menudo adoptan voluntariamente el WFH como una estrategia para adaptar el trabajo a la vida privada, motivado por las necesidades familiares y del hogar y puede ser practicado principalmente por empleados que tienen condiciones favorables para el WFH en términos de vida familiar, tareas domésticas y lugar de trabajo adaptado en casa. El WFH menos voluntario durante la pandemia, probablemente realizado incluso en condiciones desfavorables, puede estar asociada con comportamientos físicos modificados debido a estas diferencias contextuales (Palumbo, 2020: 771). Por lo tanto, se necesita más investigación sobre la compensación entre los aspectos positivos y negativos del WFH como base para las recomendaciones de políticas durante y después de la pandemia.

Un día consta de 24 horas, durante las cuales se asigna tiempo a diferentes comportamientos físicos distribuidos entre diferentes dominios (por ejemplo, trabajo y ocio). Se puede dedicar más tiempo a un comportamiento a costa de reducir el tiempo en otro comportamiento. Por ejemplo, aumentar el tiempo de sueño conducirá inevitablemente a menos tiempo de vigilia; más tiempo en el trabajo se traducirá en menos tiempo libre; y más tiempo dedicado a la actividad física resultará en menos tiempo de inactividad. Esta correlación inherente en los datos sobre el uso del tiempo implica que los procedimientos estadísticos estándar no pueden usarse a menos que los datos se procesen primero usando procedimientos específicamente adaptados. En el análisis de datos, estos se expresan en términos de relaciones transformadas logarítmicamente que expresan relaciones entre las partes composicionales (en el caso presente, diferentes comportamientos físicos y sueño) (Gupta, 2020: 778). Por lo tanto, este estudio utilizó un enfoque CoDA como base para examinar cómo el WFH influye en la composición del uso del tiempo de 24 horas de estar sentado, de pie, moverse y dormir; en comparación con los días de trabajo en la oficina. El estudio en comentario encontró que los trabajadores de oficina durante el brote de COVID-19 en Suecia pasaron más tiempo durmiendo que despiertos durante los días en que trabajaban desde casa, en comparación con los días en que iban a la oficina, mientras que los comportamientos físicos durante el trabajo y el ocio no cambiaron notablemente. Los cambios observados en el uso del tiempo de 24 h. durante los días de trabajo desde casa pueden ser beneficiosos para la salud. Pero, algunos trabajadores de la muestra informaron de que su carga de trabajo, desempeño y bienestar cambiaron para peor durante la pandemia, lo que sugiere que necesitan intervenciones para prevenir posibles riesgos para la salud.

Otro estudio (Winslott, 2021) destacó que debido a la pandemia de COVID-19, ha habido un aumento en el uso de teletrabajo y reuniones virtuales y una gran reducción en los desplazamientos y viajes de negocios. Con la ayuda de diversas soluciones técnicas, como teléfonos, computadoras, tabletas, teléfonos inteligentes y equipos especiales de audio, web y videoconferencias, los trabajadores se reúnen y colaboran virtualmente en tiempo real. Por supuesto, esto no es nada nuevo: el número de organizaciones que utilizan reuniones virtuales y lugares de trabajo flexibles ya estaba creciendo de manera constante antes de la pandemia (Elldér, 2019: 200). Sin embargo, a pesar de las inversiones en infraestructura y equipos de TI y los beneficios potenciales de la colaboración virtual (Voytenko, 2013), muchas organizaciones no han logrado convencer a los empleados de que hagan un uso completo de estas soluciones (Choo, 2005: 37). Los viajes de negocios, en particular, se han considerado como una parte de la cultura empresarial que es difícil de reemplazar (Gustafson, 2013): 63). También debido a la pandemia, se está probando un cambio hacia el teletrabajo y las reuniones virtuales en lo que puede verse como un experimento a gran escala y el conocimiento y la experiencia de ese experimento pueden tener efectos duraderos en la vida cotidiana.

Se muestra, además, que hay un aumento sustancial en el uso de Internet para todas las actividades durante el período del brote y, en particular, para las reuniones y llamadas relacionadas con el trabajo o el estudio. La tendencia es consistente en todos los países. Cabe señalar que en comparación con Italia e India, en Suecia el uso de Internet es más alto en promedio antes y durante la pandemia (Bin, 2021).

Tanto hombres como mujeres aumentaron su uso de Internet para reuniones de trabajo durante la primera ola del período pandémico. Sin embargo, en este trabajo posdoctoral propio se puede observar que las mujeres aumentaron su uso de Internet menos que los hombres. En valores absolutos, las respuestas de la encuesta mostraron que las mujeres aumentaron su uso semanal de Internet en 4,9 h durante la pandemia, mientras que los hombres en 6,3 h.

Ser un trabajador o estudiante de tiempo completo y altamente educado está asociado con un mayor aumento en el uso de Internet durante el período de la pandemia que otros. Esto incluye llamadas personales en línea, reuniones de trabajo y compras de comestibles en línea. El uso de Internet para el entretenimiento aumentó significativamente entre los estudiantes durante el período de la pandemia y entre los que tenían un alto nivel educativo (con un nivel de confianza del 90%). Ha sustituido los viajes y las actividades físicas. Las reducciones de los viajes físicos para ciertos fines (por ejemplo, cuando uno ha dejado de viajar al trabajo / hacer compras físicas en el supermercado / ir a viajes relacionados con el ocio) conduce a aumentos significativos de actividades similares en línea. Al mismo tiempo, las personas que continuaron viajando no aumentaron su uso de Internet para trabajar tanto como sus contrapartes.

Una mayor sensación de seguridad percibida mientras se está al aire libre se correlaciona con un uso relativamente menor de Internet para llamadas personales y entretenimiento. Del mismo modo, una mayor seguridad percibida mientras se está en las tiendas se correlaciona con un uso de Internet relativamente menor para las compras de comestibles y no comestibles. Por otro lado, qué tan seguro se siente el encuestado en los lugares de trabajo no se correlaciona con el uso de Internet con fines laborales.

Según datos de Eurostat (2020), en los que se muestran la incidencia del trabajo en domicilio en 31 países europeos, Suecia y los Países Bajos tienen la mayor incidencia de trabajo en domicilio, del 30 y del 24 respectivamente. Comparativamente, nos da una idea clara de que para países como España y Portugal, dado su bajo nivel de ocupación de trabajo en casa utilizando medios como internet, el impacto de los confinamientos y las disposiciones para trabajar desde casa en la pandemia han creado serias dificultades tanto de disposición de hardware como de adaptación de lugares propicios para una actividad laboral. La proporción de trabajos a domicilio tiende a ser mayor en las regiones más desarrolladas del norte de Europa, en comparación con los países del sur de Europa (España y Portugal) relativamente más pobres y los nuevos Estados miembros de la UE, como los países de Europa del Este. Sin embargo, existe una heterogeneidad significativa dentro de los países. Sistemáticamente, trabajos realizados en áreas metropolitanas como Madrid, París, Lisboa o Varsovia tienen más probabilidades de ser susceptibles de trabajo en domicilio en relación con áreas más rurales en los respectivos países.

3.4.11. La estrategia sanitaria frente a la Covid-19

El gobierno sueco ha tomado varias medidas para apoyar los sistemas de salud y de cuidado de ancianos durante la pandemia. Dado el aumento dramático en el exceso de mortalidad en Suecia durante la primavera de 2020 a raíz de la pandemia, estos sistemas se vieron sometidos a una tensión extraordinaria. Normalmente, la mayor parte de la financiación de los servicios sanitarios y de atención a personas mayores en Suecia (alrededor del 75%) procede de los impuestos regionales y locales. Por lo tanto, es extraordinario que el gobierno sue co declarara en abril de 2020 que cubrirá todos los costes de atención social y de salud asociados con el COVID-19. En el presupuesto de primavera de 2020, el gobierno también anunció que aumentaría de forma permanente las subvenciones anuales a municipios y regiones en 12.500 millones SEK. Durante la pandemia, autoridades expertas nacionales como la PHA (*The Public Health Agency of Sweden*) y la Junta Nacional de Salud y Bienestar Social (NBHW) han asumido un papel más activo dentro del muy descentralizado sistema de atención médica de Suecia. Esto ha llevado a algunos observadores a predecir que la pandemia conducirá a una centralización más permanente del sistema.

Las altas tasas de mortalidad debido a COVID 19 en los hogares de ancianos en Suecia llevaron a un debate crítico sobre el sistema de cuidado de ancianos del país. Se culpó a las malas condiciones de empleo y la mala educación del personal, así como a las malas rutinas de higiene de las instalaciones, de hacer que el virus se propague rápidamente en el sector del cuidado de los ancianos. En respuesta, en mayo de 2020, el gobierno presentó medidas para mejorar las condiciones laborales y aumentar la competencia del personal a través de un programa de educación remunerada. Se combina con un acuerdo entre los principales interlocutores sociales en el sector del cuidado de los mayores (SALAR), la Asociación Sueca de Autoridades Locales y Regiones (*Sveriges kommuner och Regioner*, SKR) y el Sindicato de Trabajadores Municipales (*Kommunal*), que ofreció empleo permanente y de tiempo completo a los empleados que participen en el programa educativo.

Todas las medidas presentadas por el gobierno sueco durante la primavera de 2020 se desarrollaron a través de negociaciones con los dos partidos de centro, los Liberales y el Partido del Centro (*Centern*). Cuando se presentaron en el parlamento, las medidas fueron apoyadas por todos los partidos parlamentarios. Esto es ilustrativo del nivel relativamente alto de consenso político en torno a abordar el impacto económico y social de la pandemia en Suecia. En conjunto, las medidas tomadas por el gobierno para proteger la economía y fortalecer el sistema de bienestar frente a la pandemia parecen estar muy en línea con la historia de políticas sociales y del mercado laboral activo de Suecia.

La Agencia Sueca de Salud Pública (PHA) recomendó que todos los trabajadores que pudieran trabajar desde casa lo hicieran. Esto parece haber tenido un impacto sustancial en el tiempo dedicado en el trabajo, al menos al principio de la crisis Covid 19. En contraste, también hay muestras comparables estadísticas de los países vecinos con políticas más estrictas que el país sueco.

Algunos lugares de trabajo que estaban cerrados por ley en otros países permanecieron abiertos en Suecia, sobre todo escuelas y guarderías. Desde la perspectiva de los padres, pudo haber sido un factor importante en términos de asegurar una oferta laboral y ser más productivos cuando trabajan desde casa. Estos factores pueden ser particularmente importantes en un contexto nórdico con un modelo muy claro de doble fuente de ingresos y una separación residencial casi universal entre los niños y abuelos.

Un estudio (Blom, 2020: 18) obtuvo los siguientes resultados respecto del estilo de vida y condición de trabajo (sentado):

- Trabajo, situación de desplazamiento y tipo de estar sentado en casa:

Casi la mitad de los participantes que respondieron las preguntas adicionales de COVID-19 informaron de que su ocupación requería que permanecieran en el trabajo. La mayoría informó de que no cambiaron sus hábitos de transporte debido a la pandemia, mientras que el 10% informó de que sí. De los que cambiaron, el mayor cambio fue del transporte público al automóvil (54%) y al desplazamiento activo (26%). El tiempo medio reportado en estar sentado mentalmente activo fue ligeramente mayor en comparación con el sentado mentalmente pasivo, con menos tiempo sentado mientras socializaba (131, 119 y 82 min / día). Los hombres y los trabajadores manuales pasaban más tiempo sentados mentalmente pasivamente y menos tiempo sentados mentalmente activos en comparación con las mujeres y los trabajadores administrativos. Los participantes <60 años pasaron más tiempo sentados mentalmente activos que aquellos ≥ 60 años.

La mayoría de las personas afirmaron que no habían cambiado sus hábitos de vida debido a la pandemia de COVID-19. Para el tiempo que pasaron sentados, en la actividad diaria y el ejercicio, respectivamente, solo el 5%, 9% y 10% de los participantes informaron de un cambio positivo, mientras que el 18%, 20% y 20% informaron de un cambio negativo. Asimismo, para la dieta, el tabaquismo y el consumo de alcohol, el 7%, 3% y 8% percibieron un cambio positivo en estos hábitos de vida, mientras que el 5%, 1% y 3% percibieron un cambio negativo.

En el tipo de estar sentado y en el cambio en los hábitos de vida en relación con la mala salud mental, se asoció todo ello a mayores probabilidades para todas las variables en cuanto a la agrupación de enfermedades mentales. No se observaron asociaciones similares para estar más tiempo sentado estando mentalmente activo o tiempo sentado socializando.

Y, finalmente, valga señalar la idiosincrasia sueca:

El Consejo General de la Agencia de Salud Pública no fue vinculante, pero sí una fuerte recomendación sobre cómo se esperaba que se comportaran los ciudadanos suecos para cumplir con una ley o reglamento. Hay reglas más restrictivas que se aplican, por ejemplo, a eventos públicos (p. ej., que cualquier público en un evento cultural o deportivo debe estar sentado a una distancia de 1 a 1,5 m) y en los restaurantes, en el servicio de mesa pueden estar hasta un máximo de ocho invitados por mesa y no se sirve alcohol después de las 08:00 pm, etc.). Según la Ley de Enfermedades Infecciosas de Suecia de 2004, todos tienen la responsabilidad personal de prevenir la propagación de enfermedades infecciosas, y es esta responsabilidad a la que apelan las autoridades cuando piden (no obligan) al pueblo sueco a seguir las recomendaciones de distanciamiento social, higiene de manos, protección de adultos mayores y vulnerables, trabajar desde casa y evitar fiestas y viajes innecesarios, y hacerlo con solidaridad y respeto mutuo y con las personas que trabajan arduamente en el cuidado de la salud. Solidaridad es una palabra con una larga historia en Suecia que puede haber sido alimentada políticamente con el tiempo, pero redescubierta en una crisis que afecta a todos los ciudadanos, independientemente del punto de vista político. Es una palabra positiva y fuerte que anima a las personas a mantenerse unidas y cuidarse mutuamente en momentos de necesidad. Las encuestas de Gallup durante la pandemia también mostraron que el 70-80% de la población sueca apoya la estrategia de la corona sueca y confía en las autoridades (Falk, 2020: 1).

Tegnell[55] criticó a las empresas que habían permitido a sus empleados trabajar desde casa, alegando que era injusto para los trabajadores que no podían hacerlo. Sin embargo, incluso antes de que se publicara esa entrevista, la Organización Mundial de la Salud declaró una pandemia y la Agencia de Salud Publicó anunció que, en su opinión, el riesgo de transmisión en Suecia había aumentado. Según el relato retrospectivo de Tegnell (2020), la estrategia de la agencia entró en una nueva fase. Recomendó que se prohibieran las reuniones de 500 personas o más, lo que el gobierno promulgó de inmediato mediante una directiva. Cinco días después, Tegnell declaró que se estaba produciendo transmisión comunitaria y que "*la gente debería, de hecho, trabajar desde casa si fuera posible*". Al día siguiente, la agencia instó a los proveedores de Educación Superior a cambiar inmediatamente la enseñanza a distancia.

Las recomendaciones de la Agencia siguieron siendo sólo eso, recomendaciones sobre el comportamiento, con la adhesión dejada a la conciencia del individuo (Pierre, 2020: 478). Se instó a los suecos a distanciarse de los demás, especialmente si tenían que viajar. A las personas en grupos de riesgo, incluidos los mayores de 70 años, se les dijo que se encontraran con otras personas solo al aire libre y que se mantuvieran alejados de las multitudes. Sobre todo, se hizo hincapié en los aspectos básicos del lavado de manos y de quedarse en casa y no ir al trabajo o la escuela en caso de que se presente algún síntoma. Hubo poca o ninguna compulsión asociada con estas recomendaciones. Quizás lo más significativo para la vida cotidiana de muchas personas es que nunca hubo una directiva para cerrar jardines de infancia y escuelas. La Agencia de Salud Pública se refirió a la falta de evidencia de que los niños transmitan el virus y la necesidad de mantener a los padres en sus lugares de trabajo.

Desde el comienzo de la pandemia, las pruebas de coronavirus fueron una característica importante de las estrategias de algunos países. Este no fue el caso en Suecia. Algo más tarde, incluso cuando otros países europeos introdujeron requisitos para el uso de mascari-

55 Nils Anders Tegnell es un funcionario y médico sueco especializado en enfermedades infecciosas. Es el epidemiólogo estatal actual de Suecia. En sus puestos, ha tenido papeles clave en la respuesta sueca a la pandemia de gripe porcina de 2009 y la pandemia de la COVID-19.

llas en lugares públicos, la agencia se resistió a las sugerencias de que las mascarillas podrían ser una forma de obstaculizar la propagación del virus entre la población en general[56].

En resumen, mientras que otros países se inclinaron hacia el principio de precaución, la Agencia Sueca de Salud Pública interpretó consistentemente la información disponible sobre el coronavirus de una manera mínima, lo que significó una intervención relativamente limitada en la vida de las personas.

Los portavoces de la agencia rara vez se refirieron a las condiciones geográficas, sociales y demográficas específicamente suecas, como la baja densidad de población del país, los hogares pequeños y la buena salud pública, lo que podría haber justificado una política nacional adaptada. Tegnell afirmó que "las leyes suecas sobre las enfermedades transmisibles se basan principalmente en medidas voluntarias, en la responsabilidad individual", lo que sugirió que las autoridades nacionales estaban limitadas. Por otro lado, cuando un periodista británico le preguntó qué evidencia tenía para justificar la estrategia de Suecia, preguntó retóricamente qué evidencia tenían otros países para justificar la suya (Aftonbladet, 03/04/2020). De hecho, Tegnell se declaró "muy escéptico de los encierros" en general. "No podemos acabar con todos nuestros servicios", razonó. "Y los desempleados son una gran amenaza para la salud pública"[57].

3.4.12. La situación de los adultos mayores durante la pandemia

Ahondando en la situación generada por la pandemia a raíz del coronavirus, los efectos sociales problemáticos que se han generado los abordamos desde el enfoque de la salud pública como de la desigualdad social identificada, en especial en vecindarios multiétnicos y de bajos ingresos.

---

56 Este argumento se debió a la débil evidencia científica de su utilidad, más el riesgo de que las mascarillas faciales pudieran restar importancia a quedarse en casa cuando hay síntomas, lavarse las manos y mantener la distancia.

57 Posdoc registrado en octubre de 2021 en la Universidad de Évora.

Un importante estudio (Kivi, 2021: 4) investigó el bienestar en una muestra sueca durante los primeros días de la pandemia de COVID-19. El primer caso de COVID-19 en Suecia se informó el 1 de febrero (*World Health Organization*, 2020: 72).

El 25 de marzo, las autoridades suecas emitieron comunicados recomendando el distanciamiento social, pero no promulgaron un cierre general. También se dirigió una recomendación adicional, aunque voluntaria, de "refugio en el lugar" a los adultos mayores de 70 años (*Public Health Agency of Sweden, 2020*). En el momento de la recopilación de datos, Suecia tenía 28 muertes confirmadas por millón (la 12ª tasa de mortalidad más alta) y el número de infectados se duplicaba cada 3 días (OMS, 2020).

En este estudio se utilizaron datos del proyecto longitudinal HEARTS (*Aging and Retirement Transitions in Sweden*) para investigar los efectos psicológicos tempranos de COVID-19 en una muestra de adultos mayores. Los datos de HEARTS brindaron una oportunidad única para investigar los efectos longitudinales sobre el bienestar durante un período de 5 años (2015-2020). Su objetivo específico fue: (a) determinar los niveles de preocupación, percepción de riesgo y distanciamiento social en relación con COVID-19; (b) investigar los efectos longitudinales sobre la satisfacción con la vida, la satisfacción financiera, la autoevaluación de la salud y la soledad; y (c) cuantificar los efectos de la preocupación, la percepción del riesgo y el distanciamiento social en el bienestar.

Los resultados mostraron que el 44,9% se preocupaba por su propia salud o la de los demás, el 69,5% se preocupaba por las consecuencias sociales y el 25,1% se preocupaba por las consecuencias financieras relacionadas con la COVID-19. La mayoría (86,4%) informó de altos riesgos sociales, el 42,3% percibió el riesgo de infectarse como alto y el 71,2% informó de su participación en el distanciamiento social.

La satisfacción financiera se mantuvo estable a lo largo del tiempo pero fue significativamente mayor en 2020 en comparación con todos los años anteriores. La satisfacción vital ($\beta = 0{,}01$, $p = 0{,}015$) y la soledad ($\beta = -0{,}003$, $p = 0{,}69$) se mantuvieron estables en el tiempo sin desviaciones significativas en la ola de 2020.

Una mayor preocupación por las consecuencias financieras y de salud relacionadas con la pandemia de COVID-19 se relacionó con puntajes más bajos en satisfacción con la vida (β = −0.12/−0.17, p <.001), satisfacción financiera (β = −0.10/−0.25, p ≤.001), y autopercepción de salud (β = −0.16/−0.08, p ≤.008), y puntuaciones más altas en soledad (β = 0.09/0.13, p ≤.007). Por el contrario, una mayor preocupación por las consecuencias sociales se relacionó con una mayor satisfacción financiera (β = 0,09, p = 0,003) y menos soledad (β = −0,08, p = 0,009). Las puntuaciones más altas en distanciamiento social se relacionaron con una mayor satisfacción con la vida (β = 0.11, p <.001) y las finanzas (β = 0.08, p=.006). El riesgo social y el riesgo percibido de estar infectado no se relacionaron significativamente con ninguna de las cuatro variables de resultado (todas p > 0,0125).

Según señala este estudio, los adultos mayores suecos todavía estaban “animados” durante la primera parte de la pandemia de COVID-19; Si bien la mayoría practicó el distanciamiento social, también calificaron su bienestar tan alto o incluso más alto que 5 años antes. En general, los bajos niveles de preocupación y el alto bienestar pueden ser consecuencia de las relativamente pocas restricciones en Suecia, pero se necesitarán estudios de otros países para comparar. También es importante señalar que los adultos mayores son un grupo heterogéneo; mientras que la mayoría tenía un alto bienestar, aquellos que se preocupaban más por los efectos financieros y de salud de COVID-19 tenían un bienestar más bajo. Por lo tanto, será importante determinar formas de reducir la preocupación para mitigar un menor bienestar durante la pandemia. Finalmente, los hallazgos de este estudio no deben tomarse como un respaldo a ninguna respuesta gubernamental en particular. Aunque el bienestar subjetivo es importante, es solo un componente de la salud. El alto bienestar de los adultos mayores en este estudio no debe usarse para ignorar otros componentes de la salud. Por lo tanto, se necesita más investigación sobre una amplia gama de indicadores de salud para monitorear y contrarrestar las consecuencias de COVID-19.

Otro estudio (Huntley, 2022: 15) encontró que Suecia tomó una ruta diferente, adoptando en gran medida medidas voluntarias. control de enfermedades en lugar de control impuesto por el Estado (Kamerlin, 2020: 3174). Como tal, muchas autoridades suecas pidieron a los organismos públicos, personas y empresas que acataran las recomendaciones. Las recomendaciones más estrictas se dirigieron a adultos mayores de 70 años; una población en riesgo de complicaciones por COVID-19. Se les pidió a los adultos mayores de 70 años que se abstuvieran de todos los contactos sociales fuera de su hogar. También se les recomendó no reunirse con familiares y amigos, no visitar tiendas y lugares públicos, y no utilizar el transporte público. Aunque las restricciones se hicieron para proteger a los adultos mayores, las restricciones pueden haber desafiado los derechos de los adultos mayores a la igualdad, la autonomía, las necesidades básicas de contacto físico y conexión social (D'Cruz, 2020: 292). En consecuencia, existe la necesidad de comprender el impacto de la pandemia en los adultos mayores.

Parlapani *et al.*, (2021), después de haber realizado una revisión exhaustiva de la literatura desde mayo de 2020 hasta enero de 2021, investigando el impacto de la pandemia en la salud mental de los adultos mayores, se encontró que los adultos mayores estaban menos angustiados que los adultos más jóvenes (Parlapani, 2021: 1729).

Bidzan-Bluma *et al.* (2020) encontraron tasas más altas de calidad de vida, satisfacción con la vida y bienestar entre las personas mayores de 60 años en comparación con los adultos de mediana edad. Tenían una mejor calidad de sueño, eran más optimistas y podían relajarse más fácilmente (Bidzan-Bluma, 2020: 11). En Suecia, Kivi *et al.* (2021) informaron de que en las etapas iniciales de la pandemia, la autoevaluación de los adultos mayores sobre su propio bienestar era al menos tan buena como cinco años antes.

Se han encontrado efectos negativos de la pandemia en los adultos mayores, como la disminución de los niveles de actividad física, la calidad del sueño y el bienestar (Macdonald, 2021: 240). Además, se han informado de mayores niveles de soledad entre los adultos mayores (Heidinger, 2020: 11), especialmente entre los adultos mayores que viven solos (Falvo, 2021: 6). Los encierros y las obligaciones legales de quedarse en casa hicieron que algunos adultos mayores se sintieran restringidos y encarcelados (Gonçalves, 2021: 5). Aunque la mayoría de los adultos mayores en un estudio sueco de Nilsson *et al.* (2021) se adhirió a las recomendaciones, alrededor del 20% de la muestra experimentó que las restricciones eran un desafío, lo que provocó una imagen alterada de sí mismo (Nilsson, 2021: 359). Antes de la pandemia, este grupo no se percibía a sí mismo como "viejo" y su aislamiento los llevó a la depresión, con capacidad reducida para actuar y con un aumento de los pensamientos de muerte.

Los estudios de Kivi y Nilsson tenían en común que se realizaron en una etapa anterior de la pandemia, cuando aún era una experiencia novedosa. No conocemos ningún otro estudio cualitativo sobre cómo los adultos mayores en Suecia han experimentado la vida durante la última fase de la pandemia. Como tal, el objetivo del presente estudio fue explorar las experiencias vividas de la pandemia por adultos en Suecia, mayores de 70 años, con atención a un período de dos semanas de sus vidas a lo largo de la pandemia.

El presente estudio contribuyó al campo de las vivencias de los adultos mayores durante una fase posterior de la pandemia. Descubrió que la combinación de diarios con entrevistas de seguimiento demostró ser un método eficaz para recopilar datos ricos y cualitativos. Además, las entrevistas de seguimiento permitieron la discusión del material del diario, lo que ayudó a la confiabilidad del análisis. Este estudio destaca factores protectores a lo largo de la pandemia, como vivir en pareja, tener contactos sociales, tener un estilo de vida activo con actividad física regular y tener días estructurados. Aunque los participantes anhelaban que las cosas volvieran a la normalidad, conocer a sus hijos y nietos, viajar y socializar con amigos, encontraron formas adaptables de mantenerse conectados.

Los participantes presentaron luchas, por ejemplo, con enfermedades somáticas o duelo. A lo largo de sus relatos, los participantes mostraron resiliencia en relación a los eventos negativos de la vida, regulando sus emociones y manteniendo el buen humor. Como tal, este estudio llama la atención sobre los activos y capacidades de los participantes, y aunque no es posible generalizar los resultados a otros grupos, está en línea con otros estudios que muestran resiliencia en la población mayor.

Los participantes en este estudio tenían fe en las recomendaciones de la agencia de salud pública para personas mayores de 70 años y las encontraron necesarias. No se auto identificaron como un grupo vulnerable. Por el contrario, algunos describieron a los jóvenes como más vulnerables a caer en dificultades durante la pandemia.

Finalmente, cabe señalar que los participantes en este estudio tenían buenas condiciones socioeconómicas y de vida. Este estudio sugiere como necesario realizar más estudios para comprender las experiencias de la pandemia de los grupos más vulnerables de adultos mayores.

Respecto de los adultos mayores, la mayoría de las evidencias apuntan a un aumento de la soledad durante la pandemia. Estudios centrados en adultos mayores en EEUU, los Países Bajos y Austria (Kotwal, 2021: 20) han encontrado un mayor o alto nivel de soledad durante la pandemia (Emerson, 2020: 44). Se ha informado de resultados similares en estudios de grupos específicos de adultos mayores en varios países (Kotwal, 2021: 20), incluidos pacientes psico-oncológicos (Schellekens, 2020: 1399) y residentes de centros de atención a largo plazo en los Países Bajos, personas con multimorbilidad en Hong Kong (Wong, 2020: 817) y miembros de una organización para adultos mayores en los EEUU (Gaeta, 2020: 5). Hay hallazgos contrastantes: un estudio de adultos mayores en Israel encontró niveles bajos de soledad (Shrira, 2020: 1200) y un estudio de adultos mayores más jóvenes (de 65 a 71 años) en Suecia no encontró cambios en los niveles de soledad (Kivi, 2021: 76).

Sin embargo, existen limitaciones en la mayoría de los estudios sobre COVID-19 y soledad publicados hasta la fecha. En primer lugar, la mayoría usa muestreo de conveniencia y/o datos recopilados en línea, lo que probablemente sub representa a los adultos mayores de mayor edad con poco o ningún uso de Internet y a las personas con problemas de salud. Entre los estudios con muestras más representativas se encuentran los de Kivi *et al.*, (2021) aunque con un grupo de edad más joven y Van Tilburg *et al.*, (2021). En segundo lugar, los estudios tienden a no tener un diseño prospectivo que incluya datos recopilados antes de la pandemia, por lo que tienen un potencial limitado para atribuir cambios en la soledad a factores relacionados con la pandemia. En tercer lugar, muchos estudios se realizaron poco tiempo después de la pandemia, lo que limita su contribución a la comprensión de cómo se desarrolla la soledad en el transcurso de una pandemia y sus efectos sobre la salud y el bienestar.

Finalmente, con pocas excepciones (Whatley, 2020: 6) los estudios carecen de un fundamento teórico explícito. Para garantizar que la política durante esta y futuras pandemias se guíe por evidencia confiable, se necesitan más estudios que tengan una base teórica sólida, de diseño prospectivo con muestras representativas de personas mayores y de duración suficiente para examinar los efectos tanto a corto como a largo plazo de la pandemia.

3.4.13. Diversas percepciones entre géneros de los efectos de la pandemia

Un estudio transversal (Brogårdh, 2021: 12) elaborado en Suecia ofreció los siguientes resultados:

De los 1082 participantes, una gran proporción eran mujeres (82%). La mayoría tenía títulos de posgrado en educación de nivel terciario (85%), estaban casados/cohabitando (74%) y tenían entre 35 y 69 años (81%). Menos de la mitad vivía en Scania, la parte más al sur de Suecia (43%), el 37% vivía en las dos ciudades más grandes de Suecia y el 31% vivía en un pueblo. El 79% de los participantes estaban empleados y el 55% no tenía hijos viviendo en casa. Aproximadamente una cuarta parte padecía una enfermedad crónica.

Las calificaciones de LiSat-11[58] mostraron que una gran proporción estaba satisfecha con la vida como un todo (69%), con su capacidad para gestionar las actividades de la vida diaria (97%), su vida

---

[58] t-11 es un cuestionario genérico que evalúa la satisfacción con la vida percibida. Consta de un ítem global "la vida como un todo" y 10 ítems de dominio específico sobre vocación, economía, ocio, contactos con amigos y conocidos, vida sexual, actividades de la vida diaria (AVD, es decir, capacidad para gestionar el autocuidado en vestimenta, higiene, traslados), vida familiar, pareja/relación, salud física y salud psicológica. Cada ítem se califica como: 1 (muy insatisfactorio), 2 (insatisfactorio), 3 (bastante insatisfactorio), 4 (bastante satisfactorio), 5 (satisfactorio) y 6 (muy satisfactorio), y las puntuaciones más altas indican un mayor nivel de satisfacción percibida. Las puntuaciones se pueden dividir en dos categorías: insatisfecho (puntuaciones del 1 al 4) y satisfecho (puntuaciones del 5 al 6). El elemento global "la vida como un todo" se puede utilizar como una medida única de la satisfacción con la vida percibida. Se demostró que LiSat-11 es confiable en varias poblaciones, y los valores de una muestra de referencia sueca están disponibles.
Además de las calificaciones de satisfacción con la vida percibida, los participantes también informaron de cambios percibidos en los diferentes dominios de LiSat-11 en comparación con el mismo período del año anterior (es decir, como "deteriorado", "sin cambios" o "mejorado"). Si percibían un cambio, también informaban de si consideraban que el cambio se debía a la pandemia respondiendo "sí", "en parte" o "en absoluto" o "no sé".

familiar (73%), sociedad/relaciones (71%) y con su situación financiera (70%). Una proporción menor estaba satisfecha con el contacto con amigos (43%) y su vida sexual (35%).

Para los diversos elementos de LiSat-11, del 42% al 94% de los participantes informaron de que no hubo cambios en comparación con el mismo período del año anterior. Aproximadamente la mitad informó de que su contacto con amigos se había deteriorado (52%), y alrededor de un tercio calificó las actividades de tiempo libre (33%) y la vida en general (28%) como deterioradas. Entre el 21% y el 24% reportaron un deterioro en la situación vocacional, así como en la salud física y psicológica. Aproximadamente un tercio reportó una mejora en la vida en general (29%) y una proporción ligeramente menor consideró que la salud física (26%), las actividades de tiempo libre (24%), la situación vocacional (25%) y la situación financiera (20%) había mejorado.

Para todos los ítems, excepto vida sexual y pareja/relación, la proporción de quienes consideraron que el cambio se debió a la pandemia fue significativamente mayor entre quienes experimentaron un deterioro, en comparación con quienes experimentaron una mejoría ($p \leq 0,001$). Por ejemplo, en relación con la vida en su conjunto, el contacto con los amigos y las actividades de tiempo libre, más del 90% de los que experimentan deterioro consideran que el deterioro se debe a la pandemia. Una excepción fue la vida sexual, en la que sólo aproximadamente un tercio consideró que el deterioro se debió a la pandemia.

En la regresión logística multivariable final, se observaron probabilidades significativamente más altas de experimentar un deterioro de la satisfacción con la vida en general en el grupo de edad de 35 a 49 años en comparación con los menores de 35 años (OR 1,75, IC del 95%: 1,08 a 2,85), entre las personas que viven en Estocolmo en comparación con los que viven en Scania (OR 1,55, IC del 95% 1,00-2,40), para los que no tienen hijos viviendo en el hogar en comparación con los que tienen hijos viviendo en el hogar a tiempo completo (OR 1,83, IC del 95% 1,28-2,62), para los que tener otras fuentes de ingresos además de estar empleado (OR 1,65, IC 95% 1,13-2,06), y para aquellos que padecen una enfermedad crónica (OR 1,50, IC 95% 1,10-2,41). Se observaron probabilidades significativamente más bajas de experimentar una mayor satisfacción con la vida en personas de 35 años o más en comparación con el grupo de edad más joven (<35) y en personas sin hijos que viven en el hogar.

En el presente estudio, se encontraron probabilidades significativamente más altas de experimentar un deterioro de la satisfacción con la vida en general entre las personas de mediana edad, las personas sin hijos que viven en el hogar, que viven en Estocolmo, que tienen otras fuentes de ingresos además del empleo y que tienen una enfermedad crónica, en comparación con los grupos de referencia.

Las posibles razones del resultado entre las personas de mediana edad podrían ser que este grupo normalmente se dedica a una serie de actividades sociales, que se habían reducido durante la pandemia. La disminución de la red social puede a su vez generar un sentimiento de soledad. Además, los estudios han demostrado que la situación social de una persona (es decir, la situación familiar y el estado civil) pueden afectar la soledad y satisfacción con la vida (Groarke, 2020: 15). Esto puede explicar por qué el grupo sin hijos que vivían en casa tenía probabilidades significativamente más altas de experimentar una satisfacción deteriorada con la vida en general. Además, Bluestein *et al.* (2020) y Zhang *et al.* (2020) han demostrado que tener un ingreso precario durante la pandemia podría generar preocupación y ansiedad, lo que puede explicar por qué el grupo con otras fuentes de ingresos además de estar empleado tenía mayores probabilidades de experimentar una satisfacción con la vida deteriorada.

Las personas que vivían en Estocolmo también tenían probabilidades ligeramente mayores de deterioro de la satisfacción con la vida, lo que puede explicarse por los brotes iniciales más grandes de COVID-19 y, por lo tanto, por restricciones más estrictas en esta área durante la primera ola de la pandemia. Por lo tanto, los hallazgos de este estudio están en parte de acuerdo con los estudios de Europa y otras partes del mundo que han estado bloqueadas (Ammar, 2020: 17), que muestran que la reducción de las actividades sociales y el aumento del desempleo están asociados con una menor satisfacción con la vida. Además, en el estudio de Benke *et al.* se informó de que las mujeres, la edad avanzada, un mayor nivel educativo, estar empleado y vivir en pareja se asociaron con una mayor satisfacción con la vida. En el presente estudio, en el análisis de regresión multivariante no se observaron diferencias significativas de género con respecto a los cambios en la vida como un todo.

Sin embargo, otros estudios han informado de que las mujeres tienden a estar más estresadas y responden al aislamiento social con ansiedad y depresión (Casagrande, 2020: 12), lo que puede afectar negativamente la satisfacción con la vida. En el estudio de Kivi se informó de que los adultos mayores en general percibieron un alto bienestar durante la etapa temprana de la pandemia. Sin embargo, aquellos que informaron de un menor bienestar estaban preocupados por las consecuencias socioeconómicas y de salud negativas de la pandemia. Como sólo el 5% de los participantes en el presente estudio tenían más de 70 años, fue difícil sacar conclusiones sobre sus experiencias. El grupo tenía mayores probabilidades de deterioro de la satisfacción, en comparación con el grupo de edad más joven, pero las mayores probabilidades no fueron significativas. Esto puede deberse al número relativamente bajo de participantes en este grupo de edad. Por lo tanto, es necesario evaluar más a fondo cómo las personas mayores han experimentado cambios en la satisfacción con la vida durante la continuación de la pandemia en Suecia (Jeong, 2020: 166) y la enfermedad de Parkinson (Subramanian, 2020: 5). Esto es totalmente comprensible ya que el COVID-19 podría ser particularmente peligroso para las personas con enfermedades crónicas.

En conjunto, varios factores pueden influir en la satisfacción con la vida durante una pandemia. La estrategia sueca, con restricciones de salud pública más indulgentes, parece haber afectado negativamente la satisfacción con la vida de las personas hasta cierto punto, a pesar de que la mayoría percibía un alto nivel de satisfacción con la vida.

3.4.14. Impacto físico y psicológico en la población sueca por la Covid19: obesidad, depresión, ansiedad e insomnio

La variación en la prevalencia de los problemas de salud mental durante la pandemia entre países se confunde naturalmente con factores no pandémicos específicos de cada país, como la cultura, las políticas y la situación económica, y también el tiempo transcurrido desde el inicio de la pandemia. Sin embargo, al comparar las estadísticas nacionales de prevalencia de salud mental en cada país antes de la pandemia con los resultados de las encuestas nacionales realizadas durante la pandemia, es evidente que la frecuencia de problemas de salud mental es sustancialmente mayor en el período de COVID-19, lo que ciertamente apunta a la pandemia como una causa plausible. De hecho, entre una de cada seis y una de cada tres personas reportan un nivel significativo de depresión o ansiedad, particularmente durante este tiempo de COVID-19 (Lance, 2020). También es importante que, si bien las tasas de estos resultados pueden variar según los países y el tiempo, esencialmente todas las tasas generan preocupación.

En Suecia, los casos confirmados en la última semana de mayo de 2020 fueron de 38.664 y las muertes relacionadas fueron 4.633. Para Suecia, la crisis había llegado y se mantuvo más o menos en su punto máximo durante este tiempo (*Coronavirus Resource Center*, 2020) y la tasa de mortalidad general fue alta, especialmente en el entorno de atención residencial para personas mayores. Las autoridades suecas no obligaron a las personas a quedarse en casa, impusieron políticas estrictas de distanciamiento social ni cerraron las fronteras, y muchas empresas y guarderías permanecieron abiertas (*Government Offices of Sweden*, 2020). En cambio, se aconsejó a las personas que trabajaran desde casa, cuando fuera posible, se prohibieron las reuniones de más de 50 personas, las empresas y la educación superior recurrieron voluntariamente a las videoconferencias y redujeron los viajes no esenciales (Public Health Agency of Sweden, 2020). No hay duda de que la vida cambió en Suecia, pero tal vez no tanto como en otros países, particularmente en Europa, China y los Estados Unidos. Se ha demostrado que estar bajo una orden de quedarse en casa se asocia con una mayor ansiedad por la salud, preocupaciones financieras y soledad (Tull, 2020: 289). No se sabe si este efecto se ha mitigado en Suecia.

El propósito de este estudio fue examinar si la prevalencia de los problemas de salud mental durante la pandemia de COVID-19 supera las tasas de prevalencia no pandémicas estimadas para depresión (10,8%), ansiedad (14,7%) e insomnio (7-10%) en Suecia (Mallon, 2014) a través de una encuesta web nacional. Se administraron medidas de depresión, ansiedad e insomnio, depresión y ansiedad por ser dimensiones comunes de la salud mental, e insomnio por ser sensible a eventos estresantes y un importante predictor de la salud emocional y física (Altena, 2020). Por supuesto, la superposición entre el insomnio, la ansiedad y la depresión es bien conocida (Johnson, 2006: 40).

Los estudios realizados durante brotes de enfermedades infecciosas anteriores, como el síndrome respiratorio agudo severo (SARS) y el síndrome respiratorio de Oriente Medio (MERS), han demostrado que la ansiedad, la depresión y el insomnio fueron los problemas de salud mental más frecuentes durante estos brotes de enfermedades (Jeong, 2016: 38). En este estudio se evaluaron las asociaciones entre estos problemas de salud mental y los factores de riesgo previamente asociados con impactos psicológicos en el contexto de una pandemia de gripe como características demográficas, exposición a infecciones, síntomas y preocupaciones específicas relacionadas con la COVID-19. También examinaron las asociaciones entre el historial de problemas de salud mental y las variables de resultado, ya que un estudio anterior mostró que los impactos psicológicos de COVID-19 son más prominentes en personas con problemas de salud mental preexistentes (Asmundson, 2020: 74). Los hallazgos del estudio podrían proporcionar los medios para abordar las consecuencias inmediatas de la pandemia actual y planificar amenazas para la salud similares en el futuro.

El estudio concluye que en lo que parece haber sido el apogeo de la pandemia de COVID-19 en Suecia, el 45,6% de los residentes suecos que respondió una encuesta en línea informó de síntomas que reflejaban problemas significativos en una o más áreas de su salud mental, como depresión, ansiedad, o insomnio. Además, tener múltiples problemas era la norma: las personas tenían casi el doble de probabilidades de tener más de uno de estos problemas que de tener solo uno. Cada uno de los problemas examinados, en términos generales, se presentó con mayor frecuencia en aquellos que son más vulnerables en sus condiciones de salud y socioeconómicas. En modelos multivariados que incluyeron todos los factores significativamente asociados de los análisis bivariados, la salud autoevaluada y el historial de salud mental aparecieron consistentemente entre los correlatos más fuertemente asociados de depresión, ansiedad e insomnio. Estos fueron, posiblemente, más importantes que las condiciones de salud física preexistentes relacionadas con el riesgo de COVID-19 o los síntomas reales de COVID-19 en sí mismos. Se podría decir que la pandemia se impone más particularmente sobre la salud mental de aquellos que ya están agobiados por los impactos de los problemas de salud mental. Las preocupaciones relacionadas con los impactos de COVID-19 también figuraron de manera importante en estos modelos, y entre estos, el mayor impacto puede provenir de las preocupaciones sobre las finanzas personales o del hogar.

Hay escasez de evidencia sobre la infectividad de las personas con obesidad en la pandemia de COVID-19, pero se pueden hacer extrapolaciones a partir de investigaciones sobre otros virus. Si bien la fisiopatología de la infección por SARS-CoV2 no se ha dilucidado por completo, se ha propuesto que el virus ingresa a las células a través de mecanismos dependientes de ACE2, al igual que el SARS-CoV y el coronavirus respiratorio humano NL63. Se transmite por transmisión de persona a persona a través de gotitas, partículas en aerosol y contacto directo. Se ha estimado que la infección tiene un tiempo de incubación que varía de 2 a 14 días, con una media de 6,4 días (Lai, 2020: 55). Teniendo en cuenta la eliminación viral prolongada y el aumento de la carga viral en el aire espirado en personas con obesidad, se deben considerar períodos de cuarentena más prolongados en personas con mayor adiposidad en comparación con sus contrapartes delgadas (Luzi, 2020: 759).

La crisis de COVID-19 llevó al cese de la mayoría de los procedimientos quirúrgicos electivos a nivel mundial en diferentes momentos. En el Reino Unido, el Servicio Nacional de Salud de Inglaterra solicitó que se detuvieran los procedimientos electivos durante 3 meses a partir del 15 de abril de 2020. En consecuencia, las primeras directrices de la Federación Internacional para la Cirugía de la Obesidad y los Trastornos Metabólicos (IFSO) recomendaban posponer cualquier procedimiento bariátrico (Yang, 2020: 30). Pero retrasar la cirugía bariátrica prolonga la progresión de las complicaciones metabólicas de la obesidad, incluida la diabetes tipo 2, el síndrome de hipoventilación por obesidad, la insuficiencia cardíaca asociada a la obesidad y el cáncer (Schauer, 2019: 95). Esto aumenta directamente la carga de enfermedad entre los pacientes. El impacto de cancelar la cirugía bariátrica electiva se supone costoso; análisis económicos previos han demostrado que las enfermedades que se pueden corregir con cirugía son más rentables que el tratamiento médico. Por ejemplo, el manejo de la diabetes tipo 2 con varios medicamentos es mucho más costoso que la cirugía bariátrica. Por lo tanto, retrasar la cirugía para estos pacientes hará que sea menos rentable con el tiempo.

Actualmente, no hay datos a gran escala sobre los resultados de la cirugía bariátrica durante la pandemia de COVID-19 y se están realizando estudios desde *Karolinska Institutet* para evaluar el impacto de la interrupción de los servicios bariátricos en la atención y la calidad de vida del paciente. Sin embargo, el estudio de cohorte internacional más grande que involucró a pacientes quirúrgicos informó de que las complicaciones y la mortalidad se observaron en una tasa más alta en comparación con cohortes específicas de pacientes, específicamente de cirugía de emergencia, de género masculino, de edad superior a 70 años y un grado ASA más alto (este grado es como se llama a la evaluación del estado físico del paciente por los anestesistas y cuanto más alto sea, más riesgo hay de realizar una intervención de vida o muerte). En comparación con los niveles previos a la pandemia, la morbilidad y la mortalidad son más altas en todos los tipos de cirugía según este estudio. Sin embargo, el retraso de la cirugía probablemente también conduce a la progresión de la enfermedad. Por lo tanto, un enfoque realista y seguro será poder priorizar a los pacientes que más se beneficiarán de la cirugía sin exponerlos a un riesgo innecesariamente alto.

Hay varias soluciones para los problemas antes mencionados. En primer lugar, debe haber un esfuerzo coordinado de los gobiernos y la industria de alimentos y bebidas para garantizar una cadena de suministro adecuada para prevenir la inseguridad alimentaria. Es necesario que haya una mayor conciencia pública sobre el "estilo de vida de encierro" que puede hacer obesas a las personas y proporcionar estrategias para evitarlo. La OMS ya ha proporcionado una lista de ejercicios que se pueden realizar en casa para mantenerse físicamente activo. En segundo lugar, en el contexto de una larga acumulación de operaciones y pacientes con mayor probabilidad de complicaciones, es posible que haya escasez de personal y camas de hospital para acomodar este aumento. Tradicionalmente, los pacientes han sido listados para cirugía por orden de llegada, priorizados según la necesidad clínica. Ahora, debemos generar pautas para priorizar a los pacientes en función de la gravedad de la enfermedad, teniendo en cuenta cualquier complicación microvascular y macrovascular coexistente de la obesidad (indicadores de disfunción orgánica) (Purkayastha, 2020). Por ejemplo, *Diabetes Surgery Summit* (DSS) recomienda que se prioricen los pacientes que usan insulina y los pacientes con una duración de la enfermedad de más de 5 años. Mientras tanto, los pacientes deben estar optimizados para la cirugía y asegurarse de que su peso y metabolismo estén controlados a través de medidas farmacológicas y de estilo de vida. La cirugía debe acelerarse para los pacientes que no responden a tales medidas conservadoras. Los equipos de cirugía bariátrica/manejo de la obesidad deben ser defensores de sus pacientes durante estos tiempos difíciles; de lo contrario, existe un riesgo significativo de que se ignoren las necesidades de los pacientes debido a la continua percepción pública de que la obesidad sigue siendo una elección y no una enfermedad (Purkayastha, 2020). A través de estas medidas, es posible que pueda mitigarse la postcombustión de COVID-19 en la población bariátrica.

3.4.15. La prevención del suicidio como estrategia de salud pública

Desde el Departamento de Sociología de la Universidad de Lund, Joacim Rosenlund y Malin Åkerström escribieron en 2008 acerca de la prevención del suicidio sueco, basándose en un estudio teórico de la literatura sociológica. El objetivo es la comprensión de la sociología a la hora de construir el suicidio como un problema y para abordar esto, se utiliza la teoría de la construcción social de la realidad que pueda darnos una explicación social teniendo en cuenta que toda realidad se construye socialmente y que la sociología debe analizar los procesos por los cuales este fenómeno se produce analizando las diferentes etapas de socialización en la vida de las personas. Aparte de la literatura sociológica, se miden los grupos de interés creados, las medidas de política social puestas en marcha en torno a este tema y los documentos que difunden su puesta en marcha y las razones de trabajo. La crítica que este estudio esboza es que la sociología se ha concentrado en el suicidio como un problema teórico, lo que ha llevado a que las soluciones no hayan estado presentes en esta teoría o en términos generales, la sociología ha ayudado a sentar las bases teóricas acerca del suicidio dejando que las soluciones se desarrollaran fuera de ella.

Debemos a Émile Durkheim mucha de la literatura sociológica actual acerca del suicidio, valorando que el científico debe construir las categorías que quiere estudiar para dar homogeneidad y significado específico a los problemas para que puedan ser tratados empíricamente. En el libro "*El suicidio*" habla de que la ciencia crea sus categorías pero que incluso lo que damos por sentado en el lenguaje cotidiano puede afirmarse que está construido socialmente. Esto también se aplica a lo que se percibe como un problema, porque incluso cuando algo se designa como un problema tiene consecuencias que dan forma a causas y soluciones. El problema existe, pero las formas en que se habla y se clasifica en torno a él no son constantes. Si el suicidio es un problema, no es el mismo problema para el sociólogo que para el profano o la sociedad. Éste es un punto de partida interesante para un estudio. El tema del suicidio abarca todos los campos de la ciencia. Tal vez sea más fácil pensar en él como un problema de psicología o medicina pero para los investigadores orientados a las ciencias sociales, se vuelve más obvio verlo como un problema sociológico estudiando el suicidio como un problema para luego valorar cómo se ve la prevención del suicidio en la sociedad sueca, con un punto de partida teórico que ve a través de construcciones de problemas siendo éstos no definitivos.

Este estudio, apoyado en diversos datos publicados por la OMS, proporciona los siguientes datos: "*El suicidio es la causa más común de muerte en Suecia en el grupo de edad de 15 a 24 años. Sólo entre los hombres, es la causa más común de muerte en el grupo de edad de 15 a 44 años. Los hombres de 45 a 64 años cometen la mayoría de los suicidios, pero no es la causa de muerte más común en este grupo de edad. Por lo tanto, se trata de un fenómeno generalizado, incluso si los rumores de que Suecia tiene una tasa de suicidios inusualmente alta son infundados en comparación con el resto del mundo*". Hablamos de tasas constantes de suicidios en torno a un 19% en hombres y un 8% en mujeres, aunque los intentos de suicidio son, sin embargo, más comunes entre las mujeres, en estudios constantes publicados por NASP desde 1980.

Ya en los años '70, el suicidio se planteó como un problema social en Suecia, lo que finalmente ha dado lugar a varios grupos de investigación, como el Centro para la Investigación y Prevención del Suicidio (*Centrum för suicidforskning och prevention*), que se creó a principios de la década de 1990. Con críticas constantes de que el alcance de la investigación y el problema iban a más pero sin reflejo en medidas de peso en política social, en 2008 surgía un programa nacional para la prevención del suicidio. Las referencias en la descripción general de las teorías del suicidio del sociólogo Per Anders Lindén añadieron una base para encontrar los libros importantes.

Frank J. Tester y Paule McNicoll estudian sobre suicidio entre los inuits, un grupo con una tasa de suicidio muy alta, con conclusiones interesantes para este proyecto doctoral ya que se habla del alto suicidio en la población sami. En Suecia viven alrededor de 20.000 sami, lo que supone aproximadamente el 0,22% de la población del país, con problemas constantes con el Estado por el reconocimiento de sus intereses de *pueblos indígenas y de minorías,* representados por tres parlamentos sami en Suecia, Finlandia y Noruega.

En el libro "*Thinking about Social Problems*", Donileen Loseke ha estudiado cómo se construyen los problemas sociales. Un tema constante es que un problema social surge al ser definido como tal. Los problemas a menudo se describen con ciertas categorías recurrentes: la prevalencia del problema, las víctimas, los responsables y las consecuencias del problema que hacen que los problemas parezcan objetivos. Además, a menudo se explican las causas y la solución del problema. Cuando un problema social se define como tal, se convierte en parte del entorno de las personas debiendo existir una necesidad de cambio. Cuando se crean problemas sociales, va de la mano con la tipificación del hecho y de las personas (y sus casos) que lo protagonizan (Loseke, 2017: 15).

A través del marco de diagnóstico se establecen las causas del problema y a quién o qué se puede culpar y asumir la responsabilidad por ello. Se llama marco porque tiene un contenido de causas dentro de sus límites. Generalmente se enumeran allí tres grupos principales de causas. El primero son las estructuras sociales que pueden ser la organización de la familia, el bienestar, el sistema escolar o la economía. El segundo son las fuerzas sociales que son corrientes de opinión entre los habitantes. Puede tratarse de prejuicios y estereotipos. El tercero es individual, con factores como el comportamiento y la personalidad. Pueden ocurrir combinaciones de estas tres causas.

Muy a menudo, las construcciones de problemas también incluyen soluciones que siguen ciertos patrones. Se accede a ellos a través del marco de pronóstico. Puede haber varias soluciones a un mismo problema; lo que tienen en común es que son soluciones al problema construidas en el marco del diagnóstico. Para los problemas de las estructuras sociales, se da así una solución que las cambia. Las causas que se atribuyen al individuo eventualmente deben resolverse cambiando al individuo. Las soluciones pueden ser en la práctica reformas políticas dirigidas a ciertos grupos de personas, como afirma Loseke, También pueden venir a través del cambio cultural, al que pueden contribuir los grupos de interés (Scott & Lyman, 1968: 46).

Decíamos que "*El Suicidio*" de Durkheim ha sido, durante mucho tiempo, relevante para el estudio de la Sociología. Durkheim dedica la mayor parte de su trabajo a un modelo teórico que debería explicar por qué la tasa de suicidio varía entre diversas comunidades. Utilizó métodos estadísticos para mostrar las causas sociales del problema. La teoría de la anomia trata básicamente de cómo la sociedad regula las necesidades del individuo y los medios para satisfacerlas. Si se producen grandes cambios económicos, las posiciones sociales de los individuos cambian. Durkheim afirma que los fenómenos en la sociedad pueden afectar a los individuos en la medida en que un acto como el suicidio varía con estas condiciones. Se trata de hechos sociales que están fuera del individuo. Estos hechos sociales pueden verse como causas construidas en forma de estructuras sociales. Tal construcción sienta las bases para un marco de diagnóstico de las causas sociales, que es consistente a lo largo del libro. La enseñanza de Durkheim dice que la sociedad debe mantenerse unida de una manera diferente cuando la integración y la regulación alcanzan niveles críticamente altos o bajos. Se puede encontrar una tendencia hacia un marco pronóstico en la última parte del último capítulo, donde el suicidio se describe como un estado de enfermedad en esta declaración: "*Por lo tanto, debemos considerar el suicidio, no como una consecuencia inevitable de una determinada organización social, sino como un signo de un estado de enfermedad en un sistema social, un fenómeno que debe ser curado y prevenido*" (Durkheim, 1983: 146).

Una conexión entre el individuo y la sociedad aliviaría las consecuencias de la condición anómica. Una mayor solidaridad debe lograrse a través de medidas políticas, un contenido común en un marco de pronóstico.

Henry y Short (1954) escriben acerca del fenómeno del suicidio por los vaivenes en la economía que viven personas con diferente estatus social y cómo asimilan estos cambios, con una mayor predisposición a la violencia en los grupos con un estatus más bajo y con mayor incidencia en suicidios en quienes detentan posiciones de mayor estatus. Gibbs y Martin, Jack P. Gibbs y Walter T. Martin son los autores de *"Status Integration and Suicide"*. La teoría del libro trata sobre la integración del individuo en el grupo social. Las relaciones inestables y fallidas conducen a un mayor riesgo de suicidio. La estabilidad de las relaciones, a su vez, depende de cómo los individuos estén a la altura de las demandas y expectativas en torno a ellos.

Cuando se utiliza el término prevención del suicidio, se da la impresión de que realmente se puede y se debe hacer algo con respecto al problema del suicidio. Este es un enunciado efectivo para construir un problema social. Esto hace que sea más lógico centrarse en medidas preventivas en forma de soluciones al problema, por lo que la prevención se vuelve más importante que explicar el fenómeno del suicidio. Esto puede verse como una señal de que estas organizaciones han tenido éxito en sus declaraciones para promover el suicidio como un problema social. Algunas lagunas de conocimiento importantes se refieren a la falta de comprensión de los procesos cognitivos y emocionales en el suicidio y la falta de conocimiento sobre los efectos de las intervenciones.

Basándonos en los informes de *Karolinska Institutet*, si extraemos información hasta el año 2022 acerca de cómo es la variación del suicidio en veinte años en Suecia, podemos observar lo siguiente:

- Visto como una población total, la tasa de suicidios en Suecia está disminuyendo, pero la disminución se detiene con el tiempo. Durante los últimos veinte años, la tasa de suicidios ha disminuido en un promedio de alrededor del 0,5% por año. Ésta es una reducción significativamente más lenta que la que tuvo lugar durante los años '90.
- La razón principal por la que la tasa de suicidios ha disminuido y también continúa disminuyendo en Suecia, es que los suicidios están disminuyendo entre las personas de los grupos de

edad de 45 a 64 años y mayores de 65 años. Durante los últimos veinte años, la disminución ha promediado alrededor del 1% anual y los hombres contribuyen aproximadamente al doble de la disminución que las mujeres. Entre los hombres mayores de 65 años, la reducción se produce en promedio en casi un 2% por año. Sin embargo, los hombres mayores de 65 años siguen siendo el grupo con las tasas de suicidio más altas, seguidos por los hombres de 45 a 64 años.

- En la población más joven, sin embargo, no se observa una disminución significativa de las tasas de suicidio, sino más bien un aumento o, en el mejor de los casos, un estancamiento. Más específicamente, se puede afirmar que la tasa de suicidio ha aumentado en promedio aproximadamente un 1% por año durante los últimos veinte años, en el grupo de edad de 15 a 24 años y también entre las mujeres en el grupo de edad de 25 a 44 años.

El proyecto de ley del año 2008 se presentó como algo que abarca a toda la sociedad ya que se trata de salud pública. No obstante, en el texto destacaban dos categorías sociales, una de las cuales se denomina "grupos menos favorecidos". Una segunda categoría se refiere a los "grupos de alto riesgo" y que el consumo de alcohol debe reducirse en éstos. Sin embargo, no está claro qué se entiende por grupos de alto riesgo, pero el alcohol suele ser un desencadenante de actos suicidas, como se expresa en la proposición de ley presentada en 2008 (págs. 108-110). La prevención sueca del suicidio orientada a la población se basa en una perspectiva de sistema poniendo la responsabilidad en la sociedad remarcando que las causas del problema se construyen a través de la enfermedad mental y de la falta de medidas preventivas.

Entre las propuestas formuladas entonces por SPES, se hablaba de iniciar una mayor difusión de los centros regionales de conocimiento sobre el suicidio, con un mayor desarrollo de las redes de prevención. El gobierno mostraba su predisposición a implementar iniciativas educativas y de difusión de información junto con SPES y NASP, informando de todos los suicidios e intentos de suicidio dentro de la atención médica. Otro pilar fue tratar la seguridad vial en relación con los accidentes de coche que se producen. Las soluciones a las causas psicológicas se ponen principalmente a nivel social, con recursos en la escuela, las organizaciones voluntarias, la investigación y en general, la educación. SPES educa, organiza reuniones para los miembros y también tienen una línea telefónica de apoyo. Otro objetivo es aumentar el conocimiento sobre el suicidio como un problema social y de salud pública con el resultado de tener una Suecia libre de suicidio.

El profesor Jan Beskow, uno de los principales investigadores del suicidio de Suecia, forma parte de la directiva de WNS, que es una asociación sin fines de lucro que trabaja con proyectos educativos.

La asociación está en colaboración con SPES, NASP, municipios, la iglesia, salud y universidades. WNS tiene una serie de puntos para alcanzar el objetivo de "*una Suecia libre de suicidios*" defendiendo apostar por la educación y en crear organismos locales que trabajen en la prevención desarrollando el cuidado en los casos de ansiedad, estrés y depresión. También hay espacio para familiares y sus propias historias puesto que el suicidio es un trauma también para los familiares y también para amigos y conocidos, compañeros de trabajo o estudios, personal sanitario, etc.

Según SPES, 1.505 personas se quitaron la vida en Suecia en 2022. De estos, dos tercios eran hombres y un tercio mujeres. En promedio, alrededor de 29 personas mueren por suicidio a la semana o aproximadamente cuatro por día. Esto se puede comparar con el número de personas muertas en accidentes de tráfico, que fue de 210 en 2021. Por lo tanto, hubo aproximadamente siete veces más muertes por suicidio que en accidentes de tráfico. Cada año, SPES arroja cifras de entre 10.000 y 15.000 personas que se ven afectadas por un trauma doloroso después de que un pariente cercano se haya quitado la vida y a estas personas también hay que tenerlas en cuenta puesto que corren el riesgo de desarrollar problemas de salud mental y física necesitando apoyo. Las historias individuales pueden ser lo suficientemente efectivas como para tener éxito con las declaraciones, incluso a nivel de política social, dejando claro que si un problema se construye conteniendo causas pero sobre todo soluciones, se convierte en un problema social fuerte.

Se establecen los siguientes días en reconocimiento de este problema que se empieza a identificar dentro de la agenda como social: el 19 de noviembre, como Día Internacional de los Sobrevivientes del Suicidio; el 10 de octubre como Día Mundial de la Salud Mental y el 10 de septiembre como Día Internacional para la Prevención del Suicidio.

A diferencia de la sociología, la prevención del suicidio ha abordado el suicidio como un problema social. Desde el principio, el problema se construye como algo que se puede prevenir. Las soluciones, por otro lado, se ponen en un nivel social práctico, lo que allana el camino para que algo se haga políticamente. Tanto en la sociología como en la prevención del suicidio existen explicaciones que se refieren al comportamiento individual, a pesar de que el problema se presenta en gran medida a nivel de sociedad. Independientemente de la perspectiva, se considera relevante estudiar el suicidio a nivel de sociedad ya que es un fenómeno generalizado. Puede ser importante un equilibrio entre la teoría y la práctica, pero también entre el individuo y la sociedad.

3.4.15.1. Los datos sobre suicidios en la pandemia por Covid-19

El Dr. Tedros Adhanom Ghebreyesus, Director General de la OMS, afirmó en 2020: *"Distancia física no significa distancia social. Todos debemos consultar regularmente a los padres mayores, vecinos, amigos o parientes que viven solos o en hogares de ancianos de cualquier manera posible, para que sepan cuánto los amamos y valoramos"*.

El mencionado anteriormente NASP (Centro para la Investigación y Prevención del Suicidio) ha trabajado en la investigación sobre el número potencialmente creciente de suicidios y autoagresiones que pueden seguir los efectos de la pandemia del coronavirus a nivel social. Los riesgos están vinculados, por ejemplo, a las consecuencias sociales, económicas y asistenciales que ha tenido y seguirá teniendo la pandemia.

En un informe relacionando suicidios con pandemia, se extraen estos resultados:

- Cada año, aproximadamente 1500 personas se quitan la vida en Suecia, lo que corresponde a 18 suicidios por cada 100 000 habitantes mayores de 15 años. Hay varios ejemplos, documentados en investigaciones, que indican que los suicidios disminuyen temporalmente durante períodos en los que una sociedad está en crisis, por ejemplo debido a guerras o desastres naturales. Sin embargo, estas reducciones temporales tienden a compensarse, e incluso sobrecompensarse, con un aumento de los suicidios después de que haya pasado la crisis inmediata.

- El coronavirus fue declarado pandemia en marzo de 2020. La incidencia de infecciones virales sigue aumentando en Suecia y en el extranjero, al igual que la mortalidad asociada a la infección. Por otro lado, el FMI sigue en 2023 pronosticando una recesión que al menos corresponderá a la que tuvo lugar en la segunda mitad de 2008. Ya en 2013, con la eclosión de la crisis económica anterior, 600 de cada 10.000 adultos en Suecia habían pensado en suicidarse; 100 de cada 10.000 habían intentado quitarse la vida y 16 de cada 10.000 se habían suicidado, según datos de NASP de ese año. Así, sólo algunas de las personas que han pensado en el suicidio son las que luego llevan a cabo un acto suicida. La franja de edad de 20 a 24 años representó el 30% de todas las muertes. Después de eso, su importancia relativa disminuye.
- La pérdida de familiares cercanos es en sí misma un importante factor de riesgo de suicidio en el sobreviviente, especialmente en individuos ya vulnerables. El aislamiento social involuntario que se impone para reducir la propagación de la infección implica tanto sufrimiento como un riesgo en sí mismo, al mismo tiempo que reduce las posibilidades de que las personas cercanas puedan notar e interrumpir un posible suicidio en curso. Además, también hay una gran cantidad de estudios científicos que muestran que varios factores vinculados a una posible recesión aumentan el riesgo de suicidio. Dichos factores incluyen el desempleo, el aumento de la desigualdad en la sociedad, la pérdida financiera o la pérdida de vivienda, entre otros.

La Agencia de Salud Pública presentó una evaluación general de las consecuencias de la pandemia de Covid-19 en 2020. El informe se basa tanto en evidencia empírica sueca como en investigaciones internacionales. Los grupos objetivo de la publicación son actores con tareas vinculadas a la salud pública y el trabajo de salud pública a nivel local, regional y nacional.

En resumen, los resultados muestran que:

- las condiciones para una salud buena e igualitaria han cambiado durante la pandemia
- los grupos que ya tenían un mayor riesgo de mala salud antes de la pandemia han sufrido más en la escuela, en el mercado laboral y en la sociedad en general
- la salud general sigue siendo buena, pero un poco más reportan problemas psicológicos leves
- la actividad física ha disminuido y el sedentarismo ha aumentado
- muchas intervenciones relevantes para la salud pública han sido canceladas y reemplazadas por otras alternativas.

En Suecia, vemos que las desigualdades en salud persisten y en algunos casos aumentan con el tiempo. Una de las conclusiones de la evaluación es que las consecuencias de la pandemia pueden reforzar estas desigualdades. Entre otros apuntes más, se subraya que la mayoría de la población manifiesta tener un buen bienestar mental pero también es común tener varios tipos de problemas psicológicos leves como ansiedad, estrés y problemas para dormir. Las mujeres, los jóvenes y las personas de bajos ingresos reportan problemas de salud mental con más frecuencia que otros.

Aparte, NASP aporta otros datos como que la mayoría de los jóvenes de 11, 13 y 15 años se siente satisfecho con la vida aunque al mismo tiempo es común reportar quejas psicológicas y somáticas, como nerviosismo o dolores de cabeza. El estrés escolar también es muy común. Más niños que niñas reciben atención psiquiátrica y el diagnóstico más común es TDAH. El porcentaje que informó de una buena satisfacción con la vida fue mayor entre los niños que entre las niñas. La mayor diferencia de género fue entre los jóvenes de 15 años, donde el 87% de los niños y el 77% de las niñas respondieron que se sienten satisfechos con la vida.

La proporción de niños que han sido tratados en el hospital en relación con intentos de suicidio u otros actos autodestructivos intencionales ha disminuido con el tiempo, especialmente entre las niñas, sugiere el informe de NASP relacionado con el año de la pandemia.

En 2020, había 131 niñas y 25 niños por cada 100.000 habitantes de 10 a 17 años que recibieron tratamiento hospitalario por este motivo.

Es inusual que los niños mueran por suicidio. Entre los niños menores de 10 años, no se registraron suicidios en Suecia durante el período 2006-2022, aunque hubo muertes en las que no fue posible determinar si la causa de la muerte fue un suicidio o un accidente.

Alrededor de 20 niños menores de 18 años mueren cada año por suicidio en Suecia; la mayoría de ellos tienen entre 13 y 17 años. De los niños que murieron por suicidio en el período 2007-2022, el 38% había estado en contacto con psiquiatría en algún momento del año anterior a la muerte. Este porcentaje fue mayor entre las niñas (48%) que entre los niños (mostrando datos del 27%).

En 2020, el 5,5% de los niños y el 3,1% de las niñas de 10 a 17 años recibieron atención psiquiátrica. Tanto para niños como para niñas, el TDAH fue el motivo más común de búsqueda de atención. Aun así, casi el doble de niños que de niñas recibieron tratamiento por TDAH en 2020. La atención para el autismo también fue más común entre los niños que entre las niñas, mientras que las niñas recibieron tratamiento con mayor frecuencia por ansiedad y depresión. Pese a estos datos y mostrando datos más globales, podemos apreciar en estos informes que la salud mental de la población no cambió en gran medida en Suecia durante el primer año de la pandemia. El estrés leve y los problemas de sueño aumentaron durante el otoño, pero no la depresión ni los problemas psicológicos graves. Tampoco aumentó en 2020 el número de suicidios ni de atendidos por intentos de suicidio.

En *Karolinska Institutet* se volcaron especialmente en informar de grandes incidencias recogidas en cuanto a salud mental y prevención de la salud en profesionales relacionadas con el ámbito sanitario y sobre todo, en los de la atención médica.

3.4.16. Uso de sustancias, las relaciones y la vida cotidiana de los adolescentes en Suecia durante la pandemia del Covid-19

Un estudio de Kapetanovic (2021) utilizó SPSS 25 para realizar análisis estadísticos. Se realizaron análisis descriptivos para mostrar las frecuencias de los pensamientos y comportamientos de los adolescentes en torno a la situación de COVID-19 y los cambios informados en el funcionamiento psicosocial. Dicotomizaron todas las variables de escala ordinal. Las alternativas "algo en desacuerdo" y "totalmente en desacuerdo" se categorizaron como "en desacuerdo" y las alternativas "algo de acuerdo" y "totalmente de acuerdo" se categorizaron como "de acuerdo". Las alternativas "disminuyó un poco" y "disminuyó mucho" se categorizaron como "Disminuyó", y las alternativas "aumentó un poco" y "aumentó mucho" se categorizaron como "Aumentó". Además, realizaron las pruebas chi-cuadrado de Pearson para comparar niños y niñas, así como adolescentes con escolaridad regular y a distancia.

La mayoría de los adolescentes informaron de que su consumo de sustancias, las relaciones con familiares y amigos y la vida cotidiana se mantuvieron relativamente sin cambios en comparación con el período anterior al brote de COVID-19. Sin embargo, aunque más del 10% de los adolescentes afirmaron que su consumo de alcohol y su embriaguez habían disminuido, el 17,6% y el 14,1% de los adolescentes, respectivamente, informaron de que su consumo de alcohol y su embriaguez habían aumentado. Un total del 30,1% de los adolescentes reportaron una disminución en pasar tiempo con la familia haciendo cosas divertidas, mientras que el 29,9% de los adolescentes indicó que el conflicto con los padres había aumentado. Además, el 13,6% de los adolescentes informó de que había disminuido su salida a la calle sin el conocimiento de los padres y un total del 49,6% de los adolescentes informó de una disminución en las reuniones con amigos fuera de línea. Finalmente, un total de 47. Un 7% de los adolescentes indicó que tenía más tiempo para cosas para las que antes no tenía tiempo. Sin embargo, el 39,8 y el 35,9%, respectivamente, informaron de una disminución en la sincronización con las tareas en la escuela y en el control de su vida cotidiana.

La comparación de adolescentes que reportaron cambios en su consumo de sustancias (n= 95-494), relaciones (n= 619-1126) y vida cotidiana (n= 97-1024) mostró que los niños eran más propensos que las niñas a reportar una disminución en su uso de estupefacientes (54,0% vs. 32,4%, $p < 0,05$) y en reuniones con amigos fuera de línea (77,5% vs 66,1%, $p < 0,001$). Las niñas, sin embargo, eran más propensas que los niños a reportar un aumento en los conflictos con los padres (84,8% frente a 74,2%, $p < 0,05$).

La mayoría de los adolescentes informó de que tenía más síntomas internalizados como estar triste, ansioso y solo, y externalizados, como estar enojado y discutir, ahora en comparación con antes del brote de COVID19.

Los resultados descriptivos de este estudio indican que los adolescentes experimentaron cambios relacionales negativos y una peor salud mental durante la crisis del COVID-19. Informan cumplir con las normas y reglamentos a costa de su funcionamiento psicosocial. El mensaje que quiere enviar este estudio es que la sociedad tiene que tomar acción en tiempos de crisis y distanciamiento social para asegurarse de que los adolescentes tengan todo el apoyo que necesitan para poder manejar los desafíos que enfrentan. Los adolescentes deben participar en la creación de políticas gubernamentales y tener oportunidades para ser guiados hacia el futuro. Cuando el apoyo escolar cotidiano es más difícil de alcanzar para los adolescentes, las escuelas necesitan obtener recursos no solo para brindar educación a distancia, sino también para mantener y ampliar los servicios de apoyo de salud mental y consejería escolar.

En resumidas cuentas y atendiendo a los datos cruzados de *Karolinska Institutet* y de la Agencia Nacional de Salud Pública, en 2020, el 1,7% de los niños y el 3,2% de las niñas (de 10 a 17 años) tomaron antidepresivos. Esta proporción se ha triplicado desde 2006 entre ambos sexos. Los retiros de medicamentos para el TDAH también se han multiplicado y, en 2020, el 6,6% de los niños y el 3,4% de las niñas de 10 a 17 años consumió estos medicamentos.

3.4.17. La coordinación administrativa como plan de prevención del suicidio

Cabe resaltar que cada año, los municipios y las regiones reciben fondos para trabajar con la salud mental y la prevención del suicidio en el marco de un acuerdo que el gobierno estatal y los consejos de condado firmaron en 2016. En este punto vemos esta institución: *Folkhälsomyndigheten*, la Agencia de Salud Pública, que trabaja para desarrollar y apoyar el trabajo de promoción de la salud mental y prevenir las enfermedades mentales y el suicidio. La coordinación nacional tiene como objetivo apoyar la cooperación intersectorial entre las autoridades y otros actores cuyas misiones y actividades son importantes para el área.

Los suecos resaltan también la coordinación con la Agencia de Salud Pública de Noruega y la Junta Nacional de Salud y Bienestar sueca que coordinando el trabajo de documentación para una próxima estrategia nacional para la salud mental y la prevención del suicidio. Un total de 26 autoridades están incluidas para una documentación que deberá presentarse al gobierno para otoño de 2023. Además de la propuesta de estrategia, el documento también debe contener un plan de implementación y una propuesta de sistema de seguimiento.

La Junta Nacional de Salud y Bienestar tiene la tarea de monitorear, evaluar y apoyar los esfuerzos que los municipios y regiones llevan a cabo en el marco del acuerdo entre el estado y los municipios y regiones de Suecia (SKR) en el área de salud mental y prevención del suicidio. La Agencia de Salud Pública trabaja para promover una salud mental buena y equitativa y prevenir las enfermedades mentales y el suicidio en toda la población. Reducir el estigma de las personas con enfermedades mentales es una parte importante de ese trabajo.

Éstas son algunas de las iniciativas de la Agencia de Salud Pública:

- apoyar el trabajo regional y local para contrarrestar el estigma
- seguimiento y análisis de la evolución de la zona
- producir apoyo de conocimiento para diferentes grupos objetivo
- coordinar y cooperar con otros actores.

Hay muchas autoridades nacionales que son directa o indirectamente actores importantes para lograr el objetivo de la política nacional de salud pública. Algunas de las áreas están en gran medida dentro del mandato y presupuesto de la política de salud pública, por ejemplo, el trabajo con temas de alcohol, drogas, dopaje, tabaco, juegos de azar y VIH/SIDA. Otras áreas políticas centrales son, por ejemplo, la educación, atención de la salud, el mercado laboral, la vida laboral, la democracia y la vivienda.

TABLA 6
Acciones a nivel nacional en prevención del suicidio

ACTORES	ÁREAS DE RESPONSABILIDAD	EJEMPLOS DE ACTIVIDADES
El Gobierno	Establece metas, tareas y asignación de recursos para las actividades de las autoridades	Presenta propuestas y proposiciones sobre las que debe decidir el Riksdag
Parlamento	Legisladores	Decide sobre las leyes y el presupuesto del Estado
Autoridades de particular relevancia: La Junta Nacional de Salud; La Agencia de Salud Pública; La Junta Nacional de Salud y Bienestar (...)	Garantizar que se implementen las decisiones del Riksdag y del Gobierno. Implementa leyes y reglamentos	Produce conocimientos de apoyo: a los municipios, regiones, administraciones provinciales y organizaciones de particular relevancia para el trabajo con la salud mental y la prevención del suicidio
Municipios y Regiones de Suecia (SKR)	Apoya el trabajo de las regiones y municipios en salud mental y prevención del suicidio a través de convenios con el Estado	La función de coordinación de tareas de salud mental distribuye fondos de estímulo a municipios y regiones y apoya el trabajo a nivel local y regional

Fuente: Elaboración propia, a partir de los datos extraídos por NASP (2022)

Para llevar a cabo su política, el gobierno formula propuestas para el presupuesto del estado en un proyecto de ley de presupuestos. Allí se informa cómo se van a distribuir los gastos del Estado entre las diferentes actividades y cuál es la cantidad esperada de los ingresos. Las propuestas se presentan al Riksdag, que decide sobre el presupuesto dos veces al año. El presupuesto del Estado consta de 27 áreas de gasto, todas las cuales contienen una o más áreas. La política de salud pública se incluye en el "área de gastos 9, Atención sanitaria, asistencia médica y asistencia social". Dado que la política de salud pública abarca todo el sector, los esfuerzos relevantes para la salud pública también se informan en otras áreas de gasto. El gobierno establece objetivos, tareas y distribución de recursos para las actividades de las autoridades, pero no puede influir en cómo las autoridades aplican las leyes o toman decisiones en casos individuales.

Por otro lado, el Ministerio de Asuntos Sociales, como parte de la Oficina del Gobierno, es responsable de los asuntos relacionados con el bienestar de las personas, lo que incluye la política de salud pública. La Agencia de Salud Pública depende del Ministerio de Asuntos Sociales. Para implementar la política de salud pública se emiten reglamentos, instrucciones y asignaciones gubernamentales específicas a las autoridades. A veces también se utilizan estrategias nacionales y planes y/o programas de acción nacionales.

Hemos visto que la Autoridad de Salud Pública tiene la responsabilidad nacional de los asuntos de salud pública. El trabajo incluye, además, producir y difundir estadísticas y apoyo al conocimiento, realizar actividades basadas en la legislación de protección, distribuir subvenciones estatales para el trabajo preventivo y apoyar el trabajo de salud pública a nivel local y regional. También, una responsabilidad general de protección contra enfermedades infecciosas, planificación de emergencia para brotes de enfermedades infecciosas, existencias de emergencia de medicamentos antiinfecciosos, vacunas, etc.

TABLA 7
Acciones a nivel regional en prevención del suicidio

ACTORES	ÁREAS DE RESPONSABILIDAD	EJEMPLOS DE ACTIVIDADES
21 regiones	Responsable de la salud de la región, el cuidado dental, el desarrollo regional, el transporte público y la cultura en el condado (provincia). Organizaciones controladas políticamente	Desarrolla la estrategia de desarrollo regional
21 juntas de condado	El representante del Gobierno en el condado. Trabaja para la colaboración entre administraciones a nivel municipal y provincial en cuanto a la igualdad de servicios. Áreas de responsabilidad con relevancia para las áreas objetivo de la política de salud pública (a veces, bajo el título de "Sostenibilidad social"	Trabaja preferentemente en áreas de inclusión social, prevención del delito y apoyo a los padres/madres.

Fuente: Elaboración propia, a partir de los datos extraídos por NASP (2022)

La Junta Administrativa del Condado es una autoridad nacional pero las juntas administrativas de los 21 condados operan principalmente a nivel regional. Las 21 unidades de control de infecciones también son una autoridad nacional que opera a nivel regional. Existe la Junta Nacional de Salud y Bienestar, cuya misión es la elaboración de normas, soporte de conocimiento y estadísticas, hacer seguimientos y evaluaciones, apoyar el desarrollo de la e-salud, emitir credenciales profesionales, distribuir ayudas estatales y coordinar los esfuerzos de los servicios médicos y de salud en caso de incidentes graves, entre más.

Suecia está dividida en 21 condados, todos los cuales tienen una junta de condado. La Junta Administrativa del Condado es una autoridad de coordinación estatal, una autoridad de servicio y un organismo de apelación que también tiene responsabilidades de supervisión. Trabaja para garantizar que las decisiones del Riksdag y del Gobierno tengan un impacto en cada condado teniendo en cuenta las condiciones que allí prevalecen. La junta del condado es, por lo tanto, un vínculo entre las personas, los municipios y los actores regionales del condado, por un lado y el gobierno, el parlamento y las autoridades centrales, por el otro. Por lo tanto, cada junta administrativa del condado debe trabajar para garantizar que la meta nacional de salud pública se logre en el marco de las tareas que tiene la junta administrativa del condado, como el crecimiento regional, la planificación comunitaria o la gestión de crisis.

Tienen así varias asignaciones en el área de la sostenibilidad social, que incluye el trabajo con la integración, la igualdad de género y los derechos humanos. Manejan algunas asignaciones específicas en el área de la salud pública que se relacionan con temas de alcohol, drogas, dopaje, tabaco y juegos de azar, así como el trabajo de prevención del delito.

Aparte, existen 21 unidades de control de infecciones en las regiones y son responsables del trabajo regional de seguimiento de infecciones de acuerdo con la Ley de Control de Infecciones. La Agencia de Salud Pública coordina el trabajo en el país y monitorea la situación del control de infecciones a nivel nacional.

Estas juntas tienen otros cometidos como la atención dental para niños y jóvenes, el transporte público y el desarrollo regional. Esto último significa crear las condiciones para un desarrollo regional sostenible en todas las partes del país. Las regiones también trabajan para desarrollar temas de cultura, turismo, educación y salud pública en los condados. Por ejemplo, las regiones son mandantes o clientes de instituciones culturales regionales y asignan fondos estatales de acuerdo con los planes culturales regionales. En la región también existe un trabajo de salud pública más cercano al paciente y a la población, por ejemplo, mediante el apoyo del sistema de salud a los pacientes para cambiar hábitos de vida no saludables, como el consumo de riesgo de alcohol, el consumo de tabaco, hábitos alimentarios no saludables y una actividad física insuficiente. Las regiones también son responsables de la atención de la salud maternoinfantil, las cuales tienen marcadas perspectivas de promoción de la salud y se administran a nivel local. Además, las regiones cuentan con clínicas para jóvenes y trabajan activamente en temas relacionados con la salud sexual y reproductiva. El trabajo de salud pública también trata de iniciar, impulsar y colaborar con actores relevantes en el condado dentro, por ejemplo, del marco de apoyo a los padres, escuelas promotoras de la salud y temas relacionados con la participación y los derechos de los niños, así como la promoción del bienestar mental.

Hay 290 municipios en Suecia; número significativo en una extensión tan grande del país, con una superficie de 450.295 km2 según la Oficina Diplomática de Suecia en España. Gran parte de la responsabilidad del trabajo de salud pública recae en los municipios, que son responsables de los servicios comunitarios básicos y locales, es decir, la mayoría de los servicios de bienestar que afectan la salud de la población a lo largo de la vida. Esto incluye preescolar, escolar, atención médica escolar, servicios sociales, vivienda, bibliotecas, servicios de emergencia sanitaria y atención a personas mayores y discapacitadas.

Las atribuciones, organización y formas de funcionamiento de los municipios están reguladas en la Ley Municipal y a través de la legislación especial, los municipios y los consejos comarcales tienen la responsabilidad de importantes funciones sociales que suelen ser tareas obligatorias. Los municipios también pueden decidir llevar a cabo diversas tareas voluntarias.

Son deberes obligatorios de los municipios:

1. Atención social (cuidado de personas mayores y discapacitadas, así como atención individual y familiar)
2. Preescolar, primaria y secundaria
3. Problemas de planificación y construcción
4. Protección del medio ambiente y la salud
5. Limpieza y gestión de residuos
6. Agua y alcantarillado
7. Servicio de rescate
8. Defensa Civil
9. Operaciones de la biblioteca
10. Alojamiento

Los Municipios y Regiones de Suecia (SKR) es una organización miembro y empleadora de la que son miembros todos los municipios y regiones. SKR apoya el trabajo de prevención y promoción de la salud de los municipios y regiones, entre otras cosas, facilitando y aumentando la cooperación entre municipios y regiones y otros actores.

A nivel general, SKR trabaja estratégicamente con esfuerzos preventivos y de promoción de la salud en el marco de la Estrategia para la Salud, que trabaja además en el área de la salud mental. El punto de partida de la estrategia es que las actividades asistenciales como la escuela, los servicios sociales, la atención y el bienestar y la atención sanitaria deben gestionarse, controlarse y coordinarse para promover la salud y prevenir la mala salud de toda la población. Hay tres áreas objetivo para la implementación de la estrategia:

- Una buena e igual salud
- Buena calidad
- Duradero.

En lo que respecta a la importante sociedad civil, muchas organizaciones innovadoras ofrecen actividades con un enfoque en la salud mental. Por ejemplo, NSPH (Asociación Nacional para la Salud Mental), Mind, Suicide Zero, Hjärnkoll y SPES (Asociación Nacional para la Prevención del Suicidio y Apoyo a Supervivientes).

Además, juega un rol muy importante el movimiento deportivo realiza un trabajo importante en la promoción de la actividad física y otros buenos hábitos de estilo de vida para todas las edades, sobre todo para los jóvenes. El movimiento deportivo participa, entre otras cosas, en el trabajo con prescripción de actividad física, proyectos de integración y actividades dirigidas a los niños en la escuela. Las organizaciones del sector cultural y de vida al aire libre también ofrecen actividades de importancia para la salud pública. Algunas escuelas secundarias populares y asociaciones educativas tienen cursos de salud pública. Las organizaciones de consumidores y usuarios pueden resaltar las perspectivas que son importantes para sus miembros y, por lo tanto, son importantes como líderes de opinión.

Las empresas contribuyen, por ejemplo, a la salud pública, sobre todo, ofreciendo oportunidades de trabajo, pero también en áreas como la vivienda, el medio ambiente local y la planificación comunitaria, así como realizando partes de la asistencia social y la educación financiadas con fondos públicos bajo la concertación privada.

Para alcanzar el objetivo general de la política de salud pública, se requieren esfuerzos de la mayoría de los sectores de la sociedad: el sector público, la vida empresarial y los movimientos populares. La cooperación entre actores públicos, privados y sin fines de lucro aumenta las posibilidades de hacer visibles las necesidades de diferentes grupos y desarrollar mejores métodos para promover la salud en más escenarios. Hay muchos puntos de contacto dentro del área de la salud pública, donde los actores nacionales, regionales y locales se encuentran e intercambian experiencias. Las áreas de contacto pueden ser, por ejemplo, redes y conferencias, etc.

Hay actores en varios niveles que trabajan para apoyar estos temas. En el sitio web *dinpsykiskahälsa.se* se recopila información para quienes desean tener información sobre cómo pueden cuidar su salud mental, así como información sobre dónde hay apoyo y ayuda para quienes no se encuentran bien.

3.4.18. La violencia como problema de salud pública: violencia de género y otros casos

La violencia de los hombres contra las mujeres en relaciones cercanas es un grave problema social y una amenaza para la salud, el bienestar y la vida de mujeres y niños. En los últimos años, la legislación ha sufrido varios cambios importantes con el objetivo de fortalecer la protección de las mujeres expuestas a la violencia, así como de los niños que han sido testigos de violencia.

Una de cada cinco mujeres en Suecia y cada veinte hombres han estado expuestos a violencia sexual grave en algún momento de sus vidas. Así lo demuestra el estudio "Violencia y salud". La encuesta revela una clara conexión entre la exposición a la violencia y la mala salud mental y física más adelante en la vida.

"Violencia y salud: una encuesta de población sobre la vulnerabilidad de mujeres y hombres a la violencia y la conexión con la salud" es un estudio de población representativo a nivel nacional que estudia la vulnerabilidad a la violencia sexual, física y psicológica entre mujeres y hombres a nivel nacional. El estudio también examina la conexión con la mala salud. El estudio fue presentado por el Centro Nacional para la Libertad de la Mujer en la primavera de 2014.

Aunque no todos los casos quedan reflejados en las estadísticas oficiales, surge un claro problema social. A menudo, no sólo la persona que ha estado directamente expuesta a la violencia se ha visto afectada sino también los niños y otras personas a su alrededor. Así, la violencia del hombre contra la mujer, especialmente en el seno de la familia, es un gran problema social mundial y el ejemplo más extremo del desequilibrio que prevalece en la relación de poder entre mujeres y hombres. El problema siempre tiene existió pero no se notó seriamente hasta la década de 1990. En el pasado, la violencia del hombre contra la mujer se consideraba dentro de la familia como un asunto privado y subestimaron cuán extenso y cuán serio la violencia es. Tampoco habían entendido cómo interactúa esta violencia "privada" con normas, valores, actitudes, etc.

La Organización Mundial de la Salud afirma en un informe que las mujeres son especialmente vulnerables a la violencia de los hombres en entornos donde hay grandes desigualdades entre mujeres y hombres, donde los roles de género son rígidos, donde las normas culturales respaldan el derecho del hombre a usar la violencia y donde existen sanciones débiles para este tipo de violencia (OMS, 2002).

Un patrón claro en la violencia, tanto a nivel internacional como en Suecia, es que los hombres están expuestos principalmente a la violencia de hombres desconocidos al aire libre, pero la forma más común de violencia contra las mujeres y las niñas, sin embargo, tiene lugar en los hogares y dentro de la familia.

En 1993, la ONU declaró que la violencia de los hombres contra las mujeres es una violación de los derechos y libertades fundamentales de las mujeres y que la violencia es una expresión de relaciones de poder desiguales entre mujeres y hombres donde los hombres son superiores y las mujeres son subordinadas.

La violencia de los hombres contra las mujeres provoca un gran sufrimiento personal para las mujeres, enfermedades físicas y mentales, y a menudo una economía destruida porque la violencia, por ejemplo, afecta la capacidad de las mujeres para gestionar un trabajo.

En Suecia, en 1884 la edad legal para las mujeres solteras pasaba a ser de 21 años frente a los 25 en vigor; la misma que para los hombres. En 1915, se aceptaba la "ruptura duradera" como motivo de divorcio y en 1921, las mujeres obtienen el derecho al voto y pueden ser elegidas para el Riksdag. En 1965, Suecia es el primer país del mundo en introducir una ley contra la violación dentro del matrimonio y en 1998, la legislación en materia de violencia machista contra la mujer se endurece, incluyendo la introducción del nuevo delito de violación grave de la intimidad de la mujer, que incluye también la violencia psicológica y sexual. La pena puede ser de hasta seis años de prisión. El concepto de violación se amplía para aplicarse a todas las formas de contacto sexual forzado.

Desde 1999 existe la "Ley de compra de sexo" que pertenece a las leyes "de libertad de la mujer", vista la prostitución como una forma de lo que se llama violencia estructural en la sociedad contra las mujeres.

La Junta Nacional de Salud y Bienestar estima que al menos 75.000 mujeres en Suecia están expuestas a alguna forma de violencia de pareja cada año. Los estudios suecos sobre la violencia de los hombres contra una pareja femenina muestran que entre el 1 y el 3% de todas las mujeres han estado expuestas a la violencia física por parte de su pareja actual o anterior en el último año.

En los datos hechos públicos el Consejo de Prevención del Delito, en 2021 se denunciaron un total de 57.600 casos de agresión en los que la víctima estaba familiarizada con el agresor. Para las agresiones contra hombres, la proporción de delitos cometidos por un conocido fue del 45%. Para los delitos de agresión contra mujeres adultas denunciados en 2021, el delito fue cometido por un conocido en el 81% de los casos. Desde el 1 de enero de 2019, las estadísticas se dividen en cuatro tipos de relación: pariente cercano por relación de pareja, pariente cercano por parentesco/familiar, otro tipo de relación y extraño a la víctima. En 2020 se encontraron 17 casos de violencia fatal donde víctima y agresor tenían una relación de pareja en el momento del delito o antes, lo que corresponde a una proporción del 14% de todos los casos de violencia mortal para 2020, que fue aproximadamente el mismo resultado como en 2019 (18 casos y 16% respectivamente), sin apreciar una variación de datos significativa. Las estadísticas oficiales de delitos del Consejo de Prevención del Delito para 2020 muestran que 13 mujeres fueron asesinadas por un hombre con el que tenían o habían tenido una relación. En 2019, 16 mujeres fueron asesinadas y en 2018, 22 mujeres fueron asesinadas.

El Consejo de Prevención del Delito (Brå) es una autoridad que trabaja en nombre del gobierno sueco para reducir el crimen y aumentar la seguridad en la sociedad mediante la recopilación de datos y la difusión de conocimientos sobre el crimen y el trabajo de prevención del crimen. Produce las estadísticas oficiales sobre delitos, evalúa las reformas, realiza investigaciones para producir nuevos conocimientos y apoya el trabajo local de prevención del delito. Todos estos trabajos de investigación y de producción de políticas públicas comenzaron en 1974, trabajando activamente con la integración de la igualdad para contribuir a lograr los objetivos de la política de igualdad de género.

Los factores de fondo que parecen tener mayor relevancia en la incidencia de la violencia de género son la edad, la relación familiar, la educación, la forma de vida y las condiciones financieras. Las mujeres expuestas suelen tener peores condiciones económicas que las mujeres que no han estado expuestas. No parece haber diferencias claras en la exposición entre las personas nacidas en Suecia y las nacidas en el extranjero, como señalan datos constantes de los publicados por el Consejo[59]. En un informe de BRÅ (2009), se estima

---

59 Para más información, véase el siguiente enlace acerca de la publicación de informes y sus resultados: https://bra.se/om-bra.html

que solo alrededor de una cuarta parte de los delitos en relaciones cercanas se denuncian a la policía.

Las mujeres expuestas afirman en un grado significativamente mayor que los hombres expuestos que la agresión se produjo en un domicilio (36 frente a 12%). Cuando los hombres son agredidos, la escena del crimen es un lugar público en la mitad de los casos (50%), mientras que la proporción correspondiente a las mujeres es algo más de la cuarta parte (28%).

El Día Internacional para la Eliminación de la Violencia contra la Mujer fue instituido por la Asamblea General de la ONU en 1999. El día honra la memoria de las hermanas Mirabal que fueron asesinadas en 1960 por el dictador Rafael Trujillo en República Dominicana. El 25 de noviembre —y el 25 de cada mes— es también el Día Naranja, cuando la ONU llama al mundo entero a manifestarse contra la violencia contra las mujeres.

El gobierno encargó a cinco autoridades (*Arbetsförmedlingen, Försäkringskassan, Migrationverket, Socialstyrelsen* y *Jämställdhetsmyndigheten*) que trabajasen juntas para aumentar la detección de la violencia entre los años 2019 y 2022, referida a la violencia en las relaciones íntimas, a la psicológica y falta de libertad y la violencia sexual independientemente de la relación entre el agresor y las víctimas de la agresión.

En la *Encuesta de Seguridad Nacional,* el 8,4% afirma haber estado expuesto a amenazas en 2020. En cuanto a los delitos denunciados, las denuncias de violaciones graves a la paz disminuyeron un 16% a 1.250 delitos en 2021, mientras que el número de casos denunciados de violaciones graves de la paz de las mujeres disminuyó en un 9% a 1.400 delitos, en comparación con 2020. En cuanto a la edad, los resultados muestran que la proporción que afirma haber estado expuesta a amenazas en 2020 es mayor en el grupo de 16 a 19 años (13,5%); luego la proporción se hace menor cuanto mayor es el grupo de edad estudiado. En el grupo de mayor edad (de 75 a 84 años), el 2,2% estuvo expuesto a amenazas en 2020. Esto sigue aproximadamente cómo se ha visto la distribución de edad en los puntos de medición anteriores. Sin embargo, es en el grupo de edad de 20 a 24 años donde la vulnerabilidad era mayor al comienzo del período de medición.

La proporción de hombres vulnerables se distribuye de la misma manera que la población en general, con la mayor proporción de hombres vulnerables en el grupo de edad de 16 a 19 años (13,9%). Entonces, la proporción es en principio menor cuanto mayor es el grupo de edad estudiado, y en el grupo de mayor edad (75-84 años) fue el 2,6% de los hombres que estuvieron expuestos.

Incluso entre las mujeres, la exposición fue más común en el grupo de edad de 16 a 19 años (13,2%), y luego, en principio, se volvió menos común cuanto mayor era el grupo de edad estudiado. En el grupo de edad de 75 a 84 años, la proporción fue del 1,9%.

El patrón de vulnerabilidad ante amenazas en 2020 sigue así un patrón similar, entre hombres y mujeres: la mayor proporción de vulnerables en los grupos de edad más jóvenes y la menor proporción de vulnerables en los grupos de mayor edad.

Existen diferencias entre los diferentes grupos de la población en términos de exposición a las amenazas. La proporción es mayor entre las personas nacidas en Suecia con dos padres nacidos en el extranjero (10,9%) que entre las personas nacidas en el extranjero y entre las personas nacidas en Suecia con al menos un padre nacido en Suecia (8,7 y 8,3%, respectivamente).

Las personas con como máximo educación presecundaria estaban expuestas en mayor medida (9,4%) que las personas con como máximo educación secundaria superior o postsecundaria (8,2% en cada grupo).

Los solteros con hijos estaban expuestos en mayor medida (15,2%) que los solteros sin hijos (10,4%) y los convivientes con y sin hijos (7,5 y 6,3%, respectivamente).

También fue más común estar expuesto a amenazas entre los residentes de viviendas multifamiliares (10,2%) que entre los residentes de viviendas unifamiliares (7%).

La exposición a las amenazas aumenta algo con el tamaño del lugar de residencia. Entre los residentes de ciudades más pequeñas/áreas urbanas/municipios rurales, la proporción fue del 7%, mientras que fue del 8,0% entre los residentes de ciudades más grandes/municipios cercanos a una ciudad importante. La proporción fue mayor en las grandes ciudades/municipios metropolitanos: 9,8%.

Cuando la exposición a amenazas se informa por separado para hombres y mujeres, los resultados muestran que la distribución dentro de los diferentes grupos suele seguir el mismo patrón.

En la Encuesta de Seguridad Nacional, el 6% de la población (16 a 84 años) declara que estuvo expuesta a acoso en 2020, lo que correspondería a aproximadamente 194.000 personas si se convierte al número de personas vulnerables en la población. Esto significa una reducción desde 2019, cuando el 6,5% estuvo expuesto. Es el 5,0% de los hombres de la población (16-84 años) los que declaran haber sido objeto de acoso en 2020, lo que supone un ligero descenso desde 2019, cuando el 5,2% lo fue. Entre las mujeres de la población (16-84 años), el 6,9% afirma haber sido objeto de acoso en 2020. Esto significa una disminución desde 2019, cuando el 7,6% lo fue. Así, las mujeres declaran en mayor medida que los hombres haber sido objeto de acoso.

En la Encuesta de Seguridad Nacional (NTU), el 8,4% afirma haber estado expuesto a amenazas en 2020. En cuanto a los delitos denunciados, las denuncias de violaciones graves a la paz disminuyeron un 16% a 1.250 delitos en 2021, mientras que el número de casos denunciados de violaciones graves de la paz de las mujeres disminuyó en un 9% a 1 400 delitos, en comparación con 2020. Esto significa una reducción desde 2019 (9,2%). Durante el período 2006-2014, el porcentaje expuesto a amenazas se mantuvo relativamente sin cambios, pero a partir de 2015, los resultados muestran una tendencia ascendente hasta la disminución en esta última medición.

De los hombres de la población (16-84 años), el 8,8% afirma haber estado expuesto a amenazas en 2020, lo que significa una disminución desde 2019 (9,5%). Al observar el desarrollo a lo largo del tiempo, se observa un aumento en 2015-2019 después de que la proporción en años anteriores se mantuviera relativamente sin cambios.

Entre las mujeres, el 8,1% afirma haber estado expuesta a amenazas en 2020, lo que significa una disminución con respecto a 2019. Antes de eso, el porcentaje aumentó durante el período 2015-2018.

Es así una mayor proporción de hombres que de mujeres que declaran haber estado expuestos a amenazas en 2020 y así ha sido desde 2015. Sin embargo, la evolución en el tiempo es similar, al comparar hombres y mujeres.

En cuanto a la edad, los resultados muestran que la proporción que afirma haber estado expuesta a amenazas en 2020 es mayor en el grupo de 16 a 19 años (13,5%); luego la proporción se hace menor cuanto mayor es el grupo de edad estudiado. En el grupo de mayor edad (de 75 a 84 años), el 2,2% estuvo expuesto a amenazas en 2020. Esto sigue aproximadamente cómo se ha visto la distribución de edad en los puntos de medición anteriores. Sin embargo, es en el grupo de edad de 20 a 24 años donde la vulnerabilidad era mayor al comienzo del período de medición.

La proporción de hombres vulnerables se distribuye de la misma manera que la población en general, con la mayor proporción de hombres vulnerables en el grupo de edad de 16 a 19 años (13,9%). Entonces, la proporción es en principio menor cuanto mayor es el grupo de edad estudiado, y en el grupo de mayor edad (75-84 años) fue el 2,6% de los hombres que estuvieron expuestos.

Incluso entre las mujeres, la exposición fue más común en el grupo de edad de 16 a 19 años (13,2%), y luego, en principio, se volvió menos común cuanto mayor era el grupo de edad estudiado. En el grupo de edad de 75 a 84 años, la proporción fue del 1,9%.

El patrón de vulnerabilidad ante amenazas en 2020-2022 sigue así un patrón similar, entre hombres y mujeres: la mayor proporción de vulnerables en los grupos de edad más jóvenes y la menor proporción de vulnerables en los grupos de mayor edad.

Existen diferencias entre los diferentes grupos de la población en términos de exposición a las amenazas. La proporción es mayor entre las personas nacidas en Suecia con dos padres nacidos en el extranjero (10,9%) que entre las personas nacidas en el extranjero y entre las personas nacidas en Suecia con al menos un padre nacido en Suecia (8,7 y 8,3%, respectivamente).

Las personas con como máximo educación presecundaria estaban expuestas en mayor medida (9,4%) que las personas con como máximo educación secundaria superior o postsecundaria (8,2% en cada grupo).

Los solteros con hijos estaban expuestos en mayor medida (15,2%) que los solteros sin hijos (10,4%) y los convivientes con y sin hijos (7,5 y 6,3%, respectivamente). También fue más común estar expuesto a amenazas entre los residentes de viviendas multifamiliares

(10,2%) que entre los residentes de viviendas unifamiliares (7,0%). La exposición a las amenazas aumenta algo con el tamaño del lugar de residencia. Entre los residentes de ciudades más pequeñas/áreas urbanas/municipios rurales, la proporción fue del 7,0%, mientras que fue del 8,0% entre los residentes de ciudades más grandes/municipios cercanos a una ciudad importante. La proporción fue mayor en las grandes ciudades/municipios metropolitanos: 9,8%.

Cuando la exposición a amenazas se informa por separado para hombres y mujeres, los resultados muestran que la distribución dentro de los diferentes grupos suele seguir el mismo patrón.

Mentores en la Prevención de la Violencia (MVP) se ha llevado a cabo principalmente dentro del mundo de las escuelas. En 2016, la organización *Sveriges Kommuner och Landsting* (SKL, ahora SKR) realizó una encuesta sobre el trabajo de igualdad de género de los municipios dirigido a hombres y niños. Un tercio de todas las administraciones escolares respondieron que habían realizado algún tipo de trabajo para cambiar las normas de masculinidad en preescolar, primaria o secundaria en los últimos seis años. Casi la misma cantidad había realizado trabajos de prevención de la violencia. Según el programa MVP, existe una conexión entre violencia leve y severa, entre amenazas y maltrato físico. El programa se basa en la creencia de que tradicionalmente se esperaba que los niños fueran capaces de recurrir a la violencia pero las reacciones de quienes te rodean pueden jugar un papel importante. Según MVP, todos los que presencian la violencia tienen la oportunidad de intervenir contra la violencia.

En la estrategia nacional para prevenir y combatir la violencia del hombre contra la mujer se mencionan, entre otras, medidas dirigidas a los recién llegados y solicitantes de asilo. Se señala que este grupo se encuentra en una posición muy vulnerable y, a menudo, tiene un conocimiento limitado de la sociedad sueca. Hay una necesidad de información sobre sexo y convivencia, igualdad y legislación sueca, entre otras cosas.

El sitio web Youmo.se proporciona información sobre el sexo, la salud y las relaciones. El grupo objetivo es de 13 a 20 años. El sitio ha sido traducido a cinco idiomas y también está disponible en un sueco fácil de leer. Youmo.se es un programa que está a cargo de los municipios y regiones de Suecia.

En la guía Youmo que se titula "*¡Derecho a saber!*" existen herramientas y métodos concretos para conversaciones sobre sexualidad, salud, relaciones e igualdad.

El trabajo de prevención de la violencia puede incluir intervenciones para personas que ya han experimentado la violencia (las llamadas intervenciones indicativas). Esto se aplica, entre otras cosas, a los hombres que han sido condenados por haber utilizado la violencia.

Las juntas de bienestar social de los municipios ahora tienen, a través de un cambio en la ley en 2021, la responsabilidad de trabajar para que los agresores cambien su comportamiento. La responsabilidad se ha introducido como disposición en la Ley de Servicios Sociales.

Muchos municipios y organizaciones sin fines de lucro han comenzado a trabajar en los últimos años con los agresores. Pero se ha señalado anteriormente que la responsabilidad de llevar a cabo tales actividades fuera del Servicio Penitenciario se ha percibido como poco clara.

Otra forma de trabajo de prevención de la violencia mencionada en la estrategia nacional son las intervenciones de carácter situacional. Allí, el objetivo es hacer que los delitos sean más *riesgosos* o más difíciles de cometer. Esto podría, por ejemplo, implicar más iluminación o mayor vigilancia en lugares donde a menudo se cometen delitos violentos.

Los factores de éxito que se han identificado incluyen los siguientes:

- Los programas dirigidos a los jóvenes pueden ser efectivos, entre otras cosas porque los jóvenes no han tenido tiempo de dejarse influir demasiado por las normas de la sociedad en torno a la violencia.
- Los programas son más efectivos si se enfocan en cambiar, en lugar de simplemente informar, normas y actitudes.
- Ha demostrado ser exitoso con intervenciones dirigidas a niños y hombres con un enfoque en la masculinidad y el cambio de normas en torno a la masculinidad que apoyan la violencia, así como intervenciones que permiten un lugar positivo para los hombres en el trabajo contra la violencia.

- Parece que el efecto sobre el cambio de actitud es mayor para los hombres si los programas están dirigidos a grupos con solo hombres, que grupos con hombres y mujeres.

Un estudio nacional de 2011 muestra que es mucho más común que los niños que han sido testigos de violencia contra su madre tengan diferentes síntomas de enfermedad mental que otros niños. Los estudios a los que se refiere la Junta Nacional de Salud y Bienestar en el Informe de Salud Pública 2009 muestran que las niñas y los niños reaccionan de manera diferente. Las chicas suelen ser más introvertidas. Los niños generalmente se vuelven más extrovertidos.

Los niños también pueden sufrir graves problemas de salud como eczema, asma, dolores de estómago, dolores de cabeza, dificultades para dormir y trastornos de la alimentación. También puede tratarse de problemas psicológicos a largo plazo como la ansiedad, la autodestrucción, la agresividad, las dificultades para socializar con los demás y la dificultad para concentrarse. Otros síntomas pueden incluir miedos y fobias, comportamiento suicida, tics, enuresis nocturna y baja autoestima.

Estos niños constituyen un grupo de riesgo y muchos necesitan apoyo y tratamiento. En Suecia, existen varias formas de tratamiento para niños en los municipios, como el tratamiento centrado en el trauma, la terapia de conversación individual, el tratamiento para padres e hijos y la terapia de grupo. También hay varias recepciones dentro de la psiquiatría infantil y juvenil (BUP) que se especializan en niños y jóvenes que han sufrido violencia en la familia. *BUP Elefanten* en Linköping es responsable de la red nacional de psiquiatría infantil y juvenil en materia de abuso infantil. Las recepciones BUP están disponibles en todo el país.

Un tratamiento que se usa a menudo en Suecia es *Trappan*. Fue lanzado por la psicóloga Ami Arnell y la socióloga Inger Ekblom a fines de la década de 1990. El modelo se utiliza en muchos municipios, en psiquiatría infanto-juvenil y en albergues tutelados para mujeres expuestas a la violencia. El modelo se basa en un método de trabajo psicosocial. El punto de partida es la realidad multifacética de los niños; en parte lo externo en la sociedad circundante, en parte lo interno personal. De esa manera, se puede tener en cuenta la situación psicológica tanto del niño como de la familia. Los tres peldaños de la escalera son el contacto, la reconstrucción y el conocimiento. El objetivo es que el niño pueda poco a poco hablar de la violencia y así tener la oportunidad de procesar sus recuerdos. El cambio al que apunta el tratamiento es principalmente cognitivo, en segundo lugar emocional y conductual. Es importante comenzar el tratamiento lo antes posible después de que la violencia haya cesado.

En la Encuesta de Seguridad Nacional, el 6,0% de la población (16 a 84 años) declara que estuvo expuesta a acoso en 2020, lo que correspondería a aproximadamente 194.000 personas si se convierte al número de personas vulnerables en la población. Esto significa una reducción desde 2019, cuando el 6,5% estuvo expuesto.

Es el 5,0% de los hombres de la población (16-84 años) los que declaran haber sido objeto de acoso en 2020, lo que supone un ligero descenso desde 2019, cuando el 5,2% lo fue. Entre las mujeres de la población (16-84 años), el 6,9% afirma haber sido objeto de acoso en 2020. Esto significa una disminución desde 2019, cuando el 7,6% lo fue. Así, las mujeres declaran en mayor medida que los hombres haber sido objeto de acoso.

Las personas del grupo de edad más joven (16-19 años) declaran en mayor medida haber sido objeto de acoso en 2020, con un 10,8%. Se observa una clara reducción de la proporción cuanto mayor es el grupo de edad estudiado. La proporción más pequeña en 2020 se encuentra en el grupo de mayor edad de 75 a 84 años, donde el 2,6% estuvo expuesto.

Incluso entre los hombres, es en el grupo de edad más joven (16 a 19 años) donde la mayor proporción declara haber sido objeto de acoso en 2020 (7,6%), mientras que la proporción es más baja en el grupo de mayor edad (75 a 84 años), donde el 2,5% estuvo expuesto.

La exposición al acoso entre las mujeres es más común en el segundo grupo de edad más joven (20-24 años), donde el 13,8% afirma haber estado expuesto al acoso en 2020. El porcentaje se vuelve claramente menor a medida que se estudia el grupo de mayor edad. El porcentaje es más bajo en el grupo de mayor edad (75 a 84 años), donde el 2,6% de las mujeres estuvieron expuestas.

Tanto entre hombres como entre mujeres, es más común estar expuesto en los grupos de edad más jóvenes, mientras que la exposición luego disminuye con los grupos de mayor edad. Sin embargo, es más común entre las mujeres estar expuestas en el segundo grupo de edad más joven, mientras que la proporción entre los hombres es mayor en el grupo de edad más joven. Entre las mujeres, sin embargo, los dos grupos de edad más jóvenes se destacan con mayores niveles de vulnerabilidad reportada.

Para 2020, el Consejo de Prevención del Delito (Brå) identificó 429 informes policiales con 471 motivos de delitos de odio relacionados con LGBTQ. La diferencia entre 429 informes y 471 motivos de delitos de odio se debe al hecho de que en algunos informes se señaló más de un motivo de delitos de odio relacionado con LGBTQ. La categoría incluye delitos de odio homofóbicos (283 delitos), delitos de odio transfóbicos (84 delitos) y otros delitos de odio relacionados con LGBTQ (104 delitos). El acoso fue el delito principal más común entre los delitos de odio LGBTQI-fóbicos en 2020 (26% de los informes). Las amenazas ilícitas ocurrieron en el 21% de los informes, seguidas de incitación contra grupos étnicos (13%), grafiti y vandalismo (11%), agresión y difamación (10% cada uno). En el 39% de los informes, el agresor era desconocido para la víctima. En el 18% de las denuncias no hubo denunciante o persona natural que fuera victimizada. En el 12% de los informes, el agresor era alguien que la víctima conocía por su nombre o apariencia. La mayoría de los delitos ocurrieron en el hogar de la víctima, en un lugar público o por mensaje de texto, chat o teléfono.

Los delitos de odio no son un fenómeno nuevo pero el concepto en sí sólo se introdujo en Suecia a fines de la década de 1990. Existe consenso en que los crímenes son el resultado de la falta de respeto a los derechos humanos y al igual valor de las personas. Los delitos de odio no solo ofenden a la víctima, sino que pueden crear inseguridad y miedo incluso entre las personas que se identifican de manera similar a la víctima. En Suecia, no existe un texto legal específico con el título de crimen de odio, pero la legislación sobre discriminación ilegal e incitación contra grupos étnicos sí que lo cubre de alguna forma.

En cuanto a la cibernética, para resaltar el alcance de la exposición al abuso en línea, se hace la siguiente pregunta en NTU: ¿Alguien, con el objetivo de ofenderlo o dañarlo, ha difundido información confidencial, imágenes, videos y/o comentarios sobre usted en Internet en el último año?

En la Encuesta de Seguridad Nacional publicada en 2021, el 2,5% de la población (de 16 a 84 años) afirma que estuvo expuesta a abusos en línea en 2020, lo que correspondería a aproximadamente 205.000 personas si se convierte en el número de personas vulnerables de la población. Es aproximadamente el mismo nivel que en 2019, cuando el porcentaje era del 2,6%. Desde la primera medición (2016), inicialmente se observa un aumento, pero a partir de 2018 la proporción básicamente se ha mantenido sin cambios.

Existen claras diferencias entre los diferentes grupos de edad en lo que respecta al abuso en línea. El más expuesto en 2020 fue el grupo de edad más joven (16 a 19 años), donde el 6,7% afirmó estar expuesto. El grupo menos expuesto fue el de mayor edad (75 a 84 años), donde el 0,6% afirmó estar expuesto. Esto es una reminiscencia de los patrones de los años anteriores.

Incluso cuando los resultados para los hombres se estudian por separado, la proporción en riesgo es mayor en el grupo de edad más joven (16 a 19 años, 4,9%), mientras que la proporción es más baja en el grupo de mayor edad (75 a 84 años: 0,8%).

Las mujeres del grupo de edad más joven (16-19 años) afirman en un grado significativamente mayor que los demás grupos de edad que estuvieron expuestas al abuso en línea en 2020 (8,2%). La proporción es más baja en el grupo de mayor edad (75-84 años: 0,3%).

Tanto entre los hombres como sobre todo entre las mujeres, los resultados muestran así que es significativamente más frecuente estar expuesto al abuso en línea en el grupo de edad más joven que en el resto de los grupos de edad, y que es menos frecuente estar expuesto en el grupo de mayor edad.

Las personas nacidas en Suecia con ambos padres nacidos en el extranjero afirman en mayor medida que estuvieron expuestas a algún tipo de abuso en línea en 2020 (3,2%) que las personas nacidas en el extranjero o las personas nacidas en Suecia con al menos un padre nacido en Suecia (2,8 y 2,4%, respectivamente).

Las personas con como máximo educación presecundaria estaban expuestas en mayor medida (3,9%) que las personas con como máximo educación secundaria superior y postsecundaria (2,3 y 2,0%, respectivamente).

Fue más frecuente estar expuesto a personas solteras, con o sin hijos (6,1 y 3,6%, respectivamente) que a personas que vivían juntas, con y sin hijos (1,7 y 1,5%, respectivamente).

La vulnerabilidad también fue más común entre los residentes de viviendas multifamiliares que entre los residentes de viviendas unifamiliares (2,8 y 2,2%, respectivamente).

Estar expuesto al abuso en línea es tan común entre los residentes de ciudades/pueblos/municipios rurales más pequeños como entre los residentes de ciudades/municipios grandes cerca de ciudades grandes y en ciudades/municipios más grandes cerca de ciudades importantes (2,5% en cada grupo).

El patrón de cómo se distribuye la vulnerabilidad al abuso en línea en diferentes grupos es similar entre hombres y mujeres.

Son muy constantes los trabajos recogidos en torno a la ciberdelincuencia por parte de Estadísticas Suecia y de los informes recogidos por Brå dentro de la clasificación de "estadísticas criminales". Todo ello viene avalado por una fuerte voluntad por parte de la Administración de programas de detección precoz de trastornos de salud mental como la depresión y su repercusión en el rendimiento académico y en la convivencia social, como también identificar patrones de conducta que se asocien a la problemática del suicidio.

La encuesta escolar sobre delincuencia de 2019 muestra que poco más del 12% de los estudiantes de 2019 han sido amenazados al menos una vez en los últimos doce meses (casi el 14% de las niñas y casi el 11% de los niños).

El porcentaje de niñas expuestas a amenazas ha disminuido en 3 puntos porcentuales desde 2017 (cuando el porcentaje era casi del 18%) y en la última encuesta está al mismo nivel que en 2015. El porcentaje de víctimas entre los niños está aproximadamente al mismo nivel como en 2017 (casi el 10%), pero se aprecia un cierto aumento desde 2015 (cuando la proporción de personas vulnerables era de poco más del 8%). Entre las niñas que declaran haber sido objeto de amenazas, lo más común es que haya ocurrido a través de internet/redes sociales (respuesta afirmativa en casi el 42% de las expuestas).

Aproximadamente una de cada tres niñas (casi el 30%) y uno de cada cinco niños (20%) afirman que alguien ha escrito cosas ofensivas sobre ellas en Internet en los últimos doce meses. Un poco más del 20% de las niñas y casi el 17% de los niños afirman que en los últimos doce meses alguien publicó fotos o videoclips que no querían que se difundieran. Aproximadamente el 36% de las niñas y casi el 31% de los niños afirman haber sido intimidados en algún momento.

La proporción de niñas que declararon haber sido objeto de acoso fue de alrededor del 40% en 2015 y 2017, pero disminuyó 4 puntos porcentuales en 2019. La proporción de las que fueron objeto de comentarios ofensivos en Internet fue de alrededor del 30% durante todo el año mediciones, mientras que la proporción que fue objeto de que alguien publicara imágenes y fragmentos de películas ofensivos ha disminuido gradualmente desde 2015 (de casi el 26% al 20% en 2019).

El número de delitos denunciados de quebrantamiento grave del orden público disminuyó en 2021 respecto a 2020, con 230 delitos (–16%). En comparación con 2012, el número de delitos denunciados por quebrantamiento grave de la paz ha disminuido en un 35%; una tendencia constante a la baja desde 2013.

El número de delitos graves de violación de la paz denunciados en 2021 fue ligeramente mayor contra mujeres/niñas que contra hombres/niños (687 y 559 delitos respectivamente). De los delitos denunciados de alteración grave del orden público, la mayoría (80%) fueron delitos contra niños (de 0 a 17 años) y el 20% fueron delitos contra adultos. La distribución por edades siguió el mismo patrón tanto para mujeres/niñas como para hombres/niños.

La distribución por género fue pareja para los niños (0-17 años), mientras que hubo una proporción ligeramente mayor de mujeres expuestas que de hombres en los delitos denunciados contra adultos.

De las graves violaciones de la paz denunciadas en 2021, el 80% estuvo dirigida a niños (de 0 a 17 años). Hubo un total de 998 delitos, lo que supuso una disminución del 15% en comparación con 2020. El número de casos denunciados de alteración grave del orden público contra niñas disminuyó en 69 delitos (–11%) a 543 delitos, y los delitos correspondientes contra niños disminuyó en 103 delitos (-18%), a 455 delitos. En comparación con 2012, el número de delitos denunciados de alteración grave del orden público contra niños (de 0 a 17 años) ha disminuido en 482 delitos (–33%). En comparación con 2012, el número de denuncias de este tipo de delitos había disminuido, contra niñas en un 27% (–197 delitos) y contra niños en un 39% (–285 delitos).

De los delitos denunciados de quebrantamiento grave de la paz contra niños (de 0 a 17 años), el 54% estuvo dirigido a niñas y el 46% contra niños en 2021. Al igual que el abuso contra los niños, el quebrantamiento grave de la paz contra los niños se registra en mayor medida durante los períodos escolares que durante los meses de verano de junio a agosto.

En 2021, el número de delitos graves contra la paz denunciados contra adultos ascendió a un total de 248 delitos, lo que supuso una disminución de 58 delitos (–19%) en comparación con 2020. De estos, el número de delitos graves contra la paz denunciados contra la mujer ascendió a un total de 144 delitos, lo que en comparación con 2020 supuso una reducción de 51 delitos (–26%).

Los delitos de quebrantamiento grave de la paz contra los hombres denunciados ascienden a un total de 104 delitos, 7 delitos menos que en 2020 (–6%). En comparación con 2012, las denuncias de delitos graves de alteración del orden público contra adultos han disminuido en 184 denuncias (–43%). En comparación con 2012, los delitos denunciados contra mujeres han disminuido en 133 delitos denunciados (–44%), mientras que los delitos denunciados contra hombres han disminuido en 51 delitos (–40%).

De los delitos de quebrantamiento grave de la paz contra adultos denunciados en 2021, el 58% estuvo dirigido a mujeres y el 42% a hombres. A partir de 2021, los delitos de quebrantamiento grave del orden público denunciados contra adultos también se dividen según dos tipos de relación entre la víctima y el autor del delito: parientes cercanos por relación de pareja y parientes cercanos por relación de parentesco/familiar. El tipo más común de relación entre víctima y agresor en delitos graves de violación de la paz es una relación de pareja cercana. Este fue el caso en el 69% de los delitos graves de violación de la paz denunciados en 2021. Lo mismo ocurrió en el 60% de estos delitos contra mujeres y en el 82% de estos delitos contra hombres.

En 2021, se denunciaron 1391 delitos graves contra las mujeres, un 9% menos (–135 delitos) que en 2020 y una disminución del 44% (–1078 delitos) en comparación con 2012.

A pesar de que las estadísticas no recogen niveles de variación preocupantes que inviten a pensar de una elevada incidencia de la violencia tras la pandemia y el decreto de medidas restrictivas y de confinamiento, diversas asociaciones feministas de Suecia denunciaron públicamente que el país careciera de un plan de acción nacional contra el coronavirus y, por lo tanto, también de una estrategia sobre cómo se debe proteger a las mujeres expuestas a la violencia durante la pandemia, a juzgar por las declaraciones de Annelie Börjesson, presidenta de la asociación sueca de las Naciones Unidas, en Upsala, el Día contra la Violencia de las Mujeres (25-11-2020).

Para ello, se sirvieron, entre otros, de las estadísticas de BRÅ mostrando que la cantidad de delitos de abuso contra mujeres denunciados aumentó un 4% en la primera mitad de 2020 en comparación con el año anterior. El informe del Comité de Seguridad sobre el crimen durante la pandemia también mostró un aumento marginal en los informes de violencia de género en el hogar. Según la Junta Nacional de Salud y Bienestar, los informes de preocupación por los niños que están enfermos han aumentado en un 5% durante la pandemia en 56 municipios investigados y que casi 2 de cada 10 informes están relacionados con violencia en una relación cercana, incorporando la variable de la violencia contra niños o niñas que han sido testigos de agresiones en una relación familiar cercana.

El desarrollo de delitos graves contra la intimidad de las mujeres se ve afectado por los cambios en las rutinas de manejo y registro de policías y fiscales a la hora de denunciar. Al comienzo del período de diez años, los diversos actos generalmente se registraban inicialmente como violaciones graves de los derechos de las mujeres cuando se denunciaban, mientras que durante la última parte del período se registraban en mayor medida los delitos subyacentes. Esta transferencia a los delitos subyacentes ha llevado a una reducción en el número de delitos denunciados de violación grave de los derechos de las mujeres en las estadísticas hacia el final del período de diez años. Por lo tanto, se debe tener cierta precaución al interpretar las estadísticas.

Alrededor del 10% de todos los niños en Suecia han experimentado violencia doméstica en algún momento. Muchos niños que sufren violencia también están expuestos a ella. Los estudios de entrevistas muestran que el silencio suele caracterizar las reacciones de los niños ante la violencia, lo que puede llevar a que el trauma se vuelva invisible. Según una investigación del gobierno, basada en datos del Comité contra el Abuso Infantil, alrededor de 210.000 niños viven en hogares donde ocurren diversos tipos de violencia.

En la Ley de Servicios Sociales, los niños que presencian actos de violencia se consideran víctimas de delitos. El comité de bienestar social tiene la responsabilidad especial de garantizar que el niño reciba el apoyo y la ayuda que necesita.

Desde 2006, los niños que han presenciado actos de violencia tienen derecho a una indemnización por daños y perjuicios penales. Después de que el 1 de julio de 2021 se introdujera en el Código Penal la prohibición de los delitos relacionados con el bienestar infantil, el derecho de los niños a una indemnización por daños penales ha sido reemplazado por el hecho de que los niños que presenciaron violencia en una relación cercana tienen derecho a una indemnización.

Las investigaciones han destacado cada vez más que la violencia forma parte de la vida cotidiana de estos niños. En lugar de decir que el niño es testigo de la violencia, se dice que vive la violencia. Esto pone al niño y la perspectiva del niño sobre la violencia en el centro. Según algunos investigadores, puede ser psicológicamente más dañino para un niño experimentar violencia en la familia que estar expuesto a la violencia ellos mismos. Los estudios han demostrado que los niños que experimentan violencia con más frecuencia que los niños expuestos a otras formas de trauma desarrollan trastorno de estrés postraumático.

Los niños suelen interpretar las amenazas pronunciadas en relación con el uso de la violencia como muy graves y reales. Los niños en tratamiento para procesar sus experiencias de violencia han descrito un mundo lleno de ansiedad. En muchos casos, ven pocas oportunidades de cambio.

La experiencia del tratamiento de niños muestra que la sensación de impotencia de los niños corre el riesgo de aumentar aún más cuando fallan sus estrategias de defensa. El niño puede entonces comenzar a identificarse con el agresor y desarrollar un deseo de ser visto y aceptado. Un hijo puede imitar el comportamiento de un padre violento. Las niñas a menudo abordan el problema de una manera diferente. Cuando el padre muestra ansiedad, vergüenza y culpa por sus acciones, sucede que la niña se identifica con él y lo apoya.

Los estudios de entrevistas con niños han demostrado que el silencio caracteriza las reacciones de los niños a la violencia en relaciones cercanas. El silencio puede ser una estrategia para minimizar los riesgos. Pero también pueden ser los padres los que prohíban al niño contarlo. Las oportunidades para hablar sobre la violencia también se ven dificultadas por el tabú que existe en torno a la violencia en las relaciones cercanas. El silencio corre el riesgo de reforzar el aislamiento y la dependencia de los padres. Al mismo tiempo, las oportunidades del niño para comprender, interpretar y procesar la violencia son limitadas. El trauma se vuelve invisible.

En los últimos años, la investigación ha problematizado la visión de los niños como un grupo uniforme. En cambio, se ha enfatizado que los niños experimentan y procesan la violencia de diferentes maneras. La forma en que los niños interpretan y afrontan la violencia puede depender de la edad, el género y las características personales. Otros factores que pueden influir son el grado en que tienen acceso a la protección y personas de su entorno en las que pueden confiar. El miedo y la ansiedad se pueden manejar con diferentes estrategias de defensa a diferentes edades.

Las investigaciones han demostrado que entre el 30 y el 60% de los niños que crecen en relaciones violentas han estado expuestos a la violencia. La gran difusión se debe al hecho de que los estudios utilizaron diferentes muestras, métodos y definiciones de violencia. En la mayoría de los casos, los padres son los perpetradores, aunque las madres también someten a sus hijos a la violencia.

En un estudio de 2016, 4.700 estudiantes de noveno grado de primaria y de segundo grado de secundaria superior tuvieron que responder preguntas sobre la exposición a la violencia mientras crecían. Casi el 11% de los estudiantes declaró que había estado expuesto a abuso físico grave de niños. El 5% había sido objeto de abuso físico infantil en varias ocasiones. El 14% de los estudiantes informó sobre el sufrimiento de violencia física o psicológica de un padre contra otro padre.

Según la encuesta de 2021, en la población de 16 a 84 años, el 5,2% afirmó haber estado expuesto a violencia o amenaza de violencia en los últimos 12 meses. Era tan común entre las mujeres como entre los hombres afirmar esto, pero más común entre las personas más jóvenes que entre las personas mayores. Durante el período 2006-2021, se observó una clara disminución entre los hombres en el grupo de edad de 16 a 29 años. En los grupos de edad de 45 años y más, se observó un aumento en el mismo período. Entre las personas con nivel de educación presecundaria, fue más común haber estado expuesto a la violencia o la amenaza de violencia que entre las personas con nivel de educación postsecundaria, y el porcentaje también aumentó durante el período entre las personas con educación presecundaria.

El porcentaje que declaró en 2021 que había estado expuesto a la violencia o a la amenaza de violencia en los últimos 12 meses fue del 7,1% entre las personas nacidas fuera de Europa, del 6,5% entre las personas nacidas en Europa fuera de los países nórdicos, del 4,8% entre las personas nacidas en Suecia y el 4,6% entre las personas nacidas en el resto de los países nórdicos.

Todos estos datos han sido posibles gracias a la encuesta nacional de salud pública "*Salud en igualdad de condiciones*" (HLV) de la Agencia Nacional de Salud Pública y se refieren al período 2006-2021. Durante 2006 a 2016, la encuesta se realizó anualmente y la muestra consistió en aproximadamente 20.000 personas seleccionadas al azar de 16 a 84 años. A partir de 2016, se realiza cada dos años y, a partir de 2018, la muestra nacional se ha duplicado a 40.000. En 2021, se realizó una ronda adicional de la encuesta debido a la pandemia de covid-19 en curso, con varias pandemias adicionales y se hicieron preguntas relacionadas con la pandemia y sus consecuencias como las relativas al confinamiento y demás medidas restrictivas.

El indicador "*Expuesto a violencia o amenaza de violencia*" es una combinación de las dos preguntas de HLV: "*En los últimos 12 meses, ¿ha estado expuesto a violencia física?*" y "*En los últimos 12 meses, ¿ha sido objeto de amenazas o amenazas de violencia que le dieron miedo?*" Las opciones de respuesta en ambas preguntas son "Sí" y "No". Los datos que se cruzan son los relacionados con las personas que respondieron sí a cualquiera de las dos preguntas o sí a ambas.

Uno de los organismos públicos más activo en el volcado de datos sobre la violencia de género y su implicación en los niños es "*Natio-*

nellt centrum för kvinnofrid" (NCK), que es el Centro Nacional para la Libertad de la Mujer, ubicado en la Universidad y Hospital Académico de Upsala y tiene la misión del gobierno de aumentar la conciencia nacional sobre la violencia de los hombres contra las mujeres y la violencia en las relaciones entre personas del mismo sexo, como de brindar apoyo a las mujeres expuestas a la violencia.

Para llevar a cabo las tareas, NCK trabaja con la formación de profesionales y estudiantes, el desarrollo de métodos para la atención de mujeres expuestas a la violencia, así como con la recopilación de información, investigación y conocimiento, siendo desde 1994 la primera clínica especializada de Suecia para mujeres que han estado expuestas a la violencia.

En Suecia, según datos de este Centro de la Universidad de Upsala, hay actualmente alrededor de 200 refugios que protegen a mujeres y niños vulnerables y alrededor de 280 alojamientos tutelados. El movimiento de albergues para mujeres comenzó a mediados de la década de 1970 y los primeros albergues (*Alla Kvinnors Hus* en Estocolmo y *Kvinnohuset* en Gotemburgo) se formaron en 1978. El movimiento comenzó como una reacción a la violencia de los hombres contra las mujeres en relaciones cercanas y la incapacidad de la sociedad para proteger y ayudar a aquellas mujeres y niños que fueron víctimas de la violencia.

3.5. LAS POLÍTICAS DE VIVIENDA: UN ANÁLISIS COMPARATIVO DE SUECIA, NORUEGA Y DINAMARCA

Al mismo nivel que analizar lo relacionado con la salud pública y las cuestiones sobre trabajar en una mejor esperanza y calidad de vida y tras examinar lo más reciente en cuanto a los efectos de la pandemia de 2020 en la población, introducimos lo referido a la vivienda. La literatura, bien política o bien social, llama especialmente la atención sobre el concepto "vivienda", sin embargo, no existe una definición común. Los investigadores explican el concepto "vivienda" de forma diferente. Por ejemplo, Smith (1776) define la vivienda como una mercancía; Ricardo (1817) como activo tangible con potencial de rendimiento; los investigadores Grimes y Orville (1976) explican que en el pasado, el concepto de "vivienda" se asoció con un fenómeno físico y las políticas de países para su provisión están relacionadas, en su mayoría, con costes de construcción que pueden variar en gran medida según el tipo de material de construcción (estándares y calidad de construcción, etc.).

En el marco de la política de vivienda, el investigador Torgersen (1987: 116) explicó el concepto de "vivienda" como "*el pilar tambaleante del Estado de bienestar*" porque en contraste con la provisión de salud y educación, el Estado no ve su papel como el principal proveedor de servicios en este campo. A lo largo del tiempo, los enfoques para la caracterización del concepto la "vivienda" han cambiado, lo que depende tanto del cambio en la política, de la economía y de otros campos.

El diccionario Webster define el concepto de "vivienda" de esta manera: "*Vivienda significa viviendas previstas para personas*". El Diccionario de Negocios define la vivienda como "*un edificio o estructura de edificio, cumpliendo con los requisitos de las leyes y regulaciones y donde los individuos con sus familias pueden vivir*". Se proporciona una definición similar para el concepto "vivienda" en el Diccionario Macmillan donde la vivienda se define como "edificios para que las personas vivan en él".

Para Melnikas (1998: 326) "vivienda" significa "casa", describiendo la vivienda como "*un específico y relativamente limitado espacio físico, biológica y socialmente cercano, donde las personas y grupos de personas pueden vivir su vida biosocial recibiendo servicios, realizando tareas domésticas y otras actividades biosociales*". El autor considera que, hoy en día, se centra más la atención en los beneficios y costes de vivienda, es decir, en tener la vivienda cómoda, conveniente y apropiada, pero al mismo tiempo también energéticamente eficiente; los costes de su compra, la construcción y el mantenimiento deben ser proporcionales a los beneficios que se pueden obtener de esta vivienda.

En la legislación de vivienda de los países nórdicos, el concepto "vivienda" principalmente se utiliza junto al término "formas de vivienda" que se relaciona con varias formas como apartamentos de propiedad privada, apartamentos alquilados, apartamentos cooperativos, etc. (*Nordic Council of Ministers*, 1998).

A mayor escala, en la investigación realizada por el investigador Donner (2000) con respecto a la política de vivienda en 15 Estados de la Unión Europea (anterior a las últimas fechas de ampliación de 2004, 2007 y 2013), los teóricos unifican los aspectos prácticos de la política de vivienda y se explica el concepto de "vivienda" con varios conceptos similares y relacionados entre sí: viviendas "low-cost", viviendas sociales, viviendas protegidas, viviendas deficientes, etc.

En Europa, las viviendas se definen tradicionalmente como un grupo local que está físicamente separado del entorno exterior y consta de paredes, techo, ventanas y puertas, comunicaciones de ingeniería y otros elementos técnicos. Las habitaciones deben ser adecuadas para personas que vivan de forma independiente. Los derechos a uso del apartamento son siempre exclusivos, porque el propietario del apartamento puede decidir quién podrá usar el apartamento además de él o ella. Estos derechos para usar el apartamento se refuerzan más o menos en el contrato de arrendamiento. Además, cada apartamento en el edificio residencial tiene también una propiedad compartida existente en el interior de la casa o interior (pasillo exterior de la casa, bodega, etc.) y también, el exterior de la casa (patio, sótano, etc.) que pertenece a los propietarios de los apartamentos de la casa residencial y es utilizado por todos los propietarios del edificio y que debe ser conjuntamente administrado. Al vivir en el apartamento, su usuario recibe varios servicios de vivienda que responden a la vida de las personas de manera muy diferente y cuya importancia durante el ciclo de vida humano cambia. A esto se refería el proyecto de "vivienda-ciudad" del que hablaba Myrdal en 1934 en relación con las necesidades de las personas, con familia a cargo o sin ella.

En cuanto al concepto de "viviendas de bajo coste", hay discusiones en materia de políticas de vivienda sobre dos conceptos: "viviendas de bajo coste/económicas" y "viviendas de alto coste/costosas". Aunque hay una serie de concepciones relativas al definir el término "vivienda económica", existen varios valores de referencia mediante los cuales se puede caracterizar.

El concepto de "vivienda social" se utiliza ampliamente en la literatura sobre políticas de vivienda que no se basan en criterios económicos, sino en criterios de política de vivienda. Este concepto carece de definición clara y unificada en los países europeos. Por lo general, esta definición incluye tanto vivienda pública como de lucro restringido en alquiler. A veces, el término es aplicable a todas las viviendas subsidiadas. En algunos casos, las viviendas de alquiler privadas se consideran vivienda social si el Estado interviene en el mercado, reduciendo las tarifas de alquiler por debajo del precio de mercado para ciertos apartamentos. En estos casos, los propietarios se ven obligados a aceptar menores ganancias, subvencionando así a los inquilinos. Este enfoque dio lugar a una serie de discusiones sobre política de vivienda considerando que, básicamente, el apartamento como valor tangible no puede ser "social".

Por tanto, la "vivienda social" antes mencionada debe cumplir con varias condiciones:

a) Los costes de producción y/o financiación son tales que disminuyen la ganancia y están cubiertos parcialmente con fondos públicos o privados.

b) El precio o alquiler que se paga por la vivienda social debe ser inferior al precio de mercado, pero no necesariamente menor que los costes de mantenimiento de la vivienda.

c) Se otorgan subsidios para hogares de bajos ingresos.

Las viviendas subvencionadas son apartamentos para los que los costes se reducen con subvenciones del lado de la oferta, subsidios de anualidades, subsidios de intereses o préstamos con tipos de interés inferiores a los del mercado. En el sentido más estricto, el apartamento se considera subvencionado siempre que esté sujeto a las restricciones de venta. En el sentido más amplio, el apartamento en particular debe considerarse subvencionado para siempre, incluso si estas restricciones posteriormente son canceladas. En este caso, el comprador privatiza (una parte de) la subvención. Por lo tanto, el reembolso (parcial) de la subvención es obligatorio en tales casos. Las viviendas por debajo del estándar son apartamentos con cierta calidad física, nivel de comodidad o la condición técnica de la misma es inferior al estándar determinado. Este término carece de una definición común en Europa.

3.5.1. La cultura de la vivienda en los países nórdicos

Si bien los debates sobre política de Vivienda han estado históricamente dominados por discusiones sobre tenencias del alquiler, la atención más reciente se ha centrado en el papel de la propiedad de la vivienda, especialmente en lo que respecta al llamado bienestar basado en activos.

Las contribuciones a los discursos sobre la propiedad de la vivienda y el bienestar se han centrado en aspectos sociales y económicos. Una perspectiva de la política de vivienda (Bengtsson, 2015: 30) analiza el poder y los procesos políticos relacionados con las políticas de vivienda que incluyen la propiedad de la vivienda. El argumento se basa en observaciones de tres regímenes de vivienda nórdicos: Suecia, Noruega y Finlandia. En todos estos países, la propiedad de la vivienda se ha considerado un ingrediente importante en general de las políticas de vivienda, aunque desde diferentes puntos de vista culturales e ideológicos y dentro de diferentes marcos institucionales. Las políticas de bienestar basadas en activos relacionados con la propiedad de la vivienda hasta ahora no se han formulado de manera coherente en ninguno de estos países, aunque en términos más generales el tema ha entrado recientemente en debates públicos, como decíamos.

En los procesos relacionados con la provisión de viviendas ocupadas por sus propietarios siguen similares perspectivas en comparación con las de la provisión de vivienda en general; la conocida tesis de Jim Kemeny sobre "*el mito de la propiedad del hogar*" (1981).

Hace más de 30 años, Jim Kemeny argumentó que la visión convencional de las virtudes de la propiedad de una vivienda era un mito construido socialmente (Ronald, 2008). Este mito estaba profundamente arraigado en las culturas y políticas de un grupo de sociedades capitalistas occidentales que él denominaba *"sociedades de propietarios de viviendas"* (Reino Unido, EEUU, Australia y Nueva Zelanda), mientras que en lo que él llamó "sociedades de alquiler de costes" (Suecia, los Países Bajos, la República Federal de Alemania y Suiza) el mito tenía mucho menos poder. Kemeny no destacó en detalle en qué consiste el mito, sin embargo, las preocupaciones centrales son esencialmente: asequibilidad a largo plazo y aumento del valor, libertad de elección del consumidor, autonomía fuera de control y responsabilidad del residente. La política de vivienda es obviamente central en la producción social de ventajas comparativas, con subvenciones diferentes de la propiedad de la vivienda. Las formas de tenencia son una forma obvia de hacer una forma más atractiva que otra, así como las exenciones fiscales de las que disfrutan los propietarios de viviendas en muchas sociedades.

Sin embargo, las decisiones políticas no son el único medio a través del cual los gobiernos contribuyen al mito de la propiedad de la vivienda. Kemeny prestó considerable atención a la superioridad de la propiedad de la vivienda, la cual se produce en gran medida al optar por no crear un sector de la vivienda de coste de alquiler (beneficio limitado) que podría competir en igualdad de condiciones con la propiedad de la vivienda. Por lo tanto, sin una intervención política consciente para crear una competencia en el sector de la vivienda de alquiler sin fines de lucro, la propiedad de la vivienda sería la tenencia dominante en todas partes. Esto es también lo que Michael Harloe (1995) sostiene desde un marco basado en una teoría de desarrollo capitalista. Las medidas de políticas más importantes dirigidas a los propietarios de viviendas existentes son varios tipos de impuestos de concesiones otorgadas a los propietarios de viviendas, por ejemplo, impuestos más bajos sobre la propiedad y los derechos de la vivienda para deducir los pagos de intereses hipotecarios de impuestos o ingresos gravables. Tales subsidios no son siempre el resultado de una toma de decisiones políticas conscientes y su tamaño a menudo ni siquiera es calculado en los presupuestos nacionales. Por tanto, gran parte de la política de vivienda dirigida a los propietarios consiste en medidas indirectas bajo un control político limitado.

En toda Europa, los propietarios de viviendas, desde hace varias décadas, tienden a estar mejor que ser inquilinos. Sin embargo, con una proporción creciente de propietarios de viviendas en la población, habrá más variación en sus situaciones (Elsinga, 2015: 32). En sociedades con propiedad masiva de viviendas, es probable que haya un grupo sustancial de propietarios en el margen, para quienes mantener su estatus de tenencia es un desafío. Si la economía actual sigue en curso, la recesión en Europa continúa, cada vez más propietarios de viviendas tendrán problemas (del tipo, por ejemplo, que los propietarios de viviendas en España ya han experimentado), lo que exige repensar políticas de vivienda dirigidas a los propietarios de viviendas. Este desarrollo también tiene importantes implicaciones para las perspectivas de una política de bienestar basada en activos.

"Propiedad de la vivienda" u "ocupación del propietario" son etiquetas generales para un tipo de tenencia que existe en muchas formas particulares (Ruonavaara, 1993: 3). Los estudios referenciados hacen una esclarecedora distinción entre propiedad directa e indirecta de la vivienda (Kalberg, 2004). El caso más claro de la propiedad directa es un hogar que posee individualmente una casa y el terreno en el que se encuentra y es individualmente responsable de la propiedad y de todos sus costes, además de ser el único beneficiario de plusvalías y otros beneficios. La propiedad indirecta se refiere a una situación en la que 'el edificio o la propiedad es propiedad de una entidad legal de la cual los residentes son miembros o son copropietarios "y" la participación en la entidad jurídica está vinculada *al derecho a una determinada vivienda"*. En *propiedad indirecta,* los derechos individuales de uso, control y disposición de los propietarios se refieren sólo a su vivienda, mientras que los espacios compartidos y la propiedad en su conjunto son de propiedad de forma conjunta con otros vecinos y gestionada de forma colectiva. La distinción entre directa e indirecta es muy importante para comprender la ocupación del propietario en Finlandia, Noruega y Suecia.

Suecia y Noruega tienen sectores sustanciales de viviendas cooperativas. Hoy, en ambos países, las principales *formas de tenencia cooperativa* comparten muchas características con la propiedad y Karlberg y Victorin los clasifican como *"ocupación indirecta del propietario"*. Además de la tenencia dominante de la ocupación directa del propietario en *viviendas unifamiliares,* la ocupación del propietario en la *vivienda multifamiliar* también está permitida en ambos países; en Noruega desde 1983 y en Suecia desde 2009.

En Finlandia, además de la propiedad directa de *viviendas unifamiliares,* también existe una forma específica de tenencia basada en la *propiedad indirecta, empresas de vivienda* (Lujanen, 2010: 178). Cada residente posee un cierto número de acciones de la empresa y estas acciones le da derecho a la posesión de un apartamento específico. El residente tiene derechos de uso y disposición del apartamento, mientras que los derechos de propiedad sobre la estructura y los bienes pertenecen a la sociedad anónima de la que los residentes son accionistas.

En los tres países, la ocupación por el propietario es el tipo de tenencia más común, pero existen diferencias importantes en las formas. En Noruega, la mayoría de las personas son propietarias de viviendas unifamiliares.

Usando la clasificación desarrollada por Karlberg y Victorin, analizando entre las empresas de vivienda en Finlandia y las cooperativas en Noruega y Suecia, los resultados que hallamos los mostramos a continuación en la siguiente tabla.

TABLA 8
Divisiones de tenencia de vivienda en Finlandia, Noruega y Suecia en porcentaje

	Ocupado por el propietario	**Ocupado por el propietario**	**Alquilado**	**Alquilado**	**Otros**	**Todos**
	Propiedad directa	Propiedad indirecta*	Alquiler público y social	Alquiler privado con fines de lucro		
Finlandia	36	30	15	16	3	100
Noruega	63	14	5**	18**	-	100
Suecia	41	22	18	19	-	100

* Finlandia: empresas de vivienda; Noruega y Suecia: cooperativas.
** Distribución estimada entre alquileres públicos y privados.
Fuente: Elaboración propia, de datos promedio de *Statistics Finland, Statistics Norway, Statistics Sweden* desde 2010 a 2022 y Bengtsson: 2013, 122 (Suecia).

El papel de la propiedad de la vivienda ha diferido considerablemente entre los tres países y en cierta medida, también a largo plazo. En Finlandia, parte del sector de la propiedad de la vivienda, junto con parte del sector del alquiler, ha funcionado como *vivienda social* con comprobación de recursos para los solicitantes. En Noruega, hasta la década de 1980, la política de vivienda era universal, sin verificación de recursos, con la vivienda cooperativa de precio controlado como pilar institucional. El sector del alquiler era entonces una preocupación periférica para los políticos.

Las diferencias entre los tres regímenes de vivienda se resumen, a continuación, en la siguiente tabla.

TABLA 9
Diferencias entre los regímenes de vivienda

	Finlandia	Noruega	Suecia
Lógica general	Selectivo	Universal -> selectivo	Universal
Tipo de régimen (Kemeny)	Propiedad de la vivienda	Propiedad de la vivienda	Coste de alquiler
Cuota de propiedad directa	Medio	Alto	Medio
Cuota de propiedad indirecta	Alto	Medio	Medio
Forma de propiedad indirecta	Empresas de vivienda	Cooperativas	Cooperativas
Forma de mercado de alquiler (Kemeny)	Dualista	Dualista	Integrado
Comprobación de medios	A los propietarios, desde las empresas de viviendas y a los alquileres	A los alquileres públicos	No formalmente
Papel de los municipios	Planificación; Propiedad de fincas; Asignación	Planificación; Propiedad de fincas; Asignación	Planificación; Propiedad de MHCs*; Asignación
Organizaciones de vivienda	Débil	Medio	Fuerte
Tipo de corporativismo	Sindicato	Alojamiento	Alojamiento

Fuente: (Bengtsson 2013); (Ruonavaara 2013); (Sørvoll 2014).

Las MHCs son sociedad municipales de vivienda que no son proveedores de viviendas sociales sino que compiten con las empresas privadas que se dirigen a los mismos inquilinos, con ayuda estatal. El sistema sueco de "valor útil" obliga a los jueces locales a fijar la renta de los propietarios privados al mismo nivel que la de las sociedades municipales para viviendas equivalentes.

El desarrollo en los tres países se puede organizar y periodizar en términos de un modelo de fases, basado en la lógica de desarrollo estructural y discursivo de la provisión de vivienda en los Estados de bienestar. En todos los países nórdicos (y probablemente también en otros países) se pueden distinguir más o menos claramente: (1) una fase de introducción, (2) una fase de construcción, (3) una fase de gestión (o saturación) y (4) una fase de reducción (o privatización). En la primera fase, la vivienda se convierte en una cuestión política y las intervenciones públicas en la vivienda se inician en el mercado. En la segunda fase, la principal preocupación de la política de vivienda es producir tanta vivienda como sea posible para combatir la escasez. En la tercera fase, la producción intensiva de la fase anterior ha resultado en un mercado inmobiliario en gran parte saturado y la preocupación se desplaza hacia la gestión y mantenimiento del stock existente. En la cuarta fase, la provisión de vivienda es gradualmente comercializada.

3.5.2. La vivienda en Suecia y en Noruega

En Suecia como en Noruega, la fase de construcción en el modelo de fases comenzó a finales de 1940, cuando una política de vivienda integral y universal fue introducida por un Gobierno democrático. El régimen de vivienda sueco, desde esa fecha y hasta sus inicios del siglo XXI, se puede resumir en términos de cinco características distintivas o "Pilares" (Bengtsson, 2013):

(1) Una política de vivienda de *orientación universal* dirigida a todas las formas, sin necesidades individuales o pruebas de medios.

(2) Un sector *de alquiler público con vivienda de empresas* (MHC) que son propiedad de los municipios y gestionadas profesionalmente en distancia de la influencia política. Después de la nueva legislación de 2011, los MHC cambiarán de estar basados en costes a ser *"empresarial"*.

(3) Un mercado de *alquiler unitario* (Kemeny, 1995), donde las viviendas de alquiler tanto públicas como privadas están disponibles para todo tipo de hogares y existen vínculos formales entre los entornos de alquiler en el sector público y el privado.

(4) Un pilar *"corporativista"*, sistema de negociaciones de alquiler centralizadas entre propietarios (públicos y privados) y representantes de un movimiento de inquilinos nacional bien establecido con tarifas de membresía.

(5) Un gran *sector cooperativo* basado principalmente en la tenencia específica de *"Propiedad de inquilinos"* que antes de la Segunda Guerra

Mundial era el principal proveedor de servicios de orientación social de vivienda, pero hoy es un caso claro de *"propiedad indirecta"*.

Suecia tiene la mayor proporción de viviendas cooperativas en Europa, que comprende más del 20% de todas las viviendas. En la década de 1930, el modelo sueco de propiedad inquilino era en realidad importado de Oslo donde llegó a jugar un papel crucial. Sin embargo, para su nueva política de vivienda universal después de la Segunda Guerra Mundial, Suecia caminó institucionalmente de forma diferente a Noruega. Suecia eligió un sistema basado principalmente en el *alquiler tenencia en MHC* controladas municipalmente, al mismo tiempo que apoyaba *la propiedad cooperativa de inquilinos.*

Aunque las decisiones de posguerra priorizaron la vivienda de alquiler municipal, también incluyeron un elemento de neutralidad de la tenencia. Los nuevos préstamos estatales se dirigieron a todas las formas de tenencia, incluida la propiedad individual de la vivienda. Junto con la propia inversión de capital del desarrollador, el Estado ofreció préstamos superiores para cubrir la parte de los costes de construcción (alrededor del 30%) que no podían ser prestados en el mercado financiero general. Las MHC, al ser de propiedad pública, recibieron préstamos cubriendo todos estos; el 30%. Las cooperativas recibieron hasta un 25% y tuvieron que contribuir con un 5% del coste total de capital. Los inversores privados, incluidos los propietarios de viviendas individuales, tenían que aportar el 15% como anticipo. Es importante destacar que las finanzas estatales sólo incluyeron un elemento pequeño y provisional de subsidios; la función principal de los préstamos estatales era garantizar la seguridad financiera de las inversiones en el alojamiento. Se combinaron con el control estatal de las rentas y de los precios de transferencia de las cooperativas y viviendas ocupadas por sus propietarios y también, hubo cierta influencia municipal en la distribución y traspaso de viviendas. La política fue universal y la comisión detrás de las propuestas enfatizó elocuentemente la necesidad de una política integral para evitar viviendas con carácter institucional *de tugurios"*.

Cuando finalmente se eliminaron las regulaciones de alquiler en tiempos de guerra (de forma gradual), la regulación de los precios de transferencia también se abolió en las viviendas de propiedad en 1969. Como en Noruega, años después, esto condujo a una completa comercialización del sector cooperativo. El debate político sobre la desregulación estuvo menos infectado que las discusiones sobre la decisión correspondiente en Noruega en la década de 1980 y después de la desregulación, volviendo al precio cooperativo anterior, el control nunca fue una opción política realista (cf. Sørvoll, 2014). Esto significó que la *propiedad del inquilino en Suecia* se transformó en una forma de *propiedad indirecta* y desde este punto vino a llenar el segmento de mercado que en otros países consiste en la *ocupación del propietario en vivienda plurifamiliar.* En consecuencia, los MHC se convirtieron en principio en las únicas formas de organización y tenencia en el régimen de vivienda sueco de orientación más universal.

En el último y más intensivo período de la fase de construcción (la edificación intensiva) la producción del llamado *Programa Millón* 1966-75 —en primer lugar, asociado con *viviendas multifamiliares a gran escala*— condujo a una expansión de todas las formas de tenencia, incluida la vivienda-propiedad. Pronto, con la inflación y el aumento de los tipos de interés, el derecho a deducir intereses sobre los préstamos hipotecarios provenientes de los ingresos gravados se había convertido en un apoyo financiero para los propietarios. En realidad, a los propietarios de viviendas individuales se les "*pagó por tener el título de un libro*", según economistas destacados (Sandelin y Söderste, 1978).

El gobierno socialdemócrata se dio cuenta de que había que hacer algo, pero lo veía políticamente demasiado arriesgado para socavar las condiciones económicas para este gran grupo de "*nuestra gente*", como el influyente ministro de Finanzas denominó a los propietarios de viviendas. La solución fue reintroducir en 1974 los subsidios generales a todas las viviendas bajo la libertad condicional de "*neutralidad en la tenencia*". La intención era que las bonificaciones de intereses y la deducción fiscal, juntos, deberían favorecer por igual las viviendas de alquiler, las cooperativas y las viviendas de propiedad directa. Hasta la neutralidad de la tenencia de principios de la década de 1990, destacaron realmente en el presupuesto estatal cuando el tamaño total de los subsidios por deducción de impuestos se presentó junto con los costes de los subsidios a la producción de vivienda. Sin embargo, en poco tiempo, esta generosa "neutralidad" se convertiría en una seria amenaza para la economía de Suecia, cuando los subsidios estatales se expandieron más allá de todos los límites.

Cuando un gobierno de derecha asumió el cargo en 1991, se señaló inmediatamente un *"cambio de sistema"* en la política de vivienda, comenzando con la terminación del Ministerio de Vivienda. Esto también representó el comienzo de la fase de reducción de la política de vivienda sueca y, en los años siguientes, los préstamos estatales y los subsidios a la vivienda se eliminaron progresivamente. Estas reformas pusieron fin a la neutralidad de la tenencia económica. Las subvenciones se eliminaron gradualmente aunque se mantuvieron las deducciones fiscales. En 2012, las subvenciones fiscales totales para la propiedad de la vivienda se estimaron en 3.000 millones de euros (Svenska Dagbladet, 2013). Sin embargo, las viviendas públicas debían competir todavía en el mismo mercado unitario y no se produjo en este sector ninguna reforma.

Como señalan Holmqvist y Magnusson Turner (2014: 237), fomentar la propiedad era parte esencial de la política de vivienda del Gobierno liberal / conservador en la legislatura 2006-2014. Algunos ejemplos de esto fueron promover *conversiones de alquileres a cooperativas,* aboliendo impuestos a la herencia en 2008 y la *legalización de condominios en edificios nuevos* en 2009. Los precios de la vivienda sólo disminuyeron un 5% entre 2008 y 2009 y luego volvieron a subir. Sin embargo, la propiedad puede haber hecho que la economía sueca sea más vulnerable a futuros problemas relacionados con la crisis de la vivienda (Holmqvist y Magnusson Turner, 2014: 250).

El endeudamiento de los propietarios de viviendas suecos es elevado para los estándares internacionales y en aumento, aunque algunos comentaristas encuentran consuelo en el hecho de que el índice de endeudamiento es más alto para hogares con altos ingresos, mientras que a la economía sueca en general se la considera sólida. No obstante, recientemente se han sugerido varias medidas diferentes contra posibles burbujas, incluidos los topes de préstamos, la amortización obligatoria de préstamos para vivienda, los recortes en las deducciones fiscales para los propietarios de viviendas y los límites a la relación deuda-ingresos de los hogares. Todas estas propuestas son técnica y legalmente complejas, así como políticamente sensibles.

La neutralidad de la tenencia ya no es un objetivo explícito de la política de vivienda sueca y las deducciones fiscales ya no se enmarcan como subsidios en el presupuesto estatal anual. Sin embargo, el *concepto de tenencia en la neutralidad* todavía parece tener cierto poder discursivo. Organizaciones que representan el sector del alquiler (propietarios privados y municipales, así como los sindicatos de inquilinos) señalan regularmente que los propietarios de viviendas se ven favorecidos por el sistema de impuestos, que se argumenta que es injusto.

Por otro lado, la voluntad política para restaurar la neutralidad de la tenencia parece ser débil. Recordemos que el principio de neutralidad se basa en un modelo equiparable entre la vivienda en propiedad, el alojamiento alquilado privado y la vivienda social alquilada y que el modelo de neutralidad de los costes de vivienda (que incluye alquileres, costes energéticos y de funcionamiento e impuestos locales) combina objetivos sociales y climáticos con un marco regulatorio propio contra ciertas situaciones frente a los desahucios. Hoy día, los propietarios directos e indirectos de viviendas representan un grupo de presión política aún más fuerte que el de antes de los 1970s. Y los subsidios universales son una fórmula controvertida después de la 'crisis del subsidio' de finales de los '80. Esto representaría una dependencia de la trayectoria no sólo impulsada por el mito discursivo de la propiedad de la vivienda sino también por la fuerza política de la propiedad de la vivienda de votantes marginales.

Hasta ahora, Suecia no es una sociedad de propietarios de viviendas; la propiedad de viviendas todavía no es la forma de tenencia "natural".

3.5.3. El modelo de Vivienda en Suecia: Småhus

El término sueco más común para viviendas unifamiliares es *småhus,* que puede traducirse en "casa pequeña". En comparaciones internacionales, también ha sido definida como vivienda ocupada por el propietario (NBHBP, 2014: 24); esto se puede entender a la luz del hecho de que la propiedad de apartamentos sólo ha sido posible desde 2009 y que la tenencia es todavía muy limitada, que asciende a unos 2.400 apartamentos (Lantmäteriet, 2020).

Hoy, aproximadamente el 41% de las viviendas suecas son vivienda unifamiliar, mientras que el 34% es alquiler y el 25% es propiedad de inquilinos (adaptado de Estadísticas de Suecia, 2019). La mayor parte de las unidades de propiedad de inquilinos se encuentra en viviendas multifamiliares.

Los precios de las viviendas unifamiliares alcanzaron un máximo histórico en enero de 2021, frente a un índice de 100 en 2005 a 251,9, con un aumento del 15,5% en los últimos doce meses (Valueguard, 2021). Sin embargo, los aumentos de precios de los apartamentos han sido más grandes en la década de 2000 (figura siguiente), pero con una tasa de crecimiento más lenta en 2020. El cambio en los aumentos de precios de apartamentos frente a casas es el resultado de la pandemia por el coronavirus, pero también podría atribuirse a otras dinámicas de precios.

GRÁFICO 3
Aumento del precio de la vivienda en Suecia diferenciando entre pisos/apartamentos y viviendas unifamiliares

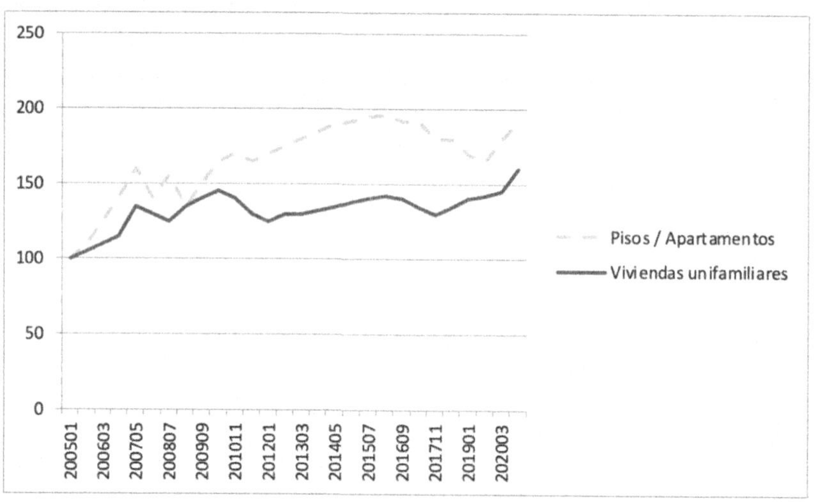

Fuente: Elaboración propia, comparando el precio de la vivienda entre 2005 y 2021 en coronas suecas, con datos de Valueguard (2021)

Siguiendo estos datos y observando la evolución que NBHBP recoge desde 1975, puedo verse que ha disminuido la proporción de viviendas unifamiliares en la producción total de viviendas desde 1975.

En la construcción de las viviendas multifamiliares y unifamiliares se siguieron muchos de los mismos patrones de 1940, con la exención del programa Million Homes (1965-1974). La producción de viviendas suecas aumentó en la década de 2000, con un efecto negativo de duración limitada en torno a la crisis de 2008. Sin embargo, el nivel comparativamente bajo de construcción de viviendas unifamiliares no ha cambiado a pesar del boom económico de la década de 2000 y un claro aumento en construcción de viviendas multifamiliares (Estadísticas de Suecia, 2020). Patrones similares, aunque menos pronunciados, pueden ser vistos también en los otros países nórdicos (TMF, 2020).

Además, una nueva encuesta que considera las *preferencias por viviendas unifamiliares nuevas y antiguas casas* muestra la cada vez mayor demanda de nuevas viviendas unifamiliares, como lo sugiere Nero (2021). Suecia tiene la mayor proporción de hogares unipersonales de Europa y de hecho, la mayoría de las viviendas alquiladas están llamadas a ser habitadas por una persona en vez de por un grupo.

Tanto los demócratas cristianos como el Partido Verde abordan una necesidad percibida de préstamos ventajosos para aumentar la asequibilidad. Los préstamos ventajosos se inspiran no sólo por el movimiento de las casas propias sino también por las discusiones sobre los préstamos de inicio noruegos a compradores primerizos, que ahora están siendo investigados. Se considera probable que las iniciativas políticas relacionadas con los préstamos para la puesta en marcha se planteen en campañas electorales en 2022 (sin embargo, la implementación dependerá de las reacciones de partidos más grandes, poniendo énfasis en el sistema de control de rentas).

3.5.4. Las condiciones de la vivienda en Suecia en la pandemia

Con la pandemia COVID-19 se han reafirmado e incluso agravado las desigualdades de edad, género, étnicas y socioeconómicas entre diferentes grupos en relación con sus necesidades básicas como vivienda, movilidad y transporte. Hacer frente a la vida cotidiana se ha vuelto más difícil para todos, especialmente para los grupos ya vulnerables. Esto trae a primer plano la pregunta del derecho a la vivienda, la movilidad y el transporte; cuestiones que exigen más atención de la prestada hasta ahora en Suecia.

La segregación de viviendas en Suecia ha contribuido a la propagación desigual de la infección por COVID-19. La segregación socioeconómica y étnica están entrelazadas en Suecia, ya que los inmigrantes no europeos, los grupos que viven en barrios con una alta proporción de viviendas de alquiler, suelen tener un promedio bajo de ingresos. La pandemia de COVID-19 ha afectado a algunos de los vecindarios de bajos ingresos en mayor medida. El estigma de vivir en barrios pobres y socialmente vulnerables es aún mayor, acentuado a medida que los habitantes se enfrentan a estereotipos y concepciones racializadas.

Muchos de los habitantes de los barrios pobres están desempleados o empleados en trabajos precarios y generalmente se les paga por horas en el servicio o en el sector de la salud (como taxistas, conductores de autobuses, limpiadores, auxiliares de enfermería o auxiliares de servicio en el cuidado de personas mayores). Por tanto, de muchas formas experimentan tanto estrés financiero como el riesgo de infectarse o contagiar a otros debido a su situación.

Según Estadísticas de Suecia, el 25% de los jóvenes de entre 15 y 24 años están actualmente desempleados en Suecia. Por lo tanto, en cierto sentido, se puede argumentar que el estrés financiero puede obligar a un individuo a viajar y contribuir a la propagación del virus. Las mujeres y los jóvenes utilizan los autobuses hacia una mayor extensión que otros grupos sociales.

Las indicaciones de problemas financieros en muchas empresas de transporte público afectan a la estrategia de precios y las operaciones, ya que los servicios se reducen y se ajustan los horarios (Bondemark, 2020), lo que puede afectar a las diversas necesidades de los usuarios, además de tener un fuerte impacto en los barrios urbanos pobres, así como en las comunidades rurales y semirrurales.

En este sentido, una crisis como la pandemia por COVID-19 no sólo afecta directamente a grupos más vulnerables sino que el impacto a largo plazo a menudo acentúa aún más su vulnerabilidad social y económica (Henriksson y Lindkvist, 2020). Las cuestiones relacionadas con la vivienda no sólo toman la lectura de sufrir el problema de carecer de hogar o de vivir en una infravivienda; no trata sólo de no tener un espacio digno sino que también contempla situaciones añadidas de escasez de recursos, de lazos comunitarios y de padecimiento de problemas de accesibilidad a los recursos sociales (Sánchez Morales y Tezanos, 2004: 651).

Actualmente, hay un plan en marcha del nuevo gobierno conformado a partir de octubre de 2022 que prorroga todos los subsidios referidos a la Vivienda para familias con hijos en situación "*de necesidad de subsidio*", brindando apoyo a las familias económicamente vulnerables y con hijos para que puedan hacer frente a las consecuencias del aumento en los costes de vida.

3.5.5. Desigualdades en vivienda y movilidad en la pandemia del coronavirus en Suecia

Se ha demostrado que los efectos de la pandemia de COVID-19 en los vecindarios multiétnicos y de bajos ingresos son graves (Joelsson y Ladru, 2021). El hecho de que la sociedad sueca se caracterice por la segregación socioeconómica, étnica y de edad en términos del mercado laboral, del mercado inmobiliario y del 'mercado escolar' ha puesto de manifiesto las desigualdades existentes a raíz de la crisis del coronavirus (Andersson, 2020). Järva, un suburbio multiétnico de Estocolmo, atrajo la atención nacional a fines de marzo de 2020 cuando una asociación de médicos sueco-somalíes advirtió sobre la alta proporción de sueco-somalíes entre las primeras muertes por COVID-19. Como sería evidente en los estudios de investigación (Rostila *et al.*, 2021), éste también fue el caso de los sueco-libaneses, sueco-sirios y sueco-turcos. La COVID-19 ha afectado gravemente a algunos de los barrios multiétnicos y de bajos ingresos del área de Estocolmo y ha habido muchas muertes. Durante la primavera de 2020, los medios de comunicación respondieron a la alta tasa de mortalidad de personas nacidas en el extranjero en barrios vulnerables discutiendo la propagación del coronavirus en estas comunidades en términos de factores culturales y las características de grupos étnicos específicos.

Varias autoridades locales y nacionales tomaron medidas que se centraron principalmente en traducir y difundir información en otros idiomas, lo que sugiere que la razón de las tasas de mortalidad desproporcionadamente altas podría atribuirse a la falta de información e integración en la sociedad sueca. Sin embargo, un estudio reciente no pudo respaldar la idea de que las altas tasas de mortalidad entre las personas nacidas en el extranjero se pudiera atribuir a problemas de idioma o a su falta de "adaptación cultural" (Aradhya, 2020). De hecho, hasta el momento se sabe poco sobre las razones de la alta tasa de mortalidad por COVID-19 entre las personas nacidas en el extranjero. Según un estudio reciente (Rostila *et al.*, 2021), no puede explicarse por factores socioeconómicos. Andersson (2020) ha propuesto el efecto potencial de los viajes internacionales en la tasa de mortalidad de COVID-19, pero subraya la necesidad de investigación para estudiar esta suposición.

Lo que sí se sabe es que la alta tasa de mortalidad por COVID en estos barrios ya vulnerables había provocado un gran trauma colectivo, que afectaba tanto a adultos como a niños en estas áreas, así como temores sobre el futuro (Socialpolitik, 2020). Los habitantes nacidos en el extranjero han sentido que se les retrata negativa y falsamente como analfabetos, ignorantes o simplemente estúpidos y creen que ellos mismos son los culpables de las muertes (Canoilas, 2020). Esto ha aumentado el riesgo de estigma, racismo y discriminación, que afecta negativamente a las personas, sobre todo a los niños y jóvenes que viven en Suecia. Además, muchos padres e hijos que ya tienen condiciones laborales y de vivienda inseguras están sufriendo un estrés financiero significativo y están muy preocupados por no poder pagar el alquiler. Este estrés se ve agravado por el hecho de que el hacinamiento y la convivencia multigeneracional ensanchan el distanciamiento social, lo que les da menos oportunidades de aislarse en caso de síntomas y enfermedades y, por lo tanto, crea un mayor riesgo de ser infectado por Covid-19. Es un hecho histórico que las enfermedades infecciosas se propagan fácilmente en condiciones de hacinamiento (Hansson, 2020). Si bien un estudio reciente no mostró ningún efecto específico del hacinamiento en la mortalidad por Covid-19 entre las personas mayores de 70 años (en comparación con la muerte por todas las causas), mostró que la vida multigeneracional contribuye al exceso de mortalidad por Covid-19 (Brandén, 2020: 80). Durante la primavera de 2020, muchos niños y jóvenes en situaciones de hacinamiento y multigeneracionales no asistieron a la escuela por temor a contagiar el virus a sus padres y abuelos (*Save the Children Sweden*, 2020). El absentismo escolar ha sido desproporcionadamente alto en las escuelas con alumnos de barrios vulnerables. Tratar de hacer las tareas escolares en un hogar superpoblado es difícil y muchas familias no tienen conexión a Internet en el hogar.

La separación espacial de actividades como la vivienda, el trabajo, la educación, el cuidado de los niños y de los ancianos en las ciudades suecas (y en otros lugares) implica una segregación por edades en cuanto a los lugares en los que los diferentes grupos de edad pasan su vida cotidiana, sobre todo debido a la institucionalización de la infancia y del cuidado de ancianos. En Suecia, generalmente son los 'ancianos mayores', a menudo muy frágiles, los que viven en hogares de ancianos. Es este colectivo el que se ha visto más afectado por la pandemia. Si bien las visitas a los ancianos han estado estrictamente prohibidas, esto no ha impedido que el virus ingrese a estas instituciones. Los expertos en geriatría culpan al sistema de salud geriátrico que, según ellos, ha sufrido mucho desde que se transfirió la responsabilidad de los sistemas de salud regionales a los municipios (gobiernos locales) en 1992 (Hammarström et al., 2020).

La privatización y la subcontratación (a través de agencias de empleo), junto con un suministro deficiente de equipos médicos y escasez de personal capacitado, han puesto a prueba su sistema de salud. Una investigación reciente sobre la gestión del gobierno en la atención a los ancianos durante la pandemia por Covid-19 descubrió que "*no estaba preparado y sí mal equipado cuando golpeó la pandemia*", lo que "*se basó en deficiencias estructurales que se conocían mucho antes del brote del virus*" (SOU, 2020: 80).

Los ancianos más jóvenes, los de menos de 70 años, suelen ser bastante saludables y móviles. La pandemia del coronavirus ha puesto de manifiesto cómo, a pesar de la segregación por edad, la movilidad cotidiana de los diferentes grupos de edad está muy interconectada y es interdependiente. Como ya se mencionó, la vida multigeneracional no es infrecuente en algunas partes de Suecia e incluso si la mayoría de los hogares no son multigeneracionales, es muy común que los abuelos ayuden cuidando a sus nietos entre semana. Dado que la norma en Suecia es que dos padres trabajen (casi) a tiempo completo, las restricciones al contacto entre los hijos y los abuelos (mayores de 70 años) han puesto más presión sobre la organización de la vida cotidiana de los padres jóvenes (en particular, aquellos padres que no pueden trabajar desde casa). Sin embargo, para aquellos padres que pueden trabajar desde casa, esto se ha compensado con la reducción de los desplazamientos diarios.

Muchos países, aunque curiosamente no Suecia, también han realizado esfuerzos más o menos permanentes para aumentar y fomentar la movilidad de peatones y ciclistas durante la pandemia de COVID-19, por ejemplo, mediante la ampliación de aceras y ciclovías (Vandy, 2020). Las ventas de bicicletas han aumentado un 30% en Suecia durante la pandemia del coronavirus y se informa de que el uso de bicicletas ha aumentado entre ciertos grupos, ya que las personas evitan el transporte público, lo que también podría afectar positivamente a algunos niños y jóvenes. Sin embargo, las mismas cifras preliminares identificaron un aumento en los viajes en automóvil y una disminución en el uso del transporte público (Smidfelt-Rosqvist, 2020), lo que dificulta sacar ya conclusiones definitivas sobre los patrones de movilidad de la población sueca durante la pandemia de COVID-19.

Al mismo tiempo, y de manera más general, se ha expresado la preocupación de que la pandemia ha provocado un aumento de las enfermedades físicas y mentales entre los niños y jóvenes, ya que el estilo de vida sedentario se verá agravado por las medidas adoptadas por el gobierno y los municipios. Como muchos niños (predominantemente de clase media) asisten a escuelas que no están en sus vecindarios inmediatos (debido a la libre elección de escuela implementada por Suecia en la década de 1990), el niño que viaja diariamente es una realidad. Así, podría ser que también haya aumentado el uso del coche privado, incluso para trayectos más cortos, como consecuencia de que la gente crea que es más seguro viajar en coche que en transporte público. La PHA ha sido muy clara sobre la importancia de que los niños y jóvenes continúen practicando actividades físicas, lo que significa que muchos clubes deportivos han permanecido abiertos, pero han adaptado sus cursos y prácticas para cumplir con las pautas y recomendaciones. La salud física y el bienestar de los niños fueron la razón por la cual la PHA decidió aprobar los campamentos de verano al aire libre para niños a partir del 18 de mayo de 2020. Las organizaciones y los actores de la sociedad civil involucrados en la salud mental y física de los niños y jóvenes han notado que se están planteando preguntas adicionales. Preguntaron en sus foros de chat y a través de líneas de ayuda y están lanzando varias iniciativas para involucrar a niños y jóvenes de otras maneras, como a través de educación en línea que se enfoca en mantenerse físicamente activos, entrenamientos en línea, etc.

Las autoridades de transporte público del condado y regionales son responsables de proporcionar un servicio de transporte eficiente en Suecia. El transporte público está gestionado en gran medida por los consejos de los condados, aunque también se permite que los actores privados presten servicios. La PHA ha recomendado específicamente que el transporte público en las ciudades más grandes sólo debe ser utilizado por trabajadores de la salud, policías, personal de transporte público, educadores, etc. Es importante señalar que el sector público en Suecia está muy segregado por género y muchos trabajadores de la salud son mujeres. Muchos trabajadores mal pagados en el cuidado de personas mayores son mujeres de origen inmigrante (SOU, 2020: 80) y a menudo están empleadas a tiempo parcial o por horas (Jonsson, 2011: 508). Esta fuerza de trabajo precaria a menudo utiliza el transporte público o viaja a pie y no tiene la posibilidad de quedarse en casa cuando está enferma (Henriksson, 2019: 75). Los denunciantes de hogares de ancianos privados han testificado cómo los empleadores no proporcionaron el suficiente equipo de protección y evitaron evaluar al personal para detectar el virus por temor a la escasez de personal (Berg *et al.*, 2019: 4). Los casos en los que los trabajadores sabían sobre una infección pero continuaron trabajando indican la naturaleza compleja del problema: los patrones de movilidad local ilustran las desigualdades socioeconómicas que podrían contribuir a la propagación del virus.

En varios municipios más densamente poblados, las autoridades de transporte público han tomado varias precauciones para limitar las aglomeraciones y las colas y, por lo tanto, la propagación del virus. Esto incluye ofrecer servicios más frecuentes o restringir la cantidad de asientos disponibles en un tren. En un esfuerzo por proteger a los conductores de autobuses de infecciones, los pasajeros ahora deben abordar un autobús a través de las secciones media y trasera y se han introducido pantallas de plástico que protegen al conductor. Se han identificado a los conductores de autobuses y taxistas como particularmente vulnerables a la infección (Henriksson *et al.*, 2020).

Se ha retirado la inspección del billete en los autobuses, lo que ha provocado una fuerte disminución de los ingresos en las empresas de autobuses. En Estocolmo, ha surgido un debate sobre el hacinamiento en el metro, mientras que en otras ciudades las empresas de transporte público han señalado a los adolescentes que viajan gratis "por diversión" como un problema. Es obvio que incluso en países sin confinamiento como Suecia, las personas practican la vigilancia social y se dirigen a grupos específicos y los perciben como irresponsables o ignorantes: los jóvenes y los adultos jóvenes en particular han surgido como figuras clave en este debate.

Sin embargo, muchas empresas de transporte público están luchando con déficits financieros, lo que podría tener consecuencias a largo plazo para el mantenimiento del transporte público. Algunos análisis iniciales basados en datos de GPS de teléfonos móviles indican que los patrones de movilidad de las personas durante la pandemia de Covid-19 en comparación con el mismo período un año antes han mostrado un cambio brusco y una disminución en la movilidad regional, nacional e internacional, pero no muestran diferencias significativas en la movilidad local entre los diferentes barrios. Sin embargo, otros estudios previos a la pandemia de Covid-19 han encontrado que los habitantes de áreas socialmente vulnerables realizan menos viajes por persona por semana en comparación con el promedio nacional, hacen menos viajes relacionados con el ocio, incluidos viajes a familiares y amigos y hacen menos viajes en automóvil (*Transport Analysis*, 2018: 17). Además, las personas que viven en barrios socialmente vulnerables, en particular las mujeres y los jóvenes, utilizan los autobuses con más frecuencia y, por lo tanto, dependen más del transporte público (Berg *et al.* 2019; Hansson y Jakobsson 2020).

Estudios recientes también han demostrado que las personas con bajos ingresos pagan más por usar el transporte público que las personas más acomodadas (Bondemark et al., 2020). Por lo tanto, aumentar el precio de las tarifas sencillas podría conducir a una mayor exclusión de los grupos de ingresos bajos o nulos, como los jóvenes (Berg *et al.*, 2019). Por lo tanto, las desigualdades socioeconómicas, de género y de edad en la accesibilidad y el uso del transporte podrían acentuarse aún más a raíz de la pandemia de Covid-19, ya que los precios de los billetes de viaje podrían aumentar, los servicios se reducirían y los horarios se ajustarían de manera que podría no ser adecuado para una población activa con hijos a cargo, con trabajos caracterizados por horarios irregulares. Las investigaciones indican cómo el sistema de transporte no se ajusta al encadenamiento de viajes y que los desplazamientos hacia y desde las áreas periféricas presentan desafíos en la vida cotidiana de las personas. Las personas sin o con bajos ingresos como los desempleados, la población joven y otros grupos vulnerables son los más afectados (Lucas, 2021: 105). Los barrios más pobres de las ciudades, especialmente las comunidades semirrurales y rurales escasamente pobladas están en riesgo.

Cabe mencionar en este punto que no se identifica el fenómeno del "*sinhogarismo*" como un elemento de exclusión social (en su condición más extrema) a pesar de informes recientes señalando que se está produciendo un incremento en la falta de vivienda entre las familias con hijos. El Ministerio de Vivienda desapareció en 1991 al ser de gestión municipal. A través de un intercambio de correos con el funcionario de Vivienda, Michael Anefur, existe desde "*hace dos décadas un déficit de construcción de viviendas en todo el país*". Afirma que los desahucios no son un problema identificado como un problema público en el país y que las estadísticas varían de una administración a otra, dejando fuera de este cálculo de "gente desahuciada" a los inmigrantes ilegales.

Suecia fue uno de los países pioneros en iniciativas de *Housing First* a nivel local y Anefur habla de la información rigurosa que existe en los ayuntamientos sobre los censos de viviendas vacías y su actualización constante, facilitando así unas políticas más realistas en cuanto a facilitar vivienda social, pero sigue existiendo carencias de estrategias significativas, de enfocarlo como tema prioritario, la implementación y seguimiento de planes de apoyo a las personas sin hogar, aunque recientemente se están empezando a poner en marcha y alude al "*ejemplo de Malmö*" (junio de 2022).

Las reflexiones de este funcionario van en la línea de lo expresado por Baptista y Marlier (2019) sobre la descoordinación que existe entre los departamentos y administraciones implicadas y la insuficiencia de las fuentes de información disponibles y de mecanismos adecuados de financiación cuando analizamos las estrategias de los países europeos para el fenómeno de las personas sin hogar.

3.6. POLÍTICAS SOCIALES PRIORITARIAS EN LA ACTUALIDAD

En la legislatura 2018-2022, el Gobierno sueco hizo una serie de inversiones para combatir el racismo y fortalecer los derechos de las personas LGBTI. Además, se enfocó en fortalecer el plan nacional para combatir el racismo y el crimen de odio con 10 millones de coronas suecas (940.000 euros aprox.) por año a partir de 2020. Al mismo tiempo, el trabajo para fortalecer los derechos de las personas LGBTI recibía 14 millones de coronas (1.300.000 euros aprox.) por año a partir de 2020 y fondos adicionales temporales de 20 millones de coronas suecas (1.900.000 euros aprox.) por año planificadas para el periodo de 2022 y 2023. Fue la mayor inversión en la zona por parte de cualquier gobierno.

En los últimos años, se han realizado varias reformas que han fortalecido los derechos de las personas LGBTI. A pesar de esto, las parejas del mismo sexo corren el riesgo de tener dificultades cuando se convierten en padres debido a una legislación que no se adapta a las necesidades de las familias del arco iris. Las personas LGBTI tienen peor salud mental que la población general y la situación para las personas transgénero es particularmente preocupante. Como consecuencia de la vulnerabilidad, los jóvenes LGBTQI tienen una salud significativamente peor que el resto de la población, según muestra la mayoría de los estudios. Las personas LGBTQI también están expuestas a la violencia en las relaciones cercanas. Debido al riesgo de discriminación y estigmatización, una persona LGBTQI víctima de violencia puede encontrarse en una situación de especial vulnerabilidad. El crimen de odio es un término colectivo para crímenes con motivos racistas, xenófobos y relacionados con LGBTQ. Es constitutivo de un delito de odio el motivo de ofender a una persona por su pertenencia a un grupo.

"*Cuando partes de la sociedad no simpatizan con el concepto del valor igual de todas las personas, debemos proteger los pasos que se han dado, pero lo más importante es dar nuevos pasos hacia adelante. Es por eso por lo que ahora estamos haciendo una inversión histórica para combatir el racismo y fortalecer la igualdad de derechos para las personas LGBTI*", dijo la ministra de Igualdad Åsa Lindhagen, de la legislatura 2014-2018.

El Anuario del Servicio de Seguridad Sueco del año 2018 declaraba: "*Una corriente nacionalista xenófoba y radical, más evidente en la red, está en aumento en Suecia. Esto contribuye a una imagen de un nacionalismo radicalmente amplio y creciente que incluye grupos radicales y violentos*". El Gobierno considera que estas corrientes y organizaciones racistas difunden, por ejemplo, mensajes antisemitas, islamofóbicos y afrofóbicos. Se requería, así, una mayor conciencia y conocimiento para abordar y manejar los criaderos del racismo. El discurso institucional se volcaba en que el crimen de odio será prevenido y combatido y que las víctimas de delitos deben ver que la sociedad se toma muy en serio estos delitos y la vulnerabilidad de las víctimas.

Este plan del Gobierno proporcionaba margen para medidas continuas y nuevas dentro del marco de las cinco áreas estratégicas del plan:

- Más conocimiento, educación e investigación.
- Mejor coordinación y monitoreo.
- Sociedad civil: mayor apoyo y diálogo más profundo.
- Fortalecimiento de medidas preventivas en línea.
- Un sistema legal más activo.

En 2018 y 2019, se reforzó la protección a las personas transgénero al incorporar la identidad o expresión de género a las disposiciones sobre incitación a grupos étnicos, así como a las disposiciones sobre discriminación ilícita. De esta forma, los delitos de incitación a un grupo de personas y discriminación ilícita también deben incluir amenazar, desacatar o discriminar a las personas trans.

Además, la violencia de género es un problema social importante. El gobierno decidió una estrategia nacional para prevenir y combatir la violencia de los hombres contra las mujeres y que se extenderá entre los años 2017-2026. El Consejo Nacional de Salud y Bienestar tiene varias tareas para hacer posible la implementación de la estrategia. Las víctimas de violencia en algunos municipios pueden, por ejemplo, recibir apoyo de consejería, mientras que las víctimas de violencia en otros municipios no reciben tratamiento. Las posibilidades de obtener ayuda con otro alojamiento también difieren.

Desde el 1 de agosto de 2021, la Ley de Servicios Sociales también establece que la junta de bienestar social debe trabajar para garantizar que quienes someten o hayan sometido a familiares a violencia u otros abusos cambien su comportamiento. Los municipios, por lo tanto, también tienen una responsabilidad pronunciada sobre los agresores en las relaciones familiares cercanas.

A partir del 1 de julio de 2021, se aborda una nueva protección de menores en el país. Exponer a los niños a presenciar violencia en relaciones cercanas no ha sido previamente un delito según la ley, pero a partir de esta fecha se introduce una nueva disposición en el código penal. Ahora es un delito penal exponer a los niños a presenciar ciertos actos delictivos en una relación familiar cercana, como por ejemplo los delitos violentos y sexuales. Las infracciones al bienestar infantil deben resultar en prisión de hasta dos años. Una violación grave de la protección de los niños puede resultar en una pena de prisión de hasta cuatro años. Haber presenciado violencia en este contexto también incluye cuando el niño no vio, pero escuchó *la* violencia. No se requiere que el niño entienda que lo que pasó es criminal o que el niño pueda expresar lo que vio o escuchó.

En Suecia, actualmente hay alrededor de 200 refugios para niñas y mujeres que apoyan y protegen a mujeres y niños vulnerables y alrededor de 280 alojamientos tutelados.

A través de la Revista Sistema, Temas para El Debate o *The Conversation*, se han ido dando datos acerca del sistema de partidos sueco y qué implicaciones tiene el gobierno de coalición formado por 13 moderados, seis democristianos y cinco liberales, separando los Ministerios de Asuntos Sociales, Servicios Sociales, el de la Tercera Edad y Seguridad Social y también, como ente propio, el de Migraciones. El Acuerdo de Tidö (nombre del castillo en el que se produjo la reunión) es un acuerdo político de los partidos del Riksdag del bloque de derecha (Demócratas de Suecia, Partido Moderado, Democristianos y Liberales) para elegir al moderado Kristersson como Primer Ministro de Suecia tras las elecciones generales de septiembre de 2022. Este bloque conservador integra a los partidos que formaron parte de la Alianza por Suecia, una coalición que gobernó el país de 2006 a 2014, manteniendo fuera de toda influencia a los ultranacionalistas de SD. En 2018, Kristersson rompió este cordón sanitario para intentar que el bloque conservador pudiera derrocar al bloque liderado por los socialdemócratas. Aunque SD no llega a entrar en el gobierno, es la primera vez que consigue formalizar su influencia en la política gubernamental provocando, entre otros, el abandono de la política de muchos dirigentes del Partido Liberal.

Con el Ministerio de la Tercera Edad se aboga por mejorar los canales de comunicación con las personas mayores que desean continuar en la vida laboral y no jubilarse mostrando que la experiencia y las competencias de las personas mayores a menudo se pasan por alto. La discriminación por edad puede ser involuntaria, pero aún es notable cuando se subestima la capacidad de muchas personas mayores para contribuir. Así, se crea este Ministerio que será responsable de los asuntos colectivos de los ancianos.

En la declaración del gobierno emitida por el nuevo primer ministro (Discurso presidencial, 2022), Ulf Kristersson, se pone énfasis en "*resolver seriamente los* principales problemas sociales de Suecia" y a continuación, asocia a problema económico y social "*la gran inmigración en combinación con una integración fallida y cientos de miles de personas en exclusión y dependientes de los beneficios*". Como forma de prevenir "*los problemas sociales y la delincuencia*", aboga por la reforma de la Ley de Servicios Sociales "*para fortalecer los derechos de los niños socialmente vulnerables. En el trabajo se deben tener en cuenta las propias experiencias y opiniones de los niños y jóvenes*". Se introduce una obligación de informar por parte de las escuelas de "*los delitos que se cometen en la escuela o en relación con ella. El Estado debe responsabilizarse más de los jóvenes criminales graves y trasladar la responsabilidad de los servicios sociales de los municipios al servicio penitenciario*".

En el discurso de investidura se compromete con el establecimiento de un coordinador nacional para la prevención del suicidio. El seguimiento de los pacientes con conducta suicida debe convertirse en una parte natural del proceso de atención. Cada vez que una persona acaba con su vida, se debe nombrar una "*comisión de accidentes*" para que los servicios sociales, las escuelas, la policía y la atención sanitaria primaria puedan realizar una investigación y aprender lecciones para el futuro.

Con un discurso en el que resalta que: "(...) *toda la sociedad puede hacer algo más que el Estado, pero también compartimos la convicción de que en aquello en lo que el Estado es también responsable debe hacerlo muy bien*", se resaltan los ocho puntos estratégicos en los que se asienta este gobierno de coalición en la legislatura 2022-2026:

1) La lucha contra la delincuencia grave y el restablecimiento de la seguridad en el país. El crimen es sistémico, "*y es una amenaza mayor para el contrato social que cualquier político sueco actualmente activo que haya experimentado*". El gobierno está llevando a cabo una revisión completa de la legislación penal. El enfoque cambia del perpetrador a la protección de la víctima y la comunidad. Se introducirá una nueva pena; una pena privativa de libertad. Se crea un consejo conjunto contra la delincuencia organizada grave en el Ministerio de Justicia (consejo conjunto es con la representación de todos los condados y autoridades relevantes en el trabajo contra el "*crimen de pandillas*"). Se aborda la introducción de un castigo doble para los delitos cometidos en entornos delictivos de pandillas y convertir en delito penal la participación en redes delictivas. Uno de los objetivos es la deportación de más delincuentes sin ciudadanía sueca, con la introducción de los llamados "testigos anónimos", las prohibiciones de permanencia, "*los medios secretos de coacción*" (sin una explicación clara sobre este tema) y las zonas de tiempo limitado de visita, endureciéndose las normas sobre el permiso condicional. Otro asunto para abordar en esta legislatura es la ampliación del servicio penitenciario investigándose la posibilidad de alquilar plazas penitenciarias en el extranjero. Se prevé el crecimiento del cuerpo policial hacia el objetivo de que la densidad policial debe corresponder al menos a la media de la UE. Aparte, los esfuerzos preventivos deben llevarse a cabo de manera tan sistemática como los de lucha contra el delito. Una adecuada prevención, de forma basada en evidencias, previene los problemas sociales y la delincuencia. Se subraya que las comunidades de prevención del delito más importantes son las familias que funcionan y una sociedad civil fuerte; de esta manera, se habla del fortalecimiento de la responsabilidad de los padres, del aumento de los programas de apoyo a los padres y de la reforma de la Ley de Servicios Sociales para que los servicios sociales tengan el mandato de decidir sobre intervenciones más obligatorias, teniendo en cuenta las propias experiencias y opiniones de los niños y jóvenes. Se introduce una obligación de informar para que las escuelas informen siempre los delitos que se cometen en la escuela o en relación con

ella. Se aboga por la responsabilidad del Estado en los jóvenes criminales graves y en el traslado de la responsabilidad de los servicios sociales de los municipios al servicio penitenciario. Las prisiones especiales para jóvenes se establecen a través de un "*Departamento Correccional*", sin aún explicar medidas y acciones.

En clave de seguridad, se resalta el compromiso de Suecia con la OTAN, haciendo cumplir su obligación de asignaciones de defensa correspondientes al objetivo del 2% del PIB, para poder establecerse como un Estado miembro fuerte y equipar su defensa para un entorno de política de seguridad que no ha sido tan incierto desde la Segunda Guerra Mundial.

2) La superación de otra recesión, al mismo tiempo que muchas personas y empresas están expuestas a aumentos dramáticos de costes debido a la alta inflación y los precios extremos de la energía y el combustible. Abordar de esta manera el problema económico y social sueco, que lo enfoca de forma prioritaria en la gran inmigración en combinación con una integración fallida y cientos de miles de personas en exclusión.
3) El debate sobre el tema inmigratorio. Se pone el foco en los problemas de integración que afectan a toda la sociedad en forma de segregación y hacinamiento habitacional, desempleo y dependencia de prestaciones, problemas de salud y malos resultados escolares, la asociación que el nuevo gobierno hace con la delincuencia y la vulnerabilidad a la delincuencia, la inseguridad y la vulneración de los derechos de los jóvenes. Se piensa en la creación de un debate que alimente un cambio de paradigma dentro de la política migratoria sueca incidiendo en que no ha habido una visión bien pensada de cuántas personas pueden ir a Suecia y en qué condiciones; tampoco sobre qué reglas del juego se requieren para integrar a las personas a la comunidad cuando provienen de países con leyes, reglas y culturas completamente diferentes. Se manifiesta que el derecho de asilo se hará cumplir mediante las normas internacionales vinculantes que Suecia se ha comprometido a seguir y que el punto de partida debe ser que se debe ofrecer protección temporal a quienes huyen de un conflicto o crisis y a quienes huyen del área inmediata de Suecia implementán-

dose las siguientes reformas: introducción de oportunidades para los controles internos de inmigración, condiciones más estrictas para la reunificación familiar e incentivos para la migración de retorno voluntario para quienes lo deseen. Para ello, se habla también de la introducción de centros de tránsito con requisitos más estrictos para la ciudadanía y más casos de poder revocar los permisos de residencia. Se compromete a hacer una investigación desde la administración y desde las universidades que conduzca a analizar las condiciones para reintroducir la posibilidad de deportar a ciudadanos extranjeros que muestren una mala conducta, por ejemplo, haber trazado asociación con una organización criminal, violenta o extremista u otros entornos que amenacen los valores suecos fundamentales. Entre otros más, se aboga por implementar reformas que reduzcan el riesgo de que las personas se muden a Suecia específicamente por razones puramente económicas y unido a esto, se habla también de la eliminación del derecho a la asistencia económica para quienes se encuentran ilegalmente en el país y endureciendo además las condiciones para la inmigración laboral. Esto es al mismo tiempo que se mejoran las reglas para la inmigración de mano de obra altamente calificada, así como para investigadores extranjeros y estudiantes de doctorado para fortalecer la competitividad de Suecia como lugar de investigación. En definitiva, una inmigración laboral y familiar más estrictas, centros de tránsito durante todo el proceso de asilo, más deportaciones, requisitos más estrictos para la ciudadanía y revocación de permisos de residencia en varios casos. La política de integración se modifica para basarse más en la demanda, "*donde aquellos que están en Suecia durante mucho tiempo deben asumir la responsabilidad de convertirse en parte de la sociedad*".

Ya que en esta obra hemos analizado el problema social de la mendicidad, en esta legislatura hay un compromiso gubernamental para hacer una propuesta conjunta de estamentos administrativos para prohibir la mendicidad, realizándose un censo de mendigos y más requisitos para aprender sueco y apoyo para obtener la ciudadanía sueca, considerando medidas de deportaciones forzadas, con el lenguaje de que la integración debe funcionar porque se crea una sociedad más rica, tolerante y exitosa y de lo contrario, se crea intolerancia.

El gobierno actual hace una lectura positiva de los programas contra "la opresión del honor" de gobiernos anteriores, defendiendo en seguir penalizando los controles de virginidad, las operaciones y los certificados de virginidad, no permitiéndose el matrimonio entre primos y señalando que más personas condenadas por delitos relacionados con el honor serán deportadas del país.

Se aborda, además, la intensificación de los programas de la BVC y su ampliación en las áreas más vulnerables del país (seguimiento del nacimiento del niño hasta su escolarización con el centro pediátrico más cercano).

4) Afrontar la crisis energética venidera para alcanzar los objetivos climáticos y garantizar la devolución de precios de electricidad "razonables" a los suecos. Una de las acciones que marca la actual agenda política es la ayuda a los hogares a sobrellevar el invierno. Por tanto, a corto plazo, se introduce una protección de alto coste frente a los costes de la electricidad dirigida a hogares y empresas, donde parte de los costes de las elevadas facturas eléctricas recaen en los consumidores.

Hace cuatro décadas, Suecia llevó a cabo una expansión única de la energía nuclear, que condujo a una electrificación que entonces no tenía precedentes en el mundo. Hasta hace muy poco, Suecia era autosuficiente en electricidad todos los días del año, todas las horas del día. Desde entonces, un total de seis reactores de energía nuclear en pleno funcionamiento han sido cerrados por razones políticas. El gobierno actual considera que esas decisiones hacen que ahora en Suecia sean vulnerables a los precios de la electricidad al igual que en el resto del continente. El objetivo de la política energética es que Suecia pase de un déficit eléctrico amenazante a una abundancia de electricidad libre de combustibles fósiles. La competitividad internacional sueca se basa en un buen acceso a energía asequible. Ni Suecia ni Europa pueden depender de la producción energética rusa. El gobierno tiene la intención de fortalecer y ampliar el apoyo a la eficiencia energética para particulares, tomándose amplias medidas para reducir el uso de energía con el fin de reducir el riesgo de interrupciones no planificadas. En línea con los gobiernos anteriores, se enfatiza la importancia de la política energética para la política climática. El objetivo de la política energética se cambia de 100% "renovable" a 100% "libre de fósiles". El gobierno regresa con propuestas de garantías crediticias para la nueva construcción de la central nuclear sueca, al mismo tiempo que se realizan cambios legislativos para habilitar una nueva central nuclear, incluso a través de procesos de permisos más cortos y vías administrativas rápidas. Se eliminan las prohibiciones del Código Ambiental contra nuevos reactores en nuevas ubicaciones y las prohibiciones contra más de diez reactores en operación simultánea. La silvicultura sueca es fundamental para el trabajo climático sueco. El bosque en crecimiento es crucial para la diversidad biológica. La protección de los derechos de propiedad debe fortalecerse en ciertas áreas. Se aboga por el fortalecimiento de la competitividad de la producción alimentaria sueca. También, el cuidado en el mantenimiento de la infraestructura sueca. Se defiende del gobierno anterior el desarrollo de un programa para inversiones climáticas internacionales de conformidad con el artículo seis del Acuerdo de París. Las inversiones contribuyen a alcanzar el objetivo climático sueco de cero emisiones netas en 2045. Se implementan importantes inversiones en infraestructura de carga y se implementa tecnología para la captura de dióxido de carbono. También se están realizando esfuerzos especiales para contrarrestar la eutrofización del Mar Báltico y para superar el límite de la pesca de arrastre a gran escala.

5) El desempleo y la política fiscal como retos principales. Para 2023-2024, se espera un crecimiento del desempleo en torno al 7,5%. El hecho es que Suecia tiene un desempleo históricamente alto al comienzo de una recesión. La inflación en Suecia está cerca del 10%. En septiembre de 2022, la tasa de interés se elevó en un punto porcentual; el mayor aumento desde que se introdujo el tope de inflación en 1993. Partes de la comunidad empresarial ahora luchan desesperadamente para sobrevivir a los costes de electricidad vertiginosos. El compromiso es que la política fiscal no debe alimentar la inflación; el presupuesto no debe ser expansivo. Suecia no debe terminar una vez más en una espiral de precios y salarios. El marco presupuestario es fijo y el presupuesto estatal se tomará en su conjunto. Se añade una nueva comisión de productividad para, como hace

unas décadas, hacer un análisis global de la competitividad de la economía sueca. Aparte, el enfoque del gobierno es desarrollar reformas sobre cómo se pueden fortalecer las finanzas de todos los jubilados, incluso a través de impuestos reducidos sobre las pensiones. El gobierno invitará a todas las partes a discusiones cruzadas sobre pensiones. Además, se facilitará que las personas mayores que desean permanecer en la vida laboral puedan conseguirlo. La experiencia y la competencia de las personas mayores a menudo se pasan por alto en Suecia. La discriminación por edad puede ser involuntaria, pero aún es notable. Subestima la capacidad de muchas personas mayores para contribuir. El gobierno nombra así a un ministro claramente responsable de los asuntos colectivos de los ancianos. Los costes administrativos de las empresas deben reducirse durante el período del mandato.

6) Reforma en el sistema de prestaciones y subsidios. Cambio en la dependencia de las prestaciones por la autosuficiencia, con topes de subvenciones y requisitos de actividad para quienes se beneficien de la seguridad social en Suecia. Debate sobre el establecimiento de impuestos más bajos sobre todo a las personas de ingresos bajos y medios, en parte a través de un límite máximo de subvenciones, arguyendo lo siguiente: "*lo que significa que siempre es mejor trabajar que vivir de las subvenciones*" (Kristersson, 2022).

7) En Educación, se resalta lo crucial que es el papel de la educación y de la investigación para la prosperidad del país. Haciendo una lectura pesimista de los resultados decrecientes del nivel académico de los suecos de años atrás, esta área es una vez más un pilar básico del nuevo gobierno. Se señalan los problemas en cuanto a la falta de habilidades lingüísticas y un escaso apoyo para estudiar en el hogar. Incluso se habla de la utilización de los niños como herramientas de integración. Para ayudar a los estudiantes que necesitan apoyo, se agregan más maestros especiales y se enseñará a más estudiantes en grupos de enseñanza especiales. Una investigación debe revisar la enseñanza de la lengua materna. Las escuelas suecas deben someterse a un aumento sustancial del conocimiento. Se están tomando medidas para introducir un estándar de matrícula

escolar vinculante a nivel nacional con el objetivo de aumentar la igualdad en las escuelas suecas en todo el país mediante el control estatal de la financiación. Se debe aumentar el tiempo de enseñanza y reformar los documentos rectores de la escuela (plan de estudios y planes de materias) y darles un mayor enfoque en el aprendizaje, las habilidades y el conocimiento de los hechos y de las materias. Un sistema de calificación en educación centrado en el conocimiento se introduce para detener los problemas de las bajas calificaciones y se introducirá una nueva ley de escuelas independientes.

La responsabilidad del director de mantener la seguridad y la tranquilidad del estudio debe estar escrita en la ley escolar. La dirección de la escuela debe tener un mandato para decidir sobre las reglas de orden. Se debe fortalecer la autoridad de los maestros y reducir la carga administrativa. Se defiende llevar a cabo una revisión amplia con el objetivo de liberar tiempo de trabajo para la planificación y la docencia. Las universidades y colegios asumen que deberán regirse más sobre la base de principios de calidad educativa y excelencia científica que sobre objetivos de volumen puro, subrayando que la ciencia y la investigación deben estar libres del control político. En definitiva, inversiones en más maestros especiales, grupos de enseñanza más pequeños y reglas más claras para establecer el orden en las aulas. En el ámbito cultural, se defiende tomar medidas para reducir el control político del contenido cultural y se debe producir un canon cultural sueco.

8) En cuanto al ámbito sanitario, se censura que desde 2014, incluso antes de la pandemia, las colas de atención se han duplicado. Las colas de psiquiatría infanto-juvenil se triplicaron en el período correspondiente a la pandemia. Menos de la mitad de todas las mujeres con cáncer de mama reciben atención a tiempo; ni siquiera uno de cada tres hombres con cáncer de próstata. Se añade una investigación sobre los pros y los contras de introducir la propiedad estatal parcial o total a largo plazo. Se implementa una infraestructura digital nacional común. Se habla de establecer una agencia nacional de atención bajo los auspicios del Estado donde se informe sobre la capacidad disponible y se brinde a los pacientes la oportunidad de buscar atención en todo el país; el objetivo es reducir las

colas de atención médica, mejorar la accesibilidad y garantizar la igualdad entre los diferentes puntos del país. Se está desarrollando una estrategia nacional a largo plazo para crear más plazas de atención.

Se habla de realizar encuestas con la tarea de analizar y dilucidar los pros y los contras, así como hacer propuestas sobre las posibilidades de introducir la gestión estatal parcial a largo plazo.

Se defiende una inversión especial en la atención del cáncer y del cáncer infantil, incluidos los cuidados posteriores y la rehabilitación, así como inversiones en la atención equitativa y la investigación de las enfermedades genitales femeninas y en general, de la salud de la mujer. Se elabora un plan nacional de maternidad con el objetivo de fortalecer la atención materna, aumentar la accesibilidad y reducir las diferencias regionales, igual que se pretende avanzar en la infraestructura digital en el cuidado de la salud. Se añade una investigación para fortalecer la protección de alto coste de la atención dental para imitar más de cerca lo que existe en otra atención. Se debe priorizar a las personas mayores con peor salud bucodental.

Las personas con discapacidad deben poder participar plenamente en la sociedad sin ser objeto de discriminación. La integración de la perspectiva de los derechos funcionales en áreas más políticas y sociales sigue estando en el punto de mira. Se defiende, aparte, hacer una inversión especial en la atención de las migrañas, la endometriosis y la atención de la menopausia, como también se habla del cambio de legislación para que se permita la posibilidad de abortar en casa.

Como eje prioritario está la salud mental, que es más que una estadística; es una tragedia profunda y personal. Se introduce una garantía legal de cuidado con la implicación de que los niños que necesitan ayuda y apoyo deben recibirla en un plazo máximo de 30 días. Se debe fortalecer la salud de los estudiantes, todas las escuelas deben tener atención médica escolar y se introducirá una garantía de salud para los estudiantes. La nueva estrategia nacional de salud mental y prevención del suicidio deberá ser informada a más tardar el 1 de septiembre de 2023. Deberá establecerse un programa nacional de investigación con el establecimiento de un coordinador nacional de prevención del suicidio. El seguimiento de los pacientes con conducta suicida debe convertirse en una parte natural del proceso de atención. Cada vez que una persona acaba con su vida, se debe nombrar una "comisión de accidentes" para que los servicios sociales, las escuelas, la policía y la salud puedan realizar una investigación y aprender lecciones para el futuro, arguyendo que en este tema *"la política puede hacer mucho más pero la política no puede hacerlo todo"*. Se resalta la importancia del movimiento deportivo sueco en cuanto a la salud pública.

En esta legislatura hay voluntad de defensa de los derechos de las personas LGBTQ, independientemente de quien encuentre formas de restringirlos o violarlos y se investigará una propuesta para prohibir la terapia de conversión que se lleve a cabo bajo amenaza o coacción.

Para el profesor politólogo de la Universidad de Gotemburgo, Ulf Bjereld, los elementos polarizadores crean tensiones internas y restan credibilidad a los bloques los ultranacionalistas y los moderados están muy separados en materias de bienestar y de política social. Kristersson llegó a decir públicamente que SD es el único partido que tenía razón sobre la política migratoria y vio los problemas mucho antes que todos los demás partidos. Esta argumentación tan controvertida, para Bjereld, ha podido causar que muchos moderados que no tenían una identificación partidista tan fuerte fueran a SD en su lugar. En definitiva, todos los partidos tienen una cosa en común: no se sienten muy cómodos en su bloque político.

CONCLUSIONES

Se ha tratado de dar respuesta a los desafíos de los países nórdicos, analizando concretamente el paradigma sueco, en un contexto de crisis constantes a nivel global y que crean nuevos escenarios en cuanto a brechas sociales entre los ciudadanos, tal y como nos marcamos en los objetivos iniciales. Para ello, nos hicimos seis preguntas de investigación, a las cuales hemos ido dando respuesta a través de diversas fuentes consultadas y de entrevistas en profundidad, extrayendo información sobre los problemas sociales que son considerados más prioritarios tanto en materia legislativa como investigadora. Nos hemos sostenido en exposiciones de trabajadores sociales, de académicos de varias universidades, de representantes públicos y de población afectada a través de diversas referencias y ciñéndonos también a un proceso estocástico, entrevistando *in situ* para poder conocer de cerca situaciones vivenciales diferentes que conforman una problemática social y sus estrategias de solución.

Hemos descrito el "modelo nórdico" como característico de un modelo socioeconómico, observando su singularidad en su planteamiento de solución a las crisis socioeconómicas propias y globales, recogiendo en mayor proporción lo analizado en la administración sueca, definiendo a Suecia como el paradigma del modelo nórdico. Desde 1884, que se defendiera por vez primera en el Parlamento sueco la necesidad de hacer reformas sociales y entre ellas, la de implantar un sistema de seguridad social, hasta la primera ley de pensiones en 1913, las medidas sociales han sido uno de los puntos principales de los programas de bienestar de socialdemócratas y liberales.

Se han identificado, con el apoyo de documentación académica, de programas institucionales, de un cuestionario y de entrevistas en profundidad, las circunstancias y modos de vida y actitudes que albergan criterios sociales, políticos y económicos, que revelan las estrategias de avance social y bienestar de los ciudadanos en Suecia. Esto nos ha ayudado también a poder identificar los problemas sociales más recurrentes y que son seleccionados como problemas públicos. Nos hemos apoyado, entre otras referencias citadas, en Loseke, que ha estudiado cómo se construyen los problemas sociales y a partir de ahí, hemos tratado de responder rigurosamente a la pregunta sobre qué problemas sociales están dentro de las preocupaciones del ámbito político y de la investigación social, cómo se abordan los desafíos constantes en un escenario de post-pandemia y de crisis globales logrando priorizar la política social, qué problemas son percibidos como sociales por parte de los legisladores y actores políticos en Suecia, qué problemas sociales identificamos como públicos y que pasan a formar parte de la agenda política para la toma de decisiones y soluciones, qué impacto y consecuencias pueden tener los problemas sociales para la vida individual de las personas y para la comunidad y como epígrafe previo a las conclusiones, hemos identificado las políticas sociales prioritarias en la actualidad, tratando de responder a la pregunta de investigación marcada inicialmente sobre los cambios a nivel social que se están produciendo en la sociedad actual.

Se ha determinado el impacto de diversas crisis en las condiciones de vida de la población, prestando especial importancia a los factores de desigualdad, de vulnerabilidad y de exclusión social que ganan más relevancia cuando analizamos cuestiones referidas a la inmigración y a la cohesión social entre los ciudadanos y actualizando el campo de observación con los recientes acontecimientos de la Covid-19 y la guerra de Ucrania, con un cambio de signo político en el gobierno del país en 2022. Problemáticas como la vulnerabilidad, la exclusión y la desigualdad son observadas con interés sobre todo por el carácter contingente en la Administración al producirse nuevas realidades sociales que acometer y que incluyendo un componente individual en los ciudadanos puede ser abordables desde las políticas públicas, en función de cómo se sitúan las personas en un momento concreto.

En Suecia, anteriormente, la dimensión izquierda-derecha dominaba con más fuerza, sin mucha competencia de otras dimensiones. En otros países europeos ha habido otras líneas divisorias políticas como Estado-Iglesia, ciudad-campo o centro-periferia. Con el Acuerdo de Tidö referido en el epígrafe anterior, podemos observar que actualmente, en Suecia la dimensión izquierda-derecha ya no es dueña de la política de la misma manera que lo fue durante tantas décadas, aunque lo referido a la política social es una cuestión transversal que envuelve diferentes áreas de actuación y sensibilidades.

Podemos afirmar que la hipótesis primera se confirma, ya que la estrategia de cohesión social en las que se asienta el Estado de bienestar nórdico se relaciona con una agenda sólida sobre los problemas sociales. Vemos una conexión constante entre el mundo legislativo y el universitario, con investigaciones sociales en las que se basan los legisladores para proponer una orientación determinada en las políticas.

Así es como, además, vemos que la hipótesis segunda es también verificable, puesto que los estudios académicos sobre desigualdad, vulnerabilidad y exclusión social ayudan en la sensibilización del legislador a identificar mejor los problemas sociales. Conseguir que los problemas sociales puedan ser identificados como problemas públicos es apostar por que los problemas tengan respuesta desde una acción coordinada entre administraciones ya que los poderes públicos tendrán la fuerza de la implementación para poder articularse una mejor respuesta a estos problemas. Esto lo hemos podido contrastar y validar también a través de las respuestas conseguidas en las entrevistas siguiendo el guion del cuestionario del Anexo 1 y de todas las realidades y experiencias relatadas por los actores participantes en nuestras fuentes secundarias. Podemos resaltar como muy significativas las dos entrevistas que hemos podido realizar a dos partidos de fuerte anclaje territorial y de una larga trayectoria gubernamental, como son el socialdemócrata o los moderados, pudiendo observar así su visión sobre la política social y los análisis que desde sus partidos hacen y las prioridades que establecen para poder resolver un problema social y elevarlo a la categoría de lo público.

Comprobamos también que la hipótesis tercera se confirma, reconociendo que el modelo nórdico es un paradigma en la procura del bienestar físico y emocional de sus ciudadanos. Podemos destacar las estrategias estudiadas sobre la salud pública, ejerciendo Suecia comparativamente el liderazgo en lo relacionado con la salud mental de su población, con investigaciones sobre la relación existente entre el nivel socioeconómico y los problemas psicológicos asociados, por género, edad y situación laboral. La alienación por falta de apoyo y comprensión puede derivar en situaciones problemáticas para el sujeto como para su vida en comunidad. El suicidio no parece un tema tabú en una sociedad en la que se aborda de forma natural que este tipo de situaciones suceden en entornos cercanos, destacando toda la red que se articula en torno a la prevención del suicidio y cómo desde las diversas administraciones se coordinan con protocolos pautados.

De esta manera es como vemos que la hipótesis cuarta se verifica, ya que los análisis dirigidos a fomentar factores protectores de carácter personal sirven para combatir la exclusión social puesto que de forma anticipativa, se prevén escenarios hipotéticos de agravamiento de situaciones en caso de dejar desatendida a la población que presenta un problema social concreto y se estudia sobre las fases de la política pública en aras a conseguir un resultado medible y evaluable como exitoso si el problema social consigue reducirse. Cuando se utiliza el término prevención del suicidio, se da la impresión de que realmente se puede y se debe hacer algo con respecto al problema del suicidio. Éste es un enunciado efectivo para construir un problema social. Esto hace que sea más lógico centrarse en medidas preventivas en forma de soluciones al problema, por lo que la prevención se vuelve más importante que explicar la ocurrencia del suicidio.

También hemos visto el éxito de las organizaciones aludidas y contactadas en sus declaraciones para promover el suicidio como un problema social y público y que cuando surgen problemas sociales, a menudo recurren a medios de comunicación organizándose en grupos de interés.

Dentro de este problema se han visto dos categorías sociales, una de las cuales se denomina "grupos menos favorecidos", encontrándose jóvenes en edad escolar, sensibles al estrés y las enfermedades mentales, siendo los jóvenes quienes son principalmente el foco de las medidas preventivas. Quizás porque el suicidio es la causa más común de muerte en Suecia, pero puede valer la pena señalar que los hombres de mediana edad todavía tienen estadísticamente la tasa de suicidio más alta. Hemos analizado los diferentes métodos que se utilizan en cuanto a trabajo psicosocial como, por ejemplo, *Trappan*, la coordinación entre administraciones y las encuestas de diagnóstico y seguimiento de realidades. Una segunda categoría se refiere a los "grupos de alto riesgo" y que el consumo de alcohol debe reducirse en éstos. Sin embargo, no parece claro qué se entiende por grupos de alto riesgo, pero el alcohol suele ser un desencadenante de actos suicidas.

La alusión de las políticas restrictivas de consumo de los años '70 y la venta de alcohol en un mercado propio y muy regulado como es el "*Systembolaget*" nos muestra cómo de importante fue acometer todo un proceso de política pública para atajar el problema del alcoholismo como problema público. Aparte, el trabajo de prevención del suicidio se ha basado durante mucho tiempo en una perspectiva individual con un enfoque en el tratamiento de las enfermedades mentales. La política de salud pública complementa este enfoque.

Hemos destinado así varios análisis a la estrategia de la prevención sueca del suicidio, que está basada en una perspectiva del sistema y donde ya, desde el ámbito escolar, tratan de hacer los primeros diagnósticos, conscientes de que durante décadas a Suecia se la ha identificado en el exterior como un país con una elevada incidencia en suicidios. Esto aleja los pensamientos en torno a los individuos y pone la responsabilidad en la sociedad aunque se evita acusar directamente a determinadas estructuras sociales como responsables de la prevalencia del suicidio.

Como una de las conclusiones que podamos mostrar de este asunto, se puede ver como una forma de trabajar en un marco de pronóstico y de prevención la expansión de los centros regionales de conocimiento, como un mayor desarrollo de las redes de prevención del suicidio. Las soluciones a las causas psicológicas se ponen principalmente a nivel social. Se dan recursos a los padres para que puedan ayudar desde el principio, la inversión en el cuidado, la escuela, las organizaciones voluntarias, la investigación y en definitiva, la Educación. Éstas son soluciones que se pueden alcanzar a través de medidas políticas. La brecha entre las causas individuales y las soluciones sociales se salva precisamente a través de la prevención. Es difícil que la sociedad intervenga contra el individuo que tiene una enfermedad mental. Al prevenir la ocurrencia de esta condición, también se brinda la oportunidad de una solución social al problema del suicidio.

Figueiredo, Rodgers y Gore, tras estudiar las definiciones de exclusión social que aparecen en diversos documentos europeos, nos presentan sus conclusiones con una doble perspectiva; una considera la exclusión social como una característica de los individuos y la otra la considera como una característica de las sociedades. Así es como logramos interpretar que hay exclusión social cuando los modelos de relaciones sociales niegan a los individuos y a determinados grupos el acceso a los bienes, servicios, mercados y recursos que se asocian a la ciudadanía y en definitiva, se les excluye de poder vivir en plenitud.

En general, el grado de legitimidad institucional es alto como alta es la calificación que se da a los poderes públicos para la resolución de un problema, aunque en las respuestas al cuestionario y en las fuentes secundarias se refleja una distancia hacia los partidos políticos y una mayor afinidad a otras formas de participación en la vida social y pública, con más canales de transmisión de los problemas sociales y de las nuevas realidades sociales en el país. Las organizaciones de la sociedad civil son vistas como intermediarias entre los partidos políticos, el poder público y los ciudadanos; entre el Estado y los ciudadanos, construyendo temas en un problema político, funcionando como un actor que le da relevancia a estos problemas que los partidos y el poder público no han identificado y así, trabajar en la adopción de políticas públicas al respecto mediante el diálogo institucionalizado.

Hay que resaltar también la importancia que se da a la escuela primaria en forjar la visión de "vida en comunidad" que coadyuva en que exista una conciencia social fuerte en el país, pese al individualismo del que nuestros entrevistados también hablan. En 1842 se introdujo la escuela obligatoria y gratuita. Contar con una población literata de forma temprana en comparación con otros países ha ayudado a poder organizar un Estado moderno y eficiente. Los docentes entrevistados hablan del "contagio neoliberal" que la Educación sueca ha experimentado desde la crisis de principios de los noventa, pero sitúan la década anterior como la que empezó a reflejar "un descenso en la calidad educativa". Entre diversas cuestiones planteadas, se pone el foco en la decisión del Gobierno de descentralizar la Educación a finales de la década de los ochenta, confiriendo su responsabilidad a los municipios. Con puntos a favor y en contra de aquella decisión, en las respuestas proporcionadas se habla de las diferencias que ahora existen entre los distritos escolares, afectando a la igualdad de acceso a la educación como en general, dificultando la calidad educativa de antaño. En 1992 se abrió la puerta a las escuelas concertadas, que entonces se planteó como una forma de poder matricular a escolares en otra escuela que no fuera necesariamente la más cercana al domicilio y que seguramente, si la valoración sobre la escuela pública hubiera seguido tan buena en comparación con décadas anteriores, nadie, ni el propio gobierno conservador de 1992, hubiera asistido a este debate ni hubiera aceptado este nuevo paradigma educativo. También, la concepción sueca de inclusión social está centrada más en la idea de la educación que en el mercado de trabajo. En este ideal de que nadie quede fuera de la sociedad, la reforma más profunda realizada en el nuevo modelo sueco en los últimos años se ha producido, principalmente, en la Educación, con un trabajo docente de evaluar rendimiento y resultados según los diferentes niveles del alumnado. Esto ha creado un debate en la sociedad acerca de la calidad educativa al prestar más atención y cuidado de cada alumno en los diversos niveles formativos, sobre si esto ha hecho descender el nivel medio de contenidos y de conocimientos del alumnado. La formación profesional dura tres años y en la opinión pública se acepta mejor que vuelva a ser de dos años ya que los alumnos de formación profesional quieren empezar a trabajar cuanto antes. La UE fijó la meta del 3% del PIB en I+D+i que los países han de destinar a esta actividad y Suecia lo rebasa en un 3,5%.

Para un trabajo aparte se avanzará en lo referido a las escuelas Steiner Waldorf, que los docentes sugieren como "bien enraizadas" con la importancia de una escuela que transmita valores. Pese a que las teorías de Waldorf han sido muy controvertidas por psicólogos, pedagogos y sociólogos, cabe resaltar su trabajo en cuanto a que los alumnos analicen los fenómenos sociales de actualidad, rechazando el racismo, las dictaduras, los extremismos, el acoso, o la discriminación hacia los grupos sociales más desfavorecidos.

En cuanto a la "vida en comunidad", no hay que pasar por alto la historia de luchas que podemos subrayar de este país. En la década de 1920, Suecia tenía una de las tasas de conflicto laboral más altas del mundo. Las huelgas seguían siendo ilegales pero cada vez más comunes hasta la década de 1930, cuando varios acontecimientos cambiaron esta situación conflictiva y pusieron a Suecia en el camino del compromiso y el consenso entre los sindicatos y la patronal. El uso de historias de acciones colectivas puede conectar a la gente través de las visiones sobre desigualdad y sensibilidades que a menudo comparten. Si no se puede pensar en términos de problemas sociales colectivos, ¿cómo se pueden encontrar soluciones colectivas?

A la pregunta de cómo se abordan los desafíos constantes en un escenario de post-pandemia y de crisis globales, analizando los cambios que se están produciendo en la sociedad actual, no podemos pasar por alto la situación generada por la guerra de Ucrania resaltando la tendencia inflacionista que en parte emana de esta guerra al considerar a Ucrania el principal granero de Europa. Podemos resaltar los datos en cuanto a exportaciones y/o las inversiones que en los países nórdicos también han visto decrecer; aun así, se puede concluir que los países del modelo nórdico exhiben un grado considerable de resistencia.

Como explicaba Andersen (2007), la esencia del modelo nórdico es combinar la apertura a la globalización y las nuevas tecnologías con mecanismos colectivos para compartir el riesgo, incluido el papel de las organizaciones del mercado laboral, las redes de seguridad mantenidas por el sector público y la alta tasa de gasto en inversión en capital humano. Éstas y otras características institucionales del modelo nórdico son útiles para fomentar una actitud positiva de los ciudadanos hacia la apertura internacional y la economía de mercado a cambio de brindarles cierta protección contra las consecuencias problemáticas de los mercados libres. El modelo nórdico es sólido en el sentido de que los derechos no están directamente condicionados a la evolución del mercado de capitales y los riesgos son ampliamente compartidos en la sociedad. Como modelo antagónico, muchas personas en los países anglosajones se han visto gravemente afectadas por la pérdida de sus empleos, así como gran parte de sus planes de salud o de pensiones individuales o basadas en la empresa. Los beneficios ofrecidos por el Estado del bienestar siguen siendo muy útiles como amortiguador en el caso de choques temporales y también son más abiertos al debate cuando los choques son permanentes. Es un modelo que requiere que se mantengan las finanzas públicas sólidas, que se dé tiempo para enfrentar los choques y la capacidad y habilidad política para tomar las decisiones necesarias, para salvaguardar la estabilidad de las finanzas públicas, ya sea mediante la reforma del sistema de pensiones (por ejemplo, la implantación del sistema de cuotas nocionales) y/o aumentando la edad efectiva de jubilación o elevando impuestos. Valga decir que tales decisiones pueden ser inevitablemente controvertidas porque pueden percibirse como una promoción de la eficiencia a expensas de la equidad, de ahí que se introduzca el elemento de la "cohesión social" dentro del marco teórico como una variable que además nos da información acerca del grado de satisfacción de la población con sus instituciones públicas, entre otros.

El modelo nórdico es un modelo en el que prima la competitividad, que no es un seguro contra riesgos a corto plazo, pero ayuda a evitarse quedar atrapado en un estancamiento persistente o en un crecimiento lento. El significado de competitividad va mucho más allá de los niveles salariales o los costes unitarios relativos. El requisito general es que el país debe ser un lugar atractivo para los trabajadores que incorporan capital humano y compañías que generan valor agregado que cubre los costes de los trabajadores altamente formados y remunerados. La competitividad puede ser mejorada por varios factores que contribuyen a ese atractivo de ubicación, ya sea en términos de infraestructura, seguridad, habilidades lingüísticas, distancia, políticas públicas activas, clima, cultura o impuestos, pero algunos de estos factores son obviamente más susceptibles de mejora por la acción de los responsables públicos que otros.

Tras las cuatro hipótesis planteadas que tratan de reflejar el desarrollo del marco teórico, subrayamos que el modelo socioeconómico sueco ofrece muy buenos niveles de cohesión social, de lucha contra la desigualdad, contra la vulnerabilidad y la exclusión social y con buena salud en la competitividad e innovación respecto de los demás países de la Unión Europea.

Los países nórdicos compensan el pequeño tamaño del mercado con excelentes conjuntos de habilidades, instituciones sólidas y especialmente, su gran capacidad de innovación. En consecuencia, se puede decir que la economía de mercado social competitiva e innovadora, con mayor acento en la protección social, está representada por el modelo nórdico, lo cual puede ser una alternativa para enfrentar toda crisis, bien sea económica o social, con el ojo del observador puesto en el contexto del durante y posterior a la pandemia mundial de 2020.

Nos preguntábamos sobre los problemas sociales que están presentes dentro de las preocupaciones del ámbito político y de la investigación social en Suecia y no podemos pasar por alto que sus políticas convergen en torno a la igualdad económica y social, los derechos universales y la ideología igualitaria. Otras características importantes se refieren a la participación en el mercado laboral, la afiliación sindical, la cooperación en el mercado laboral y los generosos beneficios sociales. El legado de este modelo se construye a través de décadas e involucra una difusión de políticas e instituciones dentro de la región, con Suecia encabezando, Dinamarca y Noruega siguiéndolo de cerca y Finlandia, habiendo experimentado ésta un "desarrollo tardío". Gran parte de la variación en el desarrollo sociopolítico del modelo nórdico se puede explicar por el crecimiento económico. La contracción económica puede, de la misma manera, explicar los desafíos al modelo. Varios episodios y cambios (declive industrial, crisis coyunturales, el colapso del mercado soviético o el impacto del envejecimiento demográfico) han llevado a reformas de bienestar e individualización de los riesgos sociales, comenzando en Dinamarca a principios de los años noventa.

Desde una perspectiva evolucionista, vemos que Suecia ha realizado un ajuste radical en su modelo institucional-redistributivo. El gasto público en bienestar se ha reducido a través de cambios en los niveles de beneficios, los criterios de elegibilidad, los períodos de duración y las tarifas de los usuarios. Como resultado, hay autores que se decantan por que Suecia ya no sirve como el mejor ejemplo de políticas de bienestar socialdemócratas, aunque como defendiera Scruggs, Suecia emergió fuertemente en la cima.

Hay un fuerte consenso académico en que el mundo necesita instituciones mundiales más sólidas y para las economías pequeñas y abiertas como las nórdicas, es de particular importancia un sistema de instituciones multilaterales, de gran alcance que funcionen bien. Esta lógica se acrecienta cuando estas economías logran resistir bien los envites de toda crisis de escenario global, mostrando una vulnerabilidad menor frente a la realidad reflejada en la situación social y económica de otros Estados. También se muestra el pragmatismo sueco en la búsqueda de incentivos apropiados en el sistema de impuestos y transferencias para mejorar el comportamiento del sector privado, asegurando una regulación apropiada y una supervisión efectiva del mercado. Ha resultado muy interesante observar que la disminución de la producción en Finlandia y Suecia en la crisis de 2008 fue incluso más aguda que en la primera fase de su crisis a principios de la década de 1990, pero el desempleo aumentó menos. Uno de los factores que explican esta diferencia es, sin duda, la sólida posición financiera de las empresas en los últimos años, en comparación con la década de 1990, con un número de quiebras en Suecia en 2009 que fue sólo la mitad de lo que era en 1991.

Esto se complementa con que el grado de apertura, de participación en el proceso de globalización de los nórdicos, ha aumentado significativamente en las últimas décadas. En términos más generales, el grado de interdependencia mutua en la economía mundial hace que ningún país pueda esperar no verse afectado por los choques globales ya que sus efectos se propagan ampliamente a través de factores reales y financieros. Si bien surgen problemas importantes de política, se podría decir que son formas de mitigar o atenuar los efectos de los choques en lugar de activar mecanismos de aislamiento. No hay alternativa proteccionista o semi-proteccionista. En una tesis doctoral defendida anteriormente, se mostró que las medidas proteccionistas y anticompetitivas están en conflicto con las normas de la OMC y de la legislación interna de mercado de la UE. Suecia ha evitado esta fórmula de respuesta y de contención frente a las crisis, aunque sin perder de vista su autonomía y gestión propia en el desarrollo de las medidas gubernamentales, como por ejemplo hemos contrastado en toda la documentación referida a la gestión de la pandemia de 2020.

Con vocación igualitaria y volcados en lo social pero con pragmatismo en sus decisiones cuando han tenido que abordar cambios estructurales en el país, Suecia ofrece buenos resultados económicos visibles si se tienen en cuenta las tasas de crecimiento del PIB y el bajo nivel de desempleo (aunque con una tasa de desempleo juvenil mayor al de décadas atrás), junto con el elevado poder adquisitivo de la población y los altos niveles de calidad de vida. El Estado engloba políticas activas en el mercado de trabajo, incluyendo capacitación y compatibilidad de habilidades con las necesidades industriales. El enfoque del modelo es que las políticas de bienestar no se basan sólo en medidas sociales sino que éstas son muy importantes además para lograr la eficiencia económica.

Las economías, dentro del modelo nórdico, no aspiran, por tanto, a aislarse ante la globalización y los mercados financieros sofisticados sino que han perseverado en mitigar sus consecuencias en la economía nacional y mejorar las perspectivas de abordar problemas con ajustes más suaves y lo más rápido posible, para mitigar los efectos que pueda causar una vía más cercana al neoliberalismo en la que pueda conducirse a la desmembración del Estado de bienestar, su buque insignia. De esta manera, podemos reafirmarnos en que la política social sueca resiste bien los embates económicos y sociales de crisis continuas en el contexto mundial.

Inicialmente, nos planteábamos que los países nórdicos ponen especial énfasis en las políticas sociales y de ahí que haya interés dentro de la agenda política en hacer un exhaustivo análisis de los problemas sociales. En términos generales, la crisis económica que emergió en 2008 estimuló el debate sobre los modelos socioeconómicos y el papel del Estado, considerando ilusorio pensar que siempre se puede dejar que los mercados se corrijan solos.

De entre los escenarios *posibles, probables y deseables* según la taxonomía propuesta por Eleonora Masini (1983)[60], los primeros ofrecen un amplio muestrario de desarrollos que permitirían un retorno de aquellos cinco grandes «males» (*evils*) descritos por Lord Beveridge: necesidad, enfermedad, ignorancia, miseria y ociosidad (*Want, Disease, Ignorance, Squalor, Idleness*). A ello contribuiría, entre otros, las variables intervinientes más decisivas; el alejamiento de las clases medias del uso de los servicios sociales de los Estados de bienestar. Tales segmentos mesocráticos se lamentan ahora de la falta de calidad de lo público y, merced a sus mejores disponibilidades de renta, pueden recurrir a la compra individualizada de servicios privados en una reeditada «sociedad de los dos tercios» (*two-thirds society*)[61]. A tales conductas contribuiría la avidez y el consumismo conspicuo de un crecimiento ilimitado, junto a un olvido del pasado (…) (Judt, 2011).

Finalmente, cabe pensar que para el sostenimiento de los sistemas del bienestar europeos se hace necesario reeditar un gran acuerdo social como el de mitad del siglo XX, el *midcentury compromise* (Crouch, 1999). Aquel pacto concilió los grandes enfoques ideológicos euro-

---

60 Para quien las visiones hacia el porvenir son constructos sociales que poseen una función anticipatoria y estratégica.

61 En los inicios de los años 1980s se extendió el concepto de «la sociedad de los dos tercios», en referencia a una situación en la que dos terceras partes de los ciudadanos de democracias avanzadas europeas mantendría niveles altos de renta, mientras que el tercio restante sería *losers* (perdedores) condenados a la precariedad laboral y hasta la exclusión social (Moreno, 2012).

peos —y, especialmente, aquellos cristianodemócratas y socialdemócratas— en el empeño común de institucionalizar el Bienestar Social. Sus frutos fueron un crecimiento sostenido y un alto grado de cohesión social. Alternativamente, los modelos de «neoesclavismo» emergente y la remercantilización individualista marcarían la agenda de una Europa asocial y la desaparición de los Estados de bienestar europeos. De la sintonía y acuerdo de las grandes corrientes ideológicas europeas puede depender en buena medida el futuro del *welfare* en Europa. La globalización y las tecnologías de la información son las principales fuerzas impulsoras detrás de la nueva economía. Una valoración generalizada es que esta economía nórdica es más productiva, más resistente a tendencias de inflación y también más asociada con grandes diferencias salariales y de ingresos que 'la vieja economía' y mostrando nuevas realidades sociales que como investigadores seguiremos analizando dentro de los campos de la Sociología y de la Ciencia Política, poniendo de relieve el hecho de que tras la pandemia de 2020, diversas constataciones parecen apuntar a un escenario "neokeynesiano", de recuperación del papel del Estado y su redefinición ante la opinión pública. En cuanto a los resultados hallados de diversos informes sobre la pandemia de la Covid-19, se muestran datos en cuanto a violencia de no mucha variación con respecto a años anteriores; datos que han sido interpretados por una aminoración en cuanto a las denuncias hechas en comparación con años anteriores, lo que no implica que la violencia no se diera, deteniéndonos en investigar los efectos de la pandemia en cuanto a que ha contribuido a las dificultades económicas y al desempleo en muchos individuos, lo que vemos en los datos comparativos de Suecia de antes de la pandemia a después de ella. También, en este punto, se alude a los programas y seguimiento de la salud mental de la población, haciendo especial hincapié en los estudiantes y en la detección precoz de la depresión y de la prevención del suicidio. Con la Covid-19, las enfermedades mentales más frecuentes fueron la depresión, la ansiedad y el estrés.

Se requiere más investigación sobre el impacto de la pandemia de Covid-19 en la violencia ejercida contra las mujeres en las relaciones de pareja siendo de suma importancia para poder proteger y ayudar a las mujeres maltratadas, observando que las instituciones para mujeres expuestas a la violencia se cerraron como medida para reducir la propagación del virus, así como también esto se une a una menor incidencia de las denuncias. Es necesario, además, poder investigar aún más sobre las enfermedades mentales en relación con la violencia de género, destacando que para la Administración sueca la enfermedad mental es un claro problema de salud pública que debe ser prevenido y que afecta a todos los ciudadanos.

A la pregunta sobre qué problemas son percibidos como sociales y públicos por parte de los legisladores y actores políticos en Suecia, a lo largo de toda esta obra hemos ido analizando, entre otros más, la inmigración, observando que a la agenda sueca se han incorporado nuevos problemas considerados "sociales" al tratar diversos aspectos como que la falta de regulación normativa conduce a situaciones de conductas desviadas, delitos o cuestiones de convivencia. También puede resumirse en una cuestión de salud personal, física o psicológica, afectando al bienestar general, en la visión lógica que existe del Estado de bienestar como sistema político y social de igualdad de oportunidades, no discriminación y estándares de felicidad. Llegamos a identificar planes para mitigar la crisis de los refugiados y la política de inmigración habiendo sido Suecia uno de los principales países a nivel mundial en la recepción de asilados.

La historia de la Sociología (y también del Trabajo Social) está en gran parte relacionada con el estudio sobre los pobres y su movilidad, con cuestiones como la acogida o rechazo, la integración y/o exclusión social. Se ha abordado profusamente la cuestión de la migración incluso desde una perspectiva de discapacidad social en las políticas y prácticas de integración desarrolladas, con una lectura objetiva pero crítica sobre la integración de refugiados y otros grupos, tratando de matizar las narrativas dominantes acerca de sus rasgos incluyentes. Cambios demográficos como el aumento de la movilidad internacional y la complejidad en la dinámica de los problemas sociales exigen nuevas respuestas desde la acción de la Sociología y la Ciencia Política, como también desde el Trabajo Social, que como disciplina académica surgieron como una actividad circunscrita territorialmente por las fronteras nacionales. El caso referido a los niños migrantes expresa estas nuevas problemáticas desde los servicios de protección de la infancia, como la problemática en torno a la dispersión de los niños migrantes, enviados a lugares donde los servicios son escasos simplemente porque sus grupos étnicos se concentran allí dificultando así su integración y expuestos a otros riesgos y amenazas.

Aspectos como la inmigración son tratados como una cuestión de pobreza y de falta de oportunidades, haciendo alusión a problemas de convivencia y del aumento de la delincuencia y la violencia ahí donde no están habiendo programas de integración específicos. En este punto, vemos las diferencias de criterio político en torno a la mendicidad de los romaníes y también la singularidad de los inuits.

La Sociología "*mertoniana*" está presente a la hora de abordar problemáticas tales como la lucha contra la trata, estableciendo regulación normativa en 1999, tratando el delito y las conductas desviadas dentro de la anomia que había en torno a este problema. También, en cuanto a la cuestión actual sobre el fenómeno "de los pandilleros".

La Administración sueca lleva años trabajando también contra el abandono escolar y las enfermedades de riesgo de transmisión sexual, siendo abordado este último problema como un caso alarmante dado el turismo sexual que cada vez se da más en adolescentes a países principalmente asiáticos.

A pesar de una menor incidencia de la crisis económica global en estos países que conforman el "modelo nórdico", una variable interesante de estudio es la de relacionar las enfermedades mentales de los niños con el estrés psicológico por causa de problemas económicos y/o laborales de los padres y estos estudios los vemos a través de ayuntamientos e instituciones de condado que muestran interés en estos análisis sobre su población. Esto va en la línea de que, por un lado, los poderes públicos continúan erigiéndose como responsables principales de amparar la igualdad de oportunidades y la cohesión y la justicia social y por otro lado, las sociedades europeas siguen expresando tal convencimiento en cuanto a la responsabilidad de los poderes públicos. Todo ello implica mantener una alta carga fiscal con sistemas de impuestos progresivos, auténtico rasgo diferenciador del modelo europeo y sometido a una gran incógnita de futuro. En cualquiera de los escenarios de futuro, los límites del Estado del bienestar deben ser tenidos muy en cuenta dada la dicotomía intrínseca entre ambas lógicas capitalista y del Bienestar Social. Ninguna de ambas puede justificarse por la ilusión de una prosperidad ilimitada; bien fuese mediante la delegación acrítica del desarrollo económico a los mercados, o por "*demandas panglosianas*" de un bienestar total (Moreno, 2015).

También es una incógnita el papel de la derecha radical en la realidad política y social del futuro, habiendo insertado en su lenguaje político el "*folkhemmet*", seña de identidad socialdemócrata a lo largo de la historia y defendiendo el "chovinismo de bienestar".

En cuanto a qué problemas sociales identificamos como públicos y que pasan a formar parte de la agenda política para la toma de decisiones y soluciones, se han ido describiendo y analizando prioridades establecidas dentro de la agenda institucional para trabajar por los problemas sociales así diagnosticados, valorando además la realidad compleja de su entramado institucional. Se analizan las diversas políticas de empleo que han ido sucediéndose hasta lograr que las mancomunidades de municipios y los municipios sean prestadores de servicios de empleo. Hemos valorado la novedad de los consejos de seguridad laboral y del fuerte papel de los sindicatos en este país, analizando qué sectores son los prioritarios en cuanto a las estrategias de Empleo marcadas por el Servicio Público de Empleo. Vemos que la política de mercado de trabajo, que se apoya en el "principio de empleo", se diferencia de las políticas de muchos otros gobiernos dentro de la UE.

Por otro lado, hemos estudiado las políticas que han servido de apoyo a la conciliación laboral y familiar en Suecia y el compromiso político en la política familiar. Tras ello, se ha ido avanzando hasta el momento actual de reconocimiento y disfrute del permiso parental, además de otras cuestiones como la monoparentalidad y el derecho a la pensión alimentaria, entre otros, que suponen otro rasgo diferenciador. La monoparentalidad ha sido cada vez más respaldada a través de diversas reformas legislativas que hemos ido analizando, valorándose a las familias monoparentales como estructuras familiares en las que un padre o madre debe hacer frente del cuidado de hijos menores de edad, atendiendo a situaciones especiales de vulnerabilidad económica y en las que diversos datos siguen constatando brechas de género. Las ayudas a las familias monoparentales tienen como fin dar la posibilidad de crear una situación familiar satisfactoria aunque falte uno de los dos miembros de la pareja y también conceden derechos a la pareja de cohabitación, aunque no haya un reconocimiento legal como cónyuge. La monoparentalidad constituye una estructura familiar donde no es posible la tradicional división sexual del trabajo en que se asentó el Estado de bienestar después de la II Guerra Mundial. Analizando las políticas de apoyo más importantes habidas en las últimas décadas, quedan de relieve los avances en la institucionalización de la educación de los niños, su derecho al cuidado y las garantías para la participación activa de la mujer en el trabajo, sin menoscabo de sus derechos laborales por ser o no mujer casada, por estar embarazada o por ser madre. En los estudios sociales y en el discurso político analizado para valorar la importancia de las políticas de conciliación en la agenda política, se observan datos empíricos constantes en torno a los problemas socioeconómicos en la población, problemas psicológicos y de género.

Una de las razones claves de los bajos niveles de fecundidad en Europa es el conflicto entre la conciliación laboral y familiar. Por ello, los países que destacan por haber abordado valientemente este punto a nivel legislativo y social constituyen áreas primordiales a analizar siendo Suecia uno de ellos y de ahí el interés científico de este tema, valorando los cambios legislativos que han tenido lugar en Suecia en las últimas décadas tendentes a la igualdad de género, por un lado y a la conciliación laboral y familiar, por otro, traduciéndose en uno de los niveles de fecundidad y natalidad más altos de Europa, con una importancia constante dentro de la agenda política. Todo confirma a Suecia y a sus políticas como uno de los países pioneros en la lucha política por la conciliación, contra la discriminación de género, por una economía productiva inclusiva y apostando decididamente por medidas de fomento de la natalidad y de protección de los derechos del niño (Vicente, 2021).

Hemos descrito también la situación de la vivienda, del desempleo juvenil y las razones que se aducen, la cuestión migratoria, la sanitaria y entre más, los efectos de la pandemia, abordando las diferencias de tasas de población y los colectivos identificados como vulnerables con motivo de la pandemia sanitaria mundial de 2020. Ante esta nueva realidad, su economía sigue siendo una de las más robustas dentro del contexto europeo, observando la aplicación de políticas anticíclicas y la adopción de una nueva agenda política tras la crisis de 1991, que afectó seriamente a la economía sueca y la crisis global de 2008. Fue tras la crisis de 1991 cuando muchos analistas coinciden en que Suecia dio un giro neoliberal y que este cambio ideológico ha sido la fuerza impulsora detrás del desarrollo de su Estado de bienestar, viéndose en áreas que van desde el mercado inmobiliario cada vez más desregulado hasta las restricciones al derecho a la asistencia personal para las personas con discapacidad, lo que reduce la capacidad de muchas personas para vivir sus vidas como antes.

De las entrevistas realizadas a profesionales sanitarios, podemos destacar que la atención de la salud pública está organizada a nivel de condado, lo que significa que la hoja de ruta de la implementación no se impone desde el gobierno nacional sino por los numerosos organismos regionales, dando lugar a diferentes resultados en todo el país. Por otra parte, cada vez más se han ido priorizando los controles presupuestarios y se ha trasladado el poder gerencial a mandos intermedios que no reúnen el conocimiento de la realidad que se vive diariamente en la atención de la salud Aparte, muestran una visión nostálgica del Estado de bienestar "vivido por nuestros padres y no por nosotros" en cuanto a su percepción y experiencias en cuanto al retroceso de los servicios de asistencia social trasladando esa conflictividad a territorios fuera de las grandes áreas urbanas, afectando especialmente a las mujeres, tanto por la pérdida de sus servicios de salud (como ejemplo, el cierre de salas de maternidad en Sollefteå, de algo más de 8.000 habitantes) como por la pérdida de su principal mercado laboral en los puestos de servicio del sector público, siendo empleos ocupados mayoritariamente por mujeres.

También, hemos ido desgranando las políticas sociales prioritarias en la pasada legislatura y en la actual y en general, todos los cambios que hemos podido analizar en materia de lo social en estos últimos años, con nuevos temas encima de la mesa como la voluntad de ingreso en la OTAN por parte de Suecia y de Finlandia, países que siempre se han situado dentro del eje de la no alineación, con el restablecimiento del servicio militar en la isla de Gotland y el sentimiento de amenaza que se vive ante la posición actual de Rusia. Suecia ha ocupado la presidencia de la UE del 1 de enero a 1 de junio de 2023 y la UE es la plataforma de política exterior más importante y también absolutamente crucial para un buen desarrollo socioeconómico de Suecia, como para visibilizar mejor la agenda sobre políticas sociales y también, sobre política energética y medioambiental que este país defiende.

En cuanto a los resultados hallados de diversos informes sobre la pandemia de la Covid-19, se muestran datos en cuanto a violencia de no mucha variación con respecto a años anteriores; datos que han sido interpretados por una aminoración en cuanto a las denuncias hechas en comparación con años anteriores, lo que no implica que la violencia no se diera, deteniéndonos en investigar los efectos de la pandemia en cuanto a que ha contribuido a las dificultades económicas y al desempleo en muchos individuos, lo que vemos en los datos comparativos de Suecia de antes de la pandemia a después de ella. También, en este punto, se alude a los programas y seguimiento de la salud mental de la población, haciendo especial hincapié en los estudiantes y en la detección precoz de la depresión y de la prevención del suicidio. Con la Covid-19, las enfermedades mentales más frecuentes fueron la depresión, la ansiedad y el estrés.

Se requiere más investigación sobre el impacto de la pandemia de Covid-19 en la violencia ejercida contra las mujeres en las relaciones de pareja siendo de suma importancia para poder proteger y ayudar a las mujeres maltratadas, observando que las instituciones para mujeres expuestas a la violencia se cerraron como medida para reducir la propagación del virus, así como también esto se une a una menor incidencia de las denuncias. Es necesario, además, poder investigar aún más sobre las enfermedades mentales en relación con la violencia de género, destacando que para la Administración sueca la enfermedad mental es un claro problema de salud pública que debe ser prevenido y que afecta a todos los ciudadanos.

Hemos abordado cuestiones que ponen en evidencia la necesidad de establecer una sólida red de apoyos como medidas preventivas. Estos apoyos pueden ser de tipo emocional pero abordamos, sobre todo, los de tipo instrumental, a través de servicios o cuidados, como también la parte informacional, la que plantea la recepción de información por parte de la Administración como los consejos para resolver problemas. Problemas como la violencia de género, el consumo de alcohol y el suicidio siguen copando la agenda política siendo fenómenos sociológicos recurrentes de estudio. Vemos estudios constantes en relación a contingencias traumáticas y estresantes en las vidas de las personas, como los malos tratos, muerte de familiares, separación o divorcio, fracaso escolar, problemas con la vivienda, alcoholismo y otras adicciones, como también el fuerte sentimiento de soledad de las personas mayores, etc.

De esta manera, es como hemos contestado a la pregunta sobre qué impacto y consecuencias pueden tener los problemas sociales para la vida individual de las personas y para la comunidad, sirviendo de gran apoyo las entrevistas hechas a varias instituciones. En esta legislatura, estamos viendo que el tema de la despoblación rural se está convirtiendo en un importante campo de batalla política, recordando las obras de Myrdal en cuanto a la crisis de la población en los años '30 del siglo pasado, yendo en línea con la disminución de la fertilidad y con casos detectados de desnutrición infantil. El enfoque del problema de la despoblación de la zona rural no es tanto un problema económico nacional sino un problema sociológico (también psicológico social), donde convergen viejos y nuevos valores en un contexto cambiante en el que los valores también cambian y hay que afrontar con valentía los nuevos desafíos.

De la investigación social cabe destacar la importancia de mantener un alto nivel de cohesión social para que nadie sienta el abandono por parte de la administración y esto pueda derivar en la desconfianza, en la alienación y en la desafección como sentimientos, con investigaciones sociales de base académica y políticas públicas basadas en la salvaguarda de los derechos de ciudadanía y de búsqueda de soluciones y en el intento, además, de no añadir más problemas sociales y públicos desde la desatención y la no respuesta. Evitar que estos problemas pasen a verse como particulares desplegando así la responsabilidad en los individuos para resolver sus propios problemas es un reto activo en toda política social y en toda sociedad cohesionada.

BIBLIOGRAFÍA

Aldén, L., Hammarstedt M. (2014), *Utrikes födda på den svenska arbetsmarknaden - en översikt och en internationell jämförelse.* Survey report to the Social Democrats Research Commission Labour market reforms for jobs y welfare. Linnaeus University Centre for Labour Market y Discrimination Studies, Växjö.

Allen TD, Golden TD, Shockley KM. (2015), *How effective is telecommuting? Assessing the status of our scientific findings.* Psychol Sci Public Interest. Vol. 16(2): 40-68.

Alstadsæter, A., Bratsberg, B., Eielsen, G., Kopczuk, W., Markussen, S., Raaum, O., & Røed, K. (2020), *The first weeks of the coronavirus crisis: Who got hit, when and why? Evidence from Norway.* NBER Working Paper.

Altena, E, Baglioni, C, Espie, CA, *et al.* (2020), "Dealing with sleep problems during home confinement due to the COVID-19 outbreak: Practical recommendations from a task force of the European CBT-I Academy". J Sleep Res.

Ammar, A.; Chtourou, H.; Boukhris, O.; Trabelsi, K.; Masmoudi, L.; Brach, M.; Bouaziz, B.; Bentlage, E.; How, D.; Ahmed, M.; *et al.* (2020), COVID-19 home confinement negatively impacts social participation and life satisfaction: A worldwide multicenter study. Int. J. Environ. Res. Public Health. Vol. 17.

Andersson, E. (2020), Boendesegregation och COVID-19 i Sverige. Externa perspektiv: Segregation och COVID-19. Delegationen mot segregation.

Aradhya, S., M. Brandén, S. Drefahl, O. Obućina, G. Andersson, and M. Rostila (2020), "Lack of acculturation does not explain excess COVID-19 mortality among immigrants. A population-based cohort study". Stockholm Research Reports in Demography.

Arbetsförmedlingen (2019), *Arbetsförmedlingens Återrapportering: Etablering av vissa nyanlända - statistic kring etableringsuppdraget.* Swedish Public Employment Agency.

Arsenijević J, Schillberg E, Ponthieu A, *et al.* (2017), *A crisis of protection y safe passage: violence experienced by migrants/refugees travelling along the Western Balkan corridor to Northern Europe.* Confl. Health, vol. 11: 6.

Ask, B., Tobé, T. (2015), *DN Debatt: Vi föreslår att organiserye av tiggeri ska kriminaliseras.* Dagens Nyheter.

Asmundson, GJG, Paluszek, MM, Landry, CA, Rachor, GS, McKay, D, Taylor, S. (2020), Do pre-existing anxiety-related and mood disorders differentially impact COVID-19 stress responses and coping? J Anxiety Disord.

Baptista, I. y Marlier, E. (2019), Fighting homelessness and housing exclusion in Europe: A study of national policies. European Social Policy Network (ESPN). Brussels: European Commission.

Bárez C., FJ. (2020), *Emoción y Exclusión Social. Una relación al descubierto.* UNED, Tesis doctoral.

Bengtsson, Bo (2015), "Between Structure and Thatcher. Towards a Research Agenda for Theory-Informed Actor-Related Analysis of Housing Politics". Housing Studies 30. Disponible en doi:10.1080/02673037.2015.1057556.

Benke, C.; Autenrieth, L. K.; Asselmann, E.; Pané-Farré, C.A. (2020), Lockdown, quarantine measures, and social distancing: Associations with depression, anxiety and distress at the beginning of the COVID-19 pandemic among adults from Germany. Psychiatry Res.

Berg, J., J. Allanson, M. Henriksson, and C. Lindkvist (2019), Hur kan kollektivtrafiken bidra till tillgänglighet och social rättvisa? En studie av mobilitetsstrategier i socialt utsatta områden. Disponible en: https://vti.diva-portal.org/smash/get/diva2:1446643/FULLTEXT01.pdf.

Bergmann, E. (2017), *Nordic Nationalism y Right-Wing Populist Politics: Imperial Relationships y National Sentiments.* Londres, Palgrave Macmillan.

Bevelander, P.; Emilsson, H. (2016), "Case study Sweden: Mapping Labour market integration support measures", en: I. Martin *et al.*: From Refugees to Workers: Mapping Labour-Market support measures for Asylum seekers and Refugees in EU Member States, Volume II: Literature Review and Case Studies, Bertelsmann Stiftung.

Bevelyer, P. (2016), *Integrating Refugees into Labour Markets.* IZA World of Labour.

Bidzan-Bluma, I., Bidzan, M., Jurek, P., Bidzan, L., Knietzsch, J., Stueck, M., & Bidzan, M. (2020), "A Polish and German population study of quality of life, well-being, and life satisfaction in older adults during the COVID-19 pandemic". *Frontiers in Psychiatry*, 11.

Bin E, Andruetto C, Susilo Y. y Pernestål A. (2021), *The trade-off behaviours between virtual and physical activities during the first wave of the COVID-19 pandemic period.*

Bjereld, U. (2022), *Att älska den man kan få. Januariavtalet och svensk demokrati i förändring,* Stockholm, Bokförlaget Atlas.

Blom V, *et al.* (2021), *Lifestyle Habits and Mental Health in Light of the Two COVID-19 Pandemic Waves in Sweden, 2020.* Int. J. Environ. Res. Public Health.

Blustein, D. L.; Guarino, P. A. (2020), "Work and unemployment in the time of COVID-19: The existential experience of loss and fear". J. Hum. Psych. Vol. 60: 702-709.

Bogic M, Njoku A, Priebe S. (2015), Long-term mental health of war-refugees: a systematic literature review. BMC Int. Health Hum. Rights.

Bondemark, A., H. Andersson, A. Wretstrand, and K. B. Freij. (2020), "Is It Expensive to be Poor? Public Transport in Sweden". Disponible en doi:10.1007/s11116-020-10145-5.

Bonsaksen, T.; Heir, T.; Ekeberg, Ø.; Grimholt, T.; Lerdal, A.; Skogstad, L. y Schou-Bredal, I. (2019), *"Self-evaluated anxiety in the Norwegian population: prevalence and associated factors"*. Archives of Public Health

Brandén, M., S. Aradhya, M. Kolk, J. Härkönen, S. Drefahl, B. Malmberg, and E. Mussino (2020), "Residential Context and COVID-19 Mortality Among Adults Aged 70 Years and Older in Stockholm: A Population-Based, Observational Study Using Individual-Level Data". The Lancet Healthy Longevity.

Bricco J, Misch F *et al.* (2021), *What are the Economic Effects of Pandemic Containment Policies?* Evidence from Sweden. IMF, eLibrary.

Brogårdh C. *et al.* (2021), "Self-Perceived Life Satisfaction during the First Wave of the COVID-19 Pandemic in Sweden: A Cross-Sectional Study". *Int. J. Environ. Res. Public Health.*

Brottsförebyggande rådet (2022), "Brå. Våld och misshandel. El Consejo de Prevención del Delito -Brå-. Violencia y abuso". Estocolmo. Disponible en https://www.bra.se/statistik/statistik-utifran-brottstyper/vald-och-misshandel.html

Calzada, I.; Gómez-Garrido; M.; Moreno-Fernández, L. y Moreno-Fuentes, F. J. (2013), "Regímenes de bienestar y valores en Europa". *Revista Española de Investigaciones Sociológicas,* 141: 61-90.

Camps, V. (2009), "La necesidad de una ética pública", en: F. Beltrán (coord.) Modelos sociales europeos, Madrid, Marcial Pons.

Casagrande, M.; Favieri, F.; Tambelli, R.; Forte, G. (2020), "The enemy who sealed the world: Effects quarantine due to the COVID-19 on sleep quality, anxiety, and psychological distress in the Italian population". Sleep Med.

Cellini N, Canale N, Mioni G, Costa S. (2020), *Changes in sleep pattern, sense of time and digital media use during COVID-19 lockdown in Italy.* J Sleep Res. vol. 29.

Center MP. (2016), "Syrian refugees: a snapshot of the crisis-in the middle East y Europe 2014". Disponible en http://syrianrefugees.eu

Coronavirus Resource Center (2020), "COVID-19 Dashboard by the Center for Systems Science and Engineering (CSSE)", Johns Hopkins University.

Dahlstedt M; Ekholm. D. (2018), *Idrotten och frihetens krafter viljan.* Förortsdrömmar.

Dahlstedt M. (2018), "Linköping Studies in Social Work and Welfare", nº 3 (107-124).

Datosmacro (2023), "El riesgo de pobreza". Disponible en http://www.datosmacro.com

D'Cruz, M., & Banerjee, D. (2020), "An invisible human rights crisis': The marginalization of older adults during the COVID-19 pandemic. An advocacy review" Psychiatry Research, 292.

Del Pino, E. y Gago, A. (2017), "Las reformas del bienestar en Europa y su impacto: un análisis del papel de la Unión Europea, los Nuevos Riesgos Sociales y las peculiaridades nacionales en el contexto de la Gran Recesión". Instituto de Políticas y Bienes Públicos (IPP) CSIC, Documento de Trabajo.

De Pue, S., Gillebert, C., Dierckx, E., Vanderhasselt, M.-A., De Raedt, R. y Van den Bussche, E. (2021), "The impact of the COVID-19 pandemic on wellbeing and cognitive functioning of older adults". Scientific Reports, 11(1), 4636.

Djuve, AB., Friberg, JH., Tyldum, G., Zhang, H., (2015), "When Poverty Meets Affluence: Migrants from Romania on the Streets of Scandinavia Capitals". *Fafo and the Rockwool Foundation.*

Dumuid D, Pedišić Ž, Palarea-Albaladejo J, Martín-Fernández JA, Hron K, Olds T. (2020), *Compositional Data Analysis in Time-Use Epidemiology: What, Why, How.* Int J Environ Res Public Health.

Elldér, E. (2019), *Who is eligible for telework? Exploring the fast-growing acceptance of and ability to telework in Sweden, 2005-2006 to 2011-2014.* Social Sciences.

Elsinga, Marja y Joris Hoekstra (2015), "The Janus Face of Homeownership-based Welfare". Critical Housing Analysis.

Emerson, K. G. (2020), "Coping with being cooped up: Social distancing during COVID-19 among 60+ in the United States". *Revista Panamericana de Salud Pública.* Vol. 44: 1.

Enlund, D. (2018), "Fighting for public health. How a Swedish rural community confronted neoliberal cutbacks?". State of power, Sweden. The Transnational Institute (TNI).

Erixon, L. (2018), *Progressive supply-side economics: an explanation and update of the Rehn-Meidner model.* Cambridge Journal of Economics.

Escarbajal-Frutos, A., Izquierdo-Rus, T. y López-Martínez, O. (2014), "Análisis del bienestar psicológico en grupos en riesgo de exclusión social". *Anales de Psicología.* Vol. 30.

Esping-Andersen, G. (2011), *Los tres grandes retos del Estado de bienestar,* Barcelona. Ariel.

Eurofound (2020) *Living, working and COVID-19.* Publications Office of the European Union. Luxembourg.

Eurostat (2020), "How usual is it to work from home?". Disponible en https://ec.europa.eu/eurostat/web/products-eurostat-news/-/DDN-20200206-1

Falk, E. (2020), Förtroende för samhällsinstitutioner i de nationella SOM-undersökningarna 1986-2018 [Confianza en las instituciones sociales en las encuestas nacionales de SOM 1986-2018] [SOM-rapport nr 2020: 1]. Disponible en https://www.gu.se/som-institutet/resultat-och-publikationer/rapporter

Falvo, I., Zufferey, M. C., Albanese, E., y Fadda, M. (2021), "Lived experiences of older adults during the first COVID-19 lockdown: A qualitative study". PLOS One, 16.

Flint E, Bartley M, Shelton N, *et al.* (2013), Do labour market status transitions predict changes in psychological well-being? J. Epidemiol. Community Health. Vol. 67:796-802.

Folkhälsomyndigheten (2022), "Sexuell och reproduktiv hälsa och rättigheter bland homosexuella, bisexuella och transpersoner". Agencia de Salud Pública de Suecia, Solna.

Folkhälsomyndigheten (2021), "Hälsan och hälsans bestämningsfaktorer för transpersoner: en rapport om hälsoläget bland transpersoner i Sverige". Agencia de Salud Pública de Suecia, Solna.

Försäkringskassans (2021), *Información sobre el permiso parental en Suecia.* Agencia Sueca de Seguridad Social. Disponible en https://www.forsakringskassan.se/privatpers/foralder/foraldraforsakringen45ar

Fosse E. (2022), "Norwegian policies to reduce social inequalities in health: Developments from 1987 to 2021". Scand. J. Public. Health.

Förtroendebarometern (2022), "Allmänhetens förtroende för institutioner, politiska partier, massmedier & företag". Kantar public. Mediekademin.

Furceri, D., Loungani, P., Ostry, J. D., y Pizzuto, P. (2020), *Will Covid-19 affect inequality? Evidence from past pandemics. Covid Economics.* Vol. 12: 138-157.

Gaeta, L. y Brydges, C. R. (2020), "Coronavirus-related anxiety, social isolation, and loneliness in older adults in Northern California during the stay-at-home order". *Journal of Aging & Social Policy.*

García Olascoaga, O. (2016), *Los partidos etnonacional populistas: una explicación para entender su comportamiento electoral en las democracias europeas contemporáneas.* Tesis. México, FCPYS-UNAM.

Gentile Al. y Hernández A. (2017), "Cuadernos de Investigación en Juventud". Universidad de Zaragoza. Doi: 10.22400/cij.3.e012

González de Durana, A.; Marbán Gallego, V.; Moreno Fuentes, F. J. y Rodríguez Cabrero, G. (2017), "The Spanish Half-hearted Pursuit of Europe's 2020 Poverty Target", en J. Ramos y E. del Campo (eds.), *Reshaping the European Productive y Social Model: A Reflexion from the South.* Brussels, Peter Lange.

Gonçalves, A. R., Barcelos, J. L. M., Duarte, A. P., Lucchetti, G., Gonçalves, D. R., Silva e Dutra, F. C. M., y Gonçalves, J. R. L. (2021), "Perceptions, feelings, and the routine of older adults during the isolation period caused by the COVID-19 pandemic: A qualitative study in four countries". Aging & Mental Health.

Government Offices of Sweden (2020), Strategy in response to the COVID-19 pandemic. Disponible en https://www.government.se/articles/2020/04/strategy-in-response-to-the-Covid-19-pandemic

Government of Sweden (2017), "Consideration of reports submitted by States parties under article 9 of the Convention. Twenty-second y twenty-third periodic reports of States parties due in 2016. CERD/C/SWE/Q/19-2

Government of Sweden (2013), Vid arbetslivets gränser: Sysselsättning, matchning, barriärer 1974-2010. Parliamentary Social Insurance Investigation". Elyers AB, Stockholm.

Granström F, Molarius A, Garvin P, *et al.* (2015), "Exploring trends in y determinants of educational inequalities in self-rated health". Scy J. Public Health.

Groarke J. M.; Berry, E.; Graham-Wisener, L.; McKenna-Plumley, P. E.; McGlinchey, E.; Armou, C. (2020), "Loneliness in the UK during the COVID-19 pandemic: Cross-sectional results from the COVID-19". Psychological Wellbeing Study. PLoS ONE.

Groholt EK.; Lyshol, H; Alver, K. y Helleve, K. (2019), *"Indicators for health inequality in the Nordic countries".* Norwegian Institute of Public Health.

Guillén A. M.; Luque D, y González, S. (2016), "El Modelo Social Europeo: evolución y retos", en Del Pino, E. y Rubio-Lara, M. J. (eds.), Los Estados del bienestar en la encrucijada. Políticas sociales en perspectiva comparada. Madrid: Tecnos.

Gupta N, Rasmussen CL, Holtermann A, Mathiassen SE. (2020), *Time-based data in occupational studies: the whys, the Hows, and some remaining challenges in compositional data analysis (CoDA).* Annals of Work Exposures and Health.

Hallman D, Bergamin L, Mathiassen S. *et al.* (2021) *Working from home during the COVID-19 outbreak in Sweden: effects on 24-h time-use in office workers.* BMC Public Health.

Hammarström, A., M. Kwiatkowska, L. Nyman, and E. Hammarström (2020), "Felaktig organisation grund till tragedin inom äldrevården.

Läkartidningen. Disponible en: https://lakartidningen.se/opinion/debatt/2020/05/felaktig-organisation-grund-till-tragedin-inom-aldrevarden/

Hansson, E., and K. Jakobsson (2020), "COVID-19 i trångbodda förorter och på äldreboende-Samverkande strukturella faktorer? En geografisk analys av samband mellan förutsättningar för social distans och kontakter med äldre i Stockholm, Göteborg och Malmö". Rapport nº 1:2020. Avdelningen samhällsmedicin och folkhälsa.

Heidinger, T., y Richter, L. (2020), "The effect of COVID-19 on loneliness in the elderly. An empirical comparison of pre-and peri-pandemic loneliness in community-dwelling elderly". *Frontiers in Psychology*, vol. 11.

Henriksson, M. y C. Lindkvist (2020), Kollektiva resor. Utmaningar för socialt hållbar tillgänglighet. "Public Transport Trips. Challenges for Socially Sustainable Accessibility". Lund: Arkiv förlag.

Henriksson, M. (2019), "Utsatt på arbetsmarknaden och beroende av kollektivtrafik". Tidskrift för Genusvetenskap vol. 40(2): 75-96.

Hollyer AC., Dal H., Lewis G., *et al.* (2016), "Refugee migration y risk of schizophrenia y other non-affective psychoses: cohort study of 1.3 million people in Sweden". BMJ.

Horgen, J. (2020), "Poverty, networks, resistance: The economic sociology of Roma migration for begging". *Migration Studies*, vol. 8. Disponible en https://doi.org/10.1093/migration/mny038

Huntley R. Y Bratt A. (2022), "An interpretative phenomenological analysis of the lived experiences of older adults during the COVID-19 pandemic in Sweden". *Nordic psychology.*

Jeong, I.K.; Yoon, K.H.; Lee, M.K. (2020), "Diabetes and COVID-19: Global and regional perspectives". Diabetes Res. Clin. Pract.

Joelsson T. y Ekman D. (2021), "Cracks in the well-plastered façade of the Nordic model: reflections on inequalities in housing and mobility in (post) coronavirus pandemic Sweden". *Childrens Geographies 20*(2):1-9.

Kamerlin, S. C. L. y Kasson, P. M. (2020), "Managing coronavirus disease 2019 spread with voluntary public health measures: Sweden as a case study for pandemic control". *Clinical Infectious Diseases.*

Kapetanovic S, *et al.* (2021), "Reported Changes in Adolescent Psychosocial Functioning during the COVID-19 Outbreak". *Adolescents*, vol. *1*, 10-20.

Kivi M, Hansson I. y Bjälkebring P. (2021), "Up and About: Older Adults' Well-being During the COVID-19 Pandemic in a Swedish Longitudinal Study". *Journals of Gerontology: Psychological Sciences*, vol. 76.

Kotwal, A., Holt-Lunstad A., J. *et al.* (2021), "Social isolation and loneliness among San Francisco Bay Area older adults during the COVID-19 shelter-in-place orders". Journal of the American Geriatrics Society, vol. 69.

Krendl, A. C. y Perry, B. L. (2021), "The impact of sheltering-in-place during the COVID-19 pandemic on older adults' social and mental well-being". Journals of Gerontology Series B: Psychological Sciences and Social Sciences, 76(1).

Kristersson, U. (2022), *Discurso presidencial.* Disponible en: https://www.regeringen.se/tal/2022/10/regeringsforklaringen/

Lai CC, Shih TP, Ko WC, *et al.* (2020), "Síndrome respiratorio agudo severo coronavirus 2 (SARS-CoV-2) y enfermedad por coronavirus-2019 (COVID-19): la epidemia y los desafíos". Int. J. Antimicrob. Agents.

Lantmäteriet (2020), "Fastighetsregistret halvårsstatistik år 2020". Disponible en https://www.lantmateriet.se/contentassets/c1d61031f786423cb72a0529bd5d2e2d/halvarsstatistik _2020.pdf

Lindahl, E. (2019), "Familjepolitik och integration". FIAU, Uppsala Universitet.

Lindahl, E. (2018), "Familj och arbete under småbarnsåren. Hur använder föräldrar förskola och föräldraförsäkring?". FIAU, Uppsala U.

L. Liljeberg, K. Sibbmark (2011), "Uppföljning av etableringssamtal. Institute for Evaluation of Labor Market y Education Policy" (IFAU). Disponible en: www.ifau.se/Upload/pdf/se/2011/r-11-28-Uppfoljning-av-etableringssamtal.pdf

Listerborn, Carina (2013), "Suburban women y the Glocalization of the everyday lives: gender y glocalities in underprivileged areas in Sweden". Gender, Place & Culture.

López-Aranguren, E. (2005), *Problemas sociales. Desigualdad, pobreza, exclusión social.* Biblioteca Nueva.

Loseke Donileen R. (2017), *Thinking About Social Problems: An Introduction to Constructionist Perspectives.* Social Problems & Social Issues. Ed. Routledge.

Luzi L, Radaelli MG. (2020), "Influenza and obesity: its odd relationship and the lessons for COVID-19 pandemic". Acta Diabetes.

Madrid P., A. (2017), "Vulneración y vulnerabilidad: dos términos para pensar hoy la gestión socio-política del sufrimiento", en Jordi Solé Blanch y Asún Pié (coords.), *Políticas del sufrimiento y la vulnerabilidad.* Icaria.

Madruga, I. (2006), *Monoparentalidad y política familiar.* CIS.

Marcińczak, S.; Tammaru T.; Strömgren M.; Lindgren U. (2015), "Changing patterns of residential and workplace segregation in the Stockholm metropolitan area". *Urban Geography,* vol. 36.

McCracken L. *et al.* (2020), *Psychological impact of COVID-19 in the Swedish population: Depression, anxiety, and insomnia and their associations to risk and vulnerability factors.* Cambridge University Press.

McCulloch J. (2013), *State crime y resistance.* New York, Routledge.

McNeely, C.L.; Schintler, L.A.; Stabile, B. (2020), "Social determinants and COVID-19 disparities: Differential pandemic effects and dynamics". World Med. Health Policy, vol. 12.

Migrationsverket (2015), "Swedish Migration Agency: Statistics Sweden". Overview time series.

Miller KE, Rasmussen A. (2017), "The mental health of civilians displaced by armed conflict: an ecological model of refugee distress". Epidemiol. Psychiatr. Sci.

Molarius A, Berglund K, Eriksson C, *et al.* (2009), "Mental health symptoms in relation to socio-economic conditions y lifestyle factors, a population-based study in Sweden". BMC Public Health.

Molarius A, Janson S. (2002), "Self-rated health, chronic diseases and symptoms among middle-aged y elderly men y women". J. Clin. Epidemiol.

Molinder M, Lindholm U, Bernblom F, Bergh N, Lundin, J. (2015), "Tiggeri skainte vara ett sätt att försörja sig på i vår kommun. Debatt". Sundsvalls Tidning.

Montesino-Parra, N. (2016), "Migración como discapacidad social: Trabajo Social con migrantes en Suecia". *Trabajo Social Global, Global Social Work,* 6(10), 27-49.

Montesino, N. y Righard, E. (2014), "Trabajo social en Suecia, tendencias generales y el caso particular de los niños migrantes". *Cuadernos de Trabajo Social,* 27(1), 39-48.

Moreno L. y Marí-Klose P. (2016), "Las transformaciones del Estado del bienestar Mediterráneo: Trayectorias y retos de un régimen en transición" en: E. del Pino y M.J. Rubio (eds.), Los Estados de Bienestar en la encrucijada. Políticas Sociales en Perspectiva comparada. Madrid, Tecnos.

Moreno L. (2015), "La Europeización del bienestar social en España", en Torres Albero, Cristóbal (ed.), *Situación social.* Madrid, CIS.

Moreno L. (2014), *Europa sin Estados. Unión política en el (des)orden global.* Madrid, La Catarata.

Moreno L. (2012), *La Europa Asocial. ¿Caminamos hacia un individualismo posesivo?* Barcelona, Península.

Nero A. (2021), "Småhusförespråkare behöver bli mer YIMBY". Stockholm, Bostadsbubblan.

Nilsson G., Ekstam L., Axmon A. & Andersson J. (2021), "Old overnight: Experiences of age-based recommendations in response to the COVID-19 pandemic in Sweden". *Journal of Aging & Social Policy,* 33(4-5), 359-379.

OECD (2022), *Economic Forecast Summary.* Disponible en https://www.oecd.org/

OECD (2017), *Programa de Desarrollo Sostenible de 2030.*

OECD (2015), *Indicators of Immigrant Integration: Settling In.* Disponible en http://www.oecd.org/publications/indicators-of-immigrant-integration-2015-settling-in-9789264234024-en.htm

OECD (2013), *Crisis squeezes income y puts pressure on inequality y poverty.* Disponible en www.oecd.org/social/inequality.htm

Onuoha, E. (2017), "Implementación de las políticas de protección para mejorar la integración de los menores no acompañados en España, Suecia y Reino Unido: un análisis comparativo", Universidad de Valencia, Tesis doctoral.

Otto A. (2018), "Social expenditure, social rights, and benefit receipt as indicators of welfare state generosity: Three peas in a pod, or a different kettle of fish altogether? ". *International Journal of Sociology and Social Policy.*

Pabilona SW, Vernon V. (2020), IZA *Discussion Paper.* Disponible en SSRN: https://ssrn.com/abstract=3608509.

Palumbo R. (2020), "Let me go to the office! An investigation into the side effects of working from home on work-life balance". *Int. J. Public. Sect. Manag.*

Parlapani E., Holeva V., Nikopoulou V. A., Kaprinis S., Nouskas I., y Diakogiannis I. (2021), "A review on the COVID-19-related psychological impact on older adults: Vulnerable or not?". Aging Clinical and Experimental Research, vol. 33.

Pierre J. (2020), "Nudges Against Pandemics: Sweden's Covid-19 Containment Strategy in Perspective". Policy and Society 39: 478-93.

Public Health Agency of Sweden (2020), "With the ongoing community transmission, how can we protect people over the age of 70?". Disponible en www.folkhalsomyndigheten.se/the-public-health-agency-of-sweden/communicable-disease-control/Covid-19/

Public Health Agency of Sweden (2020), "Protect yourself and others from spread of infection". Disponible en https://www.folkhalsomyndigheten.se/the-public-health-agency-of-sweden/communicable-disease-control/protect-yourself-and-others-from-spread-of-infection

Purkayastha S SP, Salminen P, Ramos A, Mahawar K. (2020), "Bariatric surgery: what next to address a pandemic within a pandemic?". PanSurg Webinar.

Purkayastha S SP, Salminen P, Ramos A, Mahawar K. (2020), "Times letters: Vulnerable pupils face 'Covid learning slide': The Times UK". Disponible en https://www.thetimes.co.uk/article/times-letters-vulnerable-pupils-face-covid-learning-slide-65vpslp73.

Rask S, Suvisaari J, Koskinen S, *et al.* (2016), "The ethnic gap in mental health: a population-based study of Russian, Somali y Kurdish origin migrants in Finland". *Scy. J. Public Health.*

Regeringskansliet (2022), "Comunicado del Primer Ministro Ulf Kristersson", el 18 de octubre de 2022. Riksdag. Disponible en https://www.regeringen.se/tal/2022/10/regeringsforklaringen-den-18-oktober-2022/

Robbins R., Weaver M. D., Czeisler M. É., Barger L. K., Quan S. F. y Czeisler C. A. (2021), *Associations between changes in daily behaviors and self-reported feelings of depression and anxiety about the COVID-19 pandemic among older adults.* The Journals of Gerontology, Series B.

Rodríguez González, F. J. (2015), "The Dynamics of the European Social Model: An Evolving Polarization?", en S. Romano y G. Punziano (eds.), *The European Social Model Adrift: Europe, Social Cohesion y the Economic Crisis,* págs. 17-41. Farnham: Ashgate.

Rostila M., A. *et al.* (2021), "Disparities in COVID-19 Deaths by Country of Birth in Stockholm, Sweden: A Total Population Based Cohort Study". Rev. American Journal of Epidemiology.

Rothstein B. (2013), "Därför bör vi göra det förbjudet att ge till tiggare". Dagens Nyheter.

Rubín Arranz, A. (2015), "Interculturalism in the Swedish classrooms in Malmö", Tesis doctoral. Disponible en:

https://repositorio.unican.es/xmlui/bitstream/handle/10902/6607/RubinArranzAlba.pdf?sequence=1&isAllowed=y

Rubio MJ. (2013), "Las transformaciones del Estado de bienestar socialdemócrata. Continuidad y cambio en sus señas de identidad", en Del Pino, E. y Rubio Lara, MaJ. (eds.), *Los Estados de bienestar en la encrucijada. Políticas sociales en perspectiva comparada,* Tecnos, Madrid, págs. 107-125.

Saami Parliament of Sweden (2018), "Preparatory Report from the Sami Parliament in Sweden for the UN Special Rapporteur on the Rights of Indigenous Peoples". Disponible en https://www.sametinget.se/92639

Saami Parliament of Sweden (2017), *Behövs en sanningskommission?* Disponible en https://www.sametinget.se/sanningskommission

Saami Parliament of Sweden (2015), "Preparatory Report from the Sami Parliament in Sweden for the UN Special Rapporteur on the Rights of Indigenous Peoples", en *Ms Victoria Tauli-Corpuz, prior to her 2015 August visit to Sápmi y Sweden.* Disponible en https://www.sametinget.se/92639

Sañudo B, Fennell C, Sánchez-Oliver AJ. (2020), "Objectively-assessed physical activity, sedentary behavior, smartphone use, and sleep patterns pre- and during-COVID-19 quarantine in young adults from Spain". Sustainability.

Save the Children Sweden (2020), "COVID-19. Regionala konsekvensbeskrivningar. En första analys och sammanställning [COVID-19 (Corona) - Regional Descriptions of Effects. A First Analysis and Summary". Disponible en https://www.raddabarnen.se/globalassets/dokument/

medlem-volontar/rapporter-oppna/rb_covid19_regionala_konsekvens-beskrivningar.pdf.

Scruggs L. *et al.* (2013), "Comparative Welfare Entitlements Data Set 2, Version 2013-08". Disponible en http://cwed2.org/.

Schauer DP., Feigelson HS., Koebnick C. *et al.* (2019), "Bariatric surgery and the risk of cancer in a large multisite cohort". Ann Surg: Department of Health and Human Services (HHS).

Schellekens, M. P. J. y Van der Lee, M. L. (2020), "Loneliness and belonging: Exploring experiences with the COVID-19 pandemic in psycho-oncology". Psycho-oncology, 29(9), 1399-1401.

Selin, Henrik (2015), *Sweden and Migration.* Disponible en: https://sweden.se/society/sweden-and-migration-in-brief/

Shrira, A., Hoffman, Y., Bodner, E., & Palgi, Y. (2020), "COVID-19-related loneliness and psychiatric symptoms among older adults: The buffering role of subjective age". *The American Journal of Geriatric Psychiatry: Official Journal of the American Association for Geriatric Psychiatry,* Vol. 28.

Simonen J., Herala, J. & Svento R. (2020), *Creative destruction and creative resilience: Restructuring of the Nokia dominated high-tech sector in the Oulu region. Regional Science Policy and Practice,* vol. 12. Disponible en: https://rsaiconnect.onlinelibrary.wiley.com/doi/abs/10.1111/rsp3.12267

Sindbjerg, D.; Pons, G (2017): "The fiscal impact of EU immigration on the tax-financed welfare state: Testing the welfare burden thesis". Disponible en https://doi.org/10.1177%2F1465116517717340

Socialpolitik (2020), "Följder av corona: Ny bostadslöshet ger barn kollektivt trauma (The Consequences of Corona: A New Lack of Housing Gives Children a Collective Trauma)". Disponible en https://socialpolitik.com/2020/05/24/foljder-av-corona-ny-bostadsloshet-ger-barn-kollektivt-trauma/.

SOU (2020), *Summary.* Disponible en: https://www.government.se/legal-documents/2020/12/summary-of-sou-202080-elderly-care-during-the-pandemic/.

Statistiknyhet från SCB (2020), "Income and Living Conditions" (estadísticas sobre ingresos y condiciones de vida; consultado el 17 de septiembre de 2021).

Statistics Sweden (2019), *Drygt 4,9 miljoner bostäder i landet.* Disponible en https://www.scb.se

Statistics Sweden (2016), *Integration - establishment of foreign-born persons in working life and in society.* Demographic reports 2016:1. Statistics Sweden Forecast Institute, Stockholm

Statistics Sweden (2016), "Integration - establishment of foreign born persons in working life y in society". Demographic reports 2016:1. Statistics Sweden Forecast Institute, Stockholm

Statskontoret (2013), *The Swedish Agency for Public Management: Kartläggning och bedömning av valideringsinsatser för utrikes födda.* Disponible en www.statskontoret.se/upload/Publikationer/2013/201306.pdf

Stolz E., Mayerl, H., Freidl W. (2020), "The impact of COVID-19 restriction measures on loneliness among older adults in Austria". *European Journal of Public Health.*

Straiton M, Grant JF, Winefield HR, *et al.* (2014), "Mental health in immigrant men y women in Australia: The North West Adelaide Health Study". *BMC Public Health* vol. 14.

Strömbäck J. (2017), "Den sociala sammanhållningen fortsatt stark i Sverige". SOM-Institutet. Göteborgs Universitet.

Subramanian I.; Farahnik, J.; Mischley, L.K. (2020), *Synergy of pandemics-social isolation is associated with worsened Parkinson severity and quality of life.* NPJ Parkinson's Dis.

Sundström, G. (2018), "La pareja en la vejez: el caso de Suecia", *Panorama Social mº 28, Envejecimiento de la población, familia y calidad de vida en la vejez,* Funcas.

Swedish Institute (2023), "Estadísticas y encuestas de opinión públicas". Disponible en https://si.se/en/

Tegnell, Anders (2020), *Sommar i P1. Sveriges Radio P1.* Stockholm: Swedish Radio, 24 de junio.

Telles EE. (2014), "Pigmentocracies: Ethnicity, Race y Colour in Latin America". The University of North Carolina Press, Chapel Hill.

Tervonen M., Enache A. (2017), "Coping with Everyday Bordering: Roma Migrants and Gatekeepers in Helsinki", Ethnic and Racial Studies, 40/7: 1114-31.

Tison GH, Avram R, Kuhar P, Abreau S, Marcus GM, Pletcher MJ, Olgin JE. (2020), "Worldwide effect of COVID-19 on physical activity: a descriptive study". *Ann Intern. Med.*

Transport Analysis (2018), "Perspektiv på resor och möjligheter att resa [Perspectives on Travel and the Possibilities of Travel]". Report 2018:17.

Tull, MT, Edmonds, KA, Scamaldo, KM, Richmond, JR, Rose, JP, Gratz, KL. (2020), "Psychological outcomes associated with stay-at-home orders and the perceived impact of COVID-19 on daily life". Psychiatry Res.

Uppsala Universitet (2022), "Behandling av barn som upplevt våld. Nationellt centrum för kvinnofrid", NCK.

Vallés, M. (2009), "La entrevista cualitativa", *Centro de Investigaciones Sociológicas,* Madrid.

Vallgårda, S. (2010), "Enfrentar las desigualdades sociales en salud en los países nórdicos: ¿dirigirse a un residuo o toda la población?". *Revista de Epidemiología y Salud Comunitaria.*

Vallström, M. (2015), "Mörkade platser—stigmatisering och ryktesspridning I urbana utvecklingsområden". Centrum för flexibelt lärye Söderhamns kommun, Söderhamn.

Valueguard (2021), "Metodología del índice de la vivienda". *Valueguard*-KTH. Housing *Index.* Disponible en https://valueguard.se/indexes

Van Tilburg, T., Steinmetz, S., Stolte *et al.* (2021), "Loneliness and mental health during the COVID-19 pandemic: A study among Dutch older adults". Journals of Gerontology Series B: Psychological Sciences and Social Sciences.

Vandy K. (2020), "Coronavirus: How Pandemic Sparked the European Cycling Revolution". BBC News, 2 de octubre. Disponible en https://www.bbc.com/news/world-europe-54353914.

Viana, A. Guedes y Cunha, F. Patricia Elena. (2016), *O modelo sueco: uma alternativa para a política macroeconómica. Rev. Econ. Polit.*

Vicente, MJ. (2023), *Los problemas sociales desde la realidad del modelo nórdico: Ideología y pragmatismo ante las crisis.* Tesis doctoral. UNED.

Vicente, MJ. (coord.) (2023), *Las nuevas extremas derechas en el mundo.* Tirant Lo Blanch.

Vicente, MJ. (2021), "Vida laboral y familiar: Una perspectiva comparada de las políticas de teletrabajo de Suecia, España y Portugal". *Rev. Desenvolvimento e Sociedade,* págs. 87-110

Vicente, MJ. (2021) "Las políticas de empleo y de conciliación laboral y familiar en el paradigma sueco". *Cuadernos de Gobierno y Administración Pública* (25-4). Universidad Complutense de Madrid.

Vicente, MJ. (2021), "Las políticas de conciliación laboral y familiar en Suecia". *Revista Sistema* nº 261 (37-53).

Vicente, MJ. (2019), "La Premio Nobel Alva Myrdal, su proyecto social y su apuesta por la Paz". Rev. Nueva Tribuna.

Vicente, MJ. (2019), "Los socialdemócratas consiguen gobernar en Suecia, aislada la extrema derecha". *Revista Nueva Tribuna.*

Vicente, MJ. (2018), "Suecia vuelve a las urnas, ¿quién gobernará?". *Revista Temas para El Debate* nº 284.

Wilson-Genderson, M., Heid, A. R., Cartwright, F., Collins, A. L. y Pruchno, R. (2021), "Change in loneliness experienced by older men and women living alone and with others at the onset of the COVID-19 pandemic". *Res Aging.*

Winslott, L. y Arnfalk, P. (2021), "When the impossible becomes possible: COVID-19's impact on work and travel patterns in Swedish public agencies". *Eur. Transp. Res. Rev.* nº 13.

Wong, S. Y. S., Zhang, D., Sit, R. W. S., Yip, B. H. K., Chung, R. Y-N., Wong, C. K. M., Mercer, S. W. (2020), "Impact of COVID-19 on loneliness, mental health, and health service utilisation: A prospective cohort study of older adults with multimorbidity in primary care". *British Journal of General Practice.*

World Health Organization (2020), "Coronavirus disease 2019 (COVID-19), situation report - 72". Disponible en https://www.who.int/docs/default-source/coronaviruse/situation-reports/20200401-sitrep-72-Covid-19.pdf?sfvrsn=3dd8971b_2

World Health Organization (2017), "Los desórdenes y riesgos en la salud mental en la inmigración incluyendo a niños". Disponible en http://www.euro.who.int/en/health-topics/health-determinants/migration-and-health/news/news/2017/04/migrant-populations,-including-children,-at-higher-risk-of-mental-health-disorders

Yang WW, C.; Shikora, S.; Kow, L. (2020), "Recommendations for metabolic and bariatric surgery during the COVID-19 pandemic from IFSO". *Obes Surg.*

Yuval-Davis, N., Wemyss, G. and Cassidy, Kathryn (2018), "Everyday bordering, belonging and the reorientation of British Immigration legislation". *Sociology.* Disponible en https://doi.org/10.1177/0038038517702599

Zhang, S.X.; Wang, Y.; Rauch, A.; Wei, F. (2020), "Unprecedented disruption of lives and work: Health, distress and life satisfaction of working adults in China one month into the COVID-19 outbreak". *Psychiatry Res.*

ANEXOS

ANEXO 1

Guía de la entrevista

1- ¿Qué considera como problema social?
2- ¿Qué problema(s) social(es) existe(n) en su entorno más cercano?
3- Aparte del factor socioeconómico, ¿qué otros condicionantes encuentra en los problemas para poder ser tratados como problemas sociales?
4- ¿Qué problemas sociales identifica como prioritarios por sus instituciones?
5- Hablemos de su trayectoria laboral/profesional. ¿Qué labor de análisis se hace de los problemas sociales? ¿Qué evaluación se hace de las políticas que se implementan? Conforme a la evaluación, ¿se puede hablar de fracaso o éxito de las políticas que se implementan en función de la respuesta que se da a los problemas?
6- ¿Existe interacción/comunicación entre los problemas con los que trabajan (bien en investigación, bien en atención y asistencia) y la administración pública más cercana y los centros universitarios a fin de gestionar mejor la red de conocimiento?
7- ¿Qué calificación da a los poderes públicos por el grado de respuesta que se da a los problemas sociales existentes e identificados como tales entre la población?
8- ¿Considera que existen problemas sociales no identificados como problemas públicos?
9- Respecto a dichos problemas, ¿cuál considera que es la actitud/conducta frente a ellos? ¿Cómo ha observado que se resuelven dichos problemas?

10- ¿Cada cuánto tiempo reportan resultados al poder públicos de las experiencias/incidencias/observaciones en torno a la investigación, atención y ayuda a la gente afectada?

11- Con base en su experiencia en el centro de trabajo, ¿quiénes acusan más problemas sociales? ¿Hombres o mujeres? ¿Mayores o jóvenes? ¿Extranjeros o autóctonos? ¿Personas con alto nivel formativo o con menor nivel formativo? ¿En qué situación laboral/profesional se encuentran? ¿Es el nivel socioeconómico un factor importante (o el que más)?

12- Respecto a las relaciones sociales de las personas afectadas por un problema social, ¿quiénes son sus amigos? ¿frecuenta algún club, asociación o sindicato?

13- Hablemos de valores, ¿cree que en la sociedad, en la comunidad, se tejen lazos de solidaridad para ayudar a las personas con problemas? ¿Qué tipo de conciencia social cree que existe? ¿Esta conciencia social surge de forma espontánea; desde el ámbito familiar; desde los centros educativos; desde las charlas de orientación de la propia administración o demás actividades como afiliación política/sindical/religiosa/ONG, etc.?

14- Según su percepción, ¿cree que para quien sufre de problemas sociales en este país/comunidad/entorno (cercano o no cercano; que precise el entrevistado), existe una legitimidad institucional y por rendimiento, expresándose así la buena imagen o no de las instituciones tradicionales o creadas para satisfacer demandas sociales ciudadanas?

15- ¿Cree que existe un buen *feedback* entre las demandas sociales ciudadanas y la respuesta que desde el poder público se da?

16- ¿Cree que las personas que sufren de problemas sociales se sienten más o menos integradas en la sociedad? ¿Cómo se ven a futuro?

17- ¿Cómo han afectado las sucesivas crisis económicas a sus vidas? ¿El problema social que podemos referir, viene de antes de las crisis de 2008, 2020, guerra de Ucrania (crisis alimentaria e inflacionista) o después? ¿Existe una relación causa-efecto?

18- Y a usted, en particular, ¿cómo le ha afectado esta sucesión de crisis y a quienes le rodean?

19- ¿Cómo ve el futuro de aquí a 5 años?

20- ¿Cómo percibe la situación de las personas afectadas por un problema social de aquí a 5 años?

21- ¿Qué papel juegan los partidos políticos como canales de transmisión de los problemas sociales y de las nuevas realidades sociales? ¿Considera "útiles" a los partidos políticos para dar respuestas a los problemas sociales?

22- ¿Qué institución pública/centro educativo/asociación de participación ciudadana/ONG, etc. destacaría como "útil" a la hora de dar respuestas/soluciones a los problemas sociales?

ANEXO 2

La información que detallamos a continuación contiene también todo un trabajo de elaboración propia. En este anexo se especifican particularidades y datos singulares sobre cada uno de los entrevistados, desarrollando con detalle el perfil de cada entrevistado y sus tareas y transcribiendo a tenor literal sus respuestas.

Respuestas siguiendo el cuestionario del Anexo 1

Entrevista 1: Ayuntamiento de Estocolmo. Observatorio municipal sobre segregación, gentrificación, racismo y derechos de género. El funcionario entrevistado nos facilita documentación sobre la *International Union of Tenants* (IUT), que existe para defender los intereses de los inquilinos y promover viviendas asequibles en todo el mundo, estando la oficina central en Estocolmo desde 1956, basándose principalmente en la elaboración y seguimiento de la Carta del Inquilino. Con la documentación referida se elabora todo lo relacionado con la Vivienda e incluso la incidencia de la Covid-19 pudiendo ampliar el análisis a otros lugares de los países nórdicos, poniendo en la diana la falta de vivienda como un ingrediente importante en la exclusión social. El primer proyecto sobre Vivienda fue *Hemgården Centralkök* (1905), con Alva Myrdal en los años '30 aparecería el programa de vivienda familiar *Hässelby Familjehotell*, se observan los tres tipos de *cohousing* según la edad y circunstancias vitales (*Prästgårdshagen*), como también existe el programa *Elfvingården* (mujeres solteras), con una campaña pública de invitación a los residentes de viviendas públicas a formar cooperativas, entre más cuestiones particulares sobre su sistema de vivienda.

P.1. Considera que un problema social es aquel que sufre una gran cantidad de gente.

P.2. En su entorno más cercano conoce problemas de los jóvenes en relación con la Vivienda.

P.3. Que haya una conciencia clara de que es un problema social, es decir, no un problema individual que debe sufrir cada uno.

P.4. Los relacionados con la salud pública, la educación pública, el cuidado de mayores y las ayudas en cuanto al desempleo.

P.5. Confiesa que en los ayuntamientos se hace un buen trabajo de evaluación de las políticas.

P.6. Subraya que hay una buena interacción con universidades y ONG.

P.7. A los poderes públicos le da una calificación alta por demostrar tener una sensibilidad social alta.

P.8. No sabe qué decir en qué problemas sociales pueden no estar identificados como problemas públicos, pero sí que habla de algunos cambios que se están produciendo en el discurso del gobierno nacional con respecto a la orientación de las políticas sociales.

P.9. Cree esencial el servicio de registro de peticiones que debe haber en cualquier administración pública.

P.10. Informa de un informe trimestral en cuanto a peticiones y ver si ha habido alguna respuesta o valoración en Pleno de las sugerencias y demandas que entran.

P.11. Dice que dado su rol también de "observador de realidades", se concentran los problemas sociales más en mujeres y en la gente mayor aquejada de más soledad. También, en extranjeros y con menor nivel formativo, con más situaciones problemáticas en cuanto a la estabilidad laboral y con problemas familiares o de convivencia familiar.

P.12. No tiene nada que decir sobre un problema social en su entorno cotidiano, ni hay ninguna afiliación a partido, sindicato u ONG.

P.13. Considera que la escuela hace una gran labor de pedagogía y de conciencia social a la hora de articular unos buenos valores de convivencia y solidaridad entre los alumnos para poder entender el concepto de comunidad y la importancia de la ayuda cuando alguien no lo está pasando bien.

P.14. Cree que hay una buena valoración ciudadana al papel de las instituciones a la hora de dar respuestas a las demandas y a los problemas de los ciudadanos.

P.15. En general, considera que sí.

P.16. Las personas que sufren de problemas sociales tienden más a la marginación y a la autoexclusión, por eso es importante trabajar en la parte de la conciencia social para que se entienda el papel de vida en comunidad y de que en cualquier momento puede ocurrirnos un problema a cualquiera.

P.17. Las sucesivas crisis económicas están haciendo que los ciudadanos no sientan tanto recelo por las instituciones nacionales sino por las organizaciones supranacionales o internacionales en las que el país se mueve, con cada vez más presencia en la opinión pública de la palabra "Swexit".

P.18. A nivel particular, no ha notado un cambio drástico en su vida pero sí que ha visto incrementados exponencialmente los precios de los productos básicos en el país y como consumidor doméstico lo ha acusado.

P.19. Cree que la socialdemocracia volverá a estar fuerte. De hecho, en los ayuntamientos su presencia es fuerte, pero el escenario internacional es complejo y hay interés político en que Suecia salga de la UE y en avivar un discurso frentista contra la OTAN a pesar de que la opinión pública no es tan desfavorable a esta organización como sí lo fue en el pasado.

P.20. Con instituciones municipales y nacionales fuertes, no cree que haya espacio para el pesimismo en la gente más afectada de estos problemas sociales.

P.21. La gente está más confiada en los movimientos asociativos y en general, en la sociedad civil.

P.22. En un país de fuerte vocación municipalista, los ayuntamientos tienen buenas herramientas y legitimidad para dar respuestas.

Entrevista 2: Casa de la Cultura de Upsala. El trabajador nos documenta sobre la elaboración de protocolos para actividades formativas en centros educativos y en oficinas de empleo y los talleres de aprendizaje de sueco y de cultura sueca que organizan para refugiados e inmigrantes, en general, recién llegados al país.

P.1. En su ámbito de trabajo hay mucha atención a inmigrantes y ve muchos problemas de estigma social.

P.2. Muchos problemas relacionados con una falta real de inclusión social de los inmigrantes.

P.3. Un gran condicionante es la propia mentalidad del legislador. Evaluaciones previas y posteriores del impacto de los derechos humanos y la igualdad ayudarían a identificar los efectos distributivos de las políticas públicas en la sociedad y empujarían a los responsables políticos a evitar que fueran discriminatorios. Controles independientes realizados de forma periódica ayudarían a identificar y valorar los impactos de la política económica, tanto actuales como futuros, y evitarían que éstos socavaran el cumplimiento mínimo esencial de los derechos sociales. Dichas evaluaciones deberían acometerse en estrecha cooperación con los grupos interesados y sus representantes, y deberían hacerse públicas y difundirse ampliamente para garantizar la transparencia y la rendición de cuentas.

P.4. Se puede hablar de éxito pero siempre que se dé una buena política de integración y de inclusión social.

P.5. Los planes fallan por falta de información, de cuando el diagnóstico se realiza sin información estadística ni análisis adecuados. Un error grave y constante es hacer generalizaciones sobre los "pobres", obviar ciertos grupos sociales en un país o ignorar las fuentes de conflicto, que falte coherencia entre diagnóstico, prioridades y presupuesto. A veces el diagnóstico es correcto, pero las estrategias y los planes de acción no se corresponden con él; las prioridades nacionales no están basadas en el diagnóstico. Otras veces las estrategias y los planes de acción son correctos, pero no incluyen objetivos o plazos. Frecuentemente el diagnóstico, las estrategias y los planes de acción son correctos, pero las prioridades no están respaldadas por partidas presupuestarias adecuadas, que tienden a perpetuar patrones de gasto previos. Un número considerable de estrategias y planes, incluidos algunos PRSPs (*Poverty Reduction Strategy Papers*) no se traducen apropiadamente en canales de inversión pública. Confía en que haya más Estrategias Nacionales de Desarrollo, que no son un mero ejercicio tecnocrático: representan la oportunidad de repensar el contrato social de un país. Ello requiere la creación de coaliciones políticas de apoyo, a la vez que frenar la captura de beneficios de las élites u otros grupos con intereses creados que disuadan la vista en los problemas sociales de los ciudadanos.

P.6. Sí, sobre todo con ONG para tratar de visibilizar los problemas de integración y de adaptación cultural de los inmigrantes y lucha contra todo estigma social.

P7. Buena en el ámbito más local, más de distancia en cuanto a la administración más lejana (no por distancia física sino por letargo en las respuestas entreviéndose además mucha descoordinación entre entes administrativos).

P.8. Sí, o que no se abordan de manera contundente, como es el caso de las niñas menores de edad que no quieren seguir una determinada religión, en definitiva, una determina cultura que se impone desde casa y que choca con la cultura del país de origen, lo que provoca muchos conflictos interfamiliares.

P.9. La actitud no suele ser la mejor en cuanto a que no existe un verdadero foro eficaz y transparente y capaz de integrar respuestas entre las administraciones en la formulación de políticas. De esta manera, podrían suministrarse evidencias útiles a los órganos administrativos, parlamentos, tribunales, órganos regionales y nacionales y a los mecanismos internacionales de rendición de cuentas, para que pudieran exigir responsabilidades a los responsables políticos con más facilidad en este tipo de problemas sociales.

P.10. Se hacen informes periódicos. Como consecuencia del reconocimiento universal de los derechos humanos, es necesario que los poderes públicos proporcionen datos desagregados para evaluar el nivel de acceso y disfrute de los derechos socioeconómicos por parte de la población. A título de ejemplo, sorprende observar los escasos datos sistemáticos sobre las personas sin hogar, criticando "el baile de cifras que siempre hay", hecho que incrementa aún más la invisibilidad de este grupo de personas.

P.11. Perfiles de todo tipo, acusándolo más la gente con menor nivel académico, sin un perfil profesional claro.

P.12. No hay afiliación a nada. Los amigos son empleados públicos la mayoría.

P.13. Habla del "*folkhemmet*" y de la importancia de transmitir valores "de comunidad" desde que los niños son pequeños.

P.14. Existe una legitimidad ciudadana alta también por cuestiones históricas, por tradición, por cómo las instituciones han ido trabajando durante décadas. Defiende la promoción de políticas de desarrollo equitativo, como invertir en las personas mejora la calidad y la productividad de la mano de obra, lo que, a la vez, estimula la inversión y, por lo tanto, también el crecimiento económico.

P.15. Lanza una reflexión fundamental sobre los derechos fundamentales que están institucionalizados pero no garantizados. Los derechos son, en definitiva, contrapoderes, la "ley del más débil". Por avanzados y comprometidos que puedan llegar a ser sus propósitos, un Derecho desconectado de las circunstancias sociales en las que se inserta y de las condiciones que posibilitan que sea apropiado, reivindicado y actuado por los sujetos destinatarios, se acaba convirtiendo a menudo en un elemento de contención, de freno a los cambios sociales.

P.16. Sí, es un proceso paulatino, no rápido, pero se terminan adaptando bien.

P.17. Ha afectado mucho pero no tanto por las crisis en sí sino por el individualismo que todo esto ha creado. La sensación de que cada uno debe luchar "por lo suyo", desconfiando así de quien no tiene las herramientas para superar una crisis económica o social.

P.18. A título particular en nada.

P.19. Bien pero tratando de ir limando los fallos que se van produciendo. Una mejor supervisión de las políticas sentaría un punto de referencia para los derechos humanos que permitiría a los responsables no sólo aprender de los errores pasados sino anticipar mejor las consecuencias que su conducta tiene en los derechos humanos.

P.20. Se acentúa la brecha entre ricos y pobres como en otras sociedades. Las sociedades con grandes desigualdades sociales están asociadas a índices de crecimiento inferiores. En los niños, la pobreza y la malnutrición perjudican la salud, provocando muertes prematuras y dañando las habilidades cognitivas, lo que resulta en una productividad inferior en los futuros adultos; un alto precio que pagar para un país. Afirma que las sociedades desiguales no son sólo injustas sino que tampoco pueden garantizar la estabilidad política y social a largo plazo, lo que constituye una barrera para el crecimiento económico.

P.21. Buen papel pero se echa más en falta discursos y actitudes "de Estado", no tanto de refriega entre partidos.

P.22. Servicios sociales, ONG y Ayuntamientos: entre estos tres debe haber una mejor coordinación, también introduciendo a las escuelas, para luchar por que no haya conflictos culturales y sociales.

Entrevista 3: Ayuntamiento de Malmö. Asisto a una reunión del área de servicios sociales de la Kommuna. Ahí hablan de *Malmöandan*, que es un foro en el que el ayuntamiento trabaja junto a la sociedad civil para tratar los desafíos sobre sostenibilidad social de la ciudad. Uno de los foros más relevantes recientes ha sido el organizado el 1 de marzo de 2023, con el lema: "Levántate contra el odio digital y a favor de los derechos humanos". Meses atrás, se produjo el foro de diálogo: "Jóvenes, seguridad y participación" y también fue relevante el foro *Malmötimmen*, poniendo en valor la siguiente idea: "Así es como Malmö le da la espalda al odio cuando entre nosotros nos apoyamos". El propósito del *Malmötimmen* era aumentar la conciencia sobre el problema social de la inclusión y de la falta de seguridad y difundir conocimiento y comprensión sobre sentencias referidas al odio en cuanto a la islamofobia y la afrofobia principales exponentes, al igual que las personas trans y las personas racializadas. Se trataron temas relacionados con la gobernanza local horizontal y la inclusión social y cómo la sociedad civil fue tan importante en la recepción de refugiados en Malmö en 2015.

La zona residencial de Sofielund ha sido la más afectada en estas dos últimas décadas en cuanto a malestar social en consonancia con una población creciente que acusa exclusión social, con viviendas deterioradas. Desde los últimos años y tras mapeos e identificación de puntos calientes de conflictividad, se diseñó un plan de colaboración entre el ayuntamiento, propietarios de viviendas y otras partes interesadas para aumentar la seguridad en la zona. El secreto detrás del cambio es una colaboración entre el municipio, los propietarios y otras partes interesadas para aumentar la seguridad en el área a través del programa BID (*Business Improvement District*). En la iniciativa de Malmö, podría tratarse como "Acomodación, Integración y Diálogo" (la responsabilidad de este plan recae en Hjalmar Falck) y las instituciones de investigación y criminólogos vinculados a universidades y comisarías de policía trabajan en la coordinación de información y en la evaluación del plan. El programa BID ganó el primer premio del Premio Europeo de Prevención del Delito con la percepción pública de reducción de la sensación de inseguridad. Actualmente, hay identificado otro punto caliente: la zona de Möllevången y en 2020 se constituyó el BID en esta zona también, con planes de reducción del crimen a través de una mayor coordinación policial y ayuntamiento y manteniéndose limpias las zonas comunes y dando más impulso a iniciativas culturales, entre otros. Malmö también destaca por su programa "*Housing first*", que empezó en 2012 ofreciendo a las personas sin hogar y con problemas una oportunidad para conseguir una vivienda, con una serie de requisitos a través de la Guía del Inquilino, en contacto siempre con un administrador. Los problemas sociales más frecuentes que ha cubierto este programa en que el contacto con el administrador es constante son las adicciones y/o enfermedades mentales.

P.1. Todo lo que suponga un problema identificado en un gran núcleo de población.

P.2. Muchos problemas asociados a falta de salud mental. Y cuestiones de diversa índole relacionadas con falta de adaptación social.

P.3. Empíricamente, existe una conexión entre las medidas de austeridad, de ajuste fiscal y de recortes en el gasto social con el aumento de los problemas de salud mental, el abuso de drogas y los suicidios.

P.4. Pobreza, abandono escolar, una tasa de desempleo alta en los inmigrantes, falta de inclusión social, problemas de salud pública en cuanto al turismo sexual en el extranjero y en cuanto a salud mental, un consumo de alcohol que ha vuelto a ir a más en los últimos años, problemas en torno a la vivienda y mucha soledad en la población más anciana.

P.5. Hace defensa del municipalismo en cuanto a que es la Administración más cercana y donde se puede hacer un mejor seguimiento de los análisis de universidades y administración de los problemas detectados y de la población afectada. Cree que se puede hablar de éxito en cuanto a la implementación de las políticas pero sin dejar de ser un tema, el de los problemas sociales, que nunca termina de resolverse del todo.

P.6. Sí, existe interacción con varios actores a nivel académico e institucional aunque quizás la sociedad civil no tenga tanto peso como se dice. Falta más participación ciudadana en cuanto a la formulación de demandas. Los derechos a participar en los asuntos públicos y a la transparencia mediante el acceso a la información oportuna y relevante se han visto perjudicados como consecuencia de los últimos años en cuanto a una erosión en la imagen de la política del país, con mucha fragmentación electoral y con posiciones radicales haciéndose fuertes en las instituciones. A menudo se han asignado mayores márgenes de autoridad al poder ejecutivo, para poder adoptar medidas de contención del gasto social sin consultar con el poder legislativo.

P.7. Cuando se identifica un problema social como público, la respuesta por parte de la administración suele ser buena en cuanto a hacer un seguimiento y evaluar toda propuesta y solución dada.

P.8. Una actitud de compromiso en cuanto a que no desaparece el problema tras dar un intento de solución sino que hay un seguimiento posterior.

P.9. Con un registro de peticiones, con una reunión abordando cuestiones de viabilidad en la formulación de alternativas en las que trabajar para llevar a cabo la política deseada y un seguimiento de si la demanda sigue en curso o decayó.

P.10. No una periodicidad clara porque depende de muchas variables como si es año electoral, si hay que reunir más tiempo para recopilar más documentación, o si hay que entrevistar a un público objetivo mayor, pero en general, podemos hablar de un plazo medio de seis meses que es más costumbre que algo sujeto a ley.

P.11. Al tratar con población inmigrante, subraya que una parte importante de las nuevas crisis se sostienen sobre tres ejes: territorio, geopolítica y miedo. A tenor literal, establece que con la crisis de los refugiados en 2015, se produjo a la par otra crisis en cuanto a los recortes presupuestarios, con menos recursos disponibles para la acogida de los solicitantes de asilo, para los programas que facilitan la integración social y económica de los inmigrantes, así como para la asistencia jurídica y el acceso a los servicios sociales y sanitarios. Abordando el tema de la mendicidad de los romaníes, considera que se produjo tras esta fecha un deterioro aún mayor de la situación, ya de por sí difícil, de muchas minorías étnicas como los romaníes, que están particularmente expuestos al desempleo de larga duración, con duras condiciones de grave privación material. Todo esto en medio de una nueva realidad política que asoma tras las elecciones de 2014, que instalan un cierto discurso entre la opinión pública en torno al sentimiento anti-romaní, por lo que las medidas positivas para la protección de esta minoría se han vuelto impopulares.

En su experiencia, dispone que los inmigrantes aportan claramente más al Estado de bienestar de lo que reciben, que introducen flexibilidad y suplen carencias del sistema de protección social, pero al mismo tiempo, generan demandas y plantean nuevos retos, implicando un debate interesante que debe ser racional y bien construido sobre identidad y ciudadanía.

P.12. Dentro de sus amigos hay inmigrantes de segunda y tercera generación y sí se considera una persona activa a nivel asociativo en su municipio.

P.13. Sí que cree que aún existe un principio de solidaridad en la sociedad y que en la escuela se forma en estos valores.

P.14. Las grandes desigualdades, la exclusión y la pobreza, son factores que multiplican la probabilidad de deslegitimación del Estado y la retirada del apoyo ciudadano, conduciendo a la desintegración social, el conflicto y la violencia. La política social consiste en situar a los ciudadanos en el núcleo de las políticas públicas, ya no mediante el suministro de asistencia social residual, sino incorporando sus necesidades y voz en todos los sectores. Es importante que toda política pública tenga un equilibrio entre crecimiento económico y equidad social, sin que una parte pese más que la otra.

P.15. Cree que sí aunque ese *feedback* es mejor entre la población sueca que entre la población inmigrante.

P.16. Observa muchos más problemas de salud mental y tienen tanta desconfianza en la administración que muchos deciden no implicarse en lo político y social de su entorno más cercano, incluso absteniéndose de votar.

P.17. En la población inmigrante se incide en las crisis de sus países de origen y también se habla de un aumento en la carestía de vida del país tras el conflicto de Ucrania y Rusia.

P.18. La población joven es más desconfiada ahora que hace diez o veinte años. Sí que es solidaria y deseosa de viajar y aprender otras culturas. Muy activa a nivel asociativo pero con una desconfianza que ha ido creciendo en torno a los partidos políticos, aunque no cree que en el mismo grado de lo expresado por la entrevistadora con relación a España.

P.19. Los sistemas tributarios siguen descansando sobre las rentas del trabajo. A largo plazo, parece inviable sostener el Estado del bienestar con esta composición tan distorsionada.

P.20. Con un buen trabajo por parte de la administración y de los centros de investigación social que trabajan en buscar articular políticas públicas, la visión es optimista.

P.21. Los partidos políticos son útiles pero como cualquier otro actor político y social que colabora en la recepción y estudio de demandas ciudadanas.

P.22. Importante la labor de investigación social de los centros de estudio como de las escuelas en cuanto a transmitir los problemas que se detectan en la infancia y dentro de las redes familiares de los niños desde tan corta edad de vida.

Entrevista 4: Centro para la Evaluación del Trabajo Social (CUS). Estudios orientados principalmente a áreas como el cuidado de niños y jóvenes y el tratamiento de adicciones. Ponen el foco especialmente en lo relacionado con la conflictividad en el ámbito familiar.

P1. Todo problema que pueda ser abordado desde los poderes públicos y que afecte a un gran número de gente.

P2. Depresión en los jóvenes. Mucho sentimiento de soledad. Trabajamos en estudios también sobre la adicción a las tecnologías y esta sensación de tristeza y de alienación que sufren.

P3. Otros condicionantes pueden que hay derechos fundamentales que están institucionalizados pero no garantizados. Los derechos son, en definitiva, contrapoderes, la "ley del más débil". Por avanzados que puedan llegar a ser sus propósitos, un Derecho desconectado de las circunstancias sociales en las que se inserta y de las condiciones que posibilitan que sea apropiado, reivindicado y actuado por los sujetos destinatarios, se acaba convirtiendo a menudo en un elemento de contención, de freno a los cambios sociales.

P4. La salud mental de los jóvenes. Trabajar en diagnósticos preventivos. Una falta de atención en la salud mental daña lo cognitivo, daña el aspecto de las habilidades sociales, lo que puede derivar en una falta de perspectivas en quienes serán adultos.

P5. Se hacen más publicaciones pero mínimo tenemos una anual plasmando todos los trabajos y resultados del año.

P6. Trabajamos tanto con la Universidad como con la Administración pública.

P7. En torno a 10 podemos hablar de 9 porque existe rapidez en la respuesta cuando pasamos algún informe. Hay un liderazgo transformacional cuando recurrimos al poder público. No doy un 10 porque muchas veces nos encontramos cierta descoordinación entre lo expresado por una Administración y otra, sobre todo si hablamos de la Administración del país con respecto a la administración más puramente local.

P8. La pandemia ha creado nuevos problemas relacionados con la adicción a los jóvenes. Hay que seguir estudiando sobre esto.

P.9. Confiamos gran parte de nuestra labor en la atención de docentes y orientadores de centros educativos en todo lo que nos remiten sobre *bullying* y demás cuestiones relacionadas con el comportamiento entre los grupos de estudiantes y a nivel individual; algún rasgo de poca comunicación, de tristeza, de malos resultados académicos continuados, de malos sistemas familiares, etc.

P.10. Al terminar de hacer un informe; podemos decir que dos veces al año podemos estar haciendo los envíos de cada informe, que nos puede durar en torno 5/6 meses terminarlo.

P.11. Hay casi un empate entre niños y niñas pero ha habido años en los que era mayor la brecha siendo más los niños los afectados.

P.12. Entre estos jóvenes veo mucha desmotivación por socializar y sus amigos suelen ser de unos valores determinados con los que reforzar su identidad de "diferente". No tratan aquí si participan en algo social aunque hay que resaltar que tienen una gran sensibilidad social y mucho compromiso por la justicia.

P.13. El individualismo ha ido a más. Los centros educativos son los que tienen un mayor peso en la conciencia social.

P.14. Las instituciones en general gozan de un nivel alto de aprobación.

P.15. Hay mucha lentitud en el proceso de recepción de las demandas y en el tiempo de respuesta.

P.16. Se sienten poco integradas viviendo cada crisis personal con mucha angustia y con sensación de fragmentación, de no creer en la sociedad.

P.17. No puedo precisar pero si hay algo de relación con las crisis es con el aumento del individualismo, con una decadencia de lo que son los valores de la comunidad.

P.18. En un sentimiento más pragmático y menos utópico de lo que es el mundo. Y sí se nota el encarecimiento de productos básicos.

P.19. Todo son ciclos. No tengo por qué tener una postura muy pesimista en general. Lo bueno de trabajar con gente que puede estar pasándolo mal es que se buscan alternativas a muchas situaciones de conflicto.

P.20. Con buenos diagnósticos y buenos programas de seguimiento, bien.

P.21. La fragmentación política es otro problema. Damos más peso a las asociaciones. Los partidos podrían tener más liderazgo con iniciativas sociales pero el peso de las asociaciones en luchar por estas cuestiones es mayor.

P.22. Centros educativos, unidades de psicología y psiquiatría de los hospitales, programas municipales, universidades y este Centro como forma de recabar información y de articular y coordinar protocolos y estrategias de acción.

Entrevista 5: *Sveriges kommuner och Regioner.* A través de un formulario virtual se pudo contactar para hacer una petición de entrevista personal en Estocolmo. SKR recopila, produce, administra, publica y analiza grandes cantidades de datos y estadísticas sobre los municipios suecos (cubriendo alrededor de 260 municipios), haciendo comparaciones entre municipios y regiones y todo ello registrándose a través de su propia base de datos que es de acceso público (Kolada). Se hacen comparaciones abiertas en cuanto al clima laboral y de emprendimiento, el trabajo ambiental, la planificación y gestión del tiempo, la seguridad y protección, la escuela desde preescolar hasta la secundaria superior, los servicios sociales y la asistencia sanitaria municipal y la salud de la gente. El propósito de las comparaciones abiertas y KKiK es que las regiones y los municipios puedan usarlos para analizar sus operaciones, aprender unos de otros, mejorar la calidad y hacer que las operaciones sean más eficientes. SKR colabora con la Junta Nacional de Salud y Bienestar en comparaciones abiertas. Entre sus muchas encuestas, se puede resaltar la de usuarios en el campo de la discapacidad, donde se recogen datos de participación de municipios y actores privados para llevar a cabo políticas de apoyo a la vivienda, actividades de tiempo libre, empleo y asistencia personal. En cuanto a los mayores, la asistencia sanitaria de asilo y la política local de cuidados se mide anualmente, publicando el número de plazas y centros asistenciales por municipio y región. Hay una medición recurrente de las experiencias de cuidado de los pacientes. Todas las regiones participan y los pacientes tienen la oportunidad de hablar y responder preguntas sobre sus experiencias y experiencias de atención. Los resultados se utilizan para mejorar y desarrollar la atención desde la perspectiva del paciente, además de ser una base de comparación entre las unidades de atención y una herramienta de gobierno y gestión. Aparte, está el Registro nacional de Calidad, que es una herramienta para monitorear el diagnóstico, el tratamiento y los resultados en la atención médica sueca (se actualiza continuamente), al igual que lo referido a la atención del cáncer, con reporte de los tiempos de espera. También, hay estadísticas municipales del mercado laboral (KAS), con información actualizada anualmente, cuyo objetivo es generar conocimiento sobre el alcance de las iniciativas municipales sobre el mercado laboral y brindar información sobre con qué grupos objetivo trabajan los municipios, qué iniciativas se ofrecen, cómo se organiza el trabajo y qué resultados se logran. Dentro de este apartado, destacan las estadísticas y cifras clave en relación con la integración desde varias perspectivas, dividiéndose en asilo y acogida de refugiados, formación en sueco para inmigrantes (SFI), la asignación correspondiente a la oficina de empleo para los recién llegados, demografía, patrones migratorios y vivienda. Con los resultados hallados, la intención de la administración es que los municipios se desafíen a sí mismos produciendo y comparando resultados para aprender y desarrollar de unas y otras experiencias de gestión. En este Departamento trabajan en temas de crecimiento y negocio, desarrollo local y regional, infraestructuras y transporte, inmobiliario y abastecimiento local, banda ancha, tecnología municipal, planificación y construcción, medio ambiente y energía, seguridad y protección, investigación, educación pública, innovación, políticas de cohesión, cultura y ocio.

P.1. Toda cuestión en que alguien no pueda valerse por sí mismo del todo o necesite de un apoyo externo y pueda implicar un problema en la igualdad de oportunidades del afectado.

P.2. Vivienda, soledad de los ancianos y más ayuda a los dependientes.

P3. Una mejor imagen pública de qué son los problemas sociales y de que cualquiera puede sufrirlos en algún momento de su vida.

P.4. Las ayudas a los dependientes.

P.5. Éxito en la implementación. Importancia de informes actualizados y con buena coordinación en el volcado de datos.

P.6. Sí, a través de los municipios, que son responsables de gran parte de los servicios comunitarios disponibles del país. Entre las funciones más importantes están el preescolar, la escuela, los servicios sociales y el cuidado de personas mayores.

P.7. Calificación alta.

P.8. La pandemia ha marcado un antes y un después en muchos problemas de los ciudadanos. Estudiar bien a la gente anciana y a los dependientes por mucha soledad sufrida es prioridad.

P.9. Conducta de vocación social. Los problemas se resuelven mejor con buenos equipos de investigación y buenos equipos de implementación, con una buena coordinación entre ellos.

P.10. El informe anual permite realizar comparaciones entre años anteriores y proporciona una visión general nacional de los datos clave mediante infografías.

P.11. Últimamente nos hemos volcado más en estudios sobre los jóvenes, fomentando la investigación en el cuidado social de niños y jóvenes de 13 años o más y tutores de niños y jóvenes de 0 a 20 años, con estudio sobre situación académica, posibles adicciones, la atención odontológica, si viven o no en el núcleo familiar o si están o no trabajando y por qué. También elaboramos un mapeo de atención psiquiátrica infantil y juvenil (BUP), aparte de la psiquiatría de adultos (VUP). También se hacen investigaciones sobre los mayores y discapacitados.

P.12. No hay vinculación con ninguna organización más allá de lo puramente referido a cuestiones de trabajo.

P.13. Hay muchos programas de voluntariado. Sí que hay una conciencia social en cuanto a querer colaborar con quien lo puede estar pasando mal.

P.14. Buena imagen de las instituciones.

P.15. Considero que sí, que la respuesta a las demandas suele ser satisfactoria. Desde aquí instamos a los poderes públicos a acortar los plazos de respuestas. El último informe trabajado fue sobre el cálculo del coste de cada paciente individual (KPP); en la base de datos se puede ver lo cuestan, en promedio, diferentes diagnósticos médicos.

P.16. En los casos que trabajamos hay una buena integración y en los datos que manejamos sobre los extranjeros recién llegados al país, se hace un seguimiento de su proceso de adaptación.

P.17. Sí que hubo unos años de recortes presupuestarios en políticas sociales y un debate muy vivo sobre externalizaciones y privatizaciones.

P.18. Los precios, en general, se han disparado.

P.19. Depende de muchos factores y sobre todo, los externos, lo que suceda en otros países y que suponga un contagio.

P.20. Bien en el sentido que la Administración trabaja para que se sientan amparadas.

P.21. Los partidos son un instrumento más de recepción de planteamientos y de búsqueda de soluciones.

P.22. Muchas charlas orientativas en los centros de la "tercera edad".

Entrevista 6: A través de La Junta Administrativa del Distrito de Östermalm se conoció este órgano colegiado, que trabaja conjuntamente con la Junta nacional de Salud y Bienestar Social. Entrevista *in situ,* con datos sobre las altas tasas de mortalidad en la pandemia en las residencias geriátricas y protocolos sobre el sistema de cuidados.

P.1. Lo relacionado con aquellos factores que limiten el bienestar de las personas.

P.2. Problemas de ansiedad relacionados con estrés laboral.

P.3. Factores de tipo psicológico, que puede incapacitarlos para el desarrollo pleno de sus habilidades y aptitudes.

P.4. Cuestiones de diversidad sexual y de género.

P.5. Podemos hablar de lo relacionado con los problemas relacionados con el clima laboral en el trabajo y la afectación a nivel psicológico y de salud, intercambiando datos con sindicatos y trabajadores sociales.

P.6. Sí, existe esa interacción que ayuda a contrastar mejor los datos.

P.7. Alta. Buena coordinación administrativa.

P.8. Sí, trabajar en cuanto al grado de inadaptación social que puede causar no prestar suficiente importancia al clima laboral.

P.9. De los datos que presentan se estratifican perfiles y se establecen programas y prioridades.

P.10. Entre 2/3 veces al año como mínimo.

P.11. Los resultados suelen no mostrar una tendencia clara en cuanto a brechas de género aunque sí se acusan más problemas de ansiedad en trabajadores muy jóvenes o en aquellos a partir de los 55 años. Se habla del debate que fue arrinconado en los '90 sobre el fondo de participación de los trabajadores en la propiedad de las empresas, lo que durante muchos años se ha señalado como uno de los detonantes de la crisis de popularidad que vivió el partido socialdemócrata en la época.

P.12. Entre mis amigos hay alguna sintomatología de la que aquí hablamos y hay afiliación a sindicatos y alguno, a algún partido político.

P.13. La escuela es una gran transmisora de valores y hay mucho debate público sobre la calidad de vida y la salud emocional de los trabajadores.

P.14. En general, se aprueba el papel de las instituciones pero hay cierta sensación de que se necesita que alguien ayude "desde fuera", porque hay cada vez menos unión a nivel colectivo entre los trabajadores.

P.15. En general, sí.

P.16. En este caso, sí se sienten integradas en la sociedad pero con mucha falta de autoestima personal e incluso grupal y con sensación de muchas incertidumbres de cara al futuro.

P.17. En los datos últimos en los que se ha trabajado, la pandemia de 2020 trajo muchas inseguridades y problemas relacionados con ansiedad.

P.18. Las incertidumbres están en todos, el no ver un horizonte claro lo sufrimos todos. En Suecia existe un debate que antes no se daba sobre la bajada en el nivel educativo y cada vez más gente defendiendo que deben desaparecer muchas ayudas sociales.

P.19. Suecia atraviesa graves problemas políticos. Que los ultranacionalistas estén bajando en las encuestas no responde al grave problema de polarización y de gran fragmentación que hay en el país.

P.20. Todo depende del grado de prioridad que dé la administración a estos casos.

P.21. La gente es ahora más desconfiada de los partidos. Prefieren sindicarse o participar en asociaciones.

P.22. El mismo Sindicato de Trabajadores Municipales es un instrumento de ayuda a los trabajadores en general trabajando en todo lo que puede ser evitar la angustia psicológica. Un trabajador motivado es un trabajador productivo.

Entrevista 7: Sede del Partido socialdemócrata sueco en Estocolmo. Información sobre estudios sobre problemas sociales en el partido y sobre la representación por colectivos y barrios, con atención en quienes representan a cada población extranjera haciendo estudios sobre necesidades.

Reproducimos literalmente las respuestas brindadas.

P.1. Cuando hay exclusión en algún punto relacionado con el bienestar. Cuando el bienestar incluye a todos, la libertad individual puede crecer. Entonces todos pueden tener la oportunidad de realizar los sueños de su vida. Ésta es la base de la política socialdemócrata.

P.2. También tenemos serios problemas sociales con los que lidiar. Chicos adolescentes que disparan a otros chicos y chicas adolescentes que tienen miedo de salir de noche. El cambio climático amenaza a todo nuestro planeta. Y a pesar de todo el personal capacitado en la escuela, no todos los estudiantes obtienen el apoyo que necesitan. Estos son problemas que no pueden resolverse con recortes de impuestos o privatizaciones derechistas. Un problema social que seguimos viendo como muy grave en el país es el alcohol, que es una causa común detrás de la exclusión social, la violencia y la mala salud. Por lo tanto, necesitamos reducir el consumo de alcohol y prevenir el abuso de alcohol. Para esto, queremos mejorar el tratamiento de las adicciones y fortalecer la psiquiatría, queremos seguir resguardándonos del monopolio estatal de *Systembolaget* porque contrarresta la venta descontrolada de alcohol, no queremos tener las llamadas *ventas agrícolas* porque no es compatible con las normas de la UE sobre tener un monopolio minorista de bebidas alcohólicas, por tanto, queremos tener regulaciones más estrictas sobre las ventas en línea de alcohol para proteger los derechos exclusivos de *Systembolaget*. En nuestra etapa de gobierno intensificamos las medidas contra el contrabando de alcohol.

Hoy en día hay aproximadamente 500.000 personas en Suecia con serias adicciones en general y la mayoría de estos casos, sobre unos 330.000, tienen problemas con el alcohol. Los estudios sobre patrones de consumo muestran que las personas que ya tienen un alto consumo de alcohol o drogas aumentan aún más su consumo. Es también un tema de protección del menor, porque demasiados niños tienen padres que abusan del alcohol. La Autoridad de Salud Pública estima que hasta 385.000 niños viven en familias donde uno o ambos padres tienen un consumo de alcohol de riesgo. El consumo elevado de alcohol también aumenta el riesgo de padecer una serie de enfermedades. La investigación médica y académica encuentra cada vez más conexiones entre el alcohol y muchas enfermedades graves, como el cáncer, las enfermedades cardiovasculares y la depresión. Las herramientas importantes en la política de alcohol son limitar el acceso al alcohol de varias maneras, incluso a través de reglas de importación, límites de edad, monopolios de venta y una política activa de precios. Paralelamente, también necesitamos mejorar el tratamiento de las adicciones, el apoyo a los familiares y la psiquiatría. En el último gobierno socialdemócrata se decidió una nueva estrategia ANDTS (política de alcohol, drogas, dopaje, tabaco y nicotina y apuestas por dinero), se elaboró una propuesta sobre cómo debería reducirse la publicidad de bebidas alcohólicas en las redes sociales dirigida a los jóvenes y se llevó a cabo una política activa sobre el alcohol que ha contribuido al hecho de que el consumo de alcohol haya disminuido en Suecia en los últimos años, sobre todo entre los jóvenes.

P.3. Las enfermedades mentales van en aumento. Muchos jóvenes y viejos sufren de enfermedades mentales. Entre las nuevas bajas por enfermedad, domina la enfermedad mental. Hay que fortalecer la salud de los estudiantes para detectar y prevenir enfermedades mentales de manera temprana, ver más clínicas para jóvenes que deberían poder brindar apoyo a niños y jóvenes con enfermedades mentales leves. Todos los niños y jóvenes que padecen enfermedades mentales deben tener un contacto más rápido con la atención. Se necesita una *vía de entrada* en todas las regiones para que los niños y los jóvenes puedan encontrar fácilmente la atención adecuada. Puede tratarse de un solo número de teléfono al que los niños o sus padres puedan llamar y obtener ayuda con el nivel de atención adecuado, pudiendo pasar por introducir una línea de ayuda nacional para enfermedades mentales que pueda brindar apoyo conversacional profesional y anónimo, por ejemplo, por teléfono o chat, a personas con enfermedades mentales o pensamientos suicidas y sus familiares. Con esto se puede trabajar mejor en la prevención del suicidio a través de mayores recursos para la difusión del conocimiento nacional y el apoyo a las organizaciones que trabajan en la prevención. La vida laboral debe ser mejor. Queremos contrarrestar el estrés y las enfermedades mentales en el trabajo endureciendo los requisitos para los empleadores y mejorando el fondo de compensación para trabajadores y la atención médica ocupacional. Así que la respuesta serían tres respuestas: los condicionantes fuera de lo más puramente socioeconómico serían la salud mental de los jóvenes, la vida laboral y el objetivo de que sea más saludable y poder romper la soledad de la gente mayor. Otro problema social es la creciente segregación y ahí también se piensa en la mejora del acceso a la atención psiquiátrica para adultos y para prevenir problemas de salud en niños y jóvenes del grupo de solicitantes de asilo y recién llegados al país. Es importante unir migración con integración, porque el resultado no puede ser la segregación que traslada la imagen de falta de normas y de criminalidad.

Es importante para quienes vienen que aprendan el idioma, que participen en el mercado laboral y que asuman los valores de igualdad de género que caracterizan al país. Otro tema es que el personal de la escuela debe tener el conocimiento y las condiciones para brindar una mejor ayuda y apoyo a las personas jóvenes LGBTQ+, que el seguro parental se modernice y adapte a las diferentes constelaciones familiares, que existan lugares de encuentro en los municipios para personas LGBTQ+ y que se facilite un cambio legal de género en el registro de población.

P.4. Creemos que existe consenso social en torno a los muchos temas que hemos impulsado desde las instituciones y éstos son centrarnos en los niños y jóvenes, en las residencias geriátricas, en la salud y atención médica, en la integración cultural y al mercado de trabajo, en una política migratoria que no cree ciudadanos de segunda, en la no segregación, en el impacto medioambiental, en la igualdad y en la no discriminación, en el problema de seguridad callejera y de pandillas, en las cuestiones relacionadas con la cultura y en el acceso para todos, en una buena Educación y menos ratio de alumnos en las aulas, en lo relacionado con los derechos de los consumidores, en el cuidado de ancianos y en general, en todo lo que es el Bienestar. Exigiéndonos unos a otros y ayudándonos unos a otros, desarrollamos nuestro modelo social común. Cuando el bienestar funciona e incluye a todos, nos atrevemos a más; cambiar de trabajo, montar un negocio, formar una familia y tener hijos, mudarse o empezar a estudiar. Todos nos beneficiamos de eso.

P.5. Hay una mesa de trabajo y nos reunimos para coordinar todas las demandas que llegan a nuestros representantes de todos los ámbitos. Las políticas que impulsamos son precedidas de un compromiso por programa y también, compromiso con actores diversos de la sociedad civil.

P.6. Se trabaja con muchos investigadores y profesores universitarios. La Universidad es una célula siempre viva y se asiste a foros de debate y reflexión, de ponencias de muchos temas, en los que recogemos voces tanto autorizadas como el sentir de muchos en cuanto a un tema de opinión pública o que pretende serlo.

P.7. Calificación alta. Mucho trabajo de campo, mucho trabajo de recogida de demandas. Mucha labor prospectiva. Mucho enfoque en las políticas públicas.

P.8. Constantemente aparecen nuevos temas pero todos ellos siempre están entroncados con algo que ya tenemos encima de la mesa. Por ejemplo, que el modelo actual de alojamiento propio (Ley EBO) debe ser desmantelado y reemplazado por un mejor sistema que contrarreste la segregación. El tema de tratar de evitar el reclutamiento de las pandillas y su detención va más allá de sólo tratar de evitar más criminalidad y es que hay que abordar cuestiones referidas con integración, mercado de trabajo, Educación, salud psicológica, policías o justicia, con lo cual, son muchas cuestiones relacionadas. Hay un debate vivo sobre un posible descenso en el nivel educativo de nuestros jóvenes y la relación con el uso y abuso de las pantallas y sus sentimientos de soledad, baja autoestima, agresividad y acoso.

P.9. En una mesa de coordinación donde vemos la evolución de los problemas presentados y se hace un seguimiento sobre el tipo de institución que ha trabajado, en qué ámbitos y las mejoras que vemos en todo el proceso (o los fallos).

P.10. Es un ciclo constante y va en función también del tipo de problemáticas y de los tiempos de respuesta que se prevén.

P.11. Mujeres, niños, extranjeros y personas mayores en su soledad. Suecia es uno de los mejores países del mundo para crecer. La pobreza infantil se debe a que los padres de los niños son pobres. Y la violencia de género es también violencia, si no física sí psicológica, contra los niños.

P.12. Sí, muchos están afiliados al partido, a una organización sindical (aunque no necesariamente a LO, el sindicato históricamente ligado al partido), a algún club de lectura, algún club deportivo y muchos, a alguna asociación relacionada con el ámbito familiar. Como partido gestionamos nuestra propia acción asociativa como la organización universitarias de estudiantes socialdemócratas de Suecia, la *S-kvinnor* (mujeres) o incluso una asociación en la que están miembros con creencias religiosas de todo tipo.

P.13. Se tejen lazos de solidaridad, con sindicatos fuertes, con una labor pedagógica fuerte por la cohesión social entre los nativos y los que no, por eso una de las ideas ha sido poder detener el dumping salarial para luchar contra la discriminación de los trabajadores extranjeros. Suecia es un país donde está fuerte la sociedad civil y en las instituciones se ha trabajado para que las actividades basadas en ideas administren asistencia social financiada con fondos públicos y así también estimular el crecimiento del espíritu empresarial de la sociedad civil. La construcción social se basa en la creencia del compromiso de los ciudadanos y el respeto por su capacidad independiente para organizarse. El tiempo de ocio de los jóvenes, incluidas las actividades en los centros de ocio, es un escenario importante para crear lugares de encuentro y oportunidades para establecerse en la vida comunitaria. Los movimientos populares en Suecia han estado involucrados en el desarrollo del modelo de bienestar sueco, en interacción con el Estado y los municipios. Es importante crear más salas de reuniones para la sociedad civil y también, reorientar las políticas rurales, ampliando la inversión en oficinas de servicios gubernamentales en lugares donde no hay otra presencia gubernamental, presentando estrategias alimentarias a largo plazo para que la producción de alimentos pueda aumentar".

P.14. Se necesitan políticas valientes aunque muchas veces puedan no ser coherentes con lo defendido durante mucho tiempo. O sea impopular. O vaya contra unos principios e ideales claros. Se ha trabajado también contra la inmigración laboral, en suprimir la posibilidad de que las personas a las que se les ha denegado la solicitud de asilo obtengan un permiso de residencia para trabajar o contra el hecho de acumular empleos de duración determinada uno encima del otro. Pero tratamos de comunicar lo que hacemos para que la gente pueda entender mejor la posición elegida. La legitimidad institucional es alta si la entendemos como la confianza de la gente en las instituciones pero también debe haber un trabajo de confianza por parte de quienes están en las instituciones, de mucha transparencia y comunicación, de mucho trabajo e información.

P.15. Sí, gracias al impulso de la sociedad civil.

P.16. Se sienten integradas porque desde muchas décadas ha habido una red por parte de las instituciones para que se sientan amparadas pero otra cosa es su actitud frente a esa red, puesto que muchas personas al tener un problema pueden sentir desconfianza en quienes trabajan por ayudarlas.

P.17. Desde la crisis vivida en la década de 1990, Suecia ha pasado de ser uno de los sistemas escolares más equitativos del mundo a tener uno de los más orientados al mercado del mundo. La escuela de mercado sueca es única en el mundo al permitir ganancias ilimitadas en la escuela financiada con fondos públicos. La transparencia y el control del público son débiles y el dinero escolar compensa en exceso a los grupos escolares independientes por costes y responsabilidades que solo tienen los municipios. Las escuelas independientes pueden crear sus propios sistemas de colas injustas que clasifican a los estudiantes. Las plazas escolares se reservan antes de que otros hayan tenido la oportunidad de elegir. Muchos grupos escolares independientes con fines de lucro también se benefician de tener una menor densidad de maestros, salarios más bajos y menos educadores especiales. Varias escuelas han quebrado o han tenido que cerrar debido a la mala gestión. Miles de estudiantes se han encontrado repentinamente sin escuela. No es aceptable. El propósito de la escuela sueca nunca debe ser el lucro o la influencia religiosa. En el cuidado de la salud, la sociedad se ha retirado y ha dado rienda suelta a las fuerzas del mercado. La idea era que las soluciones de mercado conducirían a una mayor diversidad, costes reducidos y que mejorarían las condiciones del personal. Décadas después, vemos que la diversidad en la atención médica se ve amenazada, que el personal de atención médica se ve obligado a dedicar cada vez más tiempo a la administración y que los costes aumentan. Las soluciones de mercado han llevado a que la atención se divida, se concentre en barrios prósperos y que gobiernen otros objetivos que no son las necesidades de los pacientes. Del mismo modo, la atención privada a las personas mayores cuenta con una menor dotación de personal y mayor precariedad laboral para el personal. Afecta al cuidado de nuestros mayores. La elección es un referéndum sobre el bienestar. En lugar de buscar ganancias y nuevas privatizaciones, queremos abordar los problemas. El dinero de los impuestos de los ciudadanos debe usarse para mejorar y desarrollar escuelas, cuidados y atención médica, no para obtener grandes ganancias. M, SD y otros *partidos burgueses* ignoran que una abrumadora mayoría del pueblo sueco quiere limitar las ganancias y luchar por el derecho de los grupos de bienestar a obtener grandes ganancias. El bienestar debe ser financiado con impuestos y distribuido según la necesidad, no según el poder adquisitivo. Es un requisito previo para una sociedad más fuerte y una Suecia más segura. A partir de los noventa, es cierto que el Estado de bienestar ideal del que nos hablaban padres y abuelos entró en colapso y que hubo una crisis que hizo que se impusiera el pragmatismo antes de cerrar acuerdos más a largo plazo para asegurar ese Estado de bienestar de forma más duradera y anticíclica. Está claro que hay que adaptarse a otras circunstancias, como cuando se propuso facilitar que las empresas basadas en ideas administren asistencia social financiada con fondos públicos, pero sin perder la referencia. La injusta guerra de Rusia en Ucrania ha provocado un aumento de los precios de la energía y una mayor incertidumbre económica en todo el mundo y a nuestro país.

P.18. Estamos previsiblemente ante una peor evolución económica en los próximos años, con precios más altos y tipos de interés más altos que afectan tanto a hogares como a empresas. Todos lo estamos acusando. Es tiempos así es muy importante definir bien los criterios y prioridades de acción gubernamental en cuanto a la protección social de los ciudadanos.

P.19. El nuevo gobierno paró la propuesta de la semana de familia que preparábamos para poder pasar más tiempo con los niños. Estaría bien terminar de conocer todo lo relacionado con política social de este gobierno y poder sumarnos a las reuniones. Por ahora, la lectura no es muy positiva.

P.20. Es importante no perder el enfoque en los problemas sociales en Suecia cuando ocurren las crisis. Segregación y crimen de pandillas, malas condiciones laborales en el sistema de salud, caos en las aulas suecas, cambio climático y la reestructuración para crear empleos en Suecia. Todo esto debe ser prioridad ahora y de aquí a 5 años.

P.21. Se asume que el partido ha perdido capacidad de movilización amplia siendo disuelta por la globalización. El partido se ha convertido exactamente en lo que Tage Erlander temía: un partido creado para administrar y defender una sociedad prefabricada e inmutable. Pero los partidos se adaptan, son permeables a lo que ocurre fuera. No tendría sentido seguir haciendo un discurso basado en una época que ya no existe pero sin perder la identidad. Ahora, los partidos se concentran en bloques. Los elementos polarizadores crean tensiones internas y restan credibilidad a los bloques y no nos sentimos cómodos en estos bloques, pero por ahora parecen necesarios y obligados a tener la oportunidad de influir en la sociedad en la dirección que desean. Esto crea muchas tensiones y desgaste.

P.22. Me remite a *Olof Palmes internationella Center*, localizado en la cuarta planta de la sede del partido estatal, donde *in situ* me reúno con uno de sus representantes, con quien converso sobre el papel de los refugiados tras la crisis de refugiados de 2015, la nueva posición sobre extranjería, las cuestiones relacionadas con inmigración y seguridad en algunos municipios del país, religión y sexualidad y problemas relacionados con la falta de adaptación y de conocimiento de la cultura sueca (conflictos interfamiliares principalmente). Subraya que: "El partido en el gobierno introdujo una nueva legislación de asilo más estricta para que menos personas presenten solicitudes en Suecia, aumentó el retorno de aquellos a quienes se les rechazó la solicitud de asilo, hizo aumentar la recepción del número de refugiados de cuota de los campos de refugiados de la ONU, introdujo una obligación educativa para los recién llegados y decidió que todos los municipios debían compartir la responsabilidad de recibir a los recién llegados. Impulsamos la creación de un instituto de derechos humanos para diseñar políticas generales y que puedan ser de influencia también en el marco internacional, sin perder la vista en el establecimiento del Museo del Holocausto que en 2022 abrió sus puertas en Estocolmo".

Entrevista 8: Sede del Partido Moderado. En esta entrevista, se abordaron cuestiones generales como la Educación, la Sanidad, los mayores, el empleo o las pensiones, pero donde más énfasis puso fue en los puntos más estelares del partido: el crimen y las ayudas universales (entre otros temas como la crisis energética, los cambios en la política fiscal y la obligación de integración a los adultos que recién lleguen al país. Con el lema: "Somos el partido del orden que cree que el Estado no debe estar en todas partes sino ser fuerte donde más se necesita", en lo que respecta al crimen defiende que el problema relacionado con "las pandillas" disuade a la mujer a poder salir de noche, entre tiroteos y el aumento del número de robos y de víctimas de delitos sexuales. Por otro lado, este partido defensor del individualismo defiende la introducción de un tope de subsidio para que no sea mejor ganarse la vida "dependiendo de los subsidios" que con el propio trabajo llamando a este hecho "dependencia de las prestaciones". La teoría predominante es que "el Estado no debe estar en todas partes sino ser fuentes donde más se necesita".

P.1. La barrera de los excluidos en el conflicto del siglo XXI entre responsabilidad e independencia, derechos y obligaciones.

P.2. El Estado de bienestar es bueno para todos pero, sobre todo, es especialmente bueno para aquellos que se sienten solos. Hay un gran problema de soledad en el país.

P.3. Es común a casi todos en la élite política que hay necesidad de un nuevo pensamiento en la política de bienestar. Hay nuevos factores que el llamado Estado de bienestar de siempre ya no contempla ni puede responder; la nueva inmigración como ejemplo. Y contemplar otros escenarios que no se daban en el comienzo de las políticas del bienestar, cuando se hablaba de fuerte expansión y no de la contención del déficit público como sugieren las nuevas políticas económicas y los nuevos contextos globales. En Suecia, la carga fiscal es de más del 50% y la participación del gasto público en el PIB es de más del 70%. Que los sistemas de bienestar siempre hayan sido caros es una cosa, pero que se hayan vuelto incontrolables es relativamente nuevo, aunque la pregunta no es cuánto cuesta el Estado de bienestar sino qué se obtiene por el dinero. También habría que hablarse de la "desmoralización", del poco sentimiento de colaborar en comunidad y de que debería volver el valor del trabajo a ser un valor fuerte.

P.4. El tema inmigratorio debe ser un tema importante en todas las agendas. Un problema social grande son las continuas amenazas de deportación que se están produciendo. También hay que resignificar el concepto de ciudadanía, porque su significado ha cambiado lentamente, con ciudades más grandes, menos lazos y más individualismo que nos hacen a todos menos dependientes el uno del otro. Pero tenemos sistemas de bienestar que se crean como si todos viviéramos cerca unos de otros, en claro control social y con obligaciones tan claras como derechos. Desde esta perspectiva, el Día de los Servicios Sociales es el complejo legal más absurdo de Suecia. La responsabilidad de nuestro bienestar individual recae expresamente en el municipio. Como individuos solo tenemos derechos. Si todos hicieran uso de sus derechos, la irracionabilidad al menos se habría hecho evidente. Tenemos un problema grave inmigratorio y no son sólo palabras. Seguramente no hemos estado como país a la altura de los retos que plantea una inmigración masiva y de cultura y religión totalmente distintas. El problema en sí no es ese sino que haya segregación, que parece que la gente vive en sociedades paralelas.

P.5. Pocos votantes asocian a los moderados con las políticas de bienestar. Puede que no crean que lo hemos creado como es malo, pero tampoco que podamos resolver los problemas. Ahora las condiciones son radicalmente diferentes, simplemente porque la economía establece límites muy precisos contra una mayor expansión. Los socialdemócratas tenían un programa de expansión pero no de compromisos de política social más pequeños y más sostenibles. Ahora bien, la política de bienestar no es algo en los márgenes del presupuesto estatal, algo sobre lo que uno puede permitirse el lujo de no tener una opinión ya que es una cantidad abrumadora de todos nuestros recursos públicos colectivos. No podemos quedarnos de brazos cruzados ante tan monumental tarea, en parte porque no podemos permitírnoslo económicamente; en parte porque tenemos problemas sociales y necesidades de seguridad que claramente necesitan ser resueltos pero de una manera diferente a la que estamos acostumbrados. Y en parte —finalmente— porque nunca podremos convertirnos en un gran partido si no somos percibidos como creíbles en los temas que están cerca de las experiencias de seguridad personal de las personas. El tema de la seguridad ciudadana es prioritario en el partido. Hay que plantear nuevas cuestiones sobre el bienestar por controvertidas que sean como es el tema de la llamada "ideología de género" y lo que encierra lo último acordado por el trans-activismo. Vamos a por una mayor protección para los niños, así que todo relacionado con cirugías de transición, bloqueadores en la pubertad o administración de hormonas va a quedar restringido a contextos de investigación.

P.6. Tenemos politólogos, sociólogos y otros profesionales de las ciencias sociales, técnicas o sanitarias trabajando para el partido que son una referencia en la investigación y en el rigor académico y que suponen nuestro vínculo con la Universidad y permite a la Universidad conocer mejor los problemas cotidianos del día a día, de la calle, de la gente, de lo que se trata dentro de los partidos, etc.

P.7. La calificación es alta pero sin perder la perspectiva de que debemos cambiar muchas realidades. No queremos el control social del pasado. Damos importancia a las finanzas privadas, para que obtengan la maximización de ingresos. Entonces, la política de bienestar no puede basarse en un sueño ilusorio en el que nadie quiere maximizar su parte "de las ovejas" (a tenor literal) y minimizar sus obligaciones. Menos de la mitad del dinero regresa a los contribuyentes. Y ninguna organización de fuerte interés ha luchado de forma contundente por la justicia en el sentido de que los tramposos hagan lo correcto. Es necesario introducir una especie de simetría moral en la política de bienestar.

P.8. Sí, como también hay problemas sociales de peso que han sido tradicionalmente subestimados.

P.9. Con buen control y seguimiento de los problemas, no desde el control social y sí desde la evaluación de los programas que se aplican.

P.10. Es un trabajo continuo. Tenemos correo electrónico en nuestra página web. Se diversifican los temas y le llega a cada coordinador de área lo referido a su ámbito de estudio.

P.11. Va en función del problema. Últimamente, remiten muchos casos sobre problemas de seguridad en internet de niños y adolescentes y aumento considerable en el acoso escolar.

P.12. En mi entorno hay un gran número de afiliados. No veo correlación entre problema social y afiliación a partido o sindicato.

P.13. Hay un sentimiento generalizado de decadencia en el país y en el sistema de bienestar tradicional abusando de rigidez cuando se propone hacer un cambio en la orientación de las políticas. *Folkhemmet* fue una visión viviente. Suecia creó rápidamente los recursos necesarios para dar a todos una parte de la "buena vida" pero ahora se vive de las rémoras del pasado y conviene hacer del pragmatismo la búsqueda de soluciones para que nadie quede fuera del sistema pero para quien de verdad quiera contribuir con él.

P.14. Hay un cambio de perspectiva. Todos somos, o al menos deberíamos ser, completamente independientes entre sí. Cónyuges entre sí, hijos independientes de sus padres y así. Las asociaciones de vecinos se volvieron cada vez más redundantes pero era algo más por comodidad que por el hecho en sí de ser necesarios. A la largo, esos lazos sueltos de comodidad no han sido suficientes para establecer una sociedad civil que es vital. Estos movimientos populares conseguían una subvención y ahora, todas esas dependencias sociales son vistas como anticuadas y reemplazadas por obligaciones municipales y estatales y derechos individuales. Todo ha sido reemplazado por una dependencia unilateral del Estado y nuestro escepticismo con el Estado es alto.

P.15. Hay que cambiar la visión de "No des sólo porque quieres recibir". El Estado tiene que articular otras formas de ayudar y de dar voz a grupos de afectados pero creando un sentimiento fuerte de comunidad en torno a quienes quieren de verdad contribuir con el sistema.

P.16. Hay problemas sociales que tienden al estigma social y esto hace que, aunque la integración sea buena, no hay una integración que se asuma con plenitud. Y por otro lado, hay desconfianza por parte de quienes creen que una persona es beneficiaria de unas ayudas durante mucho tiempo, aunque ya desapareciera la causa por la que se vinculó a esas ayudas. La visión legitimista sobre los impuestos es menor ahora que hace 30 años por falta de confianza.

P.17. Toda crisis trae consigo problemas migratorios y humanitarios. Europa no ha sido valiente a la hora de trazar una política de defensa y de seguridad en común y Suecia se ha caracterizado por políticas muy flexibles frente a la rigidez de acogida de otros países, lo que en sí no es un dato bueno ni malo pero que crea cuestiones relacionadas con la adaptación cultural, lingüística, de ayudas sociales, que hasta entonces no estaban planteadas y crea nuevas realidades que si no hay un buen diseño en las políticas, no habrá una integración real en el país.

P.18. En mi entorno cercano hay problemas relacionados con la seguridad ciudadana y por un buen nivel educativo precisamente por la falta de adaptación de la que hablábamos. En general, el sistema educativo sueco está teniendo problemas. Estamos pensando en reorientar estrategias pedagógicas para reducir el tiempo de los estudiantes frente a las pantallas y recuperar el papel del libro en las aulas.

P.19. Ahora mismo hay una interesante gestión de gobierno cuyos proyectos más en boga son la lucha contra el delito y el crimen, la migración y la integración, el clima, la asistencia sanitaria o la escuela. Es un momento de mucha incertidumbre y estamos esperando a completar el proceso de adhesión a la OTAN dando apoyo a Ucrania devastada por la guerra con un programa coherente y a largo plazo tanto para la reconstrucción civil como para el apoyo militar.

P.20. Lo que necesitamos es precisamente un cambio en la política de bienestar social, que pasa por no resolver los problemas equivocados y crear otros completamente nuevos. No se trata ya sólo de reivindicar la libertad de elección. Se necesita un nuevo enfoque de la Seguridad Social. Seguramente, debemos dejar de mirar a la clase media y, en cambio, centrarnos en aquellos para quienes tenemos, en un sentido original, una política social. La lógica y la dinámica política hacen que dediquemos mucho más esfuerzo a quienes menos necesitan protección política.

P.21. Durante la mayor parte de los años de la posguerra, asumimos que el centro derecha careció de un programa propio que pudiera ser una alternativa creíble. Con los grandes y generales sistemas de seguridad social, los socialdemócratas vieron además de incorporar a su proyecto a la amplia clase media. Era cada vez más el dinero lo que contaba, no los principios. Además, hasta finales de los años '60, la argumentación de la izquierda solía ser muy pragmática. Prosperidad para todos, ¿quién podría estar en contra de eso? De esta manera, los ciudadanos percibían que los partidos eran fuertes representando sus voces. Hoy, seguramente, dada la fuerte fragmentación que hay en el país, ese nexo está más cuestionado.

P.22. El entrevistado pone en valor al Instituto de Investigación Industrial, sito en Gotemburgo, cuya matriz es RISE (*Research Institu-*

tes of Sweden AB), que se dedica a la investigación estatal colaborando con universidades, empresas y la sociedad para el desarrollo de la innovación y el crecimiento sostenible. Es propiedad del Estado sueco y trabaja en la cuestión de la competitividad internacional, en el crecimiento sostenible, en la renovación del mundo empresarial, en la renovación del sector público o la contribución a soluciones a los retos de la sociedad en conexión con el mundo empresarial, entre más. Se debe repensar todo lo relacionado con "las cuentas de ciudadanos", en cuanto a que todas las personas con ingresos normales de por vida ayudan a distribuir los costes a lo largo del ciclo de vida cubriéndose la pérdida temporal de ingresos, como son los casos de enfermedad, baja por paternidad, desempleo y quizás otras ocasiones en las que no tengas ingresos, pudiendo retirar dinero de la cuenta. Defiende el sistema de cuentas nocionales.

Fuentes secundarias y su retroalimentación

FS1) Condado de Estocolmo. Información sobre la coordinación administrativa del Estado y su relación con la administración periférica e instrumental. Además, se recogen datos sobre las políticas sociales llevadas a cabo por los municipios.

FS2) La Junta nacional sueca de Asuntos de la Juventud (*Ungdomsstyrelsen*). A partir de 1983, fecha en la que asume el estatuto jurídico de agencia gubernativa, es el organismo técnico consultor del gobierno. Depende de la unidad ministerial que se ocupa de juventud pero es políticamente independiente, evaluando diversas políticas que existen sobre la Juventud y diagnosticando nuevos problemas, como entre otros, lo referido a los problemas de transmisión sexual referidos al turismo joven a otros países.

Facilitaron documentación sobre encuestas y demás trabajos de campo sobre la juventud sueca poniendo el foco principalmente en las condiciones de vida de la población joven urbana y suburbana en Suecia, mostrando mucha diferencia entre la zona del sur (de mayor impulso económico y social del país) y la zona del norte, la lapona, con poca población joven por emigrar en edad temprana buscando emancipación. La edad media de emancipación en todo el país está en torno a los 20 años. La familia desempeña un rol que favorece esta emancipación temprana, viéndose al ciudadano como beneficio de derechos de protección social y por tanto, confiando que se pueda acudir al sistema público en la búsqueda de oportunidades. Existen ayudas familiares, por ley, a todos los suecos mayores de 16 años (cuando terminan la educación obligatoria) que tengan a su cargo un niño. Aparte, tras terminar el último curso de instituto, hay una costumbre arraigada de tomarse un año sabático, lo que hace que aprovechen para viajar, tener su primer empleo, aprender idiomas, etc. Lo viven como una etapa previa y de transición hacia lo que harán después, si ir a la Universidad o hacer una búsqueda de empleo con una mayor claridad de ideas. A su vuelta, estas experiencias vividas en ese año los anima a esa emancipación mencionada, a no volver a la casa familiar. Existen préstamos estatales que contribuyen de forma relevante en la construcción de las condiciones de bienestar y de emancipación de los jóvenes, consistiendo en una red de apoyo en la que entroncan becas, proyectos educativos, voluntariado, experiencias internacionales, turismo, trabajo, estancias de formación, etc., donde vemos una coordinación interadministrativa en la que forman parte las universidades, las oficinas de empleo, los organismos públicos o las organizaciones juveniles que en esta Junta están inscritas. En el capítulo referido a la Vivienda, mostramos datos que aquí nos facilitan. Observamos que los jóvenes suecos tienen un buen acceso a la vivienda pero cada vez son mayores las incidencias que se registran por la subida de los precios desde la crisis de principios de los '90, sobre todo en las grandes ciudades. En el mercado de alquiler, existen límites de gasto según la localización del piso, pero desde la legislatura del gobierno de centro-derecha (2006-2014), se observa un cambio de tendencia a favor de comprar frente al alquiler, demandando de esta manera nuevas fórmulas de financiación. En este período, los pisos de protección social pudieron ponerse en venta y esto animó la demanda de nuevos propietarios. Ofrecen datos que disponen que en torno al 80% de los jóvenes suecos entre 13 y 25 años es miembro de alguna organización sin ánimo de lucro (sobre todo, de asociaciones deportivas y de cooperación internacional). Todos los ministerios tienen una responsabilidad ejecutiva específica sobre Juventud, aunque desde 1986 existe un área del gobierno que ejerce la coordinación interministerial de la vía política nacional de la Juventud, que comunica directamente con el primer ministro estando adscrita al Ministerio para la Integración y la Igualdad de Género. Se ocupa de todas aquellas cuestiones referidas a la institucionalización de las organizaciones juveniles, la cooperación y financiación de actividades nacionales e internacionales, la consulta de las autoridades locales para el diseño de políticas concretas, etc. Para fomentar el diálogo con el gobierno y coordinar las experiencias locales a través del intercambio de buenas prácticas, la Asociación Nacional de las Autoridades Locales y Regionales (SKL) es la autoridad de referencia para los 290 municipios suecos, e interlocutor directo de la unidad de juventud del Ministerio para la Integración.

FS3) *Nationellt Centrum för Kvinnofrid* (NCK) - Centro nacional para la Libertad de la Mujer Ubicado en Upsala, trabaja de forma coordinada entre la Universidad y el Hospital, con datos actualizados sobre violencia física, psicológica y sexual entre hombres y mujeres y entre personas del mismo sexo, estudiando "puntos calientes" de la violencia, causas y condicionantes y entre más, la necesidad (o no) de apostar por más albergues/casas de acogida para quienes sufren la violencia

FS4) DBMP - Programa de Comportamiento Dental. Información sobre los programas políticos presentados y el grado de cumplimiento y las peticiones que se formulan a las Juntas Administrativas del Condado, como Administración periférica del Estado. Acciones en centros escolares.

FS5) *Riksförbundet för sexuell upplysning*, RFSU. Esta organización, creada en 1933, trabaja con la formación de la opinión pública sobre derechos sexuales y reproductivos y en definitiva, sobre salud pública. Se permitió la asistencia a un "Curso de capacitación" en Estocolmo. Se ofrecen cursos y charlas para quienes quieran profundizar en temas relacionados con la educación sexual y la salud sexual, desde conferencias breves donde se trasladan a cualquier centro de trabajo que lo demande a escuelas, comenzando por niños de 11-12 años hasta cursos de nivel universitario. La mayor parte de la educación sexual se lleva a cabo en el quinto curso (11 años), octavo curso (14 años) y noveno año escolar (15 años). Hay formación continua para matronas y en los centros educativos se pone el foco en los alumnos "recién llegados al país". La educación sexual es obligatoria en las escuelas desde 1955. Se incluye como parte de los objetivos generales de salud para el trabajo de salud pública y, a menudo, se la menciona como una parte importante de la prevención de las enfermedades de transmisión sexual. Ahora, con nuevos puntos estratégicos de conocimiento acerca de la pornografía infantil y su libre acceso y una posible correlación en el aumento de las violaciones. Aquí se utilizan diferentes métodos como juegos de aclaración de valores. Sus objetivos, entre muchos, son la educación sexual a jóvenes, romper con los estereotipos de género y también, trabajar contra la discriminación de las personas de diversa tendencia sexual. La mayoría de la gente es consciente del hecho de que los padres rara vez son los mejores educadores en sexualidad cuando se trata de sus propios hijos. El primer proyecto de ley al Parlamento sobre la necesidad de educación sexual en los institutos de educación llegó en 1908. Cada escuela en Suecia debe tener un llamado Plan de Igualdad de Trato, incluyendo género y LGTBIQA+.

FS6) Stockholms *Idrottsgymnasium*. Es uno de los institutos más conocidos de Estocolmo dado que la llamada "élite del deporte" del país pasa por sus aulas. El sistema educativo es competitivo y credencialista, con una fuerte convicción en que a más educación corresponden mejores oportunidades profesionales. En este instituto, se trabaja en la parte práctica de los estudios para que los alumnos vean la aplicabilidad a las tareas profesionales, con insistencia en la relación entre el expediente académico y los puestos de trabajo demandados por las empresas. Para entrar a trabajar en la administración pública, el proceso es muy parecido al del ingreso en cualquier empresa privada, siendo las causas de extinción del contrato similares en los dos ámbitos. No hay un estatuto del empleado público como sí lo hay en España. En caso de desaparición del puesto en el ámbito público, existe un programa de movilidad geográfica y reasignación, que tiene como objetivo el garantizar un empleo análogo en otros organismos incluso pudiendo recibir compensaciones financieras en ciertas ocasiones si se ha trabajado un mínimo de tres años como empleado público. Se insiste en que los alumnos al finalizar sus estudios dispongan de muchos conocimientos prácticos directamente aplicables a las nuevas tareas profesionales, manteniendo una correspondencia entre las calificaciones obtenidas y los puestos de trabajo demandados por las empresas. La inversión en educación suele traducirse en una inserción laboral acorde con la cualificación que se posee. Además, no faltan servicios de orientación e intermediación para facilitar la inserción laboral de los jóvenes después de la escuela obligatoria, a la edad de 15 años.

FS7) Karolinska *Institutet.* Entrevista con colaboradores del equipo de análisis y prevención del suicidio y documentación sobre las alteraciones detectadas en la salud física y mental durante la pandemia, en la que se ofrecen datos sobre la cirugía bariátrica antes, durante y después de la pandemia de 2020 (trabajos de incidencia sobre obesidad, diabetes, hipertensión, problemas traumatológicos y colesterol en la población). También, se ofrece documentación relativa a cuestiones sobre la salud mental del personal sanitario en el país y se informa sobre los trabajos de campos en niños menores de 17 años sobre depresión y TDAH.

FS8) *Riksförbundet för Suicidprevention och Efterlevandes Stöd.* Pudieron extraerse datos acerca de edades, nivel socioeconómicos, lugar de nacimiento y residencia, situación familiar, académica y laboral (entre otras variables) y posibles causas de depresión y de pensamientos suicidas. Estos datos se difunden entre el hospital y la Junta Administrativa. En las terapias de grupo suele estar un sociólogo que recaba información para hacer documentación científica en la Universidad. Gran parte del material proporcionado se ofrece en la relación correspondiente a los epígrafes de estudio de esta obra.

FS9) *Västsvenska Nät verket för Suicidprevention.* De esta entrevista podemos resaltar la propuesta de cambios o el apoyo a según qué decisiones programáticas o políticas en torno a la salud mental de la población. Ahí me dan información también sobre el Programa "National Suicide Prevention" (NASP), sobre los estudios universitarios que existen desde el departamento de Sociología, siendo el "Centrum för Suicidforskning och prevention" (Centro de prevención del suicidio) el grupo de investigación de referencia en el país sobre los suicidios, llamando a esta parte una considerable atención la parte referida a los inuits.

FS10) *Sophiahemmet Hogskola.* Recientemente, se han incorporado a un programa de capacitación de personal sanitario ucraniano para que puedan ponerse a trabajar rápidamente y contribuir al sistema de salud sueco. Se lleva a cabo en el marco de la *iniciativa Care* del Fondo Social Europeo (*Care-Cohesion Action for Refugees in Europe*) donde el objetivo es el trabajo o pasos alternativos hacia un trabajo o educación.

FS11) Uppsala *kommun.* Datos sobre informes y demás investigaciones en cuanto al Estado de bienestar actual, la implicación socialdemócrata en el proyecto, el desarrollo del consenso socialdemócrata, las distintas fases vividas, los trabajo sobre la desigualdad y la vulnerabilidad desde la Universidad y los gobiernos para implementar políticas públicas, las áreas de interés sobre políticas sociales, el papel del municipalismo, los pilares básicos del bienestar, la conciliación de la vida laboral y familiar en los nuevos roles sobre empleo y mujer y entre otros más, pasando por la pandemia de 2020 y la situación actual tras el cambio de gobierno y de tendencia en 2022.

FS12) Folksam. Es una de las compañías de seguros más grandes de Suecia. Tiene un área de trabajo en cuestiones de política social. Se considera que esta compañía está vinculada al Partido Socialdemócrata. En los últimos años, sus informes sobre las causas de la siniestralidad en las carreteras han sido de gran impacto en los medios de comunicación. En sus diversas encuestas de tendencias de bienestar, se evidencia que cada vez son más los trabajadores que suscriben un seguro médico privado y que cerca de la mitad de los funcionarios lo tienen. Folksam escribe regularmente sobre la salud mental de los suecos, concentrando sus estudios en la salud y las condiciones de vida entre los grupos vulnerables en lo social y económico del Condado de Estocolmo (nivel provincial).

FS13) Universidad de Estocolmo. Departamento de Sveaplan de Trabajo Social. Ofrecen información sobre las evaluaciones en las que trabajan como el Instituto de Desarrollo de Métodos en Trabajo Social (IMS), apostando por una cada vez mayor academización de estos trabajos, cubriéndose tres áreas principales: asistencia social, atención a personas con adicciones y atención a la infancia y la juventud; reguladas por la Ley de Servicios Sociales, que dispone que los municipios tienen la obligación de atender a todas aquellas personas con necesidades que no pueden ser cubiertas por otros medios. La asistencia social es el sector dentro de los servicios de atención individual y familiar con el mayor presupuesto y número de usuarios.

FS14) Centro de Investigación sobre las desigualdades en salud y SoRAD. Se recopila información sobre incidencias en salud física y psicológica detectadas tras la pandemia de 2020 y cuyos resultados se han volcado en esta obra.

FS15) Universidad de Trondheim. En la entrevista a los dos profesionales anteriormente referidos se informó de la prioridad que hay en los niños y en su buena alimentación. Se recoge información acerca de peores índices en felicidad, en nutrición y en actividad formativa/académica en niños lapones que en niños del resto del país. En un centro de salud en Trondheim se visitó *helsesøster* (enfermería de atención primaria) y al llamado médico de cabecera. Hablan de las diferencias entre los niños del norte y sur, de las zonas urbanas y rurales y de los hijos de inmigrantes, basándose además en un marco comparativo entre Suecia y Noruega. En Suecia, el cuidado de la salud infantil ha sido parte de la atención primaria desde 1980, con programas de adecuación a las necesidades de cada niño, con visitas domiciliares y con capacitación para padres. En Noruega, desde la década de los '70, la responsabilidad del cuidado de la salud infantil está dentro del marco del servicio de salud municipal. En 2000, se introdujo en Noruega un sistema de médico general y cada residente tenía que registrarse con su médico general privado. Estos médicos de cabecera tienen un convenio con el municipio, y por lo general es uno de ellos el que funciona como médico del centro de salud y así trabaja algunos días a la semana en la atención infantil preventiva.

El trabajo preventivo noruego cubre a niños y jóvenes entre 0 y 20 años. El objetivo es promover la buena salud entre los niños y jóvenes. En los últimos años, la atención se ha dirigido cada vez más hacia diversas formas de problemas psicosociales y relacionados con la comunidad. Se ofrecen intervenciones extendidas a niños con necesidades especiales. Además, se recomiendan actividades de *networking* en forma de reuniones grupales.

De acuerdo con la Ley Municipal, cada municipio está obligado a elaborar un plan sobre cómo se llevará a cabo el trabajo de promoción de la salud en el municipio. El municipio también es responsable de garantizar que existan buenas condiciones para la cooperación entre las diversas agencias involucradas. Esto se aplica tanto a la colaboración entre los médicos de cabecera y las enfermeras sanitarias como a los contactos entre el centro de salud y la guardería, la escuela y los servicios sociales.

Al igual que en Suecia, su trabajo se basa en el programa básico nacional que se ha elaborado para el cuidado de la salud infantil, donde la Educación es un pilar importante (más desigualdades sociales en salud entre grupos educativos diferenciados), culminando todo este diario en la Ley de Salud Pública de 2012 que está en vigor. La educación es gratuita a todos los niveles y la tasa de participación de la mujer en el empleo está por encima del 70%, casi al mismo nivel que el hombre.

FS16) Universidad de Södertörn. La entrevista se enfocó en identificar los temas en los que coinciden y en los que no coinciden en el ámbito académico a la hora de expresar qué problemas sociales hay en los países nórdicos (sobre todo, en Suecia), qué análisis se hace de ellos y el grado de conexión que existe con la administración para volcar los resultados y poder trabajar en un diseño e implementar de las políticas como forma de dar respuesta a estos problemas. Existe la aportación teórica de qué supone el Estado de bienestar en cuanto a situar al ciudadano como titular de las prestaciones sociales y hay consenso académico en estudiar las variables de desigualdad, vulnerabilidad y exclusión social para identificar al público objetivo sobre el que se pretende trabajar. Por otro lado, hay diversos problemas sociales que al ser identificados como problemas públicos se convierten en cuestión prioritaria dentro de la agenda institucional y no responden a las variables anteriores sino que simplemente, tratan de alertar de los peligros de que esos problemas vayan a más por cuestiones de salud mental, salud física, peores empleos, peores condiciones de vida, etc. La conciliación es un tema recurrente en lo académico como lo es analizar el teletrabajo y sus efectos de cara a la conciliación y a la armonía de los trabajadores. La Educación no se considera una cuestión que tenga que ser tratada como problema pero sí que existe una tasa de abandono escolar mucho mayor donde se registra más inmigración, por tanto, referirnos a la inmigración ocupa un lugar importante dentro de este libro gracias al flujo de información dado por estas Universidades. La salud mental y la prevención del suicidio como estrategia de salud pública es un tema que aparece en el grueso de las investigaciones y que tiene una respuesta política, como analizamos también en este trabajo. En general, nos hemos dedicado a contrastar qué políticas sociales son más exitosas, cuáles han tenido una mayor demanda y a partir de ahí, vemos qué consenso académico hay en torno a unos temas y si estos temas han tenido respuesta política y cuál ha sido. Conectar las áreas de ciencias políticas y sociología en este estudio gracias a la ayuda de estos dos departamentos hace de este estudio descriptivo un trabajo más completo en cuanto a la labor del gobierno en el diseño de las políticas, como en el poder de la sociedad civil entrando aquí la parte universitaria de investigación y la labor de implementación de las diversas administraciones.

FS17) Sede del Partido Democristiano en Skåne. En este Condado se encuentra el distrito electoral del municipio de Malmö, realmente significativo por su alta población inmigrante. Hacen bandera en la defensa de la mejora de la atención a los ancianos, en la libertad de elección de la educación de los niños y la disminución de los impuestos sobre las empresas. Con un discurso claramente orientado a la tradición del humanismo cristiano, este partido ensalza los valores de la familia tradicional en cuanto a creadora de "pequeñas comunidades naturales", valorando la política social como el instrumento de ayuda y estímulo cuando "falta la familia y no existe esta fuerza positiva en estas comunidades", asumiendo desde este principio la corresponsabilidad de todas las personas, especialmente de las más vulnerables. Defiende, entre otros, un sistema de seguridad social cofinanciado, poniendo el foco en el papel relevante del municipio en cuanto a su obligación de asistir surja la necesidad de asistencia, siendo la construcción de los beneficios sociales la misma en todo el país, aunque cada municipio debe tener el derecho de determinar los niveles de contribución con base en el principio de autogobierno municipal según varíen las condiciones locales. De este trabajo en el municipio podemos destacar la importancia que este partido da a un buen programa público de contención del consumo de alcohol a través de un consumo total bajo (información, una política activa de precios, una legislación restrictiva, un monopolio estatal de venta de alcohol, etc., apoyando las llamadas "zonas blancas", es decir, ciertas situaciones y períodos que están completamente libres de alcohol (embarazo, crecimiento y desarrollo del niño, tráfico, en el empleo, etc., con el deber de aplicar la restricción de alcohol cuando se realiza en público). En este condado dan mucha importancia a un buen discurso en cuanto a la política de integración y de refugiados, en el trabajo contra la xenofobia y la defensa de que una buena política migratoria ha de evitar la separación de los miembros de una familia y de que las decisiones de deportación y rechazo que conduzcan a la separación de la familia no deben tomarse ni ejecutarse a menos que existan razones especiales, incluyéndose la perspectiva de los niños en los asuntos migratorios. Entre más, sugieren que deben abordarse los problemas de salud de los refugiados y solicitantes de asilo, tanto físicos como psicológicos; que se brinde información seria y temprana sobre las posibilidades de apoyo en el caso de la migración de retorno voluntario; que se debe garantizar a los inmigrantes buenas oportunidades de instrucción en el idioma sueco y sobre la sociedad sueca. Los estudios deben adaptarse individualmente y combinarse con la práctica en los lugares de trabajo para aumentar la posibilidad de integración en la comunidad. Los inmigrantes deben disfrutar de la misma libertad que los demás ciudadanos, tener derecho a establecerse donde quieran, a practicar su propia religión, a enseñar a sus hijos su lengua materna y, por lo demás, a poder ejercer sus derechos humanos. La población indígena y las minorías nacionales de Suecia son una parte viva de la sociedad sueca y su idioma es una parte valiosa de la cultura sueca. Al reconocer los derechos lingüísticos y étnicos de los sami, finlandeses suecos, *tornedals*, romaníes y judíos, se fortalece su confianza en sí mismos y su identidad cultural. Tras la guerra de Ucrania, se defiende el uso de la ayuda internacional y para apoyar la voluntad nacional de dar ayuda, se habla de establecer un nivel de ayuda que se aplique tanto en recesión como en auge, reclamando dar como país, al menos, el 1% del Ingreso Nacional Bruto (INB) en ayuda internacional.

FS18) Coordinadora nacional de “sinhogarismo”. Esta coordinadora trabaja con datos cruzados entre ayuntamientos involucrando áreas de Infancia y de Tercera Edad, como también a familias monoparentales prestándose especial atención a las familias con niños en riesgo de desahucio, pidiendo una mayor cooperación de trabajo a nivel local, regional y nacional. El nuevo gobierno (2022-2026) ha confirmado que continuará con la estrategia de “personas sin hogar” desarrollada anteriormente.

FS19) Agencia sueca de Igualdad de Género. Aparte de las cifras y cuestiones estadísticas que nos facilitó la responsable en una visita concertada a la sede, fue particularmente interesante conocer las medidas para hacer frente a la pandemia por la Covid-19 por sus implicaciones en la desigualdad de género es el cierre de centros educativos. La Agencia defiende que el cierre de los colegios fue una medida política contraria a la conciliación contribuyendo así a la profundización de desigualdades de género ya existentes en la sociedad, sin que esta estrategia de control de la pandemia se aplicara desde una perspectiva de género intersectorial. Nos ofrecen datos sobre Covid-19 y su relación con incidencias de depresión y aumento de los problemas de salud física en las mujeres. Esta Agencia coordina además el Grupo de Trabajo Nacional contra la Prostitución y la Trata de Personas (NMT). NMT está formado por agencias gubernamentales que trabajan contra la prostitución y la trata de personas y sirve como un recurso estratégico y operativo para el desarrollo de la coordinación de agencias gubernamentales y ONG. El objetivo es prevenir la prostitución y el tráfico para todos los fines en Suecia. Conviene destacar por su actualidad la campaña "A ti que huyes de Ucrania", con la que se intenta concienciar a los refugiados y refugiadas ucranianas de que puede haber personas que quieran aprovecharse de su situación de vulnerabilidad, poniendo el foco en los riesgos de la trata de personas.

ANEXO 3

Mediante investigaciones sociales, bien a través de artículos académicos, bien a través de recursos de las Administraciones o bien a través de libros en los que analizar los problemas sociales que se identifican como importantes en la sociedad, vemos cómo Eduard Heimann, T. H. Marshall o Richard Titmuss contemplan al Estado del bienestar como una organización institucional particular de las sociedades capitalistas, identificando la importancia de los derechos de la ciudadanía social, por ejemplo[62].

---

62 E. Heiman, Soziale Theorie der Kapitalismus. Frankfurt: Suhrkamp Verlag (1980; original, 1929); T. H. Marshall, Citizenship and Social Class. Cambrid-

En este apartado dedicado a la revisión de la diversa literatura correspondiente a las bases teóricas y prácticas en las que nos apoyamos en este trabajo, vemos que tal y como sugiere Esping-Andersen en "La macrosociología comparativa de los Estados" (1993)147 "la mayor parte de la investigación sobre el Estado del bienestar se ha centrado mayormente en el estudio del gasto social en detrimento del análisis institucional y de las relaciones sociales organizadas", considerando en esta obra del académico danés menos importante el estudio de los problemas detectados y de las políticas a implementar y su posterior evaluación que los estudios que en ese momento proliferaban acerca del gasto social.

1) Concepto: Conciliación laboral y familiar
   Artículo: "Las políticas de conciliación laboral y familiar en Suecia" (2021), Revista Sistema nº 261, págs. 37-53 (2021). Artículo propio

2) Concepto: Progreso social
   Artículo: "Programa de Desarrollo Sostenible de 2030". OCDE (2021),
   Disponible en *http://www.socialprogressimperative.org*

3) Concepto: Empleo
   Informe: "Joint Employment Report 2020" (2020), European Commission.
   Disponible en *https://op.europa.eu/en/web/general-publications/publications*

4) Concepto: Estudios migratorios
   Artículo: "Poverty, networks, resistance: The economic sociology of Roma migration for begging" (2020), de Jon Horgen Friberg. University of Oslo.
   Disponible en *https://academic.oup.com/migration/advancearticle/doi/10.1093/migration/mny038/5163084*

---

ge: Cambridge University Press (1950); R. Titmuss, Essays on the Welfare State. Londres: Allen and Unwig (1958), cit. en Moreno: 1993, 147.

5) Concepto: Estudios migratorios
Artículo: "State of the nordic region 2018. Immigration and integration edition" (2018), de Anna Karlsdóttir, Gustaf Norlén, Linus Rispling and Linda Randall (Eds). Nordic Council of Ministers. Disponible en *norden.diva-portal.org/smash/search.jsf?dswid=8614*

6) Concepto: Salud pública
Artículo: "Self-evaluated anxiety in the Norwegian population: prevalence and associated factors" (2019), de De Tore Bonsaksen, Trond Heir, Øivind Ekeberg, Tine K. Grimholt, Anners Lerdal, Laila Skogstad e Inger Schou-Bredal. "Archives of Public Health". Disponible en *https://doi.org/10.1186/s13690-019-0338-0*

7) Concepto: Salud pública
Artículo: "Regeringskansliet. Regeringens beslut och initiativ med anledning av nya coronaviruset" (2020). Medidas gubernamentales tomadas para aliviar el impacto del coronavirus en los ciudadanos. Disponible en *https://www.regeringen.se/regeringens-politik/regeringens-arbete-med-anledning-av-nya-coronaviruset/regeringens-beslut-och-initiativ-med-anledning-av-nya-coronaviruset*
Concepto: Desigualdad social
Artículo: "Indicators for health inequality in the Nordic countries" (2019), de Ek. Groholt, Heidi Lyshol, K. Alver y A. Helleve. Norwegian Institute of Public Health.

8) Concepto: Derechos sociales
Artículo: "Social expenditure, social rights, and benefit receipt as indicators of welfare state generosity: Three peas in a pod, or a different kettle of fish altogether?" (2018), de Adeline Otto. International Journal of Sociology and Social Policy. Disponible en *https://www.emerald.com/insight/content/doi/10.1108/IJSSP-02-2018-0022/full/html*

9) Concepto: Modelo Rehn-Meidner
Artículo: "Progressive supply-side economics: an explanation and update of the Rehn-Meidner model" (2018), de Lennart Erixon. Cambridge Journal of Economics, vol. 42, págs. 653-697.

10) Concepto: Estado de bienestar
Artículo: "O modelo sueco: uma alternativa para a política macroeconómica" (2016), de Alexandre Guedes Viana y Patrícia Helena F. Cunha. Rev. Econ. Polit., vol. 36, n° 2, págs. 266-285.

11) Concepto: Estado de bienestar
Libro: "Capital in the 21st Century" (2014), de T. Piketty. Cambridge: Harvard University Press.

12) Concepto: Crisis económica
Artículo: "Why No Wage Solidarity Writ Large? Swedish Trade Unionism under
Conditions of European Crisis" (2002), de Erik Bengtsson (Lund University) y Magnus Ryner (King's College Londres). Disponible en *https://www.researchgate.net/publication/317379665*

13) Concepto: Estado de bienestar
Libro: "Capital global, instituciones políticas y cambio de política en Estados de bienestar desarrollados" (2002), de D. Swank. Cambridge University Press.

14) Concepto: Estado de bienestar
Libro: "Welfare States under pressure" (2001), de P. Taylor-Gooby (Ed.). Londres, Sage.

15) Concepto: Estado de bienestar
Libro: "La macrosociología comparativa de los Estados" (1993), de G. Esping-Andersen.

16) Concepto: Estado de bienestar
Libro: "The Three Worlds of Welfare Capitalism" (1990), de Gøsta Esping-Andersen. Princeton University Press.

17) Concepto: Estado de bienestar
Libro: "The Scandinavian Model: Welfare States and Welfare Research, Erikson" (1987), de M. E. Sharpe. New York.

18) Concepto: Política industrial
Libro: "Industrial democracy and industrial management" (1968), de Eric Rhenman. Londres: Tavistock.

19) Concepto: Salud de las personas transgénero en Suecia
Informe: "Hälsan och hälsans bestämningsfaktorer för transpersoner. En rapport om hälsoläget bland transpersoner i Sverige" (2016-2017), de *Folkhalsomyndigheten* (Autoridad de Salud Pública). Disponible en *se/contentassets/c5ebbb0ce9aa4068aec8a5eb5e02bafc/halsan-halsans-bestamningsfaktorer-transpersoner.pdf*

20) Concepto: Salud pública
Tesis: "Självmord som problem. En teoretisk studie av sociologisk litteratur & svensk självmordsprevention" (2008), de Joacim Rosenlund. Lunds universitet, Sociologiska institutionen.

21) Suicidio
Artículo: "Lester D. *Suicide during war and genocide.* I: Oxford Textbook of Suicidology and Suicide Prevention: A Global Perspective" *(2009),* de D. Wasserman, C. Wasserman. Oxford University Press. Disponible en DOI:10.1093/med/9780198570059.003.0031

22) Suicidio
Artículo: "Suicidal thoughts and behaviors and social isolation: A narrative review of the literature" (2019), de R. Calati, de C. Ferrari, de M. Brittner, de O. Oasi, de E. Olié, de AF Carvalho y P. Courtet. Journal of Affective Disorders. DOI: 10.1016/j.jad.2018.11.022.

23) Suicidio
Libro: "Status integration and suicide. A sociological study" (2001), Jack P. Gibbs y Walter T. Martin. Oregon Press.

24) Suicidio
Informe: "Registro de pacientes" (2022), Estadísticas sobre atención psiquiátrica y atención a los intentos de suicidio. Incluye atención hospitalaria y atención ambulatoria especializada únicamente. Disponible en socialstyrelsen.se

25) Suicidio
Artículo: "Death of a Close Relative and the Risk of Suicide in Sweden. A Large Scale Register-Based Case-Crossover Study (2016), de H. Mogensen, J. Möller, J. Hultin H y E. Mittendorfer-Rutz. DOI: 10.1371/journal.pone.0164274

26) Suicidio
Artículo: "Självmord som problem En teoretisk studie av sociologisk litteratur & svensk självmordsprevention" (2008), de Per Anders Lindén (1987) y Joacim Rosenlund. El suicidio como problema. Lunds universitet Sociologiska institutionen (págs. 431-433)

27) Suicidio:
Artículo: "Impact of 2008 global economic crisis on suicide: time trend study in 54 countries" (2013). Chang SS, Stuckler D, Yip P, Gunnell D. BMJ. DOI: 10.1136/bmj.f5239.

28) Salud mental
Informe: "Din psykiska hälsa. Psykisk hälsa handlar om livet" (2022), asesoramiento para la salud mental de la Administración sueca. Disponible en *dinpsychiskahälsa.se*

29) Salud mental
Informe: "Nationella folkhälsoenkäten. Hälsa på lika villkor. Folkhälsomyndigheten" (2021). La Encuesta Nacional de Salud Pública: Estadísticas sobre bienestar mental, problemas de salud mental, ideación suicida e intentos de suicidio autoinformados. La encuesta se realiza cada año o cada dos años. Disponible en *folkhalsomyndigheten.se*

30) Alcoholismo
Informe: "Alcohol use disorders and mortality in Nordic countries" (2023). Disponible en *https://www.nationalelfservice.net/mental-health/substance-misuse/alcohol-use-disorders-and-mortality-in-nordic-countries/*

31) Alcoholismo
Artículo: "Mortality and life expectancy of people with alcohol use disorder in Denmark, Finland and Sweden" (2015). Acta Psychiatr. Scand. DOI: 10.1111/acps.12330.

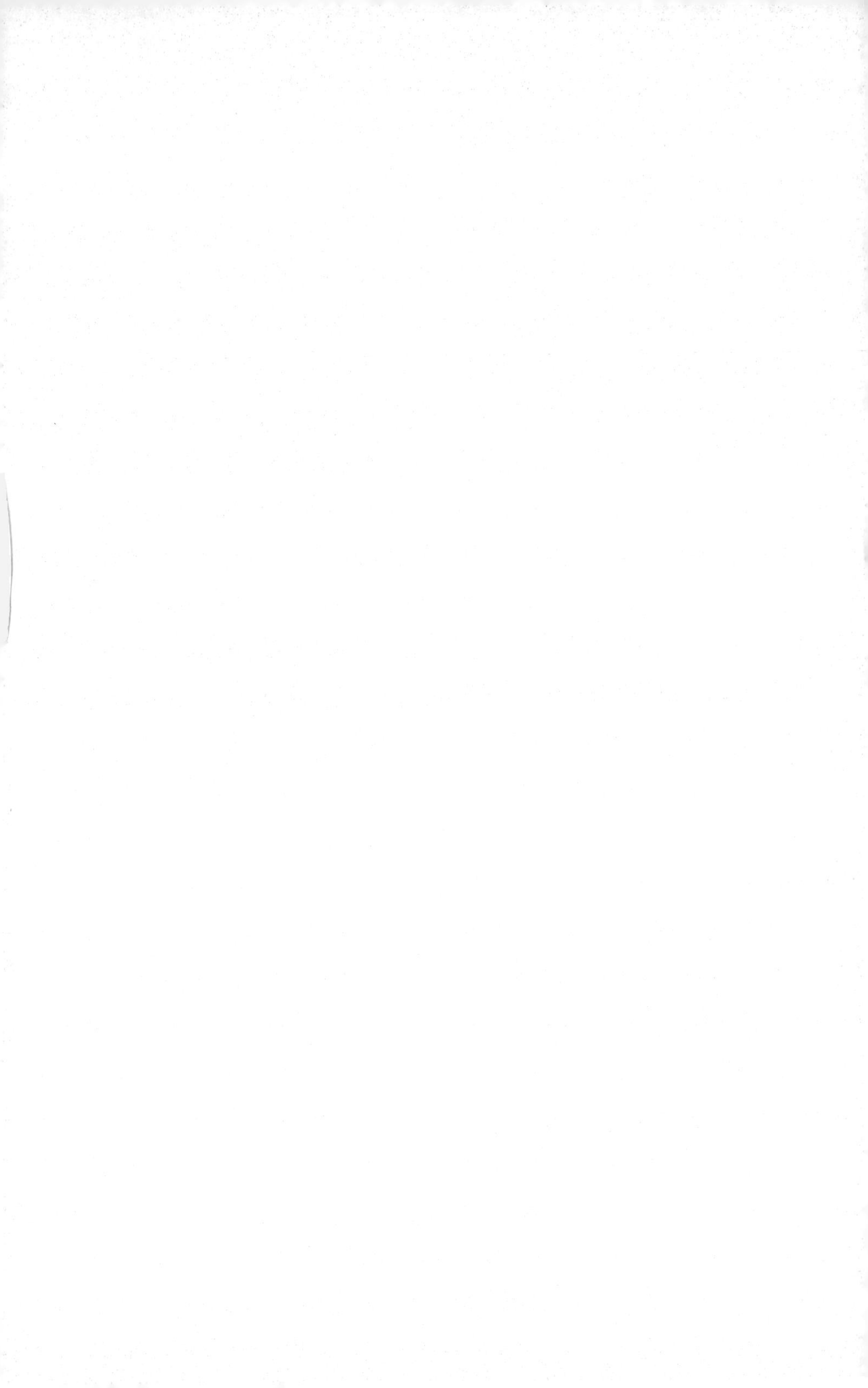